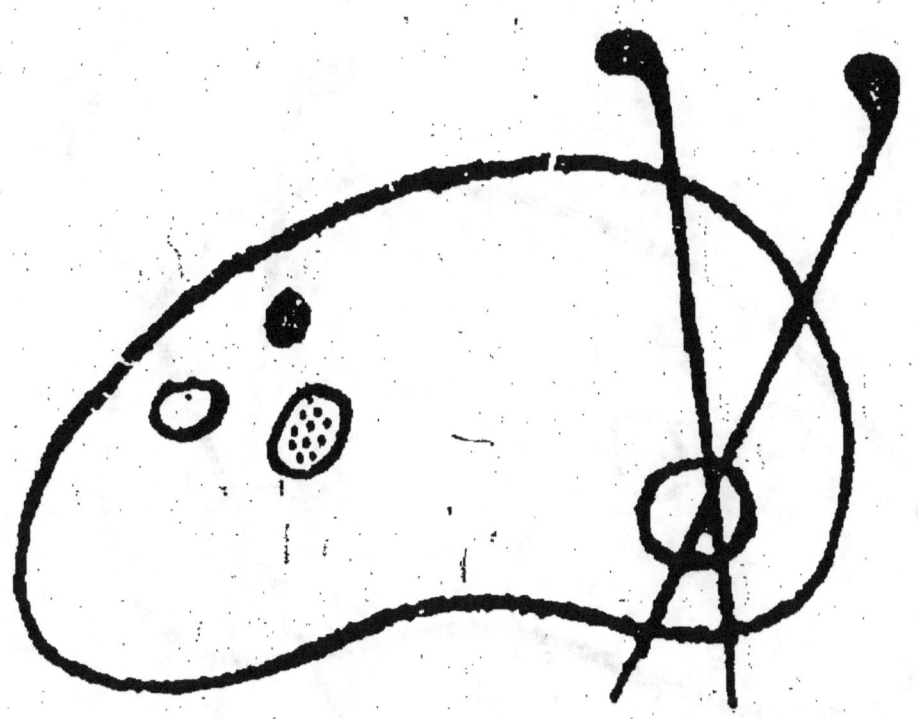

Début d'une série de documents en couleur

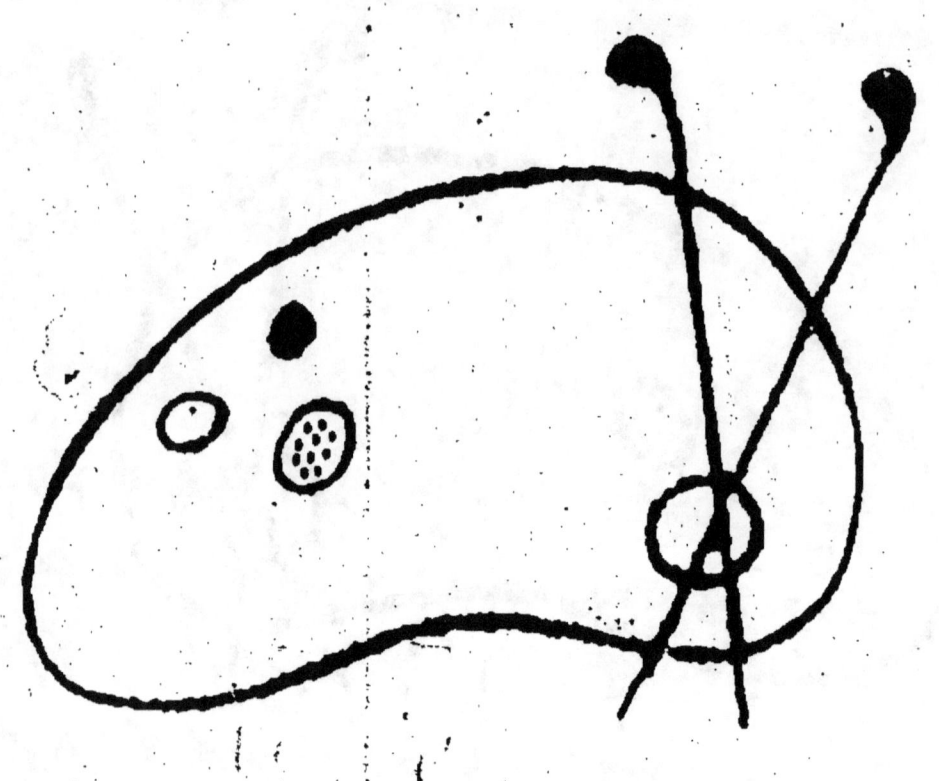

Fin d'une série de documents en couleur

MÉMOIRES

SUR LES RÈGNES DE

LOUIS XV ET LOUIS XVI

ET SUR

LA RÉVOLUTION

Les éditeurs déclarent réserver leurs droits de traduction et de reproduction à l'étranger.

Ce volume a été déposé au ministère de l'intérieur (section de la librairie en mars 1886.

J. N. DUFORT
COMTE DE CHEVERNY
1731-1802

MÉMOIRES

SUR LES RÈGNES DE

LOUIS XV ET LOUIS XVI

ET SUR

LA RÉVOLUTION

PAR

J. N. DUFORT, COMTE DE CHEVERNY

INTRODUCTEUR DES AMBASSADEURS, LIEUTENANT GÉNÉRAL DU BLAISOIS

(1731 — 1802)

PUBLIÉS AVEC UNE INTRODUCTION ET DES NOTES

PAR

ROBERT DE CRÈVECOEUR

Ouvrage orné de deux portraits

TOME PREMIER

PARIS

LIBRAIRIE PLON

E. PLON, NOURRIT ET Cⁱᵉ, IMPRIMEURS-ÉDITEURS

RUE GARANCIÈRE, 10

1886

Tous droits réservés

INTRODUCTION

Les Mémoires autographes du comte Dufort de Cheverny sont restés en possession de ses descendants jusqu'en 1862, époque de la mort du dernier représentant du nom. Quoique la postérité de l'auteur soit encore fort nombreuse, ils passèrent alors dans les mains d'une personne étrangère à la famille, qui, peu de temps après, en faisait hommage à la bibliothèque de Blois.

Ils restèrent d'abord ignorés, et c'est en 1880 seulement qu'un érudit dont on connaît les remarquables travaux, M. Armand Baschet, en publia des extraits dans le *Cabinet historique*. Plus récemment, M. Vatel leur a fait quelques emprunts pour sa consciencieuse *Histoire de madame du Barry*, et M. Auguste Rey les a utilisés largement dans une étude intéressante intitulée *le Château de Leumont*. Mais la dernière partie des Mémoires, la plus curieuse peut-être, était encore à peine connue; seul, un écrivain blaisois, M. Dupré, l'avait mise à contribution pour un petit travail d'histoire locale : *les Souvenirs de Blois sous la Terreur*. L'éminent auteur des *Origines de la France contemporaine*, M. Taine, l'a explorée à son tour, et il a trouvé à y recueillir, pour son troisième volume de la Révolution, des citations nombreuses qui attestent hautement la valeur documentaire de ces souvenirs.

Ce sont là des témoignages qui prouvent que non-seulement l'œuvre n'est pas indigne du public, mais qu'elle est même appelée à tenir un rang distingué parmi les écrits du même genre que nous a légués le siècle dernier. Pourtant, malgré ces encouragements, les Mémoires restaient inédits, et nul ne paraissait songer à les publier.

Arrière-petit-fils du comte de Cheverny, j'ai cru remplir une sorte de devoir en me chargeant de la tâche que personne ne revendiquait, et en mettant sous les yeux du public la curieuse autobiographie qui n'est connue maintenant que de quelques érudits.

Avant de dire comment j'ai compris mon rôle d'éditeur, je commencerai par chercher à définir le caractère de l'ouvrage, pour en tracer ensuite à grands traits les lignes principales.

Et d'abord, il ne s'agit pas ici de souvenirs écrits au jour le jour. C'est en 1795, au sortir de la Terreur, que l'auteur, lassé de tant d'émotions, et cherchant dans le passé une diversion aux tristesses du présent, a entrepris de rédiger l'histoire de sa vie. « C'est pour moi seul et pour « mon seul plaisir », dit-il dans sa préface, et c'est une indication sur laquelle il importe d'insister. Elle explique les défauts comme les qualités de l'œuvre. M. Dufort écrit au courant de la plume, sans grand souci de l'ordre ni des transitions, sans recherche de style, souvent même avec une négligence qui nuit à la clarté, mais en même temps avec une ingénuité, une simplicité bien rares dans les écrits de cette époque, qui fatiguent trop souvent par leur pathos sentimental ou leur légèreté cynique.

Il a surtout une qualité inestimable, c'est la sûreté de sa mémoire; s'il commet des erreurs de dates, c'est qu'il néglige de coordonner ses souvenirs; mais on le trouve bien rarement en défaut sur les personnages qu'il met en scène. Et ce ne sont pas seulement des parents et des amis, ou quelques personnalités connues; c'est, on peut le dire, la société tout entière qu'il fait défiler sous nos yeux, presque depuis le commencement du règne de Louis XV jusqu'à la Révolution (je ne m'occupe ici que de cette première période), traçant le portrait de chacun, indiquant sa famille, ses tenants et aboutissants, avec une précision qu'on ne peut se lasser d'admirer. Princes et grands seigneurs, abbés ou magistrats, financiers et militaires, philosophes, lettrés, savants, artistes, tous, jusqu'au dernier comparse, ils sont là devant nous, dans leur milieu respectif, dans leur vie de chaque jour, parlant et agissant avec le naturel le plus parfait. Rien d'apprêté dans ces esquisses. L'auteur ne se donne ni pour un philosophe ni pour un peintre de mœurs; sa prodigieuse mémoire lui remet sous les yeux la scène complète avec ses détails les plus minutieux, et il se borne à la reproduire fidèlement. Sa prolixité même, parfois un peu exagérée, fait ressortir encore et fixe mieux dans l'esprit toutes ces physionomies diverses.

Qu'on ne cherche pas d'ailleurs, dans ses récits, de l'histoire proprement dite; s'il y touche par instants, ce n'est que par le côté anecdotique. Il ne manque ni d'esprit ni de finesse, il a été admirablement placé pour observer; mais il ne voit tout qu'à son point de vue mondain. Il s'inquiète bien, çà et là, des interminables querelles de la cour et du parlement, parce que ses parents ou ses amis s'y trouvent mêlés, mais il ne s'intéresse en aucune façon à la marche du gouvernement, pas plus qu'à la politique extérieure. La guerre de Sept ans, la guerre de l'Indépendance américaine passent pour lui presque inaperçues. Il ne faut pas beaucoup s'en étonner : le souci de la politique est une préoccupation toute moderne. Mais ce qui paraît plus surprenant, c'est qu'il n'a même pas l'air de soupçonner ce grand mouvement des esprits qui a préparé lentement et sûrement l'explosion révolutionnaire. Il écrivait, on l'a dit, en 1795 ; il pouvait, à peu de frais, se donner des airs d'augure en notant après coup les symptômes précurseurs. Mais non! la Révolution est pour lui une sorte de cataclysme imprévu, amené peut-être, favorisé tout au moins, par l'impéritie des gouvernants, mais dont les origines réelles lui échappent absolument. Quand, dans la prison de Blois, l'intelligent Du Buc lui fait part de ses vues sur les causes premières du grand événement, il semble qu'on lui ouvre un horizon nouveau.

Faut-il beaucoup regretter cette absence d'esprit philosophique? J'oserai dire qu'à mes yeux elle fait en partie l'attrait de ces mémoires. Bien rares sont les hommes d'un esprit assez élevé pour juger sainement les choses de leur temps. Les préjugés, les questions de personnes, mille causes diverses faussent aisément les idées, lorsqu'il s'agit d'événements auxquels on a été mêlé de près ou de loin, et nous sommes à bon droit disposés à douter de la véracité d'un narrateur qui semble chercher des arguments à l'appui d'une thèse préconçue. N'est-il pas permis de préférer à ce témoin suspect l'observateur un peu superficiel, mais sincère, qui raconte sans conclure, et se borne à nous présenter les faits, en nous laissant le soin de les apprécier?

La première portion des Mémoires, la seule dont j'aie parlé jusqu'ici, offre donc un tableau très-vivant et très-vrai de la haute société, depuis le milieu du dix-huitième siècle jusqu'à la Révolution. La dernière partie, par la force même des choses, revêt une physionomie toute différente. Après 1789, il n'est plus possible de se désintéresser de la politique, et l'histoire, en quelque sorte, se vit chaque jour et partout. Aussi, ce ne sont plus maintenant des études de mœurs ou des anecdotes piquantes que nous avons sous les yeux, c'est la vie d'un homme aux prises avec toutes les difficultés, avec tous les dangers de l'époque.

L'auteur n'a pas émigré; il a passé le temps de la crise à Blois ou dans son château de Cheverny, et il décrit jour par jour toutes les phases de la Révolution dans sa province. On sait combien sont rares les documents de ce genre; celui-ci, on peut l'affirmer, est un des plus complets et des plus curieux que l'on connaisse, et il mérite, la preuve en est déjà faite, la sérieuse attention des historiens.

Après ces quelques réflexions, cherchons à donner un aperçu de l'ouvrage lui-même.

Jean-Nicolas Dufort est né, en 1731, d'une famille de robe riche et bien apparentée qu'il nous présente d'abord dans toutes les formes. Puis il raconte avec simplicité ses souvenirs d'enfance et nous fait connaître ses premiers amis; il peint au naturel l'éducation d'un jeune garçon de sa classe, éducation bien incomplète et que vient encore interrompre la mort prématurée de ses parents. A quinze ans, il est presque émancipé; gouverneur et professeurs sont les très-humbles complaisants du riche héritier, qui promène sa fantaisie de son beau château de Saint-Leu aux spectacles de Paris, et plus tard ailleurs encore.

Bientôt arrive le moment de choisir une carrière. Le jeune homme pencherait pour les armes, mais les parents de robe, gens graves et pratiques, sont là qui opposent leur veto. On se refroidit, on se brouille presque. Heureusement s'ouvre une perspective nouvelle; une place d'introducteur des ambassadeurs va se trouver vacante. Le jeune Dufort a, dans la maison du Roi, des parents qui facilitent la négociation et le font agréer.

Le voilà donc, à vingt ans, débutant dans ce monde de la cour où il faut apprendre à s'orienter; le voilà aussi contraint d'étudier toutes les minuties de l'étiquette.

C'est avec un certain dédain qu'il parle, à quarante ans de distance, de ce formalisme un peu puéril, mais en même temps il met une complaisance visible à rappeler dans tous ses détails l'imposante entrée du comte de Kaunitz. Il faut du reste lui rendre justice, il n'abuse pas de ce genre de comptes rendus. Il aime mieux nous peindre la cour, qu'il connaît bientôt à fond, grâce à ses relations de famille; il s'attache à étudier Louis XV, qu'il aime et qu'il respecte, mais dont le caractère étrange reste pour lui une énigme. Aussi accumule-t-il les anecdotes sur les singularités royales, et ce n'est pas une des moindres curiosités du livre que ce réquisitoire involontaire. Disons pourtant, à la louange du Roi, que nos Mémoires mettent à néant une légende trop souvent répétée. Qu'on lise le récit de la mort et du convoi de madame de Pompadour, récit qui a tous les caractères de l'authenticité, et l'on verra ce qu'il faut penser du mot froid et cruel qu'on a mis dans la bouche de son royal amant.

On aurait, dans ces peintures de la cour, à signaler beaucoup de portraits intéressants, non pas, d'ordinaire, dessinés d'un seul jet, mais composés de traits épars qui marquent bien la physionomie des personnages. C'est la reine Marie Leczinska, presque isolée dans son cercle de vieux amis, et sachant maintenir son rang avec une bonhomie un peu hautaine; le Dauphin, homme sérieux égaré dans ce monde léger; la Dauphine, une honnête femme, mais jalouse et revêche; madame de Pompadour, la toute-puissante maîtresse, presque imposante quand on la compare à la grisette qui va lui succéder, et son frère Marigny, un bourru vaniteux, mais doué comme elle d'un vrai sens artistique; les princes maintenant, et, parmi eux, cet étrange comte de Charolais, qui, on ne sait comment, a trouvé le moyen d'éveiller la sympathie de M. Dufort; puis d'Argenson, Breteuil, Bernis; un peu plus tard, le duc de Choiseul, sur lequel les Mémoires s'étendent longuement, et tant d'autres, grands et petits, qu'il serait impossible de nommer ici.

Les séjours de Versailles, de Compiègne et de Fontainebleau ne sont, du reste, que des épisodes dans la vie mondaine du jeune introducteur. Paris est toujours le centre qui l'attire, et jamais il n'a été plus répandu. Il nous fait entrer avec lui dans le tourbillon de cette société naïvement corrompue, à la fois élégante et grossière, profondément ignorante et s'intéressant pourtant, non sans goût quelquefois, aux choses d'art et de littérature. Nature faible, quoique foncièrement honnête, il se laisse doucement aller à cette existence frivole; par bonheur, une passion sérieuse, mais qui, elle aussi, porte bien l'empreinte de l'époque, le retient un peu sur la pente des plaisirs faciles.

On vivait vite en ce temps; à vingt-cinq ans sa jeunesse a jeté son feu, et il songe au mariage, avec plus de sérieux, semble-t-il, qu'on ne le faisait alors. Son choix, du reste, est heureux. Mademoiselle Le Gendre est non-seulement une charmante personne, aimable et spirituelle; elle a aussi des qualités plus solides qui en feront une compagne dévouée dans les bons et les mauvais jours. Son jeune mari devient, il nous l'assure, un modèle de sagesse, et on doit l'en croire sur parole. Mais sa vertu, si vertu il y a, est aimable et indulgente, et ne nuit pas à ses amusements.

L'attentat de Damiens met bientôt dans le récit une note plus grave. Un voyage aux Pyrénées et dans le Midi apporte à son tour un peu de variété et nous montre de nouveaux personnages, tels que Jelyotte, le chanteur homme du monde, et l'Espagnol Olavidès, que l'on suivra tous les deux jusqu'à la fin du livre. Plus loin, c'est Sedaine qui devient un ami très-intime et occupe dans les Mémoires une place considérable, et M. de Sartine, le lieutenant de police, un camarade d'enfance retrouvé.

Quelques années encore, et nous sommes transportés sur un théâtre nouveau. Comme tous les hommes de son monde, M. Dufort a dépensé sans compter; sa fortune est compromise, et il faut prendre un grand parti. Plus sage que bien d'autres, il se décide à quitter Paris, à vendre Saint-Leu et à acheter une terre en province. Il trouve à céder sa charge d'introducteur, et, après de longues négociations dans lesquelles Marigny joue un rôle peu aimable, il acquiert en même temps le beau château de Cheverny et la lieutenance générale du Blaisois.

Le voilà devenu un gros seigneur foncier, car Cheverny, l'ancienne terre du chancelier Hurault, est une des grandes possessions de la province. Quant à la charge, elle est sans fonctions, mais elle procure quelques distinctions que le nouveau titulaire, tout en s'en défendant, ne laisse pas que d'apprécier. Les voisins d'ailleurs sont charmants, les paysans d'un bon naturel, et l'amitié de l'intendant d'Orléans, M. de Cypierre, ajoute encore à l'importance du nouveau lieutenant général, en faveur duquel Cheverny est réérigé en comté.

Il s'habitue bien vite à ce changement de vie. Ce n'est point un exil, du reste, et il n'est pas condamné à vivre toujours sur son domaine. Chaque année, il passe quelques mois à Paris et va prendre l'air de Versailles et des cabinets du Roi, où il a conservé ses entrées. C'est alors qu'il combine, avec ses agréables amis des deux sexes, ces voyages de plaisir où, pendant des semaines, on se réunit à dix ou vingt dans quelque château hospitalier. On n'est pas oisif dans ces réunions, l'amusement y devient presque un travail ; comédies, pantomimes, musique, fêtes champêtres se succèdent sans relâche, et le rôle de maître de maison exige une dose d'activité, d'imagination et de bonne humeur dont on n'a pas l'idée de nos jours. Notre auteur était passé maître dans l'organisation de ces spectacles, et il se complaît à nous en donner de curieuses descriptions. Remarquons, en passant, ce Thouvenon, ex-arlequin, devenu à Cheverny une sorte d'intendant des menus-plaisirs, et qui, détail caractéristique, cumule avec ces attributions joviales la grave fonction de sergent du comté.

Le temps a marché ; le duc de Choiseul est en disgrâce, et le comte Dufort, jadis son obligé, ne manque pas de se joindre à la foule d'amis qui font à l'exilé une véritable cour. Nous y gagnons quelques pages agréables sur Chanteloup, et aussi quelques échos intéressants des conversations de l'ancien ministre.

Voici que les longues résistances du Parlement ont amené un coup d'État qui fait presque autant de bruit qu'une révolution. Le parlement Maupeou est installé ; grand émoi dans la haute robe, qui tient par ses alliances à l'aristocratie tout entière. Aussi le déchaînement est-il général ; les femmes elles-mêmes s'en mêlent et cherchent à ramener les égarés « dans l'ordre des honnêtes gens ».

Louis XV est mort. On entre dans un règne nouveau, dont les heureux débuts laissent si peu pressentir l'horrible dénoûment. On se réjouit de voir le Parlement rétabli ; on exalte la bonté du Roi, que l'on ridiculisera ensuite ; on admire la simplicité de la Reine, qui sera accusée plus tard d'avoir détruit le respect en détruisant l'étiquette.

Nous tombons maintenant dans un fourmillement d'anecdotes de tout genre ; il semble qu'avant d'en finir avec l'ancien régime, l'auteur prenne à tâche de vider jusqu'au dernier casier de sa mémoire. Voici Pezay, poëte, militaire, homme d'État, et surtout intrigant, qui, à trente ans, vient mourir brusquement près de Cheverny, dans son pseudo-marquisat, au moment où, vrai signe des temps, il allait peut-être monter au pinacle. Signalons aussi le piquant récit d'un dîner avec la comtesse du Barry, déchue, mais toujours séduisante; et enfin le portrait du comte d'Osmont, type très-original de viveur et de joueur de bonne compagnie, auquel son ami a consacré un chapitre entier, qui n'est pas un des moins curieux du livre.

Puis, la toile tombe; la comédie est finie, nous passons au drame.

Le prologue de la Révolution est assez terne dans ce coin du royaume. On s'agite pour les assemblées de provinces et de départements, mais ce sont de mesquines compétitions de personnes. Les élections aux états généraux ne sont guère plus imposantes : là encore, beaucoup de petites intrigues. C'est à Paris seulement que bientôt l'intérêt commence à se dessiner; c'est là qu'on peut soupçonner vaguement les grands événements qui se préparent. M. Dufort entend les premiers grondements de l'émeute, et, tandis que ses amis effrayés commencent à émigrer, lui va se réfugier à Cheverny. Il n'y est pas longtemps tranquille. Quel étrange épisode que cette panique qui saisit toute la France au même jour, presque à la même heure, qui fait fuir sans raison, sans prétexte même, les populations effarées! mystérieux affolement, pressentiment peut-être du sombre avenir si prochain et si peu attendu. Voici l'insurrection, maintenant, et aussi la garde nationale, deux sœurs jumelles; puis les premières élections populaires, grand spectacle devenu bientôt banal : à Paris, le club des Jacobins, la puissance nouvelle, et le triste tableau de la Cour, qui se débat faible et inconsciente devant le flot qui monte.

Il monte aussi en province. La persécution religieuse a commencé, et elle va durer jusqu'au Consulat. A Blois, Mgr de Thémines, une grande et noble figure de prélat, se retire dignement devant Grégoire, l'évêque élu, qui, malgré ses erreurs et ses fautes, a encore quelque chose du prêtre, mais qui s'entoure d'apostats répugnants, comme l'ex-Capucin Chabot. On expulse des paroisses les prêtres insermentés qui font place aux curés constitutionnels, en attendant que la déesse Raison vienne chasser Dieu lui-même de ses temples. Les clubs s'organisent, et quelques poignées de jacobins, écume de la population ou étrangers sans aveu, dominent le pays.

Nous sommes au Dix août. Un vieil ami du comte Dufort, Vioménil, officier énergique, se dévoue vainement pour organiser la défense; il meurt misérablement de ses blessures dans la cave où il s'est réfugié. L'émigration s'accentue alors, et il y a quelque courage à résister au courant. Chaque jour la situation se tend davantage. Dans le Blaisois, nouvel affolement : un noyau d'énergumènes, venant on ne sait d'où, sans but bien défini, passe comme une trombe, entraînant tout sur son passage, nobles, paysans, bourgeois, municipalités. C'est un véritable exode, qu'arrêtent seuls les canons de la garde nationale d'Orléans.

Voici la date fatale, le grand crime et la grande faute de la Révolution : la mort du Roi! Et alors c'est le débordement et le chaos, l'omnipotence des clubs et des comités, les réquisitions, les arrestations, les vexations de tout genre. Le Blaisois n'échappe pas à la tourmente, et pourtant c'est un brave petit pays où, chose rare, les honnêtes gens résistent vaillamment, et arrivent presque à maintenir un ordre relatif. Mais que faire contre un pouvoir qui gouverne avec la pire populace, casse les élections sans vergogne, et administre par ses proconsuls ?

La crise est dans sa période aiguë, et la guillotine frappe sans relâche ; on la trouve encore trop lente. Un convoi de huit cents prisonniers : paysans, prêtres et suspects, est parti de Saumur pour Orléans. Six cents périssent en route, fusillés, égorgés ou noyés par l'ordre des chefs de l'escorte ; on en fusille dix à Blois, simplement « pour donner un exemple au peuple ». Et voyez les figures des terroristes mêlés à toutes ces atrocités, les Velu, les Rochejean, Hésine, Gidouin, et autres ; le premier d'abord cordonnier, puis maître d'école, ivrogne et brutal, vrai type du sans-culotte de la rue ; les autres, prêtres défroqués, professeurs, hommes de loi, moins grossiers, mais plus dangereux. Ils sont peu nombreux, mais comme ils se multiplient ! Orateurs de carrefours, clubistes, administrateurs, juges, comptables quand ils le peuvent, ils mènent ou plutôt ils désorganisent tout.

L'auteur, alors, vit retiré chez lui, sans relations, sans correspondances (on ouvre toutes les lettres). Il n'a plus de nouvelles que par les journaux ; le cœur serré, il parcourt le nécrologe quotidien, et chaque jour c'est un nom aimé ou connu qui vient s'ajouter à la liste funèbre. Ses amis de Blois n'échappent pas à la proscription. M. de Salaberry, son beau-frère, un optimiste, un homme à idées généreuses, qui a accepté toutes les fonctions électives, qui est adoré dans le pays, est envoyé au tribunal révolutionnaire et n'en revient pas. Qui en revenait ? Plus prudent par caractère, M. Dufort s'est tenu à l'écart ; mais son tour vient aussi. On l'arrête à Cheverny, pour le conduire à Blois dans le *repaire des sus-*

pects, prison bénigne d'ailleurs, grâce à l'humanité des officiers municipaux, mais dont un caprice de représentant en mission peut faire l'antichambre de la guillotine. Il y reste près de quatre mois, en bonne et nombreuse compagnie, moins triste et moins découragé, malgré les dangers de la situation, que pendant les jours d'angoisse qui ont précédé son arrestation.

La France respire un moment au Neuf thermidor; les prisons se vident peu à peu, et M. Dufort retourne à Cheverny, ce beau domaine qui a failli lui coûter si cher. « Comment, vous vivez encore! » lui dit *avec une naïveté pénétrante* le représentant Laurenceot, en admirant l'habitation. Voici Paris maintenant, Paris qui sort tout palpitant de ces deux années de terreur. Ce n'est plus la même ville; les figures ont changé : il y a tant d'absents et tant de morts! les mœurs et les habitudes ont changé bien plus encore. Et quel bouillonnement de passions! Les modérés sont dans l'ivresse du triomphe, et les jacobins se cachent; mais bien des fois encore ils relèveront la tête.

Jusqu'au Consulat, on vit péniblement au jour le jour, dans des alternatives de calme et d'agitation, et le faible Directoire ne se soutient que par un système de bascule qui plonge la nation dans le dernier degré de l'anarchie. Ce n'est pourtant plus la Terreur, quoique souvent encore ce soit la persécution; on a quelque liberté, on correspond, on voyage. M. Dufort assiste à Vendôme au début du procès Babeuf; il retourne une seconde fois à Paris, dont il achève de nous peindre l'aspect nouveau, et revient à Blois pour rencontrer l'attristant convoi des déportés de Fructidor.

Impossible d'analyser, même sommairement, la fin des Mémoires. L'histoire de la Révolution ne présente plus alors de ces grandes lignes autour desquelles viennent se grouper les faits accessoires, et le désordre du pays semble se refléter dans les souvenirs de l'auteur. C'est une accumulation de nouvelles locales, de correspondances de Paris, de notes et de réflexions sur les mesures gouvernementales et sur les personnages en vue, sans autre liaison que l'ordre du temps, mais non sans intérêt. En 1799, M. Dufort a la douleur de perdre son fils aîné; à ce chagrin viennent se joindre de graves embarras de fortune. Son Journal se ressent de ses préoccupations, et les lacunes y deviennent fréquentes. Le coup d'État du 18 brumaire survient pendant une de ces interruptions; c'est seulement dix mois après, en septembre 1800, qu'il reprend la plume, et ses dernières pages sont presque entièrement consacrées au tableau de la réorganisation de la France et à l'appréciation du caractère du premier consul. Il y a là quelques passages curieux, parce qu'ils peignent bien l'état de l'esprit public, lassé du désordre, appelant la dictature, mais discutant et dénigrant l'homme devant lequel tous vont bientôt se taire et plier le genou, et qui, suivant l'expression de l'auteur, deviendra « plus roi que ne l'a jamais été Louis XIV ».

La Révolution, celle-là du moins, est finie, et le livre se termine avec elle. M. Dufort touche du reste à ses derniers jours, et ils sont loin d'être heureux. Ruiné sans avoir émigré, par le seul fait des mesures révolutionnaires, il a le chagrin de voir vendre sa belle terre de Cheverny, mais il n'a pas le courage de donner à ses Mémoires cette triste conclusion; il cesse brusquement d'écrire au milieu de l'année 1801, sept mois avant sa mort.

En six ans, il avait terminé, avec une patience et un esprit de suite merveilleux, un récit qui embrasse plus des deux tiers d'un siècle, et qui, malgré ses imperfections, restera comme un document précieux pour l'histoire du temps, parce qu'il est honnête et vrai.

Maintenant qu'on a pu se former une idée générale de l'ouvrage, qu'il me soit permis d'indiquer brièvement les modifications que j'ai dû apporter à sa forme primitive.

Il est à peine besoin de dire que des souvenirs comme ceux-ci, écrits par forme de passe-temps, et sans aucune prétention historique ou littéraire, renferment bien des passages dépourvus d'intérêt, et qu'on ne pouvait songer à publier. L'extrême incorrection du style nécessitait aussi de nombreuses retouches. C'est avec beaucoup de soin et de scrupule que j'ai fait ce double travail, tenant essentiellement à conserver aux Mémoires leur caractère et leur physionomie. Ce ne sont pas des extraits que le lecteur a sous les yeux, mais l'œuvre même de l'auteur, débarrassée, autant que possible, des répétitions, des longueurs et des inutilités.

Dans un ordre d'idées différent, j'ai dû pratiquer d'autres corrections, en fort petit nombre d'ailleurs : dissimuler certains noms, supprimer des faits touchant de trop près à la vie privée, et aussi, sans toutefois montrer une pruderie excessive, retrancher des anecdotes trop risquées. Je ne crois pas avoir à m'excuser de ces quelques suppressions; si désireux que l'on puisse être d'intéresser ou d'amuser le lecteur, il est des bornes que l'on ne saurait franchir sans manquer au respect que l'on doit à la mémoire de l'auteur, comme à sa propre dignité.

Je devais ces explications sur la partie de mon travail qui échappe nécessairement au jugement du public; il en est une autre qu'il a sous les yeux, et qu'il peut apprécier par lui-même.

Je n'insisterai pas sur les divisions du livre. L'auteur avait seulement indiqué quatre grandes périodes; tout en respectant cette coupure, j'ai pensé qu'il était utile de partager l'ouvrage en chapitres, dont les sommaires pourront servir de guides dans ce long récit.

Les notes ont formé la partie la plus laborieuse de ma tâche, et j'ai cherché à les mettre en rapport avec le caractère des Mémoires. Ainsi, dans la période antérieure à 1789, sorte de tableau mondain qui met en scène des personnages si nombreux, je me suis surtout préoccupé de la biographie. Plus tard, lorsque le récit touche de près à l'histoire, j'ai, sans négliger complétement les notes personnelles, donné sur les événements et les mesures législatives les éclaircissements qui m'ont paru nécessaires. Dans ce dédale de faits et de noms, j'ai pu sans doute m'égarer plus d'une fois et commettre des erreurs pour lesquelles je réclame l'indulgence, mais on reconnaîtra, je l'espère, que le travail a été fait avec soin, et que les éléments en ont été pris aux meilleures sources.

En dehors des ouvrages de tout genre que j'ai consultés, j'ai eu à ma disposition quelques documents inédits qui m'ont été d'un grand secours; j'ai trouvé, notamment, des particularités intéressantes sur l'auteur et sur ses parents ou alliés, dans les papiers de famille qu'a bien voulu me communiquer mon oncle, M. le marquis des Méloizes-Fresnoy, ancien conservateur des forêts à Bourges. C'est aussi grâce à lui que j'ai pu faire reproduire les deux beaux portraits du comte et de la comtesse de Cheverny dont il possède les originaux.

Je tiens à lui exprimer ici toute ma gratitude, ainsi qu'aux personnes, trop nombreuses pour les nommer, qui ont eu la bonté de me venir en aide par leurs communications ou leurs conseils.

R. DE CRÈVECOEUR.

MÉMOIRES

DU COMTE

DUFORT DE CHEVERNY

PRÉFACE

(1795)

J'ai eu au mois de février dernier soixante-quatre ans, et ma mémoire est présente sur tous les événements de ma vie. Plus je descends au fond de moi-même, plus je sens que mon imagination a besoin d'être occupée.

Je me suis donc déterminé à entreprendre ce travail qui sera de longue durée. C'est pour moi seul et pour mon seul plaisir. Si la goutte, la paralysie, enfin tous les maux qui affligent l'humanité viennent m'assaillir, ma mémoire défaillante y retrouvera le portrait fidèle des gens avec qui j'ai vécu, tels que j'ai cru pouvoir les juger.

Je dirai tout; mes anecdotes particulières, celles publiques et secrètes que j'ai été à portée de voir y seront déposées fidèlement.

Je diviserai ces Mémoires en quatre époques bien distinctes : la première, depuis ma naissance jusqu'à mon mariage ; la seconde, depuis mon mariage jusqu'à l'achat de Cheverny ; la troisième, depuis cette époque jusqu'à la Révolution ; et enfin, la dernière, jusqu'au moment où, les forces m'abandonnant, je devrai nécessairement terminer cet ouvrage.

Ce sera un manuscrit pour ma bibliothèque tant que je vivrai : je ne désire rien de plus.

PREMIÈRE ÉPOQUE
(1731-1755)

CHAPITRE PREMIER[1]

Les parents de l'auteur. — Son enfance; ses camarades. — Le château de Saint-Leu. — Quelques souvenirs : la famille Quentin; Zaïd-Effendi; le mariage de Madame Infante. — Les Soullet à Colombes; le voisinage. — L'auteur perd ses parents. — L'éducation d'un héritier; gouverneurs et professeurs. — Le duel du comte de Coigny et du prince de Dombes. — Velléités d'indépendance; l'Opéra; madame Florence; la marchande de galons. — L'Académie de Jouan. — Un cocher de fiacre colonel. — Premiers amis. — La famille Mercier.

Je suis né rue Neuve des Petits-Champs, à l'hôtel Saint-Pouenge[2], le 3 février 1731.

Jean Dufort, mon grand-père[3], que j'ai connu puisqu'il n'est mort qu'en 1743[4], était de ces vieux magistrats à perruque à la Louis XIV, simple comme la loi, d'une probité exemplaire, portant un vieil habit et des souliers carrés. Ayant hérité de la moitié des biens de la famille de Grandval,

---

[1] M. Dufort avait, au début de ses Mémoires, donné sur sa famille et celles qui lui sont alliées des détails assez longs et qui ne manquent pas d'un certain intérêt. On a craint cependant de fatiguer l'attention du lecteur par cette énumération d'alliances, et les quelques pages qui ont été supprimées ici figurent aux *Pièces justificatives*. On y trouve des renseignements sur les familles Poyrel de Grandval, Dupuis, Soullet, Le Tessier de Montarsy, Félix, etc.

[2] L'hôtel Saint-Pouenge avait appartenu aux Chabannais de Saint-Pouenge, branche de la famille Colbert.

[3] Jean Dufort, maître des comptes en 1692, après son oncle Pierre; il avait épousé Élisabeth Poyrel de Grandval.

[4] Au numéro 18 actuel de la rue de Richelieu. (Vitu, *Maison mortuaire de Molière*, p. 103.)

il avait été obligé d'en conserver l'appareil. Il avait un maître d'hôtel tout galonné et des plus élégants, ce qui ne contrastait pas mal à mes yeux avec sa simplicité.

Mon père, Joseph-Pierre Dufort[1], né à Paris au commencement du siècle, n'avait qu'une sœur, mademoiselle Dufort[2], un peu contrefaite. Mon grand-père, ayant perdu sa femme, ne tarda pas à les doter tous les deux et à établir son fils, qui se décida pour la fille de M. Soullet, conseiller de Grand'Chambre au Parlement[3]. Belle et fraîche, douce, aimable, bonne, charitable, elle fixa le cœur de mon père, qui la préféra à plusieurs partis qu'on lui présentait. Il l'épousa à Saint-Roch en 1729, eut une fille en 1730, et je naquis en 1731.

A l'âge de quatre ans, je perdis ma sœur aînée qui, dit-on, mourut de jalousie des préférences qu'on me donnait.

Nous habitions tous la même maison, de sorte que mon grand-père et ma tante tenaient leurs maisons ensemble et avaient toujours du monde; mon père et ma mère avaient leurs gens et leur maison à part.

Dès que je pus jouir des promenades publiques, on me donna un précepteur, et nous nous liâmes avec les instituteurs et les jeunes gens du voisinage : M. d'Alincourt, depuis duc de Villeroi[4]; M. de Salaberry, depuis président de la Chambre des comptes[5]; M. de La Borde, depuis premier valet de chambre du Roi, et ensuite fermier général[6]; M. le

---

[1] Joseph-Pierre Dufort, chevalier, seigneur de Saint-Leu, maître des comptes en 1718, marié en 1729 à Agnès-Françoise Soullet.

[2] Élisabeth-Marie Dufort, morte fille en 1745.

[3] Nicolas Soullet, conseiller de 1697, marié en 1702 à Laurence-Françoise Le Tessier de Montarsy, fille de Pierre, écuyer, conseiller secrétaire du Roi, et de Anne Minot de Mérille. Il mourut en 1736. (*Mercure* de novembre.)

[4] Gabriel-Louis-François de Neufville, qui porta ensuite le titre de marquis de Villeroi, puis celui de duc, à la mort de son oncle, Louis-François-Anne, duc de Retz, puis de Villeroi, mort sans enfants. Il était né en 1731, et mourut sur l'échafaud en 1794.

[5] Charles-Victor-François d'Irumberry de Salaberry, qui devint le beau-frère de Dufort.

[6] Jean-Benjamin de La Borde (1734-1794), premier valet de chambre de Louis XV, fermier général, musicien distingué. Il épousa par amour, vers 1774,

marquis de Vertillac, rue Saint-Honoré, à côté de Saint-Roch [1]; M. le marquis de Vernouillet, depuis marquis de Romé [2]. La réflexion la plus triste qui vient affliger ma vieillesse, c'est que le duc de Villeroi, Salaberry, La Borde et Romé, que pour ainsi dire je n'avais pas perdus de vue, ont tous péri par le terrorisme sur l'échafaud, et qu'il n'existe plus que M. de Vertillac, émigré, et moi, de cette société qui avait commencé avec notre vie.

Mon père avait acheté la terre de Saint-Leu-lez-Taverny [3] d'un M. Baille.[4] Cette terre, dans la vallée de Montmorency, offre la vue la plus magnifique possible; du salon, on compte trente-trois villages et sept villes. J'y venais passer les vacances.

Mon précepteur, l'abbé Pupin, était le meilleur homme possible, mais sans grande lumière; c'était plutôt une *mie* pour me soigner. Je me rappelle qu'au milieu d'une pièce d'eau portant bateau, on avait établi une huche à poisson et auprès un logement pour les cygnes; mécontent ou ennuyé de ses sermons, je lui proposai d'aller y raccommoder quelque chose; à peine fut-il descendu que je m'éloignai avec le bateau et le laissai en pénitence; il se vengea, et je fus emmené au collége d'Harcourt, huit jours avant la fin des vacances. J'y étais entré à l'âge de sept ans, et j'y suis resté jusqu'à quinze.

Je me souviens d'avoir été conduit fort jeune chez M. Quentin de Champlost [5], au vieux Louvre, tandis qu'on

---

une femme d'esprit, Adélaïde-Suzanne de Wismes, qui a laissé plusieurs ouvrages, et dont le frère a été directeur de l'Opéra.

[1] Probablement César-Pierre Thibaud de la Brousse, marquis de Vertillac, né en 1720, qui devint capitaine lieutenant de gendarmerie.

[2] Albert-Marie de Romé de Vernouillet, que l'on retrouvera plus loin.

[3] « Ce fut en 1735 que mon père acheta la terre de Saint-Leu-lez-Taverny. « Il rendit sa foi et son hommage pour le duché d'Enghien à M. le comte de « Charolais, qui représentait son neveu, le prince de Condé. » (*Note de l'auteur.*)

[4] Nicolas Baille, conseiller honoraire au grand Conseil. (A. Rey, *le Château de Leumont*, p. 11.)

[5] Jean Quentin, baron de Champlost, marié en 1703 à Angélique Le Tessier de Montarsy, sœur de madame Soullet.

attendait des nouvelles de la maladie du Roi à Metz[1], et je me rappelle avoir vu le peuple embrasser le cheval du courrier qui publiait la convalescence. Je n'oublierai jamais d'avoir vu, dans la rue Saint-Antoine, l'entrée que le Roi fit à son retour et les fêtes qui se donnèrent à cette occasion. Ce Champlost, mon grand-oncle, descendait de madame Quentin, femme de chambre de la Reine. Les mémoires du temps font mention du crédit dont elle jouissait[2]. Ces Quentin sont cousins germains des Quentin, marquis de Champcenetz[3], dont un descendant a malheureusement péri dans la Révolution; ils ont la même origine. Champlost[4], le dernier, est mort en prison après le 10 août; il était premier valet de chambre de Louis XVI. Son frère Mercy[5] a échappé pour périr ensuite.

J'ai encore présente à l'esprit la cavalcade de l'ambassadeur turc[6] que je vis passer dans la rue Saint-Honoré, vis-à-vis l'Oratoire, et la visite que j'allai lui faire rue de Tournon. Il me caressa, vu mon jeune âge, et je ne cessai de l'appeler Notre Saint Père, le confondant dans mon idée avec le Pape, ce qui m'attira mille caresses et mille distinctions auxquelles je ne devais pas m'attendre.

Je me souviens aussi de l'inondation qui fit détruire la

[1] En 1744.
[2] Marie-Angélique Poisson, première femme de chambre de la Dauphine, femme du grand Dauphin. Elle avait épousé Jean Quentin, sieur de Villiers-sur-Orge, barbier et perruquier privilégié de Louis XIV, sur lequel on trouve de curieux détails dans le *Dictionnaire* de JAL. Les *Mémoires de Saint-Simon* et le *Journal de Dangeau* parlent à différentes reprises de madame Quentin.
[3] François Quentin de la Vienne, frère de Jean Quentin, d'abord barbier étuviste, devint premier valet de chambre du Roi, et prit le titre de marquis de Champcenetz. A sa mort, en 1710, son fils Louis lui succéda.
[4] Jean-Marie, deuxième baron de Champlost, né en 1740, gentilhomme ordinaire du Roi en 1757, premier valet de chambre en 1761, marié en 1769 à Charlotte Le Bas-de-Courmont.
[5] Charles-Jean-Marie, né en 1742, dit le chevalier de Champlost de Mercy, puis le comte de Champlost. Il devint mestre de camp de cavalerie.
[6] Zaïd-Effendi, qui fit son entrée à Paris le 7 janvier 1742, et fut reçu par le Roi le 11.

moitié des maisons du pont de la Tournelle [1]; en me menant au collége, sur le quai, on me fit voir aussi les maisons du pont au Change où le feu avait pris, et dont les habitants s'étaient précipités dans la rivière, pour éviter de devenir la proie des flammes. Beaucoup avaient péri.

J'ai oublié de raconter que je vis les fêtes [2] données pour le mariage de Madame Infante [3]. D'après les dessins de Servandoni, on avait bâti un temple tout en colonnes sur l'emplacement de la statue de Henri IV, au pont Neuf. Il se changea le soir en un feu d'artifice de toute beauté. Je vis le Roi paraître au balcon du jardin de Madame Infante, pour voir le feu d'artifice, donné au milieu de la Seine vis-à-vis des Quatre-Nations [4]. Ce spectacle commença à quatre heures par des jeux nautiques et finit à dix heures par des déguisements sans nombre. Sur l'eau, des bateaux décorés en gros poissons, en dauphins, en baleines, jetaient de l'artifice par leur bouche et leur corps. Les Invalides étaient illuminés d'une manière frappante par un double rang de lampions sur toutes les plinthes et l'architecture, avec un accompagnement d'ifs et de girandoles jusqu'au bord de l'eau, ce qui formait un parterre magnifique pour la foule de voitures qui se tenaient au Cours la Reine.

Ma mère voyait tout Paris; mon père était lié avec l'abbé Desfontaines [5], Voltaire et beaucoup de savants dans tous les

---

[1] C'est, croyons-nous, l'inondation du 25 décembre 1740. (*Journal de Barbier.*) On fit abattre par précaution, après la crue, un certain nombre de vieux bâtiments.

[2] Le 29 août 1739.

[3] Louise-Élisabeth de France (Madame première) (1727-1759), qui épousait l'infant Don Philippe, second fils de Philippe V et d'Élisabeth Farnèse. Le duc de Luynes (III, 31 s.) donne une description complète de cette fête.

[4] Le jardin de l'Infante, entre le Louvre et la Seine, était ainsi nommé, parce qu'il avait servi de promenade à la jeune infante Marie-Anne-Victoire, fille de Philippe V, qui avait dû épouser Louis XV et avait passé quelques années en France, d'où elle fut renvoyée en 1725. Elle mourut reine de Portugal en 1781. — Le collége Mazarin ou des Quatre-Nations est devenu le palais de l'Institut.

[5] Jean-François Guyot-Desfontaines (1685-1744); d'abord très-lié avec Voltaire, il eut ensuite avec lui une querelle qui est restée célèbre.

arts et sciences, tels que Peirard, accoucheur [1], Dumoulin [2], Jussieu [3], Fontenelle, La Peyronie [4], Pousse, médecin [5]. Il les traitait régulièrement les mercredis et samedis, jours de congé; il voulait ainsi me former le goût.

Ces dîners me plaisaient, surtout lorsqu'un certain abbé Trublet [6], fameux pour son amitié pour Fontenelle, s'y trouvait. Cet homme, après avoir été le précepteur de M. Soullet, frère de ma mère, avait voulu compiler et prendre un nom. Il protégeait Rigoley de Juvigny [7], qui, dans ce temps-là, faisait le suppléant du sacristain des Nouvelles-Catholiques, petite église où notre société d'enfants était réunie régulièrement tous les jours. Lorsqu'à dîner ces messieurs se mettaient en gaieté, l'abbé Trublet et Juvigny en étaient ordinairement les plastrons.

Le reste du temps, mon père s'occupait au milieu des livres, ou allait à la Comédie française et le soir se réunissait avec sa femme qui attirait chez elle la meilleure compagnie, tels que le marquis et la marquise de Tessé [8], et de plus tous nos parents dans la robe et dans l'épée, les Beaujeu, Bouthillier, Bragelongne, Caumont, la présidente Feydeau, les Pelletier, les Turgot, les Turpin de Crissé, etc.

---

[1] Ou Pérat (*Journal de Narbonne*), ou Peyrat (Luynes). Il était accoucheur de la Reine.

[2] Médecin fort connu, qu'on retrouvera plusieurs fois dans ces Mémoires.

[3] Le nom est douteux dans l'original.

[4] François Gigot de la Peyronie (1678-1747), premier chirurgien du Roi.

[5] Médecin éclairé, mais fort original. Il en est question dans les *Mémoires* de madame du Hausset, du duc de Luynes, etc.

[6] Nicolas-Charles-Joseph Trublet (1697-1770), auteur obscur, qui entra à l'Académie en 1761. C'est à lui, dit-on, que s'applique le vers de Voltaire :

« Il compilait, compilait, compilait... »

[7] Jean-Antoine Rigoley de Juvigny, littérateur, mort en 1788. Il fut conseiller honoraire au Parlement de Metz et membre de l'Académie de Dijon. Cousin germain du baron Rigoley d'Ogny, il obtint par lui, au moment de l'affaire du cardinal de Rohan, une place dans le *Secret de la poste*.

[8] Il s'agit probablement de René-Marie-Cyr de Froulay, marquis de Tessé (1707-1742), grand écuyer de la Reine, marié en 1735 à Marie-Charlotte de Béthune.

Mon grand-père paternel [1] possédait une maison de campagne à Colombes, près Argenteuil. On y voyait un vestibule de trente pieds d'élévation en dôme, un péristyle, un salon bas antique et différents appartements. C'était l'ancienne maison de campagne des Poncher. Mon grand-père y passait six mois de l'année avec mademoiselle Dufort et avec les dames qui faisaient jadis la compagnie de sa femme et de son beau-père.

Il avait gardé les domestiques de son beau-père, tous vieux et riches; il y avait une famille de jardiniers, nommés Rossignois, qui était attachée à la maison depuis cent ans, et à la fille desquels je paye encore une pension.

Le château qui n'était qu'une simple maison, mais qui conservait ce titre pour avoir possédé la femme de Charles Ier qui y était morte [2], était occupée par le maréchal d'Asfeld [3]. A côté de nous habitait M. de Machault, dont le fils, bien plus âgé que moi, est devenu ministre et garde des sceaux [4].

M. le marquis de Courtenvaux [5] avait une maison délicieuse, mais il se communiquait peu et voyait surtout des savants et des actrices fameuses, comme la Pélissier, etc. A différentes époques nous allions de Saint-Leu à Colombes, et, comme dans ces temps-là on voisinait beaucoup, lors-

---

[1] Jean Dufort, dont la femme, née Poyrel de Grandval, avait pour mère une Poncher.

[2] Henriette-Marie de France, reine d'Angleterre, née en 1609; elle s'était retirée à Colombes après le mariage de sa fille avec Philippe de France. Elle y mourut le 10 septembre 1669.

[3] Claude-François Bidal, marquis d'Asfeld, maréchal de France en 1734, mort en 1743. Son fils, dont il est question plus bas, s'appelait Claude-Étienne, et épousa en 1755 une demoiselle Pajot de Villepérot.

[4] Louis-Charles de Machault, seigneur d'Arnouville (1667-1760), conseiller d'État, premier président du grand conseil. Son fils, Jean-Baptiste de Machault, né en 1701, mort en prison sous la Terreur, conseiller au Parlement, maître des requêtes, contrôleur général des finances en 1745, et, en outre, garde des sceaux en 1750, quitta le contrôle général en 1754 pour prendre le ministère de la marine. Il donna sa démission en 1757.

[5] François-César Le Tellier, marquis de Courtenvaux (1718-1781), capitaine colonel des cent-suisses, membre de l'Académie des sciences. Il avait fait construire un observatoire dans sa maison de Colombes.

qu'on m'y envoyait du collége avec mon précepteur, je vivais avec M. d'Asfeld et tous les enfants de mon âge.

En 1746[1], au mois de septembre, nous étions réunis à Saint-Leu. Ma mère, belle et fraîche, avec beaucoup d'embonpoint, étant au bord du canal ou pièce d'eau, sentit les avant-coureurs d'une grosse fièvre; c'était le vendredi. Elle se coucha, et l'on envoya chercher toute la famille. C'était une fièvre maligne au premier degré : le transport vint pendant la nuit, tous les remèdes usités furent employés inutilement, et le lundi, à midi, elle mourut, âgée de trente-sept ans.

Nous partîmes tous pour Colombes, nous passâmes par Ermont, Sannois et Argenteuil. Mon père, accablé d'une douleur sombre, voulut se jeter dans l'eau en passant le bac; je n'ai jamais vu de douleur plus vraie et plus effrayante. Mon grand-père Dufort adorait sa belle-fille; cette funeste nouvelle l'atterra; il avait soixante-quinze ans. Nos soins se tournèrent sur lui et parvinrent à distraire mon père pour la journée.

Il est nécessaire, pour soulager ma mémoire, que je rétrograde sur un événement.

Mon grand-père Soullet, dont je me rappelle la belle figure, la gaieté et les caresses, était venu faire séjour à Villiers-le-Bascle, terre que mon père habitait alors, située non loin de Versailles, près le Trou salé. Il fut pris d'une petite douleur au pouce du pied, accompagnée d'un point noir. On le ramena à Paris, la gangrène se déclara, et il mourut dans les bras de sa famille, âgé de soixante-quatre ans, en 1736. J'en avais alors cinq.

Son fils Soullet[2], mon oncle, qui entra dans le Parlement

---

[1] En 1743. M. Aug. Rey donne la date exacte de la mort : le 24 septembre. Le 30, le corps fut transporté à l'église Saint-Roch, à Paris. (*Château de Leumont*, p. 15.)

[2] Bernard-Nicolas Soullet, conseiller au Parlement, épousa en 1742 Antoinette d'Alègre, fille de Jean-Martin d'Alègre, chevalier, seigneur d'Auterre, et de Marie-Antoinette Robert.

dès qu'il put être reçu, n'avait que douze ans plus que moi. Gai, spirituel, aimable, d'une charmante figure, il réussit dans les sociétés, pensa épouser la plus grosse héritière de Paris, mademoiselle La Garde, fille du président de ce nom, l'ami de la maison. Mais le président mourut; M. le marquis de Polignac [1] se mit sur les rangs. Sa figure, son nom, l'emportèrent sur mon oncle.

Il fallut en 1742 songer à l'établir; on trouva mademoiselle d'Alègre, sœur de madame Le Tourneur, dont le mari était conseiller au Parlement [2].

Ma grand'mère Soullet a joué un grand rôle dans mes affaires; femme d'esprit, s'il en fut jamais, elle était pleine de singularités. Une douleur dans la cuisse lui avait fait prendre le parti, même quand elle était seule dans sa berline, de se mettre sur le devant, et on lui portait une chaise sur laquelle elle faisait ses visites à genoux. Dans ce temps-là, toutes les maisons mangeaient sur la vaisselle d'argent; elle seule se faisait servir sur de la faïence. Tous les jours elle sortait à quatre heures et rentrait à sept. Ses visites se bornaient à aller chez sa belle-sœur [3] dans l'Ile, ou rue du Temple chez les Pelletier, parents éloignés, où se rassemblait toute la famille des Pelletier, Briçonnet, Feydeau et Saint-Fargeau.

Je reprends les événements. Mon grand-père Dufort, quoique très-âgé, prit un violent chagrin de la mort d'une belle-fille qu'il aimait comme la sienne propre; il revint à l'ordinaire à Paris, eut une attaque de goutte qui se fixa sur la poitrine, et l'emporta à l'âge de soixante-quinze ans.

Mon père, concentré dans son chagrin, se rendit invisible excepté pour trois ou quatre amis intimes. Cette façon de

---

[1] François-Camille, marquis de Polignac, brigadier des armées du Roi, épousa en 1742 Marie-Louise de La Garde, fille de J. B. de La Garde, président de la 5e chambre des enquêtes. (*Mémoires de Luynes*, t. IV, p. 294.) Elle mourut en 1779.

[2] Jean-Baptiste Le Tourneur; il devint plus tard intendant du commerce. (Voy. ch. x.)

[3] Madame Le Boullanger, née Soullet, quai Bourbon.

vivre altéra vivement sa santé, et une goutte vague prit le même chemin que celle de son père.

Il n'y avait pas plus d'un mois que j'avais repris ma seconde année de rhétorique (que l'on m'avait fait redoubler), quand le carrosse de mon père vint me chercher; c'était pour recevoir sa bénédiction. J'oublie de dire que mademoiselle Dufort était morte la même année que mon grand-père. Elle était extraordinairement contrefaite et passa sans s'en douter; j'y étais, et je me rappelle très-bien qu'elle finissait de prendre une prise de tabac, lorsqu'elle décéda; — à treize ans les événements ne s'oublient jamais.

A quinze ans moins deux mois, je me trouvai donc seul, dans une maison où, en moins de trois ans, la mort avait moissonné quatre maîtres, jeunes et vieux.

Madame Soullet, ma grand'mère, fut nommée de droit ma tutrice; on décida que je garderais tous les domestiques, que je resterais pendant les six semaines dans la maison avec mon précepteur, et qu'ensuite ma grand'mère me prendrait en pension rue des Enfants-Rouges [1], presque vis-à-vis de l'hôtel Tallard. On me donna toute autorité dans mon intérieur, et on me laissa Pupin pour me diriger.

La terre de Saint-Leu, quelques biens en campagne, onze maisons à Paris, des rentes sur la Ville, composaient mon héritage, montant à près de soixante mille livres de rente, sur lesquelles il fallait prélever les réparations toujours considérables, l'entretien de Saint-Leu, plus à charge que profitable, et les impositions. J'avais un mobilier immense, le linge de table de trois maisons, et de la vaisselle d'argent en énorme quantité.

Mon père, sur la fin de sa vie, s'était laissé entourer par un M. Dufort-La-Graullet, se disant descendant d'un ancien commandant de la citadelle de Marseille. Cet homme, né à Castelnaudary, avait fait une généalogie cadrant avec la

---

[1] Maintenant rue des Archives. L'hôtel Tallard était au coin de la rue de Bretagne.

nôtre; il avait de l'esprit comme un Gascon, de la fierté comme un homme très-noble; adroit, liant, travailleur, il avait commencé sa fortune dans les vivres, et, pour s'avancer, avait épousé une bâtarde de la maison de Bonac, qu'il avait laissée dans son petit castel de Castelnaudary.

Il s'insinua dans la maison, s'avoua le protégé, flatta la douleur, pleura une femme qui n'avait jamais voulu le recevoir, enfin détermina mon père à remettre pour lui à M. Boullongue, qui était à la tête des vivres, une somme de cent mille livres, dont on lui payerait l'intérêt et dont le profit serait pour La-Graullet.

La guerre étant finie, il prouva qu'il fallait placer cet argent dans une manufacture de fer-blanc, près Nancy; le contrat fut fait au nom de mon père comme bailleur de fonds. On ne pouvait exiger le principal que si la rente de cinq mille livres par an n'était pas servie par le sieur La-Graullet.

Je restais toute la journée chez moi, ce qui m'ennuyait prodigieusement, autant que le bavardage du bon Pupin et les flagorneries de mes gens. Dès que je pouvais me dérober, je montais chez une madame Archambal, qui avait loué les deux appartements du second; cette femme, originaire de Montpellier, tenait une bonne maison; tout y était aimable. Un beau jour, je trouve toutes les avenues fermées et l'abbé Pupin en sentinelle, qui me saisit à plein corps et me redescend en bas : son air effaré me peignait une conspiration ou un assassinat. La soirée se passe, et je me couche sans questionner, effrayé de l'air sinistre de mon mentor. Le lendemain je me dérobai, et madame Archambal me dit avec son ton gascon qu'il y avait eu chez elle une assemblée de francs-maçons, qu'on avait agité de m'y recevoir, mais que l'abbé Pupin, en ayant été instruit, avait fait un vacarme enragé. Je la remerciai de sa bonne volonté. — Sans avoir été reçu dans cette société, j'en ai vu assez pour n'éprouver aucun désir d'être initié dans ces mystères dont bien des gens ont abusé ou été dupes. — Mais, accoutumé à dominer plutôt qu'à être dominé, et quoique j'aimasse mon précepteur à cause de son attachement, je ne pus m'habituer à voir régir ainsi mes pensées et mes actions.

J'ordonnai qu'on mît les chevaux pour aller au Marais, chez ma grand'mère : il était cinq heures du soir. Mon Pupin, à l'ordre, mit son manteau et vint prendre sa place dans la diligence à côté de moi. Nous ne fûmes pas dans la rue aux Ours qu'un sermon et une dispute nous aigrirent; je finis par lui dire que je me croyais le maître chez moi et encore plus dans ma voiture. Je pris un ton d'autorité, cela le piqua; il voulut descendre, je le pris au mot, et à l'instant je donnai ordre de me mener à la Comédie italienne. Mon père m'avait mené ou envoyé souvent aux spectacles, et le dévot abbé Pupin, archidiacre d'Aurillac par le bénéfice de l'indult de mon oncle [1], allait alors à ses affaires. Je rentrai le soir pour souper avec mon mentor; il ne fut question de rien. Ma grand'mère arriva le lendemain, me raconta les plaintes de l'abbé Pupin, qui avait couru l'avertir, et m'annonça que sous quinze jours elle me retirerait chez elle et qu'elle allait s'occuper de me donner un gouverneur.

L'abbé Pupin fit son paquet huit jours après et partit pour l'archidiaconé d'Aurillac, valant six mille livres de rente, où il a vécu jusqu'à un âge fort avancé. Plus de vingt ans après il vint me voir, et ses élans de tendresse furent si bruyants, qu'ils me retentissent encore aux oreilles.

Je ne tardai pas à être instruit de mon sort. Le lieutenant civil passait à ma grand'mère mille livres pour mon logement, mille écus de pension pour moi, mille écus pour mon gouverneur à venir, douze cents livres d'appointements pour lui, deux mille écus pour ma poche, un carrosse et deux chevaux pour moi. Il me fut donné un tuteur onéraire [2],

---

[1] Probablement de son oncle Soullet, conseiller au Parlement. Chaque membre du Parlement de Paris pouvait, une fois dans sa vie, requérir soit pour lui-même, s'il était clerc, soit pour un candidat à son choix, le premier bénéfice vacant dans de certaines conditions.

[2] Ayant les charges de la fonction, par opposition à tuteur *honoraire*.

nommé M. de Verdun, homme vertueux et sage, qui a toujours fait mes affaires depuis. Je pris possession de mon logement, qui fut meublé magnifiquement ; le reste des effets fut mis dans des armoires dont mademoiselle Gentil fut la gardienne.

Mademoiselle Gentil était une femme d'esprit qui m'avait élevé, qui avait ensuite servi ma mère, et que mon père avait conservée. Elle avait alors trente ans, et elle est morte à Cheverny il y a trois ans, à quatre-vingts ans, après m'avoir rendu le service d'élever mes trois enfants.

On me loua des écuries, rue du Temple, à l'hôtel de Monbar ; c'était derrière chez moi. Mademoiselle Gentil, qui ne pouvait plus être dans la même maison, y prit un appartement.

Mon père, par son testament, m'avait chargé de l'éducation de la petite-fille de son jardinier. Elle se chargea de la veiller et de la suivre, c'était une enfant de cinq ans. Dans le même testament, il y avait une clause très-honnête : « Je « prie mon fils de continuer les charités que je fais, et qui « sont inscrites sur le livre secret que tient Chaumont, mon « premier laquais. » Cette prière était un ordre ; les charités montaient à plus de mille écus.

Deux jours après mon établissement, arriva mon nouveau gouverneur, M. Porlier, jadis enfant de chœur dans une cathédrale, par conséquent musicien, homme d'esprit et de bonne société, grand, haut en couleur, le nez retroussé, fort grêlé de petite vérole et, au premier coup d'œil, rébarbatif. Il lui fallut faire connaissance avec moi, et me gagner par de bonnes manières. J'étais un enfant pour l'âge, mais toute l'aisance superflue qu'on m'avait laissée empêchait qu'on me traitât comme tel.

J'étais sorti du collége, sans autre instruction que les humanités qu'on me faisait suivre, et je ne devais qu'à mon goût pour la lecture le peu que je savais de l'histoire de mon pays. Virgile, Horace, Tite-Live, Cicéron, avec lesquels j'étais très-familier, me laissaient dans la plus parfaite ignorance sur ce qui m'était plus utile. M. Porlier commença par me faire étudier la géographie et la chronologie. La bibliothèque de mon père, qui m'avait suivi, fut lue avidement. Trois mois se passèrent ainsi, le plus doucement du monde.

Le matin, j'avais des maîtres payés par ma tutrice : le fameux Javilliers, pour maître de danse, Dupont, pour maître de violon. Je voulus avoir un maître à écrire; j'en avais grand besoin alors, et peut-être encore maintenant. C'était un vieil homme, nommé Couturier. Un jour, au bout de huit mois de leçons, il arriva chez moi, tout pâle, tout défait. Il était attaché à la maison de Coigny, et il venait de voir entrer dans l'hôtel le corps du comte de Coigny, tué par le prince de Dombes. Je vais ici placer l'anecdote entière.

La princesse de Conti [1] avait reçu tous les avantages de la nature, une figure charmante, une taille svelte et élégante, de l'esprit, de l'agrément, et une aimable coquetterie, qui lui attachait tout ce qu'il y avait de plus grand et de plus agréable; elle avait l'art de les captiver tous, mais des confidences sur ses faveurs, des rivalités suivirent le commerce de cette Circé.

M. le prince de Dombes [2] s'était mis sur les rangs, et avait fini par être reçu à titre de bonne fortune. Vaniteux de son rang de fils reconnu de Louis XIV et jaloux de ses prérogatives, il voulut avoir le titre de seul tenant de la princesse. Le comte de Coigny [3], beau, bien fait, jeune, un de ceux que le roi Louis XV a le plus aimés, se trouva choqué de la préférence très-ostensible dont jouissait le prince de Dombes.

[1] Il ne semble pas qu'il puisse s'agir de Louise-Élisabeth de Bourbon-Condé, princesse douairière de Conti, qui avait alors cinquante-cinq ans. Ne serait-ce pas plutôt Louise-Henriette de Bourbon-Conti, née en 1726, qui avait épousé, en 1743, Louis-Philippe d'Orléans, duc de Chartres, et plus tard duc d'Orléans? Cette princesse, d'une conduite plus que légère, fut la mère de Philippe-Joseph d'Orléans (Égalité).

[2] Louis-Auguste de Bourbon, prince de Dombes, né en 1700, fils du duc du Maine (fils légitimé de Louis XIV et de madame de Montespan).

[3] Jean-Antoine-François de Franquetot, comte de Coigny, lieutenant général et chevalier des ordres du Roi, né en 1702.

Tous les soirs, lorsqu'on n'était pas à Versailles, la meilleure compagnie se réunissait à l'hôtel Conti. Un arrangement de partie mit le comte et le prince à la même table; le comte perdait, le prince profitait de ses avantages. La princesse, malgré sa coquetterie et son adresse, était sur les épines. On se plaisantait; le comte montrait la finesse et l'esprit d'un homme de cour; le prince n'était pas de force égale. Le comte, dans sa vivacité, s'échappe sur un coup et lâche: « Ma « foi, Monseigneur, vous êtes heureux comme un enfant... »; il en reste là. Le prince rougit, et finit la partie dans un silence et un morne sinistres. Toute l'adresse de la princesse échoua; après le jeu eut lieu une explication. Le comte, qui sentait tous ses torts, fit les excuses les plus décentes, retourna sa phrase, voulut une plus longue explication qui fut refusée, et le rendez-vous pour se battre fut pris sur le chemin de Versailles, au-dessus de Passy, sous une voûte qui passe sous le chemin et conduit à la rivière, le tout pour le surlendemain, deux heures avant le jour, avec chacun un coureur tenant un flambeau de poing.

Le comte fit part de son aventure à sa femme [1], pleine d'esprit et de courage, qui en garda le secret. Ses trois enfants étaient aux Jésuites: il les envoya chercher le lendemain, et dîna avec eux; il parut, à son attendrissement, qu'il les voyait pour la dernière fois.

C'était en janvier [2], il gelait; la terre était couverte de neige. Le comte s'habilla comme s'il partait pour Versailles; suivi de son coureur, conduit par un postillon dans sa chaise de poste, il fit arrêter sur le chemin, descendit comme pour un besoin, se fit accompagner par son coureur et le flambeau. Le prince y était. Le comte renouvela ses excuses, mais le prince déterminé commença le combat; le comte d'abord ne cherchait qu'à se défendre; mais voyant l'impossibilité de ne pas attaquer, il serra le prince vigoureusement; en relevant

---

[1] Née Marie-Thérèse-Corentine de Nevet, dame de Mesdames de France.
[2] Le 4 mars 1748.

son épée, celui-ci lui porta un coup dans la jugulaire qui l'étendit mort. Le prince monte alors dans sa voiture, et pour ôter tout soupçon, court à Versailles se présenter au lever du Roi.

Les chirurgiens étaient tout près; la plaie était grande comme une saignée, le sang avait flué en dedans et avait étouffé le comte. On prit le parti de lui coudre autour du cou un ruban noir pour contenir la plaie, et on le porta dans sa voiture à l'hôtel de Coigny. Les cris, les douleurs de la famille, de nombreux domestiques qui attendaient toute leur fortune de leur maître, effrayèrent tout le quartier. Après le premier moment donné à la douleur, on sentit la nécessité d'étouffer le bruit du duel, quitte à se venger par les enfants, quand ils auraient l'âge.

On mit donc le comte nu comme la main, sur la table de la salle à manger, ayant seulement au col un petit ruban noir, et l'on publia qu'en allant à Versailles il était mort dans sa chaise de poste d'un coup de sang.

Tel fut le récit que me fit M. Couturier, maître d'écriture. Ce fut la dernière leçon qu'il me donna. Son âge, le trouble de cet événement, la vue d'un homme d'un rang si élevé étendu mort sur une table où il avait mangé la veille, lui donnèrent une attaque d'apoplexie.

Les versions furent différentes [1], mais celle-ci étant la première et venant d'un homme attaché à la maison, elle est pour moi hors de doute.

Mon gouverneur me laissait le maître de mes occupations; je voulus tout savoir, et je ne sus rien. Un maître de guitare, un maître de vielle (car ces instruments étaient à la mode), passèrent successivement par mes mains sans aucun fruit. J'éprouvais successivement tous les goûts: une grande viva-

---

[1] Le duc de Luynes, dans ses *Mémoires*, donne plusieurs de ces versions. Il paraît n'ajouter aucune foi à celle que l'on vient de lire, et qui est pourtant la seule véritable. (T. VIII, p. 464, 467.) Barbier est tout aussi incertain dans ses conjectures. (*Journal*, t. III, p. 29 et 57.) D'Argenson (t. V, p. 215) ne parle même pas d'un duel.

cité, dont mon gouverneur profitait habilement, me faisait tout saisir et tout abandonner.

Je dînais et soupais régulièrement avec mes parents. Un jour, ma grand'mère voulut me faire quelques reproches sur le peu de fruit que je retirais de mes maîtres. Je ne dis mot, et remontai chez moi; c'était l'heure de la leçon d'histoire et de géographie. Voici à peu près ce que je dis à ce M. Porlier, et comment j'abusai de mes droits : « Je m'aperçois, mon-
« sieur, qu'on vous a mis auprès de moi, non-seulement
« comme gouverneur, mais aussi pour rendre compte de ma
« conduite. Savez-vous que j'ai seize ans, que je me crois
« mon maître, puisque j'ai mon bien, comme si j'étais éman-
« cipé ? » — Il voulut faire quelques phrases; je repris :
« Voulez-vous vous attacher à moi, ou être le serviteur de
« ma grand'mère ? Dans le second cas, je vous ferai tous les
« maux qui dépendent de moi, et je trouverai bien le moyen
« de vous éloigner; dans le premier, au contraire, je vous
« attache à moi, vous écrirez toutes mes dépenses, vous
« payerez pour moi, et je vous fixerai pour toujours. Vous
« me connaissez; tenez-moi parole, et je vous la tiendrai. »

L'accord fut bientôt fait, et de ce jour nous fûmes les meilleurs amis du monde. C'était un complaisant doux, aimable et spirituel, et je recevais de ma grand'mère des compliments que j'avoue n'avoir pas mérités du tout.

De ce jour-là, nous fréquentâmes les spectacles, et la Comédie française me voyait tous les jours de tragédie. La déclamation, la fureur de débiter des vers me tournaient la tête; j'augmentais ma bibliothèque de tous les romans du jour. Mon imagination s'échauffait.

La connaissance que je fis des officiers aux gardes de mon âge me faisait désirer d'entrer dans ce corps; ma famille s'y opposa formellement. On fondait des espérances sur le nom que mon grand-père avait laissé au Parlement, et l'on espérait que j'en profiterais. Il fallut biaiser et attendre.

Je vivais avec le chevalier d'Héricourt, le chevalier d'Albertas, le chevalier de Gramont et plusieurs autres, tels que Coëtlosquet et le chevalier d'Entrecasteaux [1].

Surveillé par mon gouverneur, j'étais impatient de connaître les femmes, et je m'informai où je pourrais me satisfaire. Nous allons à l'Opéra, je dépose mon gouverneur dans le parterre; je le vois qui s'enthousiasme de la musique et ne prend plus garde à rien. Je sors seul, me précipite dans un fiacre, et lui donne le mot d'ordre : « Menez-moi chez des filles. » Il touche les chevaux et arrive chez madame Florence, rue Meslay. Cette femme me laissa tête à tête avec une très-jolie personne, que je crus Vénus descendue du ciel. Ma visite finie, je revins à l'Opéra et me plaçai à côté de mon mentor, qui crut que je ne l'avais pas quitté.

Une fois cette découverte faite, je fus fidèle à me rendre tous les jours à l'Opéra, et, sans le plus grand bonheur, je ne me serais pas retiré de cette vie qui me plongeait dans la crapule.

Mon père se fournissait de galons pour lui et ses gens (car dans ce temps-là toutes les vestes étaient galonnées) chez un M. G***, marchand, rue Saint-Honoré, près de la rue de la Ferronnerie. Ce marchand avait une femme de trente ans, belle et bien faite; j'allais souvent y faire des emplettes. Cette femme me fit des avances, et ma timidité fut vaincue. Cette aventure, la première de ma vie, me retira du précipice où j'allais tomber. Des rendez-vous pendant l'opéra me firent oublier un lieu que je n'aurais pas dû connaître. Pendant dix-huit mois que ce commerce a duré, je pris chez son mari pour environ dix mille livres de galons; j'étais dans le cas du proverbe : *Quand on prend du galon, on n'en saurait trop prendre.*

Je crois que je lui serais resté attaché toute ma vie, si une maladie cruelle ne l'avait pas conduite au tombeau.

---

[1] Le chevalier d'Héricourt était sous-lieutenant aux gardes-françaises. Le chevalier d'Albertas était sans doute Joseph-Marie-Pierre-Marguerite, frère du président du Parlement d'Aix, et lieutenant au même corps. Coëtlosquet était enseigne, et d'Entrecasteaux, frère du navigateur, lieutenant. Quant au chevalier de Gramont, il y avait en ce moment plusieurs officiers du même nom entre lesquels il est difficile de choisir. Aucun ne servait aux gardes-françaises. (*État du régiment des gardes de 1750, et État de la France de 1749.*)

Deux jours de la semaine, j'allais à ma terre de Saint-Leu; ma grand'mère, mon oncle, ma tante et mademoiselle Félix, ma cousine, venaient y passer les automnes, et ils y tenaient maison.

Comme j'ai passé toute ma jeunesse avec mademoiselle Félix, je vais faire une digression sur elle. M. Félix, son père, contrôleur général de la maison du Roi, avait perdu sa femme, mademoiselle de Montarsy, sœur de ma grand'-mère, après en avoir eu un fils, qui fut aussi contrôleur général de la maison du Roi[1], et mademoiselle Félix[2], qui fut mise au couvent de l'Assomption.

Cette jeune personne avait les plus beaux yeux du monde, le caractère comme la figure, des plus intéressants. Elle était oubliée dans ce couvent et abandonnée de tout le monde. Ma mère, ayant appris combien elle était délaissée, alla la voir un jour et l'aima au premier coup d'œil; elle la demanda au père qui ne put refuser, d'autant que ma mère offrait de l'héberger et de la nourrir pour rien. Mademoiselle Gentil, ma gouvernante, se chargea de la jeune personne, jolie comme un ange et âgée de dix-huit ans, qui ne tarda pas à plaire à toute la maison. A la mort de ma mère, on ne crut pas décent que mon père encore jeune la gardât chez lui; il fut décidé qu'elle irait loger chez madame Soullet, sa tante.

Mademoiselle Félix ne voyait en moi qu'un parent, bien plus jeune qu'elle; elle m'attirait, m'écoutait, m'amusait, mais je la respectais assez pour ne jamais m'écarter; elle était ma confidente, et voilà tout. J'ai vécu dans la même maison, jusqu'à son mariage avec M. Girault de Moussy, dont je parlerai plus loin. Elle avait douze ans de plus que moi, et elle est morte à quatre-vingt-neuf ans, ne laissant pas d'enfants.

Je demandai d'aller à l'Académie, on m'envoya à celle de

---

[1] Pierre-Charles Félix. Il était en même temps premier secrétaire des commandements du grand maître de France, devint conseiller d'État par brevet, le 4 décembre 1765, et mourut le 21 mars 1780, âgé de soixante-dix-sept ans. (*Gazette* du 13 décembre 1765 et du 14 avril 1780.)

[2] Anne-Marguerite.

Jouan, rue des Canettes, auprès de Saint-Sulpice [1]; je pris goût à l'équitation et j'y restai trois ans. Pour ne pas fatiguer mes chevaux, je fis marché avec un fiacre, nommé Raison, pour m'y mener tous les jours. C'était un jeune homme plein d'activité; avec peu de moyens, il avait monté un équipage à trois chevaux et avait fait venir un frère qui l'aidait; ce frère, sujet au vin, se couchait en travers comme une botte de foin, et menait ainsi d'une manière penchée, jusqu'à ce que les exhortations de mon gouverneur et les miennes lui fissent reprendre sa place.

Ils me conduisirent pendant ces trois ans à l'Académie. Je ne rapporte cette anecdote que parce que dix ans après, ce même Raison vint me voir, habillé en colonel des troupes de la reine de Hongrie, et m'annonça que son frère était capitaine, et qu'il était chargé de la remonte générale de l'armée de l'Empereur.

M. Amelot [2], fils du ministre, demeurait chez son père, rue du Grand-Chantier, à côté de la rue des Vieilles-Haudriettes. C'était mon camarade d'Académie; nous allions et revenions ensemble, c'était partie carrée : deux élèves et deux gouverneurs. Il me mena chez ses parents, chez sa grand'mère maternelle, madame de Vougny, chez son père et sa mère, et cette liaison a duré et s'est fortifiée, puisqu'il est devenu mon beau-frère; mais n'anticipons point sur les événements.

Une madame du Rolet mourut vis-à-vis de mon appartement. Cette maison ne tarda pas à être louée par madame la marquise de Chastellux, sa fille et deux enfants; nous nous

---

[1] Tenue par M. de Jouan, écuyer du Roi. Les *Académies du Roi pour l'éducation des jeunes gentilshommes* étaient placées sous la direction du grand écuyer. On y enseignait, outre l'équitation, les mathématiques, les armes, la danse, les langues, le dessin et la musique. Il y en avait trois à Paris : une au manége des Tuileries, une seconde rue de l'Université, et la troisième rue des Canettes.

[2] Antoine-Jean Amelot, marquis de Chaillou, qui fut maître des requêtes, intendant des finances, secrétaire d'État. Il était fils de Jean-Jacques Amelot de Chaillou, ministre des affaires étrangères (1689-1749), et de Marie-Anne de Vougny, remariée plus tard au marquis d'Amezaga. Il mourut en 1795.

liâmes, et jusqu'à leur mort, le marquis de Beauvoir et le chevalier de Chastellux, mort académicien [1], sont restés mes amis.

M. l'abbé de Mégrigny et son frère, M. de Chailly, se lièrent avec moi; ils s'appelaient Lefebvre, et étaient frères de Lefebvre d'Amrnécourt, conseiller au Parlement; l'abbé était chanoine de Notre-Dame et conseiller au Parlement; son frère Chailly jouissait d'assez de fortune, et cherchait à se placer avantageusement dans le service.

J'avais été au collége avec M. Le Pelletier de Morfontaine [2]; il m'avait lié avec M. Bochard de Saron [3], qui devint premier président au Parlement de Paris et fut exécuté à la Révolution.

J'avais été aussi au collége et en récréation avec les fils de M. de Saint-Sauveur [4], président à la Chambre des comptes, et un M. Chardon, depuis maître des requêtes et intendant en Corse [5], garçon de beaucoup d'esprit, d'une facilité incroyable dans le travail, mais immoral au dernier point.

Un jour, il m'entraîna dans une partie carrée, où se trouvaient deux très-jolies personnes de la plus moyenne vertu; les têtes s'échauffent, on propose d'aller à Neuilly boire du ratafia; — c'étaient les bons airs. — Nous voilà donc tous les quatre en fiacre. Dans la rue du Faubourg Saint-Honoré,

[1] François-Jean de Beauvoir, chevalier, puis marquis de Chastellux (1734-1788). Il était fils de Guillaume-Antoine, capitaine-lieutenant des gendarmes de Berry, commandant en Roussillon, et de Claire-Thérèse d'Aguesseau. Le chevalier avait deux frères aînés qui moururent avant lui, et dont l'un s'appela peut-être le marquis de Beauvoir, quoique je n'aie trouvé à cette époque aucun membre de la famille qui soit connu sous ce nom.

[2] Louis Le Pelletier, marquis de Montméliant, seigneur de Mortefontaine, né en 1730. Il succéda en 1784 à Le Fèvre de Caumartin comme prévôt des marchands.

[3] Jean-Baptiste-Gaspard Bochard de Saron, né en 1730, président de Grand'-Chambre de 1755, premier président en 1782. Il épousa une demoiselle d'Aguesseau.

[4] Jacques Nigot de Saint-Sauveur, marié en 1730 à Marie-Thérèse Ogier, sœur du président Ogier.

[5] Daniel-Marc-Antoine Chardon, né en 1730, lieutenant particulier au Châtelet, intendant de Sainte-Lucie en 1763, maître des requêtes en 1765, intendant en Corse de 1768 à 1771, procureur général près le conseil des prises, puis, en 1787, membre du comité d'administration de la marine. C'était un homme de mérite, qui a publié plusieurs ouvrages, entre autres un *Code des prises*, 2 vol. in-4°, 1784.

— il était dix heures du soir, — nous rencontrons un honnête homme qui se faisait porter un flambeau. « Je vais vous faire bien rire », dit Chardon. Il appelle le monsieur, prend la fille, et lui mettant le dos à la portière, il la tient de force, et découvre ce qu'elle n'aurait jamais dû montrer. Le laquais rit aux éclats, le maître hausse les épaules. Je vis que j'étais dans la plus mauvaise compagnie possible, et je me respectais assez pour en rougir. J'ordonne au fiacre d'arrêter, et, malgré l'opposition de ces demoiselles et de Chardon, je m'élance sur le pavé, ferme la portière et m'en retourne. Mon homme furieux ne cessait de m'invectiver; je continuais froidement mon chemin. Au bout de vingt pas, je l'aperçois près de moi. Je le tenais seul; il avait son épée, moi la mienne; je la tire et l'oblige à se mettre en garde. Il eut beau entrer en explications, je le chargeai d'une telle manière qu'il abandonna le champ de bataille, et fut rejoindre sa compagnie. J'eus le temps de lui crier que je ne le reverrais de ma vie, et lui ai tenu parole.

Mon gouverneur allait de son côté; il avait ordre de ne se trouver jamais chez moi quand je n'y étais pas. C'était le plus complaisant de tous les mentors, et ce reproche-là, je l'aurai toute la vie sur le cœur. Cependant je couvais le désir de m'instruire.

M. le duc de Tallard[1] logeait à son hôtel, au coin de la rue des Enfants-Rouges. Amateur de tableaux et de belles choses, il prit de l'intérêt pour ma jeunesse. Goutteux, il se faisait traîner dans une chaise roulante, et jouissait en connaisseur de tout ce qu'il possédait de précieux. C'est à ses bontés, à ses avis, à ses justes critiques, que je dois la faible connaissance que j'ai des grands maîtres, dont la touche, avec un peu de réflexion, se reconnaît comme l'écriture.

J'allai souvent dans ma famille, lorsque je pus secouer l'étiquette du gouverneur, M. Félix, mon oncle à la mode

---

[1] Marie-Joseph, duc d'Hostun et de Tallard, brigadier des armées du Roi, mort en 1755, à soixante-douze ans.

de Bretagne, avait épousé, au grand regret de ses parents, la fille de la première femme de chambre de la Reine, qui avait été la nourrice de Louis XV. Elle s'appelait Mercier [1]; mariée avec un maréchal ferrant, elle avait fait une grande fortune de circonstance. Je ne l'ai jamais connue; on la disait belle et bonne. Ce qui est certain, c'est qu'elle avait laissé beaucoup d'enfants bien établis.

Saint-Vigor, l'aîné [2], avait été capitaine au régiment du Roi, et était contrôleur général de la bouche de la maison de la Reine. La Source, le second, est mort dans cette place, et lieutenant général [3]. Le troisième [4] a été chef d'escadre, attaché à la marine de Toulon. L'abbé Mercier jouissait de 50,000 écus en bénéfices [5].

Des trois filles, l'une avait épousé M. Félix; l'autre, M. du Parc [6], administrateur des postes, ayant le travail avec le Roi; la troisième, M. de Courgy [7], receveur des consignations.

C'était une famille superbe pour les formes; car pour l'esprit, ils l'avaient précisément pour leur état. Je ne puis me ressouvenir de madame du Parc que comme une des femmes les plus douces, les plus respectables, les plus obligeantes que j'aie vues.

Les talents agréables étaient ce qui me plaisait le plus;

[1] Marie-Madeleine Boquet, femme Mercier. Avant de nourrir Louis XV, elle avait été la nourrice de son frère aîné, le duc de Bretagne; elle fut ensuite première femme de chambre de la Reine. Elle mourut en février 1750, âgée de soixante-sept ans. Simon Mercier, son mari, avait été contrôleur général de la maison de la Reine. Il mourut en 1771, à quatre-vingt-neuf ans. (*Gazette*, 21 février 1750 et 14 octobre 1771.)

[2] Louis Mercier de Saint-Vigor, maître d'hôtel ordinaire de la Dauphine en 1750, contrôleur général de la maison de la Reine, concurremment avec son frère.

[3] Il figure encore sur l'*Almanach* de 1789. Il occupait la charge depuis 1750.

[4] Antoine, qui mourut en 1785.

[5] C'est, je crois, Jacques-François Mercier, abbé de Provins, prieur du Plessis-Grimoud et du Plessis-Angrand, mort en 1787, à quatre-vingt-quatre ans. (CHASTELLUX.) Un cinquième fils, d'après les *Mémoires de Luynes*, était, en 1750, directeur des fermes de Toulouse. C'est le Louis Mercier dont il sera question plus tard, et qui fut guillotiné comme fermier général, à l'âge de soixante-dix-huit ans.

[6] Charles-François Lavechef du Parc, intendant général des postes, mort en 1751. Il avait succédé à Grimod-Dufort dans la direction du cabinet noir.

[7] Héron de Courgy.

l'Académie me fixa pendant trois ans. J'acquis de la tenue à cheval, de l'habitude, et quand on donnait des exercices brillants, j'étais des premiers à monter les sauteurs et à courir les têtes. Un de mes émules était M. de Rivié de Ricquebourg, petit-fils d'un maréchal ferrant [1].

Son père [2] qui avait fait une fortune immense et en avait joui avec grandeur et générosité, avait deux enfants : une fille qui a été mariée à M. le comte de Gouy d'Arsy [3], dame chez Mesdames de France, filles de Louis XV, et ce M. de Rivié. Je n'ai jamais vu un jeune homme d'une plus jolie figure, mieux fait et mieux tourné; il n'y avait pas un exercice où il ne réussit avec grâce; tout ce qu'il entreprenait lui était facile. Tous ses talents, ses grâces se perdirent vis-à-vis d'une vieille fille, la Launay, qui avait eu jadis une grande réputation, et qui sut le captiver; sur les reproches que nous lui faisions, il répondait franchement : « Elle seule au monde m'intéresse. » Cet aimable jeune homme, capitaine de cavalerie, est mort de la petite vérole, à sa terre près Pontoise [4].

Sa sœur, divorcée depuis avec son mari, a laissé des enfants qui ont voulu jouer des rôles dans la Révolution comme colons [5]. Elle est morte, riche de grandes successions.

---

[1] Plutôt son petit-neveu, d'après le *Mercure* de mars 1744. « Ce Rivié était « garçon maréchal du temps de M. de Louvois, qui lui fit sa fortune, à cause « de la guérison d'un cheval de prix... Il possède actuellement pour trente-« cinq mille livres de rente en terres, dans le Vexin français. » (*Journal de Barbier*, novembre 1726.)

[2] Probablement Étienne de Rivié, seigneur de Marines et de Ricquebourg, baron de Chors, grand maître des eaux et forêts de l'Ile-de-France. Une de ses filles avait épousé, en 1744, le comte de Coëtlogon-Laval, et était morte la même année. Il eut, en 1727, un fils, nommé Thomas-Étienne, et, en 1729, un autre, nommé Charles-Jean-Madeleine. (*Mercure*, septembre 1727 et juin 1729.) Étienne de Rivié mourut en 1748. (*Mercure*, novembre 1748.)

[3] Anne-Yvonette-Marguerite de Rivié, mariée, en 1749, à Louis, marquis de Gouy, seigneur d'Arsy.

[4] Marines.

[5] Le marquis de Gouy d'Arsy (Louis-Henri-Marthe, 1753-1794), colonel en second des dragons de la Reine, avait épousé une riche créole de Saint-Domingue. Député de la colonie, il combattit l'affranchissement des esclaves. Il fut guillotiné en juillet 1794. Il avait, au début de la Révolution, montré beaucoup d'enthousiasme pour le nouvel ordre de choses.

CHAPITRE II

MM. de Barassy et de Cypierre, Le Fèvre de Caumartin, Pajot de Marcheval, de la Galaisière. — Voyages en Normandie. — Un mariage manqué. — Excursion en Angleterre. — M. Teissier. — La haine contre les Français. — Mademoiselle Amédée. — Une excursion à Tyburn. — Retour. — Voleurs de grand chemin. — Nouvelles relations. — *Ces dames.* — Le baron de Vioménil. — La famille Le Gendre. — Une parade à Franconville.

Ce fut dans ce temps-là que je liai connaissance intime avec M. de Barassy et M. de Cypierre. Comme j'ai passé ma vie avec eux jusqu'à leur mort, il sera nécessaire pour ma mémoire que je fasse une digression. M. de Barassy le père [1] avait une maison de campagne à Deuil, près Montmorency; il avait deux garçons. Je n'ai pas connu l'aîné, le second était au collége d'Harcourt, avec un précepteur.

Comme il avait cinq ans de plus que moi, nous ne nous connaissions que de vue. Il logeait alors rue du Temple, vis-à-vis la rue Chapon. Un accident arrivé à son frère, conseiller au grand Conseil, grand rapporteur au sceau de France, fit la conversation de tout Paris.

Ce jeune homme, étant à table avec son père, sa mère et son frère, avance la main pour prendre du sel avec un couteau, et tombe mort sur les genoux de sa mère.

Le second fils [2] fut pourvu des deux places. Comme nous

---

[1] C'est évidemment Claude-François Barassy, secrétaire du Roi, dont le *Mercure* annonce la mort en décembre 1753. L'*Almanach royal* indique son adresse, rue du Temple.

[2] Charles-Girard de Barassy, conseiller au grand Conseil et grand rapporteur en la chancellerie en 1748. Il épousa une demoiselle Gondouin. Son frère avait été nommé conseiller au grand Conseil en 1743, mais il ne figure pas parmi les grands rapporteurs.

logions très-près, qu'il fréquentait les spectacles et qu'ainsi que moi, il habitait la campagne, dans la vallée de Montmorency, nous ne tardâmes pas à nous lier.

M. Perrin de Cypierre[1], fils d'un conseiller au Parlement de Dijon, orphelin, très-riche et sous la tutelle d'un oncle, ancien officier, qui se nommait Perrin de Grégaine, logeait dans la rue Sainte-Avoye ; il venait d'acheter une charge de maître des requêtes. Son esprit, son éloquence le faisaient déjà distinguer, malgré une physionomie peu avantageuse. Ces messieurs vivaient avec tous les jeunes gens du Conseil, et je fis ainsi connaissance avec M. Le Fèvre de Caumartin[2], depuis prévôt des marchands, M. Pajot de Marcheval[3] et M. de La Galaisière[4] aussi maître de requêtes, qui se voyaient souvent, soit en partie de plaisir, soit au spectacle.

J'étais beaucoup plus jeune qu'eux, mais ma fortune me mettait à leur niveau. J'avais dix-huit ans, on m'avait émancipé, mais je n'avais rien changé à mon habitation et à mon genre de vie. Je faisais ma dépense à Saint-Leu et y recevais qui je voulais. C'étaient des parties de jeunes gens, force courses en voiture, mais jamais de jeu ni de filles. L'idée respectable que mes parents avaient donnée d'eux dans le pays était toujours présente à mon esprit.

[1] Jean-Claude-François Perrin, seigneur de Cypierre, conseiller au grand Conseil en 1747, grand rapporteur la même année, maître des requêtes en 1749, président au grand Conseil en 1758, intendant d'Orléans en 1760.

[2] Antoine-Louis-François Le Fèvre de Caumartin, marquis de Saint-Ange, né en 1725, conseiller au grand Conseil en 1746, maître des requêtes en 1749, président au grand Conseil en 1751, intendant de Metz en 1754, de Lille en 1756, prévôt des marchands en 1778 jusqu'en 1784, conseiller d'État en 1781, marié en 1749 à Geneviève-Anne-Marie Mouffle. Il émigra et rentra en France en 1803.

[3] Christophe Pajot de Marcheval, avocat général au Parlement, maître des requêtes en 1749, intendant à Limoges en 1756, puis à Grenoble en 1761, conseiller d'État en 1784, marié en 1751 à Hélène-Marie Moreau de Saint-Just. Les Pajot de Marcheval étaient une branche cadette de la famille Pajot d'Ons en Bray, que nous rencontrerons plus tard.

[4] Antoine, fils d'Antoine-Martin Chaumont, marquis de la Galaisière, intendant de Lorraine et conseiller d'État. Il fut nommé maître des requêtes en 1749, fut intendant de Lorraine de 1758 à 1777 et conseiller d'État en 1782.

Le baron de Vioménil [1], le comte d'Ourches [2], le marquis du Hautoy [3] me tenaient fidèle compagnie, ainsi que le chevalier d'Aspremont, officier aux gardes, mort depuis de la poitrine [4]. Nous faisions sur une grande pièce d'eau le simulacre d'un combat naval. Les bombes d'artifice se prodiguaient, les canons étaient des seaux d'eau. Nous faisions aussi notre cours de danseurs de corde ; une élévation en sable nous servait de tremplin, un danseur de corde, venu exprès de chez Restier, était notre maître. Celui qui l'emportait était le comte d'Ourches ; fort et leste, il courait mieux qu'aucun coureur du royaume. Pour moi, plus délicat, je m'exerçais aux exercices de souplesse. Le chevalier de Razins, marquis de Saint-Marc [5], connu dans la littérature par l'opéra d'*Adèle de Ponthieu* et plusieurs pièces fugitives, était toujours de nos parties. La douceur de ses mœurs, la gentillesse de son esprit, son aménité me firent lier de plus en plus avec lui.

J'avais des terrassiers à Saint-Leu ; je faisais un travail nouveau du côté de Paris, qui me découvrait une vue superbe. Je traçais les plans et je les faisais exécuter, lorsque M. de Chailly et M. l'abbé de Mégrigny me proposèrent d'aller dans la terre du premier, nommée les Landes, à trois lieues de Lisieux et deux d'Orbec.

Nous partîmes donc, M. de Barassy et moi ; j'y passai un mois. Cette partie de la Normandie est bonne, mais peu variée ; je trouvai le pays fort triste, et le prétendu château

---

[1] Antoine-Charles du Houx, baron de Vioménil (1728-1792), qui devint lieutenant général. On le retrouvera souvent dans ce récit.

[2] Charles, comte d'Ourches, qui fut mestre de camp du régiment colonel général (cavalerie).

[3] Jean-Charles du Hautoy, marquis de Belleau, qui fut colonel du régiment de Royal-Roussillon (infanterie).

[4] Il était alors lieutenant au régiment des gardes, où il était entré en 1740. Il cesse de figurer sur les états à partir de 1751.

[5] Jean-Paul-André de Razins, marquis de Saint-Marc, d'une famille originaire de Venise, ancien officier aux gardes-françaises, membre de l'Académie des belles-lettres. Ses œuvres complètes : élégies, contes et opéras, forment trois volumes in-8º (1775 et 1781). *Adèle de Ponthieu* est une tragédie-opéra en trois actes, dont La Borde avait composé la musique.

des Landes très-vilain. Nous y retournâmes l'année suivante, et nous y passâmes deux mois en plaisirs et dans la meilleure compagnie[1].

J'avais alors dix-neuf ans, et je désirais prendre un état. Ma famille me refusant d'entrer dans le service, je m'adressai à M. Félix, mon parent, qui avait beaucoup de crédit. Il joignait à la place de contrôleur celle de secrétaire du grand maître de la maison du Roi, qui était alors M. le prince de Condé[2]; mais celui-ci encore enfant, puisqu'il avait cinq ans de moins que moi, n'exerçait pas, et c'était M. le comte de Charolais, prince du sang, son oncle, qui faisait les fonctions.

Nous parcourûmes ce qui pouvait me convenir; nous ne trouvâmes qu'une place d'exempt dans les gardes du corps. J'en parlai à ma famille, tous les parents de robe jetèrent les hauts cris. On voulait me marier, et me faire recevoir conseiller au Parlement.

Madame Turgot[3], veuve du prévôt des marchands, demeurait dans la rue Portefoin, à l'hôtel Turgot. Son fils aîné était président à mortier; son second fils, qui logeait chez elle, était conseiller clerc au Parlement et a été depuis contrôleur général; sa fille, depuis duchesse douairière de Saint-Aignan, était avec elle. Ces deux dames venaient régulièrement trois fois la semaine faire une visite de deux heures à madame Soullet, ma grand'mère. Comme c'était vers les cinq heures du soir, heure à laquelle je ne restais jamais à la

---

[1] On trouvera un récit détaillé de ce voyage au chapitre xviii.

[2] Louis-Joseph de Bourbon, prince de Condé (1736-1818), celui qui fut plus tard le chef de l'émigration.

[3] Madeleine-Françoise Martineau, femme de Michel-Étienne-Turgot, marquis de Soumont (1690-1751), président au Parlement, prévôt des marchands, conseiller d'État. Ils eurent quatre enfants : 1° Michel-Jacques, président à la Grand'Chambre, mort en 1773; 2° Étienne-François, chevalier de Malte, brigadier des armées du Roi, gouverneur de la Guyane, membre de l'Académie des sciences, mort en 1789; 3° Anne-Robert-Jacques, qui devint contrôleur général; 4° Françoise-Hélène-Étiennette, mariée en 1757 à Paul-Hippolyte de Beauvilliers, duc de Saint-Aignan, lieutenant général, membre de l'Académie.

maison, je ne les connaissais que très-superficiellement. Ma grand'mère me pria un jour de rester pour attendre leur visite, ce que je fis; elles arrivèrent à l'heure dite. Madame Turgot, outre mademoiselle sa fille, était accompagnée d'une demoiselle très-grande, plus grande encore que mademoiselle Turgot. La conversation fut générale; on m'attaqua de politesse, je fis de même. Ces dames sortirent, mon oncle donna la main à madame Turgot pour la reconduire, et moi je fus destiné à faire la même politesse à la grande demoiselle.

Lorsque je rentrai, ma grand'mère m'apprit qu'elle s'appelait mademoiselle d'Aveine[1]; qu'elles étaient deux sœurs, héritières chacune de vingt mille livres de rente, et d'une belle terre dans laquelle j'avais passé, puisqu'elle gisait au village d'Aveine, dans la vallée d'Auge, à une lieue de la terre du comte de Caulaincourt et deux lieues d'Argentan[2]. Madame Soullet me dit ensuite : « Mon fils, cette aimable « personne me tiendra de plus près, j'espère. Vous connais- « sez sa figure, nous connaissons son caractère, et les deux « familles désirent cet établissement. » J'eus bientôt pris mon parti; après avoir fait sentir que je ne pouvai me marier sur l'avis des autres, j'ajoutai que d'ailleurs je me trouvais trop jeune et que, grâce à l'aversion que l'on montrait pour le service, j'étais un être inutile.

Ce fut alors qu'on me proposa, ou une place de colonel, ou une place d'exempt des gardes du corps. Je répondis que je ne voulais pas avoir l'obligation d'un état à une famille quelconque; que si la demoiselle, qui avait quatre ou cinq ans de plus que moi, était instruite de la proposition, il était bien imprudent de l'exposer à un refus; que j'étais petit et fluet, — je n'avais alors que cinq pieds un pouce, n'ayant pris ma croissance de cinq pieds quatre pouces qu'à près de vingt-quatre ans — et que pour toutes les faveurs du monde,

---

[1] Jeanne-Madeleine-Antoinette-Pulchérie Le Petit d'Aveine.
[2] Voir chapitre XVIII.

je ne voulais pas m'associer une femme plus grande que moi. Je me levai, tirai ma révérence, et ne me laissai plus entamer sur pareille conversation.

Cette demoiselle épousa depuis le marquis de Sommery [1], appelé dans le régiment aux gardes *Va de bon cœur*, brave homme, excellent officier, et ils ont fait un ménage très-uni.

Je courus conter mon aventure à M. et madame Félix, et à madame du Parc, devenue veuve, et qui s'était retirée au vieux Louvre, dans un logement que le feu roi Louis XIV avait donné à toute sa famille. C'était au coin, entre le cul-de-sac du Roi et le pavillon d'entrée. Vis-à-vis, de l'autre côté, était M. de Champlost, et à côté de M. Félix logeait M. Quentin de Champcenetz, premier valet de chambre. Mademoiselle Quinault, fameuse actrice, femme de mérite, liée avec M. le duc de Nevers [2], habitait l'autre côté de la cour. Ils redoublèrent d'efforts pour chercher à me placer, et je repris ma vie accoutumée.

M. de Chailly, dans l'hiver de 1750, me proposa d'aller voir l'Angleterre ; il avait la fureur de la cavalerie, et son goût était de ramener des cadogans [3], pour en faire des chevaux de carrosse. J'acceptai cette partie, et munis de passe-ports, nous montâmes dans une chaise de poste à deux, accompagnés d'un domestique. Nous traversâmes Péronne, Bapaume, et fûmes coucher à Lille. Nous passâmes ensuite par Ypres, Furnes, Menin, et nous revînmes par Bergues et Saint-Vinox à Dunkerque. Mon objet était de visiter le théâtre de la dernière guerre [4], et je vis avec intérêt qu'on ne

---

[1] Jacques-Étienne du Mesniel, marquis de Sommery, qui servit longtemps aux gardes-françaises.

[2] Philippe-Jules-François Mazarini-Mancini, duc de Nevers, qui mourut en 1768, à l'âge de quatre-vingt-douze ans. On disait qu'il avait épousé made-moiselle Quinault.

[3] Je n'ai découvert ce mot dans aucun dictionnaire, mais je le trouve dans le *Journal de Barbier* (Charpentier, t. VI, p. 555), avec la signification de cheval d'armes.

[4] La guerre de succession, terminée en 1748 par la paix d'Aix-la-Chapelle.

s'apercevait presque pas du séjour continuel des forces belligérantes qui avaient inondé le pays, le terrain fertile ayant tout réparé en quatre ans. L'arrivée à Lille me surprit par les deux lieues que nous parcourûmes au milieu d'une prodigieuse quantité de moulins à vent. Nous arrivâmes enfin à Calais, où d'autres Français nous avaient précédés.

C'était M. Richard, abbé de Saint-Non [1], conseiller clerc, jeune encore, et fameux depuis par ses voyages, surtout celui d'Italie. Il voyageait avec M. Bernard [2], petit-fils de Samuel Bernard, président au Parlement et depuis prévôt de Paris. Nous fûmes fort amusés de la dispute qui survint, lors du passage de ces messieurs dans le paquebot. M. Bernard de Boulainvilliers ne voyageait jamais sans des bagages considérables; c'était l'attirail d'une femme; il emportait jusqu'à une bassinoire et une seringue d'argent. Lorsqu'il fallut passer avec tous ses effets, on lui demanda un droit considérable; il aima mieux sacrifier la vanité de montrer de si beaux bijoux aux Anglais et se détermina comme nous à n'emporter que ce qui était indispensable.

Nous nous embarquâmes à six heures du matin, et je fus porté dans la chaloupe, à califourchon sur le dos d'un matelot. Bientôt le temps se brouilla, la mer devint houleuse; c'était ma première course sur cet élément, et je souffris des douleurs incroyables. Tout le monde riait, j'en faisais autant quand je le pouvais. Enfin je pris le parti d'aller me coucher sur le lit du capitaine, où, en me tenant immobile sur le dos, je ne tardai pas à éprouver les douceurs du sommeil.

L'orage continuait, il pleuvait en abondance, et je ne me réveillai que lorsque je m'aperçus que la pluie qui tombait

---

[1] Jean-Claude Richard de Saint-Non (1727-1791), fils d'un receveur général des finances. Ce fut seulement en 1758 qu'il fut nommé abbé commendataire de Poultières. A l'époque où nous sommes, il était conseiller au Parlement (de 1749). Il fut membre honoraire associé de l'Académie de peinture et sculpture. Il a publié, de 1781 à 1786, le plus important de ses ouvrages, le *Voyage pittoresque, ou Description des royaumes de Naples et de Sicile*.

[2] Anne-Gabriel-Henry Bernard, né en 1724, qui prit plus tard le titre de marquis de Boulainvilliers, et fut prévôt de Paris, de 1766 à la Révolution.

sur le pont passait par des planches mal jointes, et m'avait mouillé jusqu'aux os. Les cris des matelots nous avertirent que nous étions à Douvres. Il était trois heures du matin, et il faisait encore nuit. Je fus frappé d'un beau spectacle dont je n'avais nulle connaissance. Chaque coup de rame de la petite chaloupe qui nous conduisait au port laissait après elle une traînée lumineuse qu'on attribue à de certains œufs de poissons; je ne pouvais me lasser de jouir de ce coup d'œil. Nous couchâmes à Douvres, qui ne me parut point intéressant; nous prîmes une chaise à deux et à deux roues; nos gens montèrent à cheval et furent fort étonnés d'avoir pour bidets de poste des chevaux de la plus grande taille, et d'être obligés de faire au grand trot les vingt-cinq lieues qui existent de Douvres à Londres.

Nous passâmes par Rochester et Westminster. Les chemins, jusqu'à Westminster, étaient bien entretenus en cailloux de meulière, mais fort étroits et souvent bordés de haies; tous les deux ou trois milles, on nous ouvrait des barrières, et le postillon anglais payait pour nous le droit de passage et d'entretien des chemins. A deux milles de Westminster, la scène changea; jusqu'à Londres, le chemin était bordé des deux côtés par des accotoirs superbes, des fossés, de jolies haies et des barrières peintes avec un goût et une variété charmante.

Nous arrivâmes à la nuit; la cérémonie des douanes nous mena jusqu'à neuf heures du soir, et nos chevaux de poste nous conduisirent à la maison où nous devions loger. C'était le second voyage que M. de Chailly faisait à Londres; aussi nous prîmes la maison d'un réfugié français, proche Haymarket ou le marché au foin, et très-près de Saint-James. Dans l'instant nous fûmes établis et trouvâmes tout ce qui nous était nécessaire.

Je ne fus pas deux jours à m'apercevoir que mon compagnon, homme d'esprit, qui avait de l'amabilité avec un peu de causticité, n'était venu que pour satisfaire son goût pour les chevaux; ce n'était point mon objet. Je sortais de mon pays pour la première fois, et j'avais la fureur des voyages, que je n'ai pu satisfaire que faiblement.

Nous prîmes un interprète, une espèce de cicerone. Comme mon camarade ne savait pas plus d'anglais que moi, le premier levé s'emparait du guide, et l'autre était réduit à l'enfant de notre hôte.

J'avais une lettre de recommandation pour M. de Castries [1], alors ambassadeur à cette cour. Elle m'avait été donnée par M. Teissier, le fils d'un homme fort riche qui demeurait rue Tiquetonne [2]. Ce M. Teissier, fils aîné, avait joué un rôle en Angleterre. Je sus que lorsqu'il était à Londres, il avait voulu tenir une banque pour payer quelques dettes, et avait ouvert le jeu en mettant 2,000 louis. L'aversion pour les Français était alors générale; la paix qu'on venait de faire, quatre ans auparavant, avait indisposé toute la nation. A peine la banque fut-elle ouverte, qu'un Anglais, vêtu fort simplement, s'approcha, la couvrit avec une carte, perdit, paya, fit paroli et finit au bout d'un quart d'heure par emporter la banque et les espérances de Teissier. Celui-ci n'eut que le temps de faire face à ses affaires et de s'en retourner à Paris. Cette histoire, quoiqu'elle se fût passée un an auparavant, était encore un sujet de plaisanterie, et je jugeai bon, d'après cela, de jeter mes lettres au feu.

J'allai chez notre ambassadeur, M. le marquis de Castries. Je fus présenté comme les autres; je dînai chez le ministre des affaires étrangères, et, cette démarche finie, je cherchai à voir tout ce qu'il y avait de curieux, tantôt avec M. de Chailly, lorsque cela lui plaisait, tantôt avec un des deux interprètes.

[1] Charles-Eugène-Gabriel de la Croix, marquis de Castries, comte de Charlus, qui devint ministre de la marine et maréchal de France.

[2] Pierre-Christophe Teissier, ou Tessier, ou Texier, ancien notaire de Samuel Bernard et du garde des sceaux Chauvelin, avait acheté en 1746 la charge d'intendant et contrôleur général des écuries et livrées du Roi. Son fils se maria, en 1757, à la fille de Bontemps, premier valet de chambre du Roi. Une de ses filles épousa, comme on le verra plus loin, Jean-Louis Quentin de Champcenetz; la seconde, le jeune Bontemps.

J'avais amené avec moi un domestique, nommé Marnier; c'était un homme de vingt-deux ans, de cinq pieds dix pouces, bien fait, d'une figure superbe; il avait l'air du domestique d'un agréable de Paris; mais comme le peuple de Londres se permettait des invectives contre tout ce qui avait l'air français, je pris le parti de ne m'en servir que chez moi.

Je courus toutes les rues de Londres; le soir, nous nous rendions au Wauxhall et au Ranelagh, deux promenades magnifiques, qui ont été copiées depuis à Paris.

Un jour, je sortis avec le petit interprète et je m'enfonçai dans la Cité; ma taille mince, mon cou allongé, ma jeunesse, la blancheur de mon teint, l'habillement anglais me faisaient regarder comme Anglais tant que je ne parlais pas. Cependant, dans une rue détournée, mon petit bonhomme me laisse un moment; il était midi, et, après l'avoir attendu près d'une demi-heure, je voulus me rappeler par où j'avais passé. Impossible! plus j'allais, plus je m'enfonçais dans les rues étroites et populeuses de la Cité. Je voulus m'adresser à un passant : dès que j'ouvris la bouche, j'entendis de tout les côtés des *Goddam*, des *Frenchman*. Je tins bon et continuai fièrement mon chemin; le bruit redoublant, je crus qu'il valait mieux entrer dans une boutique des plus apparentes. Je fermai la porte sur moi, et, m'adressant au maître, je lui dis quelques mots et fus ravi de l'entendre me répondre dans le meilleur français. Il sortit, harangua la populace, puis me fit asseoir et causer. Il vint ensuite me reconduire chez moi, et je le priai à dîner. Comme c'était un gros marchand d'étoffes, je fis une connaissance intime avec lui, et je n'eus pas à m'en repentir; car ce fut chez lui que je me pourvus de toutes mes emplettes, à juste prix.

Cependant M. de Chailly courait tous les marchands de chevaux; j'y allais quelquefois avec lui, mais ce que j'acquérais, c'était la connaissance de tous les monuments de la ville. Un itinéraire à la main, j'allai à Chelsea, aux invalides de mer. Je vis aussi les pompes à feu, le cabinet du docteur

Hans Sloane[1], devenu depuis le musée Saint-Paul de Londres, Westminster, etc., et j'étais, au bout de six semaines, arrivé à pouvoir me faire servir et à demander tout ce qui pouvait m'être utile et nécessaire.

Le prince de Galles, frère du Roi actuellement régnant, était mort dans l'hiver; son frère, le duc de Cumberland, homme prodigieusement gros et de la tournure d'un boucher, parcourait comme moi les trottoirs de la ville. Il ne faisait aucune sensation, et il était coudoyé par le premier portefaix.

Dans ce temps-là, la ville était mal pavée, encore plus mal éclairée. Chaque particulier était obligé de suspendre une lanterne devant sa porte, et il était libre d'en mettre plusieurs; de sorte que la nuit on tombait souvent d'une grande clarté dans une profonde obscurité. Les plus belles rues ont des trottoirs; les hôtels n'ont donc pas de portes cochères, elles se trouvent derrière dans des rues adjacentes, consacrées à cet usage. Toutes les boutiques étaient décorées d'enseignes plus singulières les unes que les autres, surtout celles des perruquiers. C'étaient des mais ou mâts d'une prodigieuse hauteur, penchant de quatre ou cinq pieds sur la rue, de sorte que les rues étaient ombragées de ces colifichets, qui, par leur propreté et leurs enjolivements, faisaient un contraste singulier avec l'aspect des rues de Paris.

M. de Chailly, qui apparemment me trouvait trop jeune, ne me disait pas tout. Il avait découvert une très-jolie danseuse de l'Opéra de Paris, mademoiselle Amédée, dont on disait qu'elle était la meilleure fille du monde, puisqu'elle était sans soucis[1]. L'art lui en avait fait deux beaux et si réguliers qu'au vrai elle avait une physionomie délicieuse. Le duc de Cumberland lui avait fait faire des propositions qu'elle avait acceptées; mais comme ces sortes de fantaisies s'épuisent, elle restait en Angleterre, maîtresse de ses actions et fort aisée.

---

[1] Médecin et savant anglais, dont la bibliothèque et les collections ont formé le noyau du British Museum.
[2] Sourcils.

Ce secret n'en fut bientôt plus un ; Chailly ayant voulu la faire venir chez nous, il fallait que je la visse ; il me fit donc la confidence, et un mois avant mon départ, mademoiselle Amédée vint souper avec nous. Je crus m'apercevoir, à la façon dont elle me traitait, que je n'aurais pas tardé à être attaché à son char comme les autres, si je l'avais désiré, d'autant que mon ami, une fois satisfait, n'était pas homme à filer le parfait [1]. Je m'en tins à apprendre en anglais toutes les jolies choses qu'on peut se dire. Nous estropiions la langue à qui mieux mieux ; et ce qu'il y a de plaisant, c'est que cette bonne fille, afin de plaire au duc de Cumberland, avait fait de tels efforts pour parler l'anglais que, peu foncée sur l'instruction, elle avait fini par oublier le français. Elle avait un jargon anglo-français que j'eus bien de la peine à comprendre.

Nous la reconduisions tous les soirs chez elle ; c'était à trois rues de nous. Un jour, nous fûmes insultés par un homme qui voulut l'embrasser ; deux gourdins dont nous étions armés nous vengèrent. Je me souviens que mon camarade Chailly touchait comme sur un bœuf. Le battu jurait et criait. A l'instant, nous vîmes le jeu des watchmen. — Ce sont des hommes armés d'un falot et d'un grand bâton ; postés à chaque coin de rue, pour la sûreté publique, ils crient, toutes les heures, celle qui sonne et le vent qu'il fait. — Toutes les lanternes se mirent en mouvement circulaire et en marche. Comme nous avions terminé la querelle, nous continuâmes paisiblement notre route, déposâmes la demoiselle et revînmes nous coucher sans jamais en avoir entendu parler.

Je ne pouvais me lasser d'aller sur le port, voir le superbe coup d'œil d'une ville flottante, avec des vaisseaux alignés comme des maisons. Des bateaux de toutes sortes de comestibles, criant comme les marchands dans les rues, s'arrêtaient aux vaisseaux qui en avaient besoin ; aux heures de

---

[1] Le parfait amour.

prières et de récréation, des matelots de tous les pays, même des nègres, montaient sur le pont, chantaient, jouaient, et priaient à leur manière. Ce spectacle, très-singulier pour moi, m'attirait deux fois la semaine.

J'allai un jour sur le chemin de Tyburn, endroit où l'on exécutait, après chaque session, les criminels condamnés. Toute ma vie j'ai eu une horreur pour les supplices. Au contraire, M. de Chailly et nos deux domestiques s'en faisaient une fête. Je les accompagnai jusqu'à moitié chemin, et ayant aperçu une maison où il y avait des dames et beaucoup d'honnêtes gens aux fenêtres, je me déterminai à y entrer. Ayant satisfait amplement à ce que le propriétaire demandait, je fus introduit dans plusieurs pièces dont les fenêtres étaient ouvertes sur le chemin.

Comme je me tenais modestement derrière une dame, elle m'adressa la parole en anglais; je lui répondis si mal que tout le monde se mit à rire, mais ma jeunesse les intéressa : une autre dame me parla en bon français, et nous liâmes conversation. Je leur avouai que c'était par excès de sensibilité que je n'avais pas été plus loin. Nous dissertâmes sur ce sujet, et tout le public prit part à la conversation.

Cependant les cris de la populace nous annoncèrent l'arrivée des patients. Voici ce que je vis : quatre archers ouvraient la marche; puis venait une première charrette à un cheval sur laquelle étaient trois hommes assis, le dos tourné, vêtus en blanc comme des danseurs de corde, avec des bouffettes de rubans noirs aux pieds, aux jarretières, aux poignets, et une bouffette de même à un bonnet de coton blanc; ils avaient les mains liées. Derrière eux, suivait une autre charrette, où étaient trois cercueils ouverts. Ces cercueils étaient noirs et avaient des garnitures de clous dorés; ils ressemblaient en tout à des malles. La même cérémonie, pour la seconde et la troisième; sur la quatrième, on apercevait un homme, vêtu très simplement en drap, âgé de soixante ans, avec de gros yeux, une perruque ronde et courte, et l'air abruti par le vin.

Comme le chemin faisait un détour, le peuple qui les attendait depuis deux heures se mit à faire des cris de joie en les apercevant.

Le plus jeune des patients, effrayé, tourna la tête, en levant ses mains au ciel. Ce fut la seule marque de faiblesse que je vis; mais par la peine que ce mouvement me fit, je ne tardai pas à me trouver mal.

Les dames que j'avais intéressées me prodiguèrent tous leurs soins; on me ramena chez moi, et je suis parti sans savoir à qui je pouvais témoigner ma reconnaissance.

Dans ce temps-là, les fiacres de Londres étaient plus propres que les carrosses de remise de Paris, et les carrosses de remise plus propres que nos carrosses bourgeois; mais les rues étaient si mal pavées qu'on était au supplice par les cahots continuels.

M. de Chailly menait toujours la même vie; il achetait des chiens de la race du roi Charles [1]. C'était une commission que le prince Charles de Lorraine [2], grand écuyer, lui avait donnée en partant. M. de Chailly tenait sa fortune de cette maison, et les désirs devenaient des ordres pour tous les Le Febvre [3].

Il y avait déjà deux mois que j'étais à Londres, et j'avais fait le projet de m'enfoncer dans les terres, lorsque je reçus une lettre de Paris, de ce bon M. de Verdun, mon tuteur onéraire, et alors mon homme d'affaires. Il m'écrivait que M. Félix était passé chez lui, le priant de me mander de venir à l'instant pour chose importante. Sur-le-champ, je m'arrangeai pour partir seul; car mon ami, sous prétexte que ses emplettes n'étaient pas faites, désirait rester encore avec mademoiselle Amédée. Il me pria de me charger de trois petits chiens pour M. le prince Charles; j'emmenais aussi un lévrier très-petit qui avait été le chien favori du

---

[1] Les kings'-Charles, race de petits chiens qu'affectionnait le roi Charles II d'Angleterre.

[2] Charles de Lorraine, comte d'Armagnac (1684-1751), grand écuyer de France, connu sous le nom du prince Charles.

[3] On a vu que c'était le nom patronymique de M. de Chailly.

prince de Galles. Nous partons donc, mon laquais et moi, avec les quatre chiens, dans un cabriolet découvert.

A sept ou huit milles de Londres la nuit approchait, nous fûmes suivis pendant plus de deux milles par un homme à cheval; le postillon avait l'air inquiet et pressait les chevaux. Impatienté, je pris d'un air de distraction un pistolet anglais; mon laquais en fit autant. Celui qui nous suivait jugea qu'il n'y avait rien à faire, et il nous quitta.

Je trouvai un paquebot tout prêt, et à quatre heures je débarquai à Calais, non sans avoir été aussi tourmenté qu'à ma première traversée. Je repris ma chaise, et je passai par Boulogne.

Mon laquais courait à cheval devant, pour faire préparer les chevaux, et moi je dormais tranquillement. Je me réveille; il faisait le plus beau temps du monde, un soleil superbe. Je me trouve près d'Amiens, sur une belle route bordée des deux côtés par un bois. En avançant la tête, je vois dans l'ombre une espèce de soldat, avec un sabre, qui travaillait à couper les courroies de mes malles; c'était probablement le bruit et les secousses qui m'avaient réveillé. Je sors à mi-corps avec mon pistolet, j'ordonne à l'homme de descendre, je l'ajuste. La vue de mon pistolet lui en impose; il se laisse couler en bas, et, reprenant ses sens, veut courir en me menaçant de son sabre. Mais le postillon, redoublant de zèle, m'eut bientôt fait voir les portes d'Amiens, où j'arrivai avec une grande satisfaction. Nous visitâmes la voiture, et sur les trois courroies de la malle, nous en trouvâmes deux coupées entièrement.

Bref, après avoir pris la traverse à Luzarches, j'arrivai à Saint-Leu le troisième jour au soir, étant parti de Londres à trois heures du matin.

Le lendemain, je visitai mes terrassiers, et je fis déraciner trois grands arbres; on trouva sous la souche du plus gros le squelette d'un homme, qui avait été enterré accroupi. On se rappela une histoire arrivée à M. de Lesseville [1], ancien pro-

---

[1] La famille Leclerc de Lesseville avait possédé le fief de Leumont, nom

priétaire de cette terre; il avait été attaqué la nuit par des voleurs qui avaient voulu entrer dans une pièce où il se trouvait. Il se défendit avec un pistolet et en fit tomber un, qui probablement fut enterré par ses camarades sous l'arbre qu'on venait de faire planter.

Au bout de deux jours, j'arrivai à Paris. C'était au commencement d'août, et le Roi était de retour de Compiègne, où la maison Félix l'accompagnait. Ils m'apprirent que M. le chevalier de Sainctot [1], fils de M. de Sainctot, maître des cérémonies sous Louis XIV, oncle de M. le comte de la Tour d'Auvergne, étant âgé, voulait se défaire de la charge d'introducteur des ambassadeurs; que cette place, possédée par tous gens de la cour, ne pouvait appartenir qu'à un homme riche; que le chevalier de Sainctot étant leur ami intime, ils lui avaient fait engager sa parole qu'il ne s'en déferait qu'en ma faveur.

Cette place revenait, il est vrai, à près de 300,000 livres, et se perdait par la mort; mais on avait assez de crédit pour me faire obtenir tout de suite un brevet de retenue [2], pareil à celui dont jouissait le chevalier de Sainctot, et qui montait à 40,000 écus. Madame du Parc, la sœur de M. Félix, digne femme que je connaissais à peine, était présente à cette conversation. Sur l'inquiétude que je montrais de pouvoir emprunter pareille somme, elle me dit : « Je suis une des anciennes « amies du chevalier de Sainctot, puisqu'il m'appelle sa femme, « et que je l'appelle mon mari. Si vous voulez me promettre

---

primitif de Saint-Leu, de 1045 à 1713. La terre fut vendue à cette époque à Pierre Vésin, avocat au Parlement, qui la céda à son tour à Nicolas Baille, dont nous avons parlé. (Auguste REY, *la Fin de l'ancien régime à Saint-Prix* (la Seigneurie, p. 12), et *le Château de Leumont*, p. 11.)

[1] Nicolas-Sixte de Sainctot, seigneur de Veymar, qui mourut en 1753. Il avait succédé à Nicolas Sainctot, son père, qui avait été d'abord maître des cérémonies, après son père et son oncle, et avait acheté la charge d'introducteur des ambassadeurs en 1691. On conserve aux Archives des affaires étrangères trente et un volumes de Mémoires de M. de Sainctot sur le cérémonial, rédigés par ordre de Louis XIV.

[2] C'était un acte par lequel le Roi assurait au possesseur d'une charge une certaine somme qui devait être payée par le successeur.

« de me donner le même nom, en tout bien, tout honneur,
« je vous prêterai cette somme par contrat, par obligation,
« de telle manière qui vous conviendra ». Je me jetai sur sa
main que je baisai; tout fut ainsi aplani. On me demanda le
secret, et l'on me conseilla d'attendre que les démarches
fussent finies, tant auprès du chevalier qu'à Versailles.

Insensiblement mes goûts avaient changé; ce n'étaient
plus ces tours de force, ces jeux qui sentaient encore le collége, où l'on se jetait de l'eau, où l'on faisait des siéges, des
courses nautiques, des tours de force : goût de mode, puisqu'alors M. le duc d'Orléans, qui venait d'épouser mademoiselle de Conti, s'escrimait à Saint-Cloud dans tous ces
enfantillages.

M. de Chailly m'avait fait faire connaissance avec madame
Le Gentil de Saint-Domingue [1]. Cette femme respectable
avait un fils unique, M. Le Gentil [2], gentilhomme ordinaire,
marié depuis un an avec mademoiselle de Vaudreuil, fille
unique du gouverneur du Canada, nièce de M. de Vaudreuil,
major des gardes-françaises. M. Le Gentil était entré dans
les gardes-françaises à son mariage. Il était cousin germain
de madame la marquise de Castellane [3], dont le mari était
premier gentilhomme de M. le duc de Penthièvre, et ils
logeaient tous dans la maison rue de Richelieu, à côté de la
rue Neuve-Saint-Augustin.

A deux portes de là, dans la même rue, demeurait une
autre famille d'Américains, madame des Perrières et trois
filles charmantes, l'une mariée à M. Merger, colon, et l'autre
à M. de Santo, qui a depuis porté le nom de Santo Do-

---

[1] Marie-Thérèse Fournier, veuve de Guy Le Gentil, seigneur de la Barbi-
nais, commissaire général de la marine.

[2] Guy Le Gentil, depuis marquis de Paroy, né en 1728, lieutenant aux
gardes-françaises, chevalier de Saint-Louis, grand bailli d'épée de Provins et
Montereau, marié en 1749 à Louise-Élisabeth Rigaud de Vaudreuil, née
en 1724.

[3] Renée-Marguerite de Fournier, mariée en 1743 à Gaspard-Boniface-Con-
stantin de Castellane, colonel du régiment de Penthièvre. Elle mourut en 1781.
(CHASTELLUX.)

mingue [1]. Cette société n'était connue que sous le nom de *ces dames*. On y voyait la meilleure compagnie : M. le baron de Besenval [2], la marquise et le marquis de Ségur, depuis maréchal de France [3].

M. Le Gentil était d'une très-jolie figure, d'une grande douceur, et il avait des talents agréables. Musicien, plein de goût, il chantait et s'accompagnait sur la guitare le plus agréablement du monde.

Je consacrais toutes mes soirées à cette charmante société, quand je n'étais pas à Saint-Leu, où j'avais laissé ma maison à poste fixe. Hiver et été, j'y allais depuis le samedi jusqu'au mardi. Ma société d'hommes y venait, mais je respectais toujours la mémoire de mon père, et jamais une femme de moyenne vertu ne s'était trouvée dans mes voyages. Le château de Saint-Leu était pur, et je m'étais refusé à toute attaque de ce côté-là. Nous nous permettions des soupers très-gais dans la semaine, à Paris, à l'hôtel d'Espagne, rue du Roule ; mais le baron de Vioménil avait fait prendre à toute la société l'engagement de ne jamais souper avec une fille en tête-à-tête. Le marquis du Hautoy contredit à cet engagement par un souper clandestin ; il fut découvert et exclu de nos soupers pendant un mois.

Le baron de Vioménil avait au jeu une fortune sans égale. Déjà, au collége, je savais tous les jeux aussi bien que je les

---

[1] D'une famille originaire de Burgos établie en Bretagne. (POTIER DE COURCY, *Nobiliaire de Bretagne*.) M. de Chastellux a relevé, dans les actes de la paroisse Saint-Roch, un acte de 1752 constatant la naissance d'une fille de Louis de Santo-Domingo et de Madeleine Merger. Un Louis San-Domingue, comte du Périer, évidemment le même personnage, figure à l'*État de la France* de 1749 comme écuyer de la petite écurie. On trouve donc réunis les trois noms : des Perrières (du Périer), Merger et Santo-Domingue que l'auteur a cités plus haut, mais il semble qu'il a fait quelque confusion dans les alliances.

[2] Pierre-Victor, baron de Besenval (1722-1794), qui devint lieutenant général et inspecteur général des Suisses et Grisons. C'est l'auteur des fameux *Mémoires*.

[3] Philippe-Henri, marquis de Ségur (1724-1801), maréchal de France en 1783, ministre de la guerre de 1780 à 1787. Il avait épousé une riche créole de Saint-Domingue, Louise-Anne-Madeleine de Vernon, qui mourut en 1778.

joue actuellement; cette science était entrée dans notre éducation, et toutes nos récréations se passaient au piquet, au trictrac, au quadrille ou au quinze. De sorte qu'en arrivant dans le monde, le comte de Chabot[1] et MM. de Brienne[2], les quatre Flamarens[3] et MM. de Toris[4], avec qui nous nous réunissions tous les jours chez M. de Saint-Sauveur, se trouvèrent ainsi que moi dispensés de faire un apprentissage. Il est assez singulier que pas un de nous n'ait été joueur, et que le marquis de Genlis[5], élevé au même collége que moi, mais n'étant pas de notre société, et M. de Sillery, son frère, soient devenus les plus gros joueurs de Paris, quoiqu'ils n'eussent au collége nulle connaissance du jeu. Le baron de Vioménil et quatre autres vinrent passer avec moi les fêtes de Noël. Ils avaient arrangé pour quatre jours après un souper de dames, à Saint-Denis, puisque je ne voulais pas les admettre à Saint-Leu. Le vilain temps nous fit rester auprès du feu. Le baron se mit avec moi à une partie de brelan à cinq; je perdis 10 louis contre lui, il me proposa de prendre l'inverse, et je perdis 15 louis de plus. S'il prenait la main au trente-et-quarante, il pariait le double contre le simple, une montre d'or enrichie de diamants contre 50 louis; il ne perdait jamais. Cette fortune le suivit pendant vingt ans de sa vie. Je l'ai vu depuis plus perdre que gagner. Je perdis à ce voyage une centaine

---

[1] Louis-Auguste de Rohan-Chabot, né en 1733, fils de Gui-Auguste, comte de Chabot, et de Yvonne-Sylvie du Breil de Rays, sa première femme.

[2] Probablement Étienne-Charles de Loménie de Brienne (1727-1794), qui fut évêque de Condom, archevêque de Toulouse, puis de Sens, cardinal, ministre des finances, et son frère, Athanase-Louis-Marie, né en 1730, qui fut ministre de la guerre en 1787 et périt sur l'échafaud en 1794.

[3] 1° Agésilan-Joseph de Grossolles, marquis de Flamarens, né en 1732; 2° Agésilan-Gaston, abbé de Flamarens, frère jumeau du précédent; 3° Emmanuel-François, comte de Flamarens, qui devint grand louvetier en 1753, après son oncle, et mourut en 1782; 4° Emmanuel-Louis, qui fut évêque de Quimper, puis de Périgueux.

[4] Nom douteux dans le manuscrit.

[5] Charles-Alexis Brulart de Sillery, appelé d'abord le comte de Genlis. Il épousa en 1763 Stéphanie-Félicité Ducrest de Saint-Aubin (la célèbre comtesse de Genlis). Son frère aîné, nommé ici M. de Sillery, s'appelait Charles-Claude Brulart, marquis de Sillery, et devint lieutenant général.

de louis, et je me le tins pour dit. Je n'ai fait depuis qu'une ou deux séances pareilles.

A Paris, je dînais tous les jours chez mes parents et soupais avec eux par décence une ou deux fois tous les quinze jours. Ma grand'mère et mon oncle, mécontents de ce que je ne me décidais pas pour la robe et pour l'établissement qu'on m'avait proposé, restaient dans la mesure de la politesse et rien de plus. Mon ci-devant gouverneur mangeait régulièrement sa pension chez eux, à moins que je ne l'emmenasse à Saint-Leu. Un soir qu'il était allé se coucher et que nous étions en famille, on fit adroitement tomber la conversation sur les jours gras; on parla de gens qui affectaient des mœurs qu'ils n'avaient pas. Je voulus avoir une explication. Enfin, mon oncle me dit que M. Porlier entretenait une très-jolie fille, logée rue des Prouvaires, chez l'épicier; qu'on était allé aux informations, et qu'elle s'était vantée que je vivais avec elle depuis six mois. Je pris l'adresse et m'assurai du fait le lendemain. Je rentre; mon gouverneur jouait du violon et se tenait prêt à m'accompagner à Saint-Leu à midi. Je lui écris, devant lui et sans qu'il s'en doute, une lettre où je lui faisais le détail de ce que j'avais appris, lui reprochant son imprudence de mettre en jeu faussement un jeune homme dont il avait fait l'éducation. Je lui annonçais que je viendrais recevoir ses comptes, et que, quoique dégagé de toute reconnaissance, je lui donnerais cinquante louis pour se soutenir jusqu'à ce qu'il eût une place. Je sortis alors pour aller prendre ma voiture, et donnai ma lettre pour qu'elle lui fût remise après mon départ.

Je reçus une longue lettre d'explications; il me parlait d'une demoiselle huguenote convertie, et me faisait certifier le fait par un prédicateur connu. Je ne crus que ce que je savais et tins exactement la parole que je lui avais donnée.

Le chevalier de Villecourt[1], que je voyais souvent, était

---

[1] Pierre-Élisabeth de Fontanieu, dit le chevalier de Villecourt, fils de Gaspard-Moïse de Fontanieu, intendant des meubles de la Couronne, et de Marie-Anne Polard de Villequoy. D'abord capitaine au régiment d'Egmond,

d'une naïveté qui passait la permission. Il avait tout son esprit dans ses jambes et dans ses mains. Parlait-on raison, il faisait un entrechat ou un jeté-battu, ou bien il prenait une basse et jouait une sonate. Il travaillait au tour très-adroitement, avec autant de goût que d'élégance. Il m'introduisit chez sa mère, madame de Fontanieu, femme aimable et galante; elle demeurait rue Vivienne, dans la maison qui fait maintenant partie de la trésorerie nationale.

Toute cette famille voyait souvent la maison Roslin, qui était composée de M. Roslin, ancien fermier général [1], de mademoiselle de Beaufort, sa femme, petite, âgée et pleine d'esprit. Cette dame, fille d'un fermier général, avait été élevée avec sa sœur, madame de Boullongne [2], dans notre maison de campagne à Colombes, chez mon bisaïeul Poncher dont elles étaient les nièces.

Leur fils, M. Roslin [3], fermier général alors, et marié avec mademoiselle Richard tout nouvellement, occupait un superbe appartement au second; madame la présidente Le Gendre [4], leur fille, veuve de M. Le Gendre, président à la Chambre des comptes, avait tout l'appartement au-dessus de ses parents. Elle avait quatre filles; l'aînée était de la plus jolie figure possible : de grands yeux, un teint superbe, tous les traits réguliers; elle promettait ce qu'elle a été depuis. Sa mère l'avait retirée du couvent.

Le chevalier de Villecourt me dit que je négligeais mes parents, que j'en avais vis-à-vis de chez lui et qu'il était chargé de m'y présenter. J'ignorais complétement si et com-

---

il devint contrôleur général et intendant des meubles de la Couronne, et mourut en 1784, âgé de cinquante-trois ans.

[1] Edme-Joseph Roslin, marié à Jeanne-Marthe de Beaufort, fille de Charles de Beaufort, écuyer, fermier général.

[2] Charlotte-Catherine de Beaufort, mariée en 1719 à Jean de Boullongne, depuis contrôleur général.

[3] Jean-Baptiste-Paulin-Hector-Edme, seigneur d'Hénonville, marié à Jeanne Richard. Il mourut en 1790. (CHASTELLUX, *Notes prises à l'état civil*.)

[4] Marie-Élisabeth Roslin, mariée en 1734 avec Paul-Gaspard Le Gendre, d'abord conseiller au Parlement, puis président à la Chambre des comptes. C'est la future belle-mère de M. Dufort. Son mari était mort vers 1745.

ment je leur tenais, mais ce mot fut assez pour me rappeler au devoir, et, deux jours après, je fus introduit dans la maison; on soupait en famille. Madame Mayneaud de la Tour, femme d'un conseiller au Parlement[1], et sœur aînée de madame la présidente Le Gendre, y venait tous les jours. Sa fille, un des plus grands partis de Paris, veuve à dix-huit ans de M. Mazade, fermier général[2], jouissait de soixante mille livres de rente; elle avait une figure superbe (car il est à observer que cette famille était distinguée par sa beauté), elle venait souper et accompagner sa mère; j'y fus reçu avec grand plaisir et je m'y plus.

La société intime était : M. Richard, receveur général des finances; M. Watelet[3], aussi receveur général, depuis de l'Académie; son frère, M. de Valogny, officier distingué; M. de Vizé, mort lieutenant-colonel des gardes-françaises[4]; M. de Pierrevert[5] et M. Baudouin[6], officiers aux gardes; M. d'Ennery[7], mort depuis gouverneur de Saint-Domingue, à l'instant où il allait devenir ministre de la marine.

Quelques parents de madame Roslin la jeune et toute la famille de Boullongne s'y trouvaient en visite. Cette famille était étendue, puisque quatre filles étaient mariées : l'aînée[8],

---

[1] Marie-Nicole Roslin, femme de Paul-Étienne-Charles Mayneaud de la Tour, conseiller de Grand'Chambre.

[2] Anne-Claudine Mayneaud de la Tour, veuve de Laurent-Joseph Mazade de Bobigny, mort en 1750, à l'âge de trente-deux ans.

[3] Claude-Henry Watelet, financier, lettré et artiste, né en 1718, mort en 1786. Il est souvent question de lui et de sa maison du Moulin Joli dans les Mémoires du temps. Gaspard-Nicolas Watelet de Valogny, son frère, né en 1719, mourut en 1774, maréchal de camp. Leur père, Nicolas-Robert, receveur général des finances, avait épousé en 1716 Élisabeth-Nicole de Beaufort.

[4] Sur lequel on trouvera une note détaillée au chapitre XVII.

[5] Louis-Nicolas-Balthasar Bernier de Pierrevert, qui fut aide-major aux gardes-françaises et gentilhomme du duc d'Orléans.

[6] Simon-René Baudouin, né en 1723, qui devint colonel d'infanterie. C'était un graveur distingué, qui a laissé un grand nombre de productions. Il mourut en janvier 1797.

[7] Victor-Thérèse Charpentier, comte d'Ennery, lieutenant général, gouverneur de Saint-Domingue de 1764 à 1776.

[8] Marguerite-Claude de Boullongne, mariée en 1737 à Gaspard-Henri de

à M. de Caze de la Bove, frère du fermier général, et lui intendant de Pau en Béarn, où il est mort; la seconde, à M. le marquis de Béthune [1]; la troisième, à M. le comte de Dromesnil [2]; la quatrième, à M. le marquis de l'Hôpital [3]. Régulièrement, les dimanches et fêtes, l'intimité se réunissait, et je fus admis comme parent.

Aussi répandu que je le voulais pour mes plaisirs et mes goûts, je refusai d'aller à l'hôtel d'Armagnac, chez madame la comtesse de Toulouse [4]. J'avais à Traisnel [5] une tante religieuse, femme de beaucoup d'esprit et tout à fait dans les bonnes grâces de cette dame, qui allait aux quatre grandes fêtes de l'année y faire des retraites. Elle fit tant mon éloge qu'on désira me voir; mais comme tout ceci venait par le canal de la dévotion, j'éludai la présentation. Avec de l'ambition, on peut se servir de toutes les voies pour réussir, mais ce n'était pas dans mon caractère. Je continuai donc la même vie, en tâchant d'allier les devoirs de société avec le plaisir indicible de m'occuper à embellir Saint-Leu. Je

---

Caze de la Bove, conseiller au Parlement, maître des requêtes, intendant à Pau, puis à Langres, où il mourut en 1750, à l'âge de quarante ans. C'est le frère aîné de deux autres Caze, que nous trouverons plus loin.

[1] « Cordon bleu, frère de madame de Montmartel. » (*Note de l'auteur.*) Armand-Louis de Béthune, marié en 1746 à Marie-Edme de Boullongne, qui mourut en 1753, âgée de vingt-sept ans. Il se remaria en 1754 à une demoiselle Crozat de Thiers. (*Mercure,* juin.)

[2] « Officier dans les gendarmes de la garde. Ils moururent jeunes et ont « laissé deux filles. » (*Note de l'auteur.*) Ces filles devinrent mesdames de Noailles et de Belsunce. — Charles-François de Hallencourt, marquis de Dromesnil, s'était marié en secondes noces, en 1743, à Jeanne-Edmée de Boullongne.

[3] « Sa femme, dame de Mesdames de France; lui, ambassadeur à Naples « et en Russie. » (*Note de l'auteur.*) Paul-François Gallucci, marquis de l'Hôpital (1697-1776), avait épousé, en 1736, Élisabeth-Louise de Boullongne. Elle mourut en 1767, âgée de quarante-six ans.

[4] Marie-Victoire-Sophie de Noailles, née en 1688, mariée en 1723 à Louis-Alexandre de Bourbon, comte de Toulouse, mort en 1737. C'était la mère du duc de Penthièvre.

[5] La Madeleine de Traisnel, couvent de Bénédictines réformées, dans le faubourg Saint-Antoine; c'est là que fut élevée madame du Deffand. M. de Lescure donne d'intéressants détails sur cette retraite, « à la fois dévote et galante ». (*Correspondance de la marquise du Deffand,* t. I, ch. XII. Voir aussi *Barbier,* juin 1720.)

crois fermement que c'est au goût que j'ai eu pour ce charmant endroit, que je dois de ne m'être pas plus égaré.

C'est ici, puisque je me le rappelle, que je vais placer une aventure qui m'arriva dans la vallée de Montmorency, un peu avant mon voyage en Angleterre. Les jeunes gens ne doutent de rien, et si nous n'avions pas été dans un temps très-calme, nous aurions pu nous repentir de notre folie.

M. Pajot de Marcheval, fils du receveur général des finances, et M. de La Galaisière, tous deux avocats généraux au grand Conseil, jeunes gens très-aimables, mais dans la fougue de la jeunesse, vinrent passer chez moi quatre jours enlevés aux affaires. Nos journées s'employèrent à visiter les maisons de campagne des environs qui sont charmantes, à contempler les différents sites, à monter aux moulins de Sannois et de Franconville. Enfin, après avoir couru depuis l'Ile-Adam jusqu'à Pontoise et Montigny sur la côte, ayant tout visité, nous nous avisâmes, le dernier jour, de suivre la proposition que nous fit La Galaisière, de nous habiller en opérateurs.

La Galaisière, qui avait alors vingt ans au plus, était d'une belle figure, très-grand et extrêmement gros. Il prit le rôle d'opératrice, Pajot le rôle de Gilles, et moi celui d'opérateur. Cette idée nous divertit beaucoup, et nous fûmes occupés toute la journée, les uns à préparer les habillements, les autres à faire de petits paquets de cendre tamisée, et à remplir des fioles d'une décoction clarifiée de cendre, avec les étiquettes les plus extraordinaires. Nous apprîmes chacun nos rôles; deux chevaux furent garnis de toutes les babioles des opérateurs, et nous prîmes un fort âne, nommé Carabo, habillé de même, pour monter Pajot qui se chargeait du rôle de Gilles.

Dès que la chaleur fut diminuée, ainsi tous déguisés, avec une madame Simonne qui avait l'air assez avenante, nous descendons la montagne de Saint-Prix, par les vignes, et nous arrivons à Franconville. Je fais ma harangue; mon éloquence apprise réussit, et notre provision de bouteilles à deux sous diminue sensiblement.

Je me souviens, entre autres, d'une des folies que nous débitions. L'opérateur racontait à Gilles et à sa femme les merveilles les plus extraordinaires. Gilles était toujours battu dans cette lutte d'esprit, mais il finit par poser à son maître cette question embarrassante : « Comment feriez-vous, notre « maître, si l'on vous donnait un troupeau d'oies, et qu'on « vous chargeât de les faire passer sur le pont de Saint- « Cloud, à condition que pas une d'elles ne fît la moindre « ordure ? » L'opérateur consulte sa femme et, comme on le pense, est réduit à demander l'explication. Alors Gilles lui dit : « Je prendrais la tête de la seconde oie, je la four- « rerais dans le ... de la première, et ainsi de suite. — Et « pour la dernière, dit le maître, que ferais-tu ? — Je pren- « drais, répond Gilles, votre nez, et si cela ne suffisait pas, « celui de notre maîtresse [1]. » Nous finîmes par ce lazzi, à la grande satisfaction du peuple, et nous nous acheminâmes du côté de Sannois ; mêmes lazzi, plus grande affluence de monde. Sannois est sur la grande route de Paris, et nous eûmes pleine assemblée et grand débit.

Cependant nous nous apercevions que l'on murmurait, quoique nous dissions les choses les plus agréables. Je regarde, et j'aperçois l'opératrice qui se grattait la cuisse à nu, d'une manière fort indécente. Le curé, qui regardait de loin, indisposait les paysans, mais rien ne put faire finir notre opératrice. Aussi l'orage ne tarda pas à éclater ; on hue, on crie, on fait voler des mottes de terre. Je retourne la tête de mon cheval et reprends au petit galop le chemin de chez moi ; mon opératrice me suit, et, pour couronner la polissonnerie, se lève sur ses étriers et retrousse ses jupes. Dès qu'on vit ce tableau, tout se révolta, et nous dûmes précipiter encore notre fuite. Ce n'est que passé Ermont, que nous nous apercevons que Gilles-Pajot et son

---

[1] D'après M. Aug. Rey, cette scène est empruntée à Tabarin. (*Château de Leumont*, p. 25.)

âne ne sont pas avec nous. Nous voulions retourner le sauver, lorsque nous le vîmes trottant à travers les vignes. Il ne s'était échappé que grâce à la bonté de sa monture.

Nous n'eûmes rien de plus pressé, le lendemain, que de retourner à Paris, et quoiqu'on ait su dans le pays que j'étais un des acteurs, tous les paysans ne firent qu'en rire, sans en témoigner d'humeur, ce qui cependant nous était bien dû.

CHAPITRE III

Le chevalier de Sainctot. — Un mot du Régent. — La charge d'introducteur des ambassadeurs. — Les concurrents. — La famille d'Alencé. — Le marquis de la Valette. — Le baron d'Ogny. — Saint-Germain le rose-croix. — Les Monthulé. — Une sérénade qui finit chez le commissaire. — M. Dufort est nommé introducteur. — Ses débuts à la cour. — Les ambassadeurs. — L'étiquette. — Le salon de la duchesse de Luynes. — M. et madame de Livry. — Quelques portraits : M. de Saint-Contest ; le marquis de Saint-Florentin ; le comte d'Argenson ; M. de Machault. — La marquise de Pompadour. — Les cabinets du Roi. — Compiègne. — Entrée du comte de Kaunitz. — Détails sur la réception.

M. le chevalier de Sainctot, introducteur des ambassadeurs, ayant la croix de Saint-Louis, vieillard vénérable de soixante-dix ans, jouissait de beaucoup de considération et de poids. Riche, il ne demandait qu'à se retirer et à vivre tranquille. Il avait pour ami intime le maréchal de Lowendal[1], que j'ai vu beaucoup chez lui, et venait régulièrement faire son brelan tous les jours au vieux Louvre, chez madame Félix, maison qui était le rendez-vous de la meilleure compagnie de la cour.

Ce chevalier de Sainctot avait eu par sa figure beaucoup de succès auprès des femmes. Son père, qui était de la fin du règne de Louis XIV, était extrêmement dévot ; un jour, en prenant congé du Régent qui partait pour l'armée, il lui dit que son fils avait l'honneur d'être sous ses ordres, et qu'il espérait qu'il serait toujours prêt à lui faire sa cour. La première chose que fit le Régent fut d'oublier la recommandation ; ce ne fut qu'à la fin de la campagne qu'entendant citer le chevalier pour un héros en prouesses amou-

[1] Ulric-Frédéric-Woldemar, comte de Lowendal (1700-1755), maréchal de France de 1747.

reuses, il se ressouvint de la recommandation du dévôt Sainctot. Il envoya inviter le chevalier pour souper; la connaissance fut bientôt faite, et le chevalier se distingua dans ces orgies d'une façon extraordinaire. Au retour du Régent, Sainctot le père va lui faire sa cour au milieu d'une jeunesse toute brillante, et, après les premiers mots, il lui dit : « Monseigneur, j'espère que mon fils a eu l'honneur de vous faire sa cour. — Sans doute, répond le Régent, oui, monsieur, je l'ai beaucoup vu; c'est le plus agréable et le plus libertin que j'aie connu : c'est un homme délicieux. » M. de Sainctot, désolé d'un pareil éloge, baissa la tête, se retira et n'en parla plus.

Cependant, ce chevalier de Sainctot, sur la fin, jouissait de toute la considération qu'il méritait. La cour voulait, pour le remplacer, un homme de bonne famille (dans ce temps-là, on y tenait beaucoup plus qu'on n'y a tenu depuis), un homme capable de soutenir par la dépense l'honneur de la charge. Plusieurs prétendants se présentèrent, et un écuyer de main du Roi avait déjà été évincé, comme n'ayant pas assez de fortune.

Un seul concurrent restait; c'était M. du Jonquoy, surnommé du Thuit[1], du nom d'une terre auprès de Rouen et près les Andelys, que M. Le Monnier[2], son grand-père, fermier général ancien et très-riche, avait achetée. Elle a été vendue depuis à M. de Maupeou[3], le chancelier, qui y est mort. Frère de madame la marquise de Renel, ce jeune homme, un peu plus âgé que moi, était l'un des plus beaux

---

[1] La Chenaye le nomme Nicolas-Henri de Racine de Monville; il fut un moment grand maître des eaux et forêts de Normandie. Sa sœur, Henriette Racine du Jonquoy, avait épousé en 1745 Jacques-Louis-Georges de Clermont d'Amboise, marquis de Renel, colonel du régiment de Bretagne, mort en 1746. Le Thuit est un village dans l'Eure.

[2] Le Monnier, fils d'un fabricant de draps d'Elbeuf, fermier général en 1721. (*Vie privée de Louis XV*, t. I, p. 303.) Sa fille, Marie-Marthe-Françoise, avait épousé Jean-Baptiste Racine du Jonquoy.

[3] René-Nicolas-Charles-Auguste de Maupeou (1714-1792), célèbre par sa lutte avec le Parlement. C'est en effet au Thuit qu'il mourut, en 1792, à la suite d'un accident que beaucoup regardèrent comme un suicide.

cavaliers de Paris. Il avait cinq pieds huit pouces; fait comme un modèle, il avait la taille et la jambe superbes, la tête un peu trop petite, mais agréable. Il dansait supérieurement, s'élevant de terre avec une telle grâce qu'on ne cessait de l'inviter à tous les bals. Il réussissait à étonner dans tous les exercices, montant à cheval, jouant à la paume, touchant les instruments, tirant des flèches avec un arc mieux qu'un sauvage [1].

Cette concurrence échoua par l'amitié de mes parents. M. Mesnard, maître des comptes [2], parent des Phélipeaux, était alors premier commis de la maison du Roi. Il était l'ami intime de la maison Félix, et son fils aîné venait d'être nommé collègue de M. Félix, dans la charge de contrôleur de la maison du Roi. J'allai le voir, il me rendit ma visite; j'avais un fort bel appartement, et il me trouva entouré de livres et d'instruments; il conclut tout en ma faveur. — Dans l'intérêt de la fortune de ses enfants, il lui importait de faire voir qu'il sortait de la Chambre des comptes des sujets assez nobles pour tenir des places de conséquence.

Du Thuit, dont le père avait mal fait ses affaires, et dont le grand-père n'avait d'autre titre qu'une grande fortune de finances, fut refusé, et j'eus la préférence. En conséquence, notre traité fut fait en vingt-quatre heures. C'était au mois de décembre, et je commençai, avant que la chose fût publique, à prendre une conduite plus sage.

---

[1] Il est assez souvent question de ce Monville dans les Mémoires du temps. Le duc de Lévis (*Souvenirs et portraits*, p. 186) parle de son adresse singulière à tirer de l'arc, et d'un pari qu'il fit à ce sujet avec le prince de Nassau. Il était, au moment de la Révolution, le compagnon de plaisirs du duc d'Orléans. (MONTGAILLARD, *Histoire de France depuis Louis XIV*, t. IV, p. 144.)

[2] Didier-François Mesnard, maître des comptes de 1738. Outre ses fonctions dans la maison du Roi, il eut celle de secrétaire des commandements du Dauphin et du comte d'Artois. Il mourut en 1772, à soixante-quatorze ans. Son fils aîné, Didier-François-René, qui fut contrôleur général de la maison du Roi, et que nous retrouverons plus loin, s'appelait Mesnard de Chouzy. Le fils cadet portait le nom de Mesnard de Clesle.

Mesdemoiselles d'Alencé [1] avaient épousé : l'une, le marquis de Thomas de la Valette, d'une famille illustre de Provence; la seconde, M. Rigoley d'Ogny, conseiller au Parlement de Dijon, et, par intérim, receveur général des États de Bourgogne, jusqu'à ce que son cousin Montigny [2] eut l'âge pour l'exercer.

Tous vivaient à Paris, dans une maison appartenant à mon oncle Soullet, rue de Richelieu, vis-à-vis de la Bibliothèque. Les deux jeunes femmes, fort aimables, voyaient la meilleure compagnie de Paris, et tout ce qui faisait le plus de bruit, entre autres le fameux Saint-Germain, rose-croix, Juif errant, qui a fait des pierres et diamants à Chambord, et s'est éclipsé depuis, pour finir, très-âgé, obscurément, dans une petite ville d'Allemagne.

C'était un petit homme de quarante-cinq ans, d'une figure très-commune, mais fort spirituel; magnifique pour donner des bagatelles aux femmes, parlant avec feu et bien, mais par énigmes, donnant ou laissant toujours quelque chose à deviner; se vantant de connaître comme *de visu* les personnages les plus fameux dont on lui parlait, s'enveloppant d'un nuage sur son âge et sur sa vie, parlant de tout, comme s'il avait tout appris, se trompant du reste souvent [3].

On me demanda un bal; j'y invitai toutes mes connaissances. Outre celles dont j'ai déjà parlé, j'avais encore

---

[1] Filles de Denis d'Alencé, capitaine au régiment de Rouergue-infanterie, et de Marie-Anne Pernet. L'aînée, Marie, dame de la Couarde et du Gros-Rouvre, épousa, en 1747, Joseph-François Thomas, seigneur de la Valette et de l'Escaillon, enseigne de vaisseau, puis lieutenant général de la province de Bourgogne, qui mourut en 1765. La seconde, Élisabeth, fut mariée en 1748 à Claude-Jean Rigoley, baron d'Ogny (1725-1793), conseiller au Parlement de Dijon, trésorier général des États de Bourgogne, intendant général des postes en 1770, et directeur général en 1787.

[2] Chartraire de Montigny. La mère du baron d'Ogny était fille de François Chartraire, sieur de Montigny et de Bierre, conseiller au Parlement de Dijon. La charge de trésorier des États de Bourgogne fut pendant plus de deux cents ans dans cette famille.

[3] Il est inutile de dire que les Mémoires du temps fournissent de nombreux détails sur cet aventurier. Voir notamment ceux de madame du Hausset.

PREMIÈRE ÉPOQUE (1731-1755). 57

une autre société, c'était celle de M. de Monthullé[1], rue du Cherche-Midi, près la Croix-Rouge. Sa sœur aînée était mariée au comte de Montecler, celui qui avait tué M. le comte de Belsunce[2]. Cette histoire fit grand bruit. Montecler, qui servait dans le même régiment, passait pour avoir des goûts forts dépravés ; il s'avisa de pousser son ami de Belsunce de manière à l'effrayer. Quelques propos s'ensuivirent, et le rendez-vous fut pris. Montecler voulait faire toutes les réparations, mais Belsunce ne voulut en recevoir aucune ; ils se battirent, et Montecler eut le malheur de le tuer. L'ombre de son malheureux ami le poursuivit tant qu'il a vécu ; il m'en parlait plus de vingt ans après.

La seconde sœur, femme d'esprit, aimable et bonne, était mariée avec M. d'Albertas, premier président de la Chambre des comptes d'Aix en Provence. J'ai dû à son amitié les plus sages conseils quand j'entrai dans le monde ; je lui ai été, et je lui suis encore attaché, sans savoir si elle existe.

J'entre dans tous ces détails pour soutenir ma mémoire. Hélas ! eux ou leurs enfants ont presque tous joué de tristes rôles dans la Révolution, et ils repasseront sous mes yeux au fur et à mesure que les événements m'en fourniront l'occasion. Il me suffit, pour le présent, de les classer au temps où je les ai connus. La marquise de Flers[3], chez qui j'avais été en Normandie, était aussi de la société de mon oncle et de celle de madame d'Albertas. L'évêque de Digne,

---

[1] Jean-Baptiste de Monthullé, conseiller de Grand'Chambre, chef du conseil de la princesse de Conti, avait laissé un fils, conseiller à la 5ᵉ chambre des enquêtes en 1741, et deux filles : l'une, Marie-Charlotte, mariée en 1740 à Hyacinthe-François-Georges, marquis de Montecler, qui devint maréchal de camp et mourut en 1764 ; l'autre, Marguerite-Françoise, qui épousa en 1745 Jean-Baptiste d'Albertas, marquis de Roux, premier président de la Chambre des comptes d'Aix.
[2] Il est question de ce duel dans les *Mémoires de Luynes*, t. IV, p. 26 et 30.
[3] Marianne-Charlotte de Chertemps de Seuil, femme d'Ange-Hyacinthe de la Motte-Ango, comte de Flers, marquis de Messey. Voir chapitre XVIII.

Gérente[1], depuis ministre, ayant la feuille des bénéfices, mort évêque d'Orléans; M. le comte de Gravezon, du comtat d'Avignon [2]; M. le chevalier de Beauchamp, depuis comte de Merles [3], ambassadeur en Portugal, marié à mademoiselle de Moras; la belle madame de Fourqueux [4], femme du procureur général de la Chambre des comptes, depuis contrôleur général; telles étaient à peu près les personnes avec qui je vivais le plus alors; elles firent l'embellissement de mon bal, qui réussit à merveille et me fit connaître.

A la fin de cet hiver, revenant dans ma voiture, vers une heure du matin, de souper chez la marquise de la Valette, je fus arrêté, en passant dans la rue Verdelet, par une troupe de musiciens nocturnes, qui, reconnaissant ma voiture, m'engagèrent à les suivre et à entendre leur sérénade. Les acteurs étaient : Chabanon [5], l'auteur des tragédies, mort académicien ; La Borde, depuis premier valet de chambre du Roi, fermier général, mon ancien camarade et voisin, homme savant, grand musicien, plein de gaieté et d'une noblesse rare dans ses procédés, d'une société aimable, d'une tournure plaisante et délicieuse; Fontanieu-Villecourt et deux ou trois autres jeunes gens. La troupe s'arrêta vis-à-vis des fenêtres de madame Brissard [6], fermière générale, logeant à l'hôtel Bullion, dont le terrain depuis a formé la

---

[1] Louis-Sextius de Gérente (ou Jarente) de Bruyère, sacré évêque de Digne en 1747.

[2] Peut-être Charles-Louis de Clémens de Gravezon, né en 1722, marié en 1751 à une demoiselle de Vogué.

[3] Charles-Louis de Merles de Beauchamp, marié en 1750 à Anne-Marie Peirenc de Moras.

[4] Marie-Anne Auget de Monthion, née en 1728, mariée en 1740 à Michel Bouvard, seigneur de Fourqueux, d'abord conseiller au Parlement, puis procureur général à la Chambre des comptes, contrôleur général en avril et mai 1787. C'était une femme fort connue, dont il est question notamment dans les lettres de l'abbé Galiani.

[5] Michel-Paul-Gui de Chabanon (1730-1792), membre de l'Académie des inscriptions et de l'Académie française. Il était bon musicien et très-fort sur le violon.

[6] Henriette de La Borde, qui avait épousé en 1750 Auguste-Simon Brissard, fermier général. C'était la sœur de Jean-Benjamin de La Borde, l'ami de l'auteur, dont il vient d'être parlé.

poste aux lettres; ces messieurs croyaient voir un bonnet à la fenêtre. La symphonie est exécutée à ravir, tous les voisins se mettent aux fenêtres. Le bonnet ne remuait pas et paraissait en extase. Comme j'ai la vue extrêmement bonne, je leur fais voir enfin que c'est un pot de chambre et veux remonter dans ma voiture, ce que leurs instances rendent impossible.

Ils décident qu'il faut aller donner une sérénade à mademoiselle Astraudi [1], actrice de la Comédie italienne, vis-à-vis la salle [2]. On me prend sous le bras; on donne les instruments aux domestiques, et j'ordonne à mes gens de m'attendre, espérant être au lit dans peu. Les musiciens se placent; Fontanieu, qui était gêné avec sa basse, monte sur une très-haute borne, et le concert commence. Des voisins se fâchent; il y avait des jaloux; mais le bruit n'empêche pas de continuer. Cependant le commissaire qu'on avait envoyé chercher, débouche par la rue Française, suivi d'un clerc portant la lanterne et d'une escouade du guet. Tout le monde s'éclipse; je regagne ma voiture, les mets dedans et ramène La Borde, Chabanon et du Thuit; mais nous oublions Fontanieu, et ce fut seulement le lendemain que nous sûmes son aventure.

Il ne songeait qu'à ce qu'il exécutait, et lorsque le commissaire le tira par la manche, il lui dit: « Je suis en mesure. » Les questions du commissaire, son étonnement d'être seul, amusèrent beaucoup les spectateurs. Ces messieurs avaient troublé la tranquillité, et on le menaçait de la prison, malgré la décence de son costume; mais lorsqu'en verbalisant on lui eut demandé son nom et qu'il déclara être M. le chevalier de Villecourt, fils de M. de Fontanieu, conseiller d'État, intendant général des meubles de la couronne, le commis-

---

[1] Astrandy, d'après Luynes; Astraudy, d'après l'*Espion anglais*; Astrody, d'après d'Argenson.

[2] La Comédie italienne était alors dans la rue Mauconseil, avec une entrée sur la rue Française. C'était l'ancien théâtre de l'hôtel de Bourgogne, transformé plus tard en halle aux cuirs.

saire changea de ton; il était l'obligé de cette maison, ayant
été placé dans son emploi par le cardinal de Fleury, qu'on
disait le père de M. de Fontanieu[1]. Il renvoya le guet, fit
prendre la basse, et pour compléter la réparation, il invita le
chevalier à se rafraîchir et se reposer chez lui.

Fontanieu était homme à ne rien refuser; il monte et
trouve une société fort gaie qui veillait. Le voilà établi chez
le commissaire, trinquant, buvant, chantant, mangeant
jusqu'à quatre heures du matin. Alors, un peu gai de cette
débauche, malgré tout ce qu'on put lui dire, il se chargea
de la basse qu'il mit sur ses épaules, et rentra chez lui avant
le jour, en battant les murs avec l'instrument, qui n'était
pas assez large pour le remettre droit sur ses jambes. Le
lendemain, il était enchanté de son aventure, dont personne
de nous ne se serait douté.

Je ne pouvais paraître à Versailles qu'après avoir prêté
serment, et ensuite être présenté. M. Félix, secrétaire du
grand maître de la maison, me fit obtenir le moment de
M. le comte de Charolais qui faisait les fonctions pour son
neveu. Il fallait prendre son temps; car le prince ne connaissait que ses plaisirs et la chasse. M. le comte de Saint-
Florentin, comme ministre de la maison, me présenta au
Roi, accompagné de M. de Sainctot. Dans la semaine, ce
dernier me conduisit chez tous les ambassadeurs; je le menai
dans mon vis-à-vis.

Mon prédécesseur était puissant, massif et vieux : chaque
fois que nous trouvions quelqu'un du corps diplomatique
(jamais, dans ces temps-là, les ambassadeurs et ministres ne
faisaient fermer la porte à l'homme du Roi), il me faisait
une vraie peine; il descendait difficilement et ne montait
pas mieux. Je me confondais en excuses, mais il m'avait déjà
pris en amitié, me regardait comme son enfant, et voulait
me faire accepter sous les meilleurs auspices. Cependant je
m'aperçus qu'il se fatiguait par le désordre qui existait dans

---

[1] V. Vitu, *la Maison mortuaire de Molière*, p. 398.

son habillement, et je lui indiquai par mon chapeau l'état peu décent où il se trouvait. Il me pria alors de faire arrêter; il appelle son domestique et lui dit : « Remets tout ce que tu pourras où cela doit être. Mon camarade, vous voyez les fruits de la guerre et de la cour! » Et cela en termes très-militaires.

Me voilà donc prêt à entrer en fonctions d'introducteur des ambassadeurs, ayant à peine vingt ans accomplis, puisque c'était en 1751 [1] et que j'étais né le 3 février 1731. Le service était de six mois, et les six derniers mois étaient attachés à ma charge. Je commençais au 1er juillet. Dans ce semestre se trouvaient les voyages de Compiègne et de Fontainebleau, et pour ne pas être apprenti dans mes fonctions, j'allai les apprendre à Versailles tous les mercredis, jour fixé par le Roi pour recevoir les ambassadeurs. Il y avait pour secrétaire à la conduite des ambassadeurs un M. de la Tournelle, dont le père avait possédé la même charge, qui était indépendante de celle de conducteur des ambassadeurs.

Le secrétaire tenait un registre de toutes les cérémonies, de tous les jours, où le Roi recevait les ambassadeurs, des présentations qu'on faisait. Ce registre devait être déposé, à la mort du titulaire ou à sa retraite, dans le dépôt des affaires étrangères et dans celui de la maison du Roi.

Ces trois charges étaient dans des formes singulières; elles ne reconnaissaient pour ministre que celui de la maison du Roi, et tous leurs exercices se concertaient avec le ministre des affaires étrangères; les grâces, les pensions, étaient du ressort du ministre de la maison du Roi, avec lequel ils n'avaient cependant que des relations de politesse.

Les introducteurs devaient aussi tenir un registre. M. le chevalier de Sainctot n'avait pas écrit un mot depuis qu'il était en place. Le marquis de Verneuil [2] dont le père avait possédé cette place, secrétaire du cabinet ayant la plume,

---

[1] Il y a ici une erreur de date évidente. C'est en effet le 21 mars 1752 que Dufort fut présenté au Roi. (LUYNES, t. XI, p. 467.)

[2] On trouvera plus loin une note sur ce personnage.

avait fidèlement écrit; mais fier, haut, vaniteux, il se gardait bien de rien montrer : il voulait être le mentor d'un jeune camarade, et que tout dépendît de lui.

La Tournelle, fier de ses mémoires et de sa place indépendante des nôtres, avait l'air de dire : « Regardez, et vous « apprendrez. » D'une exactitude étonnante, sans mine, sans façon ni représentation, il était à la minute le premier à sa place.

M. de Bonneuil [1], conseiller au Parlement, de mon âge et mon ami, me donna les mémoires de ses ancêtres, MM. Chabenat de Bonneuil, qui avaient conservé cette place pendant deux générations. Le dernier avait réuni les deux charges sur sa tête, et, par sa mort [2], la famille avait perdu une somme très-considérable.

Je suivis donc pendant deux mois, très-exactement, le service que faisaient ces messieurs, et je m'établis en amitié avec le corps diplomatique : le nonce Durini; M. le marquis de Saint-Germain, ambassadeur de Sardaigne; M. de Froulay, ambassadeur de Malte; M. le comte de Reventlâw, ministre de Danemark, etc.

La paix venait d'être conclue avec l'Impératrice, reine de Hongrie [3]; pour la cimenter, on envoyait des ambassades brillantes. L'Impératrice avait choisi le comte de Kaunitz-Rietberg, son favori. La France avait nommé M. le comte d'Hautefort [4], homme grave et imposant. L'Impératrice avait dit plaisamment : « Ils m'ont envoyé un

---

[1] Étienne Chabenat, seigneur de Bonneuil, vicomte de Savigny, introducteur des ambassadeurs, mourut en 1680, et fut remplacé par son fils, Michel, qui épousa une demoiselle Le Fevre de la Malmaison. Leur fils, Louis-Étienne, chevalier, seigneur de Bonneuil et de la Malmaison, conseiller au Parlement, marié en 1723 à Madeleine Boucher, eut trois fils, dont l'aîné, André-Charles-Louis, fut président au Parlement et épousa en troisièmes noces, en 1775, une demoiselle Soullet; le second fut officier aux gardes-françaises, et le troisième, conseiller au Parlement. (*Mercure*, novembre 1752, et JAL.)

[2] « De la petite vérole. » (*Note de l'auteur.*)

[3] Par le traité d'Aix-la-Chapelle du 18 octobre 1748.

[4] Emmanuel-Dieudonné de Hautefort, marquis de Surville et de Sarcelles, comte de Montignac. Il fut ambassadeur à Vienne de 1749 à 1753.

« Allemand, et moi, je leur envoie un agréable Français. »

Le comte de Kaunitz, âgé de trente-trois ans, était grand, bien fait, avec des yeux à fleur de tête. Magnifique dans toutes ses manières, haut de sa faveur, il sentait ses forces et le rôle qu'il jouait. Curieux, recherché jusqu'à la manie dans la façon de s'accommoder et de se mettre, ayant une étiquette pour son service, il se faisait poudrer avec une recherche si singulière qu'il avait une pièce exprès, où quatre perruquiers valets de chambre, avec des soufflets aux quatre coins, remplissaient la chambre de poudre. Il ne faisait qu'y entrer et en sortait poudré également. On l'attendait vers le mois de juillet [1], et il devait faire son entrée entre le voyage de Compiègne et celui de Fontainebleau. L'introducteur des ambassadeurs devait nécessairement y jouer un grand rôle, et cette corvée me regardait, puisqu'elle tombait dans mon semestre.

La Tournelle était un original dans l'étendue du terme ; amoureux à l'excès d'une femme veuve, qu'il a épousée ensuite et qu'il a perdue en couches, il a mis le comble à ses singularités en quittant sa place pour se faire Bénédictin. Je l'ai vu depuis, n'ayant d'autre propriété qu'une cuiller et une fourchette d'argent, que les autres moines lui cachaient. Quoiqu'il offrît tout à Dieu, il m'avoua que c'était la chose qui le contrariait le plus.

Ferme sur l'étiquette, c'était un protocole ambulant. J'avouerai, à ma honte, que la nature ne m'avait nullement fait pour cette place ; je regardais tout cela comme une vraie misère de l'esprit humain. Cependant j'allais être consulté et jouer un rôle. Je compilai et j'appris, pour ne pas rester court sur les questions.

On me conseilla de prendre une maison. Je louai cinq mille livres l'hôtel Le Camus, rue de Thorigny, au Marais ; mais lorsque je vis ce qu'il m'en coûterait pour m'établir, j'y

---

[1] Le comte de Kaunitz était arrivé à Paris le 26 octobre 1750. Il ne fit son entrée officielle qu'au mois de septembre 1752, comme on le verra à la fin de ce chapitre.

renonçai. Je relouai la maison au marquis de Puységur [1], qui avait épousé mademoiselle Masson, et pris mon parti de rester chez mes parents jusqu'à mon établissement.

Je partageais mon temps entre Versailles, Paris et Saint-Leu. A Versailles, j'allais chez madame la duchesse de Luynes [2], dame d'honneur de la Reine et son amie, chez qui les vieux courtisans allaient régulièrement. La Reine, quand elle venait, défendait toute étiquette, et elle causait en jouant. Le président Hénault [3], Moncrif l'auteur [4], M. le comte d'Affry [5], revenu d'ambassade, y étaient tous les jours, ainsi que le fameux joueur de piquet, M. le marquis de Razilly [6], capitaine aux gardes; enfin, presque toutes les vieilles dames du palais. C'était fort triste, mais c'était le moyen de se faire connaître.

Le duc de Gesvres, capitaine des gardes du corps [7], tenait une maison ouverte et fort mêlée, où j'allais pour la même raison.

M. le marquis de Livry [8], dont la femme était mademoiselle de Maniban, fille du premier président du Parlement de

---

[1] Jacques-François-Maxime de Chastenet, marquis de Puységur, marié en 1742 à Marie-Marguerite Masson, fille d'un maître des requêtes.

[2] Marie Brulart, fille de Nicolas Brulart, marquis de la Borde, premier président au Parlement de Dijon, née vers 1684, morte en 1763, mariée en 1704 à Louis-Joseph de Béthune, marquis de Charost, tué en 1709, et, en 1732, à Charles-Philippe d'Albert, duc de Luynes. Les *Mémoires* du duc, ceux du président Hénault, etc., sont remplis des témoignages de l'amitié que Marie Leczinska avait vouée à la duchesse et à son mari.

[3] Charles-Jean-François Hénault (1685-1770), président au Parlement, « fameux par ses soupers et sa chronologie », était surintendant de la maison de la Reine.

[4] François-Auguste Paradis de Moncrif (1687-1770), homme de lettres, lecteur de la Reine.

[5] Louis-Augustin, comte d'Affry, lieutenant général et commandant des gardes-françaises. Il fut ambassadeur en Hollande, mais seulement en 1755.

[6] Il en est question dans les *Mémoires de Luynes* (t. V, p. 197). Il mourut en 1766, âgé de soixante-quinze ans. (*Gazette*, 2 mai.)

[7] François-Joachim-Bernard Potier, duc de Gesvres. Il n'était pas capitaine des gardes du corps, mais premier gentilhomme de la chambre depuis 1717 et gouverneur de Paris.

[8] Paul Sanguin, marquis de Livry (1709-1758), premier maître d'hôtel du Roi, marié en 1741 à Marie-Christine de Maniban.

Toulouse, tenait table ouverte comme premier maître d'hôtel du Roi. L'étiquette, dans ces temps-là, était que le mardi, jour des ambassadeurs, l'introducteur s'y trouvât pour faire les honneurs aux étrangers présentés, et l'usage était de ne pas faire servir avant qu'on eût demandé à l'introducteur s'il n'attendait plus personne. Bientôt je devins familier dans la maison. Aimable et pleine d'esprit, madame la marquise de Livry était de la société intime du Roi, c'est-à-dire des petits appartements. Leur goût dominant à tous deux était le jeu; la femme faisait la partie du Roi, le mari courait et tenait les maisons où l'on jouait le plus fort.

M. le Premier par excellence, autrement dit M. le comte de Beringhen [1], marié à mademoiselle de Thémines, était à la tête de la petite écurie. On faisait chez eux la chère la plus délicate de Versailles. Cette maison, quoique sérieuse, était composée de ce qu'il y avait de mieux; ma place me donnant des relations avec lui, j'y allais souvent.

M. et madame Félix tenaient souvent maison à Versailles; ils étaient logés superbement aux Petites-Écuries. Par devoir et reconnaissance, j'y allais au moins deux fois la semaine. J'y voyais une tout autre société : M. Mesnard, premier commis de la maison du Roi, et sa femme; M. et madame Boudrey [2], femme charmante, dont le mari était premier commis du contrôle général; M. le comte de Briges, commandant les écuries sous le premier écuyer; M. le comte de Brionne [3] et M. le comte de Tourdonnet [4], écuyer de main, les

---

[1] Henri-Camille, marquis de Beringhen, premier écuyer du Roi, avait épousé en 1743 Angélique-Sophie d'Hautefort, veuve en premières noces de Jean-Luc de Lauzières, marquis de Thémines, gentilhomme ordinaire de la chambre du duc d'Orléans. L'auteur a donc commis ici une légère erreur.

[2] Ou Boudret, née Marie-Geneviève Radix, qui, devenue veuve, épousa en 1760 Nicolas-Augustin de Malbec de Montjoc, marquis de Briges, premier écuyer et capitaine des haras, précisément celui que l'auteur mentionne ici. On les retrouvera plus loin.

[3] Charles-Louis de Lorraine, comte de Brionne (1725-1761), grand écuyer depuis 1751. Il avait succédé au prince Charles de Lorraine, son grand-oncle, dont il était survivancier depuis 1744.

[4] Joseph-Louis Joussineau de Tourdonnet, qui devint premier maître de la

deux fidèles acolytes du Roi, dès qu'il montait à cheval; plusieurs officiers des gardes du corps; M. d'Anlezy[1], gouverneur de M. le prince de Condé; M. de Lussan, comte du Bouzet[2], sous-gouverneur, et M. l'abbé Duser[3], précepteur et instituteur. M. le prince de Condé faisait son séjour à Versailles; son équitation finie, il se formait à faire sa cour assidûment, comme c'était alors d'étiquette pour tous les princes du sang.

A force d'aller partout, je commençais à connaître ceux avec lesquels j'allais vivre, et je fis mes préparatifs pour la superbe entrée du comte de Kaunitz.

Comme les temps sont bien changés, je vais mettre par écrit tout ce qui se passait alors. Dès qu'on était introducteur des ambassadeurs, il fallait une mise ruineuse pour suivre l'étiquette. Le Roi ne vous passait aucuns frais, et ils étaient immenses.

Il me fallut commander dix habits de livrée; elle était bleue et galonnée, sur toutes les tailles, de galons de ma livrée du plus grand modèle; les vestes galonnées à la bourgogne en argent, vestes rouges extraordinairement longues (telle était la mode); dix chapeaux énormes, galonnés en festons, en manière de point d'Espagne; sans compter le suisse, avec un baudrier immense, le cocher, le postillon, un valet d'attelage uni et un habit de maître d'hôtel gris, galonné sur toutes les tailles.

Le caparaçon des six chevaux, harnais en cuir de Russie, guides et rosettes en soie, me coûtait en tout dix mille

---

garde-robe du comte d'Artois. Il épousa en 1758 mademoiselle Gillet. (LUYNES, t. XVI, p. 342.)

[1] Louis-François de Damas, marquis d'Anlezy (1698-1763), gouverneur du prince de Condé en 1741. Il devint lieutenant général en 1748.

[2] M. de Chastellux a relevé sur les registres de Saint-Roch l'acte de décès de François du Gout, marquis du Bouzet, gentilhomme ordinaire du prince de Condé, mort le 10 mai 1786, à quatre-vingt-dix-neuf ans, et qui devait appartenir à la famille d'Esparbez de Lussan du Gout, de la branche des barons de la Mothe-Bardigues. C'est vraisemblablement celui dont il est fait mention ici.

[3] Luynes le nomme du Cerf (t. XVI, p. 429), et ailleurs Lecerf.

livres, et fut conservé sous verre chez Leloutre, mon bourrelier, rue Saint-Marc, où on allait le voir par curiosité ; à l'égard de la voiture, très-extraordinaire, et ne servant qu'en pareille occasion, j'empruntai celle du marquis de Verneuil.

Ce fut dans ce temps-là que le président Dupuis vint me voir exprès pour me dire qu'il était étonné que je n'eusse pas, lors de ma présentation, pris le titre de marquis de Saint-Leu. J'eus le bon sens de lui répondre que je porterais toujours mon nom, n'ayant à rougir d'aucun de mes ancêtres, qui, s'ils n'avaient pas été illustres, avaient au moins pour eux une filiation d'aïeux assez ancienne. D'ailleurs, la terre de Saint-Leu n'avait que les seconds droits honorifiques et, comme toutes les terres situées dans la vallée de Montmorency, faisait partie du duché d'Enghien.

Le 6 juillet [1], je me rendis donc à Compiègne pour mon service ; je ne connaissais l'endroit que très-imparfaitement, pour y avoir fait une partie de plaisir.

M. le marquis de Saint-Contest [2], veuf, était ministre des affaires étrangères ; il avait suivi la carrière de la robe, il avait été maître des requêtes, puis ambassadeur en Hollande. C'était un petit homme, gros et court, d'une soixantaine d'années ; il ne passait pas un instant sans avoir une convulsion dans le visage, qui lui faisait froncer les sourcils et retirer les coins de la bouche et du nez ; au surplus, le plus excellent homme. Il faisait les fonctions de sa place magistralement et rondement, et le corps diplomatique l'aimait beaucoup.

Le comte de Saint-Florentin était ministre de la maison du Roi depuis l'âge de quinze ans, et attaché au Roi depuis sa naissance [3]. C'était le courtisan le plus assidu. Ayant une

---

[1] 1752.

[2] François-Dominique Barberie, marquis de Saint-Contest (1701-1754). Il était ministre des affaires étrangères depuis le mois de septembre 1751. Il était veuf, depuis 1746, de Jeanne-Monique des Vieux, fille d'un fermier général.

[3] Louis Phélipeaux, comte de Saint-Florentin (1705-1777), secrétaire d'État

femme isolée et particulière, il soupait tous les soirs avec sa maîtresse. Invisible pour tout le monde après neuf heures du soir, il vivait dans les plaisirs, avec cinq ou six personnes de peu.

M. le comte d'Argenson [1] était ministre de la guerre. Né avec une belle figure, une mémoire prodigieuse, une éloquence fine de courtisan, se croyant sûr de sa place, il suivait les intrigues en grand, et espérait obtenir de l'insouciance de Louis XV la place de premier ministre; il s'abusait sur tous les points.

M. de Machault, maître des requêtes, ensuite intendant, devenu contrôleur général, avait aussi ses vues, plus profondes, plus suivies, parce qu'il tâtait le terrain et qu'il s'attachait de plus en plus à madame la duchesse de Pompadour.

Mademoiselle Poisson [2], femme Le Normand d'Étiolles de Pompadour, que tout homme aurait voulu avoir pour maîtresse, était d'une grande taille de femme, sans l'être trop. Très-bien faite, elle avait le visage rond, tous les traits réguliers, un teint magnifique, la main et le bras superbes, des yeux plus jolis que grands, mais d'un feu, d'un spirituel, d'un brillant que je n'ai vu à aucune femme. Elle était arrondie dans toutes ses formes, comme dans tous ses mouvements. Elle venait régulièrement toutes les semaines faire sa cour aux dîners de la Reine, de Mesdames, du Dauphin et de la Dauphine, car chacun mangeait à part et en public. Alors elle effaçait tout ce qu'il y avait de plus joli, et, quoiqu'il y eût beaucoup de *sultanes validés* [3], il ne laissait pas d'y avoir de très-jolies femmes, telles que mademoiselle de Noailles, ayant

---

depuis 1725. Il reçut le titre de duc de la Vrillière en 1770. Il avait épousé en 1724 Amélie-Ernestine, née comtesse de Platen.

[1] Marc-Pierre de Voyer, comte d'Argenson (1696-1764), lieutenant de police en 1720, puis intendant de Touraine, conseiller d'État et intendant de Paris en 1730, ministre de la guerre de 1742 à 1757.

[2] Jeanne-Antoinette Poisson, marquise de Pompadour (1721-1764). Elle était maîtresse déclarée depuis 1745.

[3] Femmes âgées. C'est une expression dont l'auteur se sert plusieurs fois.

épousé le marquis de Tessé¹, madame de Belsunce², etc.

A Compiègne, son appartement était au-dessus de celui du Roi, et les ambassadeurs, excepté le nonce, après avoir été en corps avec l'introducteur chez toute la famille royale, se rendaient chez elle lorsqu'elle recevait. On y trouvait la ville et la cour, et personne comme elle ne savait traiter chacun comme il convenait, avec une aisance qui confondait tous les rangs. Pour éviter toute étiquette, elle recevait à sa toilette; M. le duc d'Orléans, fidèle courtisan, causait et riait avec elle quand il séjournait à la cour. Les autres princes ne s'y trouvaient pas, excepté le prince de Condé dont on finissait l'éducation.

Les arts, les talents, les sciences lui rendaient hommage. S'il y avait un bijou fini, une gravure de goût, une montre superbe, on les lui présentait; on dissertait chez elle avec aisance et gaieté, sans rien approfondir. Un tour à graver des pierres, monté par un artiste fameux, attirait dans une autre pièce ceux qui voulaient s'instruire³.

Sa conversation gaie, aimable, était adaptée à celui qu'elle interrogeait, et avec les ambassadeurs, elle savait la rendre intéressante, causant avec eux de leurs pays, des arts, ou des propriétés du sol.

Le Roi, particulier dans son cabinet et l'intérieur, était aimable et causant. La chasse était sa passion dominante; chaque jour, excepté les fêtes et dimanches, y était consacré : un jour pour le grand équipage; un autre pour le petit, dit les six chiens; un autre pour le vautrait ou le sanglier; un autre pour le chevreuil, jusqu'à ce que la chasse à tirer fût ouverte.

Compiègne est un endroit délicieux pour satisfaire cette passion, avec sa forêt immense, les allées à perte de vue, les

---

¹ Adrienne-Catherine de Noailles, mariée en 1755 à René-Mans de Froulay, marquis de Tessé, grand d'Espagne.

² Ce doit être la comtesse de Belsunce qui figure sur les Almanachs royaux, de 1752 à 1770, comme dame pour accompagner Madame. — Je n'ai pu trouver ses noms.

³ V. MM. DE GONCOURT, *Madame de Pompadour*, passim.

routes cavalières dans lesquelles on peut s'étendre toute une journée sans en voir la fin. Les rendez-vous étaient dans la belle route de Royal-Lieu, nom qu'elle tient de l'abbaye de ce nom, auprès de Compiègne, dans un superbe rond, à portée des forts où étaient les animaux; de sorte que le Roi, arrivant dans ses voitures, montait à cheval, et que l'on attaquait à l'instant.

Les étrangers présentés pouvaient accompagner le Roi à la chasse; l'introducteur, sur leur demande, se concertait avec le Premier, et il y avait, par chasse, six chevaux consacrés à cet objet. Cet usage, conservé depuis Louis XIV, était de la plus grande magnificence.

L'introducteur de service amenait ses attelages et les menait ou les envoyait à la chasse. Comme je ne voulais pas avoir l'air de prendre pour mon usage les chevaux destinés aux étrangers, je m'étais pourvu de deux chevaux de selle, entre autres un anglais que j'avais acheté de M. Teissier, dont j'ai déjà parlé.

Ce Teissier, excellent écuyer, avait fait venir des chevaux de course, et il voulut mettre les paris à la mode; il s'en fit de considérables. Il comptait sur la bonté de son cheval qu'on exerçait. Un Anglais, nommé Smith, était son antagoniste. Teissier perdit; je profitai de son dépit et j'achetai son cheval cent louis, quoiqu'il lui en eût coûté cinq cents; dans ce temps-là, c'étaient des prix exorbitants.

A ce premier voyage, j'usai peu de la chasse; mon principal objet était de connaître et d'être connu, et je voulais forcer mon caractère naturellement timide.

J'avais mes entrées dans le cabinet du Roi, et j'y passais tout le temps où je n'étais pas de service; l'égalité y régnait, pour ainsi dire. Voici à peu près ceux qui le composaient : le premier valet de chambre de service, Bachelier [1], et son

---

[1] Bachelier (François-Gabriel), premier valet de chambre, gouverneur du vieux Louvre, et concierge du château de Saint-Germain. Il mourut en mai 1754, âgé d'environ soixante-dix ans. Il avait pour survivancier, non pas Lebel, mais Binet de Marchais, que nous retrouverons plus loin. Bachelier, dit

survivancier Lebel [1], qui depuis a joué un grand rôle dans les plaisirs de son maître; le premier gentilhomme de la chambre d'année, M. le duc d'Aumont [2]; le maréchal de Richelieu [3]; M. le duc de Duras [4]; M. le duc de Fleury [5]; M. le marquis de Mirepoix [6], capitaine des gardes; M. le comte de Maillebois [7], grand maître de la garde-robe; M. le Premier [8]; M. le comte de Brionne; M. le prince de Condé et son sous-gouverneur, M. du Bouset; M. de Saint-Florentin; les ministres quand ils voulaient parler; M. de Fontanieu père, et le fils, intendant des meubles de la couronne; M. Hébert [9], trésorier des menus, aussi spirituel que fin; Papillon de Fontpertuis, intendant des menus [10]; Sénac, premier médecin [11]; Quentin de Champcenetz, premier valet de chambre; Quentin de Champlost, premier valet de garde-robe; voilà à peu près ce qui composait l'intérieur du cabinet, moi compris, et Verneuil comme secrétaire du cabinet. On y voyait

d'Argenson (t. VII, p. 306), est « un vrai misanthrope, qui aime le Roi et « le bien de l'État, et à qui il ne manque que des moyens ».

[1] Lebel (Dominique-Guillaume), ancien concierge du château de Versailles, avait succédé en 1744, dans la charge de premier valet de chambre, à Alexandre-Denis de Nyert. Il avait lui-même pour survivancier Pierre-Michel de La Roche, fils de sa sœur, premier valet de garde-robe. Il mourut en 1768, âgé de soixante-douze ans. (*Gazette de France*, du 13 août.)

[2] Louis-Marie-Victor-Augustin, duc d'Aumont (1709-1783), premier gentilhomme de la chambre depuis 1723.

[3] Louis-François-Armand Du Plessis, duc de Richelieu (1696-1788), maréchal de France depuis 1748, premier gentilhomme de la chambre.

[4] Emmanuel-Céleste-Augustin, duc de Duras, fils de Jean-Baptiste, duc de Durfort-Duras, maréchal de France.

[5] André-Hercule de Rosset, marquis, puis duc de Fleury, né en 1715.

[6] Charles-Pierre-Gaston-François de Levis, marquis de Mirepoix (1699-1758), maréchal de France en 1757.

[7] Marie-Yves Desmaretz de Maillebois, lieutenant général. Il était fils du maréchal, marquis de Maillebois, grand maître de la garde-robe, et il avait la survivance de cette charge depuis 1736.

[8] Le marquis de Beringhen.

[9] Antoine Hébert, trésorier de l'argenterie, menus plaisirs et affaires de la chambre du Roi en 1725.

[10] Un des quatre intendants et contrôleurs généraux de l'argenterie, menus plaisirs, etc.

[11] Jean-Baptiste Sénac (1693-1770), père de Gabriel Sénac de Meilhan. Il était premier médecin depuis 1752.

aussi les écuyers, tels que de Briges, Tourdonnet, et le vieux Dampierre [1], commandant d'équipage ; j'oublie le marquis de Marigny [2], né Poisson, frère de madame de Pompadour, qui s'était d'abord appelé Vandières, directeur des bâtiments ; Caterby, huissier du cabinet [3] ; M. Félix ; M. Mesnard le fils, contrôleur de la bouche de la maison, et Mercier Saint-Vigor, contrôleur de la maison de la Reine et frère de lait du Roi.

Toutes les matinées, mon service fini, je restais jusqu'au départ du Roi. Le soir, je venais à son débotté, et je me trouvais au coucher. Ceux qui le fréquentaient m'avaient prévenu que si dans le cabinet il s'approchait de vous et que par respect vous vous retiriez, il avait la discrétion de ne pas vous adresser la parole. Je surmontai ma timidité, je me tins ferme : il aimait les jeunes gens, et j'étais un enfant en comparaison du vieux Sainctot. J'en fus récompensé. Il m'adressa souvent la parole, et je m'y suis tellement fait que, vu ses bontés, j'ai souvent été plus à mon aise avec lui qu'avec certaines gens.

La première fois que j'avais été obligé de prendre ses ordres pour la présentation des étrangers (ce fait n'arrivant jamais avant que lui et les grands officiers, comme le premier gentilhomme de la chambre, fussent prévenus), il était assis. Je m'approchai, et lui dis les noms de ceux qui se présentaient, en adoucissant ma voix qui n'était déjà que trop douce. Il se mit à sourire, et se retournant, il me dit : « Vous « avez une haute-contre ? — Non, Sire, répondis-je, je chante faux. — Il y en a bien d'autres », répondit-il, et lui-même criait à la chasse d'une voix enrouée : « Tayaut ! » de manière à se faire reconnaître entre mille.

---

[1] N. Peteneul, marquis de Dampierre, gentilhomme des plaisirs du Roi, commandant l'équipage vert, dit du daim. Il mourut en 1756, âgé d'environ soixante-dix-huit ans. Luynes donne sur lui d'assez longs détails (t. XV, p. 127).

[2] Abel-François Poisson, marquis de Marigny (1727-1781), dont le nom reviendra souvent dans ces *Mémoires*.

[3] Alexandre-Charles Caterby, un des deux huissiers du cabinet. (*État de la France de* 1749.)

Je conclus de là que je ne lui déplaisais pas, et j'obtins avant la fin du voyage que, quand il m'appelait, il ne mît pas le monsieur avant mon nom, ce qui était une marque de faveur.

Je passais mon temps en visites, souvent à de tristes brelans, à des soupers où l'on s'entretenait de ce que le Roi et la famille royale avaient fait ou feraient le lendemain. J'ai souvent fait la réflexion que la vie d'un courtisan assidu (je dis ceux qui veulent faire fortune, sans avoir d'autres qualités) ressemble à celle d'un valet de chambre, enfin d'un être en servitude. J'ai vu le duc de Luynes le père, qui passait pour écrire les anecdotes de toute la cour (dont on n'a rien vu cependant)[1]; le duc de Saint-Aignan, de l'Académie française, grand-père de celui qui vient de périr dans la Révolution; le président Hénault; Moncrif et tant d'autres, rétrécir leur esprit par une conversation si peu variée, que je ne pouvais ni m'y faire, ni m'y fixer.

J'ai oublié de faire mention d'un vieil original, le marquis de Flamarens[2], attaché à la cour par la charge de grand louvetier; le plus grand gouliafre, le plus grand mangeur que j'aie vu, piquant toutes les tables. Assidu courtisan, faisant nombre quand on appelait la Chambre, ne parlant à personne, il était souffert par le Roi qui le voyait d'habitude. Il n'était bruit que de ses tours de force en gourmandise. Un jour, invité chez un ambassadeur, il paria de manger un lapin en deux bouchées, après un dîner très-ample, ce qu'il exécuta.

La Reine mangeait toute seule, mais avec une réflexion et un appétit bien soutenus; Flamarens allait tous les jours la contempler. L'événement du lapin fit du bruit, et je fus témoin à ce sujet d'une singulière scène. Nous étions quatre personnes à voir souper la Reine: le président Hénault, Mon-

---

[1] Charles-Philippe d'Albert, duc de Luynes. M. Dufort ne se doutait guère que les *Mémoires* du duc serviraient un jour à annoter les siens.

[2] Agésilan-Gaston de Grossolles, marquis de Flamarens, grand louvetier depuis 1741. Il avait épousé une demoiselle de Beauvau et mourut sans enfants en 1762. C'était l'oncle des Flamarens dont il a été parlé; un d'eux lui succéda dans sa charge.

crif, M. de Flamarens et moi. La Reine, qui finissait son souper, prend la parole : « Monsieur de Flamarens, dit-elle, « est-il vrai que chez M. d'Ardore [1], après avoir bien dîné, « vous ayez mangé un lapin en deux bouchées? — Oui, Ma- « dame », fut la réponse laconique. La Reine reprit : « Vous « avez donc toujours un bon appétit, et qui se soutient bien? « — Oui, Madame, et je fais tous les jours le même vœu pour « Votre Majesté; car je sais, Madame, exactement, que Votre « Majesté a mangé ce matin *tel, tel, tel, tel* plat. » Et le voilà à faire une énumération de tout ce qu'il avait vu manger à la Reine, qui, s'impatientant, se leva de table et dit en s'en allant : « Me voilà payée, mais je ne lui parlerai de ma vie. » Je crois qu'elle lui a tenu parole.

J'étais logé superbement dans une maison seule, et M. Félix m'avait donné la facilité de commander à la bouche tout ce qui me convenait : j'en étais quitte pour payer très-bon marché et être servi supérieurement, sans faire aucune provision.

Je donnais à dîner une fois par semaine aux ambassadeurs, à tour de rôle, et deux fois à souper; le reste du temps, je soupais et dînais partout. M. le marquis de Chalmazel [2], cordon bleu, était premier maître d'hôtel de la Reine; son fils, le marquis de Talaru, en survivance, officier distingué, cordon rouge, mort par la Révolution, devint mon ami intime, ainsi que ses trois frères, dont un est devenu évêque de Coutances. Nous étions jeunes, les mêmes goûts nous liaient, et l'amitié de l'aîné a toujours existé jusqu'au moment où je l'ai perdu. Le marquis de Sommery, officier aux gardes, avait épousé cette mademoiselle d'Aveine [3] qui m'avait paru

---

[1] Jacques-François-Milano, prince d'Ardore, duc de Santo-Paolo, marquis de Saint-Georges, ambassadeur du roi des Deux-Siciles.

[2] Louis de Talaru, marquis de Chalmazel, premier maître d'hôtel de la Reine depuis 1733. Il avait eu de Marie-Marthe de Bonneval : 1° César-Marie, marquis de Talaru, maréchal de camp, maître d'hôtel de la Reine en 1763; 2° François-Hubert, comte de Talaru, mort en 1757; 3° Ange-François, évêque de Coutances; 4° Louis-François, vicomte de Talaru, qui devint à son tour premier maître d'hôtel de la Reine en 1770.

[3] La sœur de madame de Sommery, Marie-Thérèse Le-Petit-d'Aveine, épousa en 1754 Yves-Jean-Baptiste de la Boissière-Chambors, écuyer du Roi,

si grande. J'avais appris qu'elle était aimable et estimable : je me liai avec le mari, et évitai de voir la femme.

Compiègne était comme une ville de province : les jeunes courtisans, dès qu'ils le pouvaient, s'échappaient pour courir à Paris. Le marquis de Villeroi [1], âgé de vingt ans, arrive un jour à Compiègne, après un souper très-gai, dont était M. le prince de Monaco [2], et ils s'avisèrent de courir les rues de Compiègne. La petite rivière qui y coule ne suffisant pas pour les cas d'incendie dans les endroits éloignés, on y tient à presque toutes les portes des tonneaux remplis d'eau, debout et découverts. Ces messieurs trouvèrent plaisant de les culbuter partout où ils passaient. Toute la ville fut réveillée ; on croyait entendre des coups de pistolet. Le Roi en fut instruit le lendemain matin [3]. Ces messieurs en furent quittes pour aller à Paris sur-le-champ, par l'intercession du duc de Villeroi, capitaine des gardes, alors de service [4].

Ce M. de Villeroi, avec peu d'esprit, vivait avec mademoiselle Marquise, depuis maîtresse de M. le duc d'Orléans [5]. C'était un bon enfant, voilà tout. Fastueux et nullement prodigue, puissamment riche, il menait un train digne du rôle qu'il jouait. Nous étions dans le foyer de la Comédie italienne, lorsque je fus témoin d'une leçon qu'il reçut d'un vieux militaire à croix de Saint-Louis. Il arriva, l'air très-empressé, tirant sa montre, et m'adressant la parole, parce qu'il me connaissait davantage : « Il y a une heure cinq minutes, dit-il, « que je suis parti de Versailles ; aussi j'ai des chevaux excel- « lents, et un petit postillon adroit comme un singe. Il ne se

---

tué malheureusement à la chasse par le Dauphin, en 1755. (*Mémoires de Luynes*, t. XIV, p. 236.)

[1] Celui dont il a été question sous le nom de d'Alincourt, petit-fils du maréchal.

[2] Honoré-Camille-Léonor Grimaldi, prince de Monaco, duc de Valentinois, né en 1720.

[3] Luynes raconte le fait sommairement à la date du 14 juillet 1754 (t. XIII, p. 435).

[4] Louis-François-Anne, duc de Retz, puis de Villeroi, né en 1695, capitaine aux gardes du corps depuis 1734, et oncle du marquis.

[5] Elle prit alors le nom de madame de Villemonde.

« fera pas tuer, comme son devancier qui s'est laissé écraser
« sous la voiture il y a huit jours, en faisant le même chemin. »
Le vieux militaire, qui avait écouté ce beau récit, prend la
parole froidement et dit : « Monsieur le marquis, j'aimerais
« mieux toute ma vie être condamné à faire le chemin de
« Versailles en deux heures, fût-ce à pied, que de pouvoir
« dire qu'un postillon s'est tué à mon service, pour être venu
« de Versailles à la Comédie italienne en une heure cinq
« minutes. » M. de Villeroi ne sentit pas ou ne voulut pas
avoir l'air d'avoir senti le propos : il fit une pirouette sur le
talon, et alla à la loge de Marquise, alors danseuse, faire
l'agréable et compter ses prouesses.

Le voyage de Compiègne terminé, je revins à Paris et à
Saint-Leu reprendre ma vie ordinaire. Dans le mois de
septembre se fit l'entrée de M. le comte de Kaunitz-Rietberg, ambassadeur de l'empereur et de l'impératrice de
Hongrie. Je rappellerai cette cérémonie à cause de sa
magnificence, et je ne parlerai plus de quatre ou cinq que
j'ai faites depuis.

Après avoir pris les ordres du Roi, que je transmettais à
l'instant au sieur la Tournelle, secrétaire à la conduite
des ambassadeurs, après avoir prévu tous les cas particuliers,
je me concertai avec l'ambassadeur, et il alla coucher à
Picpus, dans une maison consacrée à cet effet, quoiqu'il y
eût plus de six semaines qu'il résidât à Paris incognito.

A neuf heures du matin, le carrosse de parade pour
cette occasion, celui qui sert au Roi, tout en portières de
glaces, à huit places, enrichi de velours cramoisi, de crépines et de point d'Espagne en or, mais la plus incommode
voiture qui existe, attelé de huit chevaux, arriva chez moi,
rue des Enfants-Rouges. Le cocher du corps et le postillon
étaient vêtus magnifiquement d'un habit de livrée galonné
sur toutes les tailles ; il y avait un valet d'attelage à cheval ;
ce carrosse entra dans ma cour avec tous les badauds du
quartier et y tourna avec une adresse inconcevable. J'étais
tout habillé d'un habit de velours ras à fleurs d'or, relevé

d'une broderie sur toutes les tailles, veste et culotte pareilles à l'habit, à fleurs d'or, fond argent, parement de même; un chapeau à plumet énorme, des attaches à la tête en boucles de diamant; une bourse avec deux attaches, venant dans le devant du col, et une épée superbe, garnie d'un nœud pareil à l'habit. Je montai seul en carrosse, suivi de deux valets de pied à moi. Je me rendis chez le maréchal de Balincourt[1], qui demeurait faubourg Saint-Germain, vis-à-vis le pont Royal. J'observe qu'à chaque entrée dans Paris, c'est un maréchal de France qui accompagne l'ambassadeur, *ad turnum*. Trois jours après, il est d'étiquette que l'ambassadeur soit présenté à Versailles *in fiocchi;* mais c'est un prince de la maison de Lorraine qui l'accompagne, comme je le rapporterai.

Le maréchal de Balincourt était un vieillard assez cacochyme, affligé d'une rétention d'urine; mais l'honneur d'une telle fête lui faisait risquer cet assaut. J'allai le chercher : nous montâmes à sa porte, sa cour n'étant pas assez grande pour contenir la longueur des chevaux et voitures, et nous partîmes au grand trot pour Picpus. Je ne fus pas longtemps sans m'apercevoir de l'incommodité du maréchal; il fut obligé de descendre deux fois pendant la route pour se soulager.

A dix heures et demie, nous arrivâmes chez l'ambassadeur à Picpus. Le secrétaire à la conduite des ambassadeurs s'y était rendu dès huit heures du matin, conduit par le carrosse de la Reine, à huit chevaux blancs, à peu près semblable à celui du Roi, mais à la livrée de la Reine. La Tournelle, homme minutieux et né pour ces cérémonies,

---

[1] L'auteur commet ici une erreur. Ce ne fut pas le maréchal de Balincourt, mais le maréchal de Maulevrier-Langeron, qui accompagna M. de Kaunitz. (Luynes, t. XII, p. 155, et *Gazette de France*.) L'adresse qu'il donne ci-dessus est du reste bien celle du maréchal de Balincourt, qui demeurait au quai d'Orsay. Ce qui a pu donner lieu à une confusion dans les souvenirs de M. Dufort, c'est que le maréchal de Balincourt conduisit avec lui l'ambassadeur de Venise, Mocenigo, lors de son entrée publique à Paris, le 29 septembre 1754. (Luynes, t. XIII, p. 360.) Maintenant, auquel des deux maréchaux faut-il attribuer la fâcheuse infirmité qui jette une note comique dans l'imposante cérémonie?

quoiqu'il n'eût ni mine ni façon et qu'il eût la jambe extraordinairement cagneuse, nous attendait.

Toute la maison de l'ambassadeur, tous les cavaliers d'ambassade nous reçurent à la descente du carrosse. Nous montâmes, je donnai la droite au maréchal, et me mis un peu en avant de son côté. L'ambassadeur nous attendait entre la quatrième et la cinquième marche de l'escalier, suivi de son cortége; il donna la droite au maréchal, je me mis à la gauche de l'ambassadeur, et nous arrivâmes dans une pièce destinée à cet effet. Il y avait un dais et trois fauteuils dessous : deux à la place d'honneur, c'est-à-dire les plus éloignés de la porte d'entrée, et l'autre, vis-à-vis. L'ambassadeur nous fit asseoir : le maréchal à la première place, moi à côté; il s'assit ensuite vis-à-vis. Tout le cortége, avec la Tournelle, se tint à la porte toute grande ouverte. Après un demi-quart d'heure de conversation, nous nous levâmes et reprîmes le cortége; mon pauvre maréchal de France se déroba un instant pour soulager sa triste infirmité. Tous les écuyers de la famille royale et des princes du sang étaient arrivés chacun dans leur voiture de parade, pour faire cortége, et ils avaient eu chacun des audiences de l'ambassadeur, ainsi que le chevalier du guet de Paris, M. de Rocquemont.

Nous montâmes dans la voiture du Roi; l'ambassadeur, le premier, se plaça à droite à la place d'honneur; le maréchal de France à sa droite, l'introducteur à la troisième place, fond du devant; à côté de lui, M. le comte de Spaurr, grand maître des postes d'Allemagne, cavalier d'ambassade; à la portière à droite, M. le comte de Stahremberg[1], *idem,* depuis prince, et ambassadeur après M. de Kaunitz; à la portière à gauche, M. le comte de Mercy-Argenteau[2], depuis ambassadeur en France. Tous ces messieurs étaient en gala, habillés d'étoffes d'or et couverts de diamants.

---

[1] Georges-Adam, comte de Stahremberg, né en 1724, qui fut ministre à Paris en 1753.

[2] Celui qui était ambassadeur en France au moment de la Révolution.

Pour M. de Kaunitz, avec son goût pour la parure, son éloquence naturelle, sa figure distinguée, sa manière aimable, mais compassée, il les surpassait tous. Il avait une frisure naissante élégante et des boucles de cheveux tombant sur ses épaules, qui finissaient par deux cadenettes de cour. Son habit était superbe, entremêlé d'une broderie semée de diamants, et tous les badauds du peuple criaient : « Il est « beau comme un ange! » et couraient pour le revoir plusieurs fois.

La Tournelle avait fait monter le secrétaire de légation *ad honores*, à la place d'honneur, dans le carrosse de la Reine, et s'était mis à côté; le reste des places avait été rempli par d'autres cavaliers d'ambassade qui faisaient cortége.

Nous ne pûmes commencer la marche qu'à midi; elle avait été imprimée, on la criait à nous étourdir les oreilles. La voici plus au vrai : M. de Rocquemont, dans son grand habit d'uniforme, montant son grand cheval blanc qui est d'étiquette pour ces cérémonies, suivi de soixante cavaliers du guet en grand uniforme, ouvrait la marche avec les trompettes et les tambours; après, mon suisse à cheval; ensuite ma voiture d'entrée à six chevaux tout caparaçonnés, mon maître d'hôtel, galonné sur toutes les tailles, seul dedans la voiture; derrière, un valet d'attelage; la voiture à six chevaux du maréchal de France; vingt-quatre pages de l'ambassadeur, habillés de velours bleu, galonnés en point d'Espagne d'argent sur toutes les tailles, montés sur des chevaux superbes galonnés de même; quatre suisses de porte tout chamarrés d'or, baudrier à épée, hallebarde en main, à pied; la musique de Son Excellence, toute en uniforme rouge galonné, à pied et jouant à certains intervalles; un timbalier nègre, un timbalier blanc, deux trompettes qui sonnaient lorsque la musique cessait. — Ce groupe à cheval marchait deux à deux, et était précédé par un maître d'hôtel, d'une corpulence prodigieuse et d'une taille à l'avenant. Quatre valets de chambre, mis aussi magnifiquement qu'élégamment, marchaient à pied devant six voitures de parade. Ces voitures de parade[1] sont différentes ; la première est en or, la seconde en argent, la troisième en rouge, la quatrième en bleu, la cinquième en vert, et la dernière en jaune pâle. Elles sont tout en glace ; les ornements sont d'une prodigieuse hauteur et d'une magnificence dont les yeux sont éblouis. Chaque attelage magnifique suit l'uniforme de la voiture à laquelle il est mis.

Dans la longueur que pouvait tenir cette suite de voitures, marchait des deux côtés la livrée de Son Excellence, faisant en tout soixante valets de pied, tous en bas de soie blancs, et vêtus en livrée bleue, galonnée sur toutes les tailles en galons d'or et argent mêlés des six couleurs des voitures de parade. C'était le coup d'œil le plus superbe qu'on ait vu, à ce qu'on m'a dit ; car j'étais trop acteur pour y rien voir.

A une petite distance suivaient quelques écuyers du Roi à cheval, ensuite le carrosse du Roi, dans lequel était l'ambassadeur à droite ; de son côté, dix hommes à ma livrée, en bas de soie blancs et très-bien mis, suivaient la voiture à pied. Un d'eux tenait la main à la pomme de la portière du carrosse. A gauche, du côté du maréchal, il y avait dans la même position dix hommes à sa livrée.

Je n'ai pas besoin de dire que pour ces sortes de cérémonies, nous avions à choisir les plus beaux hommes dans toute la livrée de Paris. Une paire de bas de soie neufs, une paire de souliers, une bourse à cheveux, des gants blancs, un louis d'or, faisaient pour chacun une assez agréable rétribution.

Venaient ensuite : un écuyer ; les carrosses de la Reine ; un domestique du secrétaire à la conduite des ambassadeurs, la main à la portière de chaque côté ; un carrosse de madame la Dauphine (M. le Dauphin, quoique marié, n'ayant pas sa maison) ; un carrosse pour Mesdames de France, n'ayant qu'une maison pour elles toutes ; un carrosse à M. le duc d'Orléans ; un carrosse à madame la duchesse ; un carrosse à

---

[1] De l'ambassadeur. Le duc de Luynes en donne une description plus détaillée (t. XII, p. 158).

M. le prince de Condé; un autre à M. le comte de Charolais; un cabas[1] à madame la princesse de Conti (car il n'avait ni mine ni façon). Un carrosse à M. le prince de Conti fermait le cortége, suivi d'un détachement du guet à cheval. Il n'y avait alors que ces princes qui eussent leurs maisons. Les princes légitimés n'y envoyaient que par tolérance et n'y manquaient pas; je n'en fais pas mention.

Nous passâmes depuis le Trône par le faubourg Saint-Antoine, la grande rue, et fîmes le tour de la place Royale. Nous fûmes obligés de faire une pose vis-à-vis le boulevard; la santé du maréchal l'exigeait. Toutes les fenêtres et les toits étaient garnis de monde, les mêmes compliments nous suivaient. Des pauvres indiscrets s'en mêlèrent; l'ambassadeur leur dit : « Pour cent mille écus, je ne pourrais vous « donner un sol; venez à mon hôtel demain, apportez des « certificats, et vous serez contents. » Il tint parole.

Nous passâmes dans la rue de la Verrerie; cette rue étroite retarda la marche, sans compter que notre maréchal voulut descendre encore, et l'affluence du monde l'empêchant d'entrer dans une allée, il fit son opération à la vue du peuple et des spectateurs des fenêtres, qui crurent peut-être que c'était de l'étiquette.

Nous prîmes la rue de la Ferronnerie, la rue Saint-Honoré, le pont Neuf, et arrivâmes entre cinq et cinq heures et demie rue du Bac, à l'hôtel de l'ambassadeur. Le maréchal, l'ayant conduit avec la même étiquette dans son appartement, reprit la voiture et se fit ramener bien vite chez lui.

L'ambassadeur reçut alors le chevalier du guet en bottes, qui lui demanda s'il avait été content de son service; les écuyers des princes vinrent à tour de rôle lui faire le même compliment. Je repris le carrosse du Roi, qui me ramena chez moi à huit heures du soir.

J'oublie que lorsque le cortége passa devant la Samaritaine,

---

[1] Ou plutôt un carabas. « Les carabas, lourdes voitures qui contiennent vingt personnes, ont huit chevaux, qui mettent six heures et demie pour aller à Versailles. » (*Mémoires de la baronne d'Oberkick*, t. II, p. 37.)

elle ne cessa de carillonner : c'était une chose d'étiquette dans ces cérémonies, comme pour le Roi ou la famille royale.

J'avais pris les ordres du Roi, prévenu les grands officiers qui devaient se trouver de service, ainsi que les dames d'honneur, le colonel des cent-suisses, le capitaine des gardes du corps, le colonel des gardes-françaises, pour se trouver à jour et heure ; tout cela ne se fait point par écrit, mais de vive voix.

M. le prince de Pons, M. le comte de Brionne et M. le prince Camille de Lorraine [1] étaient les seuls princes de la maison de Lorraine reconnus en France ; ils avaient seuls le droit d'accompagner les ambassadeurs à leur première audience du Roi.

J'avais pris les ordres, et le Roi, qui m'expliquait tout avec une bonté sans égale, m'avait dit : « C'est à M. de « Pons actuellement, parce que la dernière fois c'était M. de « Brionne, et, en général, si vous n'avez pas de note de « Sainctot, vous pouvez vous adresser à moi. » Je lui avouai que je n'avais rien vu d'écrit. « Et la Tournelle? ajouta-t-il. « — Sire, je l'avoue, j'ai oublié de lui en parler. — Vous le « savez, faites en conséquence », me dit-il. Je rapporte ceci pour rappeler la bonté avec laquelle il me traitait, et qui est restée gravée au fond de mon cœur.

La voiture du Roi vint me prendre à sept heures [2]. J'allai chez M. le comte de Pons, quai des Théatins, et nous nous rendîmes chez l'ambassadeur. Le sieur la Tournelle y était arrivé dans la voiture de la Reine. Les cérémonies faites comme avec le maréchal de France, nous partîmes pour Versailles. Sur les dix heures, les voitures arrivèrent entre les deux écuries. C'était tout le même cortége et les mêmes acteurs qui avaient fait l'entrée à Paris, excepté le guet à

---

[1] Charles-Louis de Lorraine, prince de Pons (1690-1755) ; le prince Camille-Louis de Lorraine, né en 1725, était son fils. On a déjà parlé du comte de Brionne.

[2] Le 19 septembre 1752.

cheval et les voitures des princes. La garde française et suisse était sous les armes dans la grande cour, et nous nous acheminâmes dans le même ordre par la grande grille. Après avoir fait le tour de la cour, en passant sous les fenêtres du Roi, nous descendîmes à la salle des ambassadeurs, où se trouvait tout le corps diplomatique rassemblé.

Je montai chez le Roi pour prendre l'heure de l'audience, et je passai aussi chez toute la famille.

A l'heure dite, je vins prendre l'ambassadeur. Les voitures étaient renvoyées; mes valets de pied restaient, faisant garniture en distance égale, depuis la porte jusqu'à l'escalier; les valets de pied de l'ambassadeur faisaient la même garniture jusqu'au bas. Précédés des pages de l'ambassadeur, suivis des gentilshommes d'ambassade, nous montâmes l'escalier, le prince de Lorraine à droite, moi à gauche, M. de la Tournelle précédant, le secrétaire de la légation suivant. L'ambassadeur trouva sur l'escalier la garniture complète des cent-suisses, en grand uniforme, les officiers à leur tête; dans les pièces de l'intérieur, les gardes du corps sous les armes, avec leurs officiers, les sentinelles frappant du pied. Les deux suisses des appartements étaient à leur poste, dans l'œil-de-bœuf. Le capitaine des gardes du corps de service partageait la gauche avec l'introducteur, en se mettant un peu devant lui; car l'introducteur ne doit jamais quitter la gauche de l'ambassadeur, pour l'instruire de ce qu'il a à faire.

Arrivés à la chambre à coucher du Roi, nous le trouvâmes assis, entouré de tout son service et des grands officiers, de M. le prince de Turenne[1], grand chambellan en survivance, de M. le duc de Bouillon, son père, de tous les ducs, des grands d'Espagne, enfin des gens titrés. Dès que le Roi aperçut l'ambassadeur, il se découvrit et se leva. L'ambas-

---

[1] Godefroi-Charles-Henri, dit le prince de Turenne, puis le duc de Bouillon, né en 1728, fils de Charles-Godefroi de la Tour d'Auvergne. Il avait la survivance de son père depuis 1748, et devint, en 1771, titulaire de la charge de grand chambellan, qu'il conserva jusqu'à la Révolution.

sadeur, escorté du prince et de l'introducteur, s'avança, suivi de son secrétaire de légation et de ses cavaliers d'ambassade; il fit trois profondes révérences à des distances égales. Le Roi alors s'assit et se couvrit, l'ambassadeur en fit autant; les princes, les ducs, les grands, se couvrirent aussi. L'ambassadeur commença son discours; à chaque fois qu'il prononçait le nom de Leurs Majestés, soit étrangères, soit d'ici, il se découvrait; le Roi en faisait autant, et tous ceux couverts les imitaient fidèlement. Le discours fini, le Roi répondit. Ensuite l'ambassadeur, debout, présenta le secrétaire de légation et tous les cavaliers d'ambassade, et se retira dans la même forme, en faisant trois profondes révérences. Nous allâmes ensuite chez la Reine et chez toute la famille royale, faisant à peu près les mêmes cérémonies partout. Le prince de la maison de Lorraine cessa d'accompagner après M. le Dauphin et madame la Dauphine.

Nous rentrâmes à deux heures dans la salle des ambassadeurs. Une table de cinquante couverts était dressée dans la salle du Conseil; l'ambassadeur se mit au milieu, le prince de Pons à droite, et l'introducteur à gauche. Tous les gens présentés y furent réunis. Un maître d'hôtel du Roi était assis en face pour faire les honneurs. Tout fut servi par les gentilshommes servants qui ont le droit de servir couverts, et se tiennent chacun derrière votre chaise. Ce sont les Suisses en uniforme qui portent les plats.

Madame de Pompadour m'avait fait dire qu'elle désirerait voir l'ambassadeur. Je savais que M. de Verneuil s'y était prêté en pareille circonstance, et c'était un moyen de plaire dans un pays où je débutais. Dès qu'on fut sorti de table, je me rendis avec l'ambassadeur chez madame de Pompadour, que j'avais prévenue. Il était accompagné de ses cavaliers d'ambassade; il entra seul avec moi. Il y avait trois siéges; elle s'assit, et nous nous assîmes. Après une conversation qui eut l'air d'une visite amicale, il se leva et pria madame la marquise de lui permettre de lui présenter les cavaliers. Ils entrèrent, on se tint debout; la conversation devint générale, et, après un quart d'heure, nous partîmes pour nous rendre à la salle. On remonta dans le même ordre dans les voitures, excepté que je pris le fond, le prince n'y étant plus, et nous nous rendîmes chez l'ambassadeur. J'arrivai chez moi à dix heures.

C'étaient les premières fois que je montais dans les carrosses du Roi, et je fus obligé de donner dix louis au cocher du corps pour acquérir cet honneur.

J'ai voulu consigner tout ce détail, pour ne plus parler que légèrement des cérémonies que j'ai été obligé de faire, pendant treize ans que j'ai possédé cette place. Si les fonctions sont magnifiques, elles ne roulent que sur des misères d'étiquette, plus faites pour rétrécir l'esprit que pour l'alimenter.

CHAPITRE IV

Madame d'Épinay. — La famille de La Live. — La comédie à la Chevrette. — Dupin de Francueil. — Le ventre de crin. — Le Mierre. — Caze, le beau danseur. — Madame B***. — Les débuts d'une passion. — La mort de M. de Saint-Contest. — Trait de caractère de Louis XV. — Les Flesselles. — Voyage de Fontainebleau. — Un mot de la Reine. — Jélyotte. — Le Roi dans ses cabinets. — La Reine chez madame de Luynes. — Le Dauphin et la Dauphine. — Les ministres. — Spectacle à la cour. — Le château de T***. — Portrait du comte de Kaunitz. — Caractère du comte de Charolais. — Son aventure avec M. de Kaunitz.

M. de Barassy, mon voisin à la campagne et à Paris, allait beaucoup dans la société de la fameuse madame d'Épinay : M. de La Live[1], fermier général, avait acheté à La Barre, près Deuil, sous Montmorency, une maison et terre; il y avait joint la seigneurie et des biens à Épinay. Il s'était servi de sa fortune pour bâtir à la Chevrette un château superbe, au milieu duquel était un salon, fait de telle manière, qu'avec des ressorts il se baissait quatre tableaux, et qu'à l'instant on jouissait de deux salons.

Il mourut et laissa trois enfants. L'aîné fut fermier général et épousa sa cousine, femme d'esprit à tous égards[2]. Le second[3], rempli de talents et d'esprit, se maria avec made-

---

[1] Louis-Denis La Live de Bellegarde, propriétaire de la Briche et d'Ormesson, avait acheté en 1741 les terres d'Épinay et de la Chevrette, la première, des héritiers du marquis de Beauvau, et la seconde du duc de Broglie. Ce n'est pas lui qui fit bâtir le château de la Chevrette, qui avait appartenu à la duchesse de Longueville, et auquel son fils, M. d'Épinay, fit plus tard des réparations et additions considérables.

[2] Denis-Joseph La Live d'Épinay (1724-1782), marié en 1745 à Louise-Florence-Pétronille d'Esclavelles, l'amie de J. J. Rousseau, de Diderot, de Grimm, de l'abbé Galiani, etc. Elle était cousine germaine de son mari, leurs mères à tous deux étant des demoiselles Prouveur.

[3] Ange-Laurent La Live de Jully (1725-1779), avocat du Roi au Châtelet

moiselle Chambon, la perdit, et, ayant fait un des plus beaux cabinets de Paris, acheta la place d'introducteur du marquis de Verneuil.

On jouait la comédie à la Chevrette [1] du vivant du père; on continua après sa mort. La Live y excellait; madame d'Épinay, M. Dupin de Francueil [2], receveur général des finances, et M. Dupleix de Bacquencourt [3], maître des requêtes, y passaient leur vie. Un théâtre superbe, établi dans une orangerie, attirait la meilleure compagnie des environs. Après avoir été spectateur, on me proposa d'être acteur; j'acceptai, et je me trouvai introduit dans une société charmante, remplie de talents. On comblait les vides par la musique et les intrigues; nous y vîmes les scènes les plus plaisantes possible, et j'en rapporterai ici quelques-unes.

Bacquencourt se livrait à son talent avec un enthousiasme et un zèle peu communs. On joua *Zaïre;* il se chargea du rôle d'Orosmane; La Live prit le rôle de Corasmin, et la pièce allait le mieux du monde. Le souffleur se reposait sur la fidélité des mémoires et regardait dans la salle, lorsque Orosmane dit : « Mais, seigneur, si Louis..... » La mémoire

en 1754, introducteur des ambassadeurs en 1756, avait épousé en 1749 Louise-Élisabeth Chambon, qui mourut en 1752. Il sera question plus loin de son second mariage. — Ce n'étaient pas les seuls enfants de M. de Bellegarde. Il avait deux autres fils, dont l'un, l'aîné de tous, était religieux, et l'autre, La Live de la Briche, que nous rencontrerons plus tard, fut, comme son frère, introducteur des ambassadeurs. Ses deux filles étaient madame Pineau de Lucé, femme d'un intendant, et la célèbre comtesse d'Houdetot. On trouve sur tous ces personnages les détails les plus complets dans les *Mémoires de madame d'Épinay*, édités par M. Boiteau; dans la *Jeunesse de madame d'Épinay*, par MM. Perey et Maugras, et dans les *Dernières Années de madame d'Épinay*, des mêmes auteurs.

[1] M. de Bellegarde, après le mariage de son fils, et pour amuser sa belle-fille, avait fait construire un théâtre à la Chevrette, vers 1749. (*Ouvrages cités.*)

[2] Claude-Louis, né en 1716, mort vers 1787. Il était receveur général pour Metz et l'Alsace depuis 1738. C'est le grand-père de George Sand. On sait le rôle qu'il joua auprès de madame d'Épinay.

[3] Guillaume-Joseph, né en 1727, maître des requêtes en 1756, conseiller d'État en 1780, guillotiné en 1794. Il épousa Jeanne de Nogué. Son père, Charles-Claude-Ange, fermier général, dont il est question dans la *Vie privée de Louis XV* (t. I, p. 287), était le frère du célèbre Dupleix.

lui manquant, il répéta deux fois : « Mais, seigneur, si « Louis..... » Le souffleur cherche, ne peut se retrouver; l'assemblée souffre. La Live-Corasmin, du même ton tragique, reprend : « Eh bien, seigneur, six louis font cent qua-« rante livres... » Cette plaisanterie fut très-applaudie, et les éclats de rire interrompirent la pièce. Orosmane, furieux contre La Live et contre le souffleur, fut plus de trois quarts d'heure avant de se remettre et de pouvoir reprendre la pièce.

Un autre jour, on annonce le *Glorieux* [1]. M. d'Épinay se chargea du rôle de Lysimon; il était jeune, mince, élancé, et Lysimon est un financier qui doit avoir un ventre. On en commande à Paris un tout en crin, s'ajustant avec des courroies. Il était une heure, et la représentation était annoncée pour cinq; tout était prêt, excepté le ventre qui n'arrivait pas. « Comment, criait d'Épinay, jouer ce rôle, « mince comme je suis! » Il pleurait. On se détermina à envoyer un postillon à cheval, il part et revient avec ce gros ventre, enveloppé dans une serviette. On commence, et Lysimon paraît avec son énorme embonpoint; mais il n'est pas à la seconde scène, qu'un murmure général, des rires, des applaudissements l'interrompent. Voici le fait : le maudit ventre était couvert en peau du côté de la chemise, le reste était en crin garni et piqué en toile. Le postillon, en le portant sous son bras depuis Paris, l'avait laissé exposé à la pluie, et il était comme une éponge. La nécessité de jouer avait fait passer d'Épinay sur l'incommodité du mouillé; mais dès que le ventre fut serré dans l'habit, il rendit toute l'eau qu'il avait bue, d'une manière si singulière que les spectateurs pouvaient croire à tout autre chose; cela rendit le spectacle beaucoup plus gai que la pièce la meilleure n'eût pu le faire.

Un des voisins de la vallée brigua l'honneur d'être de la troupe. C'était un jeune homme de dix-huit ans, sortant

---

[1] De Destouches.

du collége, d'une assez jolie figure et plein de feu, mais peu aguerri pour un auditoire imposant. On jouait je ne sais quelle pièce de Dancourt. A la dernière répétition, qui n'était que trop nombreuse, le jeune amoureux arriva avec grâce; il devait commencer à mettre un genou en terre aux pieds de son amoureuse; tout va bien jusque là. Il commence : « Charmante Angélique (Ne me soufflez pas)... « Charmante Angélique (Je le savais si bien tout à l'heure)... « Charmante Angélique... » Ce monologue dura de telle manière que tout le monde rit aux éclats. Mon homme, démonté, n'en restait pas moins et se frottait la tête. A la fin, il fut décidé qu'un autre prendrait le rôle, et il fallut qu'il renonçât à ce talent qui n'était pas encore né.

Lemierre [1], l'auteur de *Guillaume Tell*, était un jeune homme, le meilleur du monde; on le souffrait, pour sa bonhomie, sa bonne volonté, sa complaisance et son peu de fortune. On le chargea du rôle du marquis dans le *Méchant* [2], que Francueil faisait avec distinction.

J'arrivai à la cinquième répétition; le marquis s'en tirait si mal, si bourgeoisement, que M. d'Épinay et tous les acteurs me demandèrent de m'en charger; Lemierre lui-même m'en pria; je me mis donc à apprendre le rôle, mais son amour-propre avait fait un trop grand effort; on le surprit dans le parc, pleurant très-tragiquement. A la première répétition que je fis, il se battait la tête contre les coulisses. Je sacrifiai mon travail, et ne voulus plus me charger du rôle; tout le monde m'approuva. Il était aimé, et il s'en tira mieux qu'on ne l'avait cru. M. Caze, fermier général [3], que

---

[1] Lemierre (Antoine-Marin) (1723-1793) était alors secrétaire de Claude Dupin, fermier général, père de Dupin de Francueil. Il avait à peine vingt ans, lors de l'anecdote rapportée ici. Il ne débuta au théâtre qu'en 1758, par la tragédie d'*Hypermnestre*.

[2] De Gresset.

[3] C'est, je pense, Anne-Nicolas-Robert de Caze, secrétaire du cabinet du Roi, trésorier général des postes et relais, fermier général, frère de Gaspard-Henri Caze de la Bove et de Jean-Louis Caze de Vilambre; marié en 1759 à une demoiselle Brunet d'Evry, et en secondes noces, en 1747, à Suzanne-

l'on surnommait le *beau danseur*, voulut y paraître. On arrangea l'*Oracle* ¹; il dansa une entrée dans le genre de Dupré. Le ballet fut redemandé; les cadres étaient superbes, et, comme j'avais appris aussi la haute danse, j'y fus admis. Vêtu des habits de l'Opéra, un masque sur le visage, comme en portaient alors les danseurs, je secondai Caze, après une entrée seul, ensuite dans un pas de deux. Ce fut la seule chose où je fus utile dans ces plaisirs, et je revins à Paris.

Madame B*** ², fille d'un fermier général et femme d'un fermier général, d'une fortune immense, était née avec une figure faite pour plaire à tous les hommes. Elle avait des yeux charmants, la bouche petite, le nez un peu fort, mais la figure la plus animée. Petite, mais d'une taille pleine de grâce, elle avait les pieds et les mains les plus beaux possible. Son caractère était charmant; elle avait de l'esprit, une manière de raconter spirituelle et élégante. Elle fixait qui elle voulait. Elle commença par s'attacher tout ce qu'il y avait de poli et d'élégant à Paris, et l'aventure d'un marquis d'Égreville ³, dont on trouva le chapeau sur son lit, avait fait parler la ville et la cour. Son mari, fort dépensier, fort magnifique, portait sa nullité aux filles de grand ton, quoique ce fût un impuissant dans toute l'étendue du terme; mais il voulait jouer le rôle d'entreteneur et d'homme à bonnes fortunes.

Je fis connaissance avec madame B*** au moment de la mort de son père. Son frère, mon ami, m'invita de sa part à venir chez elle, et je ne tardai pas à sentir ce qu'elle valait. Son esprit, sa tournure, sa gaieté m'attachaient insensiblement, et je comptais les moments où j'étais séparé d'elle; car je n'étais admis qu'à certains jours, soit chez elle, soit

---

Félix Lescarmotier. Né en 1718, le *beau danseur* n'était plus un tout jeune homme à l'époque dont parle M. Dufort.

¹ Féerie de Saint-Foix.

² Je respecterai ici la discrétion de l'auteur, quoiqu'il ne m'ait pas été difficile de trouver le nom caché sous cette initiale.

³ Probablement celui dont il est question plus tard, et dont la sœur épousa le comte du Rumain.

aux loges qu'elle avait aux spectacles. Je m'aperçus bientôt que le comte de Tourdonnet, écuyer du Roi, beau, grand, bien fait, était le tenant dans la maison. Dès qu'il arrivait, il prenait place à côté d'elle, et tous les soins étaient pour lui; quand il était à Versailles, je commençais à être compté pour quelque chose. Enfin, elle finit elle-même par prendre pour moi une passion qui pendant quatre ans a fait mon bonheur, quoique traversée de beaucoup d'infidélités dont je n'ai pu douter. Elle avait une foule d'adorateurs; je crus me douter que le prince de Monaco et le marquis Donnezan [1] pouvaient avoir eu les mêmes droits, et que des rendez-vous furtifs leur étaient donnés. Nous eûmes une explication qui ne me convainquit pas; mais elle me ramenait comme un enfant, et je dévorais mon chagrin.

Jamais elle ne se couchait avant cinq heures du matin, et presque tous les jours elle donnait un très-grand souper. Quand l'homme en titre n'y était pas, je restais le dernier, et nous ne nous retirions qu'à la fin de la nuit, elle pour appeler ses femmes, et moi pour monter dans ma voiture. J'étais toujours dans sa loge, quand Tourdonnet était à Versailles, et elle me ramenait dans sa voiture, soit chez elle, soit chez ses parents. Combien de fois, caché dans sa grande berline, n'ai-je pas fait des visites avec elle, pendant cinq heures, sans descendre et me cachant des flambeaux!

Toute sa société, — et elle était fort nombreuse, — ne tarda pas à s'apercevoir de l'intérêt qu'elle prenait à moi. Le seul Tourdonnet ne s'en doutait pas; toujours à Versailles, il me voyait peu et redoublait d'amitié pour moi. Je lui paraissais un homme sans conséquence.

Madame B*** avait dans son intérieur un luxe digne de Cléopâtre, une magnificence sur ses habillements, une recherche dans son linge et dans sa toilette, dont on ne peut

---

[1] Charles-Armand d'Usson, marquis de Donnezan. Il en est question dans la correspondance de la marquise du Deffand. Il était le frère du marquis de Bonnac, qui avait été ministre de France à la Haye. On le recherchait pour sa gaieté et son caractère aimable.

se faire une idée. Jamais je ne me suis trouvé tête à tête avec elle que cinquante bougies ne brûlassent toute la nuit. Les odeurs les plus exquises étaient prodiguées, excepté le musc, dont elle ne permettait pas l'usage. Connaisseuse en vins et en choses exquises, elle en usait en jolie femme, sans jamais en abuser.

Un ami de son mari, le chevalier de Fontanieu; Saint-Amant, fermier général; d'Augny, aussi fermier général, ayant la passion des chevaux et des diamants; Renneville [1], le neveu de Barjac, bon et excellent homme, ayant cinquante mille livres de rente, et le baron de Pless, dont je vais rapporter l'histoire, étaient les intimes.

Le baron de Pless, grand seigneur suédois, était venu, il y avait trente ans, pour passer quinze jours à Paris. Il s'y trouva si bien qu'il y resta. Il vivait tranquillement, était doux et aimable; quoique âgé, il fournissait par sa complaisance tout ce qu'on exige dans la société. Un tic qu'il avait le rendait assez particulier. Du moment qu'il voyait une personne se passer la main plusieurs fois sous le menton, il lui prenait un sourire. Si l'on continuait, malgré lui les sourires devenaient convulsifs et le faisaient trouver mal. Aux spectacles et aux promenades, des jeunes gens imprudents l'avaient poursuivi de cette manière, et, pour éviter pareil accident, il s'abstenait de tout lieu public; il est mort à Paris.

Une madame la baronne de Grevenbroch, se disant fille de M. le duc de Berry [2], ayant épousé un petit bossu, ministre palatin, était de la société. Milord Albemarle [3], ambassadeur d'Angleterre; sa maîtresse, mademoiselle Lolotte [4], depuis

---

[1] Barjac de Renneville (Honoré-Joseph), fils de Pierre Barjac et de Marguerite Sidery. (VITU, *Maison mortuaire de Molière*, p. 365.) Barjac, son oncle, avait été le valet de chambre et l'homme de confiance du cardinal Fleury.

[2] Charles de France, duc de Berry, troisième fils du grand Dauphin (1686-1714), qui avait épousé l'aînée des filles du Régent.

[3] Guillaume-Anne Keppel, lord Albemarle, marié à Anne de Lenox, fille de Charles II, duc de Richemont.

[4] Louise Gaucher. « C'est une fille considérée en Angleterre, et dont on a toujours dit du bien. » (LUYNES, t. XIII, p. 415.) Marmontel s'est inspiré de

madame la marquise d'Hérouville; le duc de Richemont et son frère Fitzroy, neveux d'Albemarle, y passaient leur vie. Ses parents et quelques autres femmes faisaient le fond de la société, mêlée de temps en temps de femmes de tous les états.

J'étais souvent si fatigué, que mes gens me conduisaient au lit tout endormi. Je m'épuisais, je m'anéantissais, et afin d'éviter les sermons, bien justes en pareil cas, j'étais toujours habillé à dix heures, et j'en étais quitte pour serrer outrageusement mon col, afin de remédier à mon extrême pâleur.

J'aimais M. de Saint-Contest, qui me traitait avec distinction. Un lundi de juillet, j'arrive à Compiègne, et cours au lever du Roi; à peine arrivé, le Roi m'appelle : « Dufort, on a ouvert Saint-Contest; savez-vous qu'il avait un « squirrhe au foie, qui gagnait tellement que ses contractions « au visage en augmentaient [1]? » Là-dessus, il me fit un détail savant de l'ouverture du pauvre homme, ce qui me donna le temps de me remettre; car la nouvelle était tout à fait inattendue pour moi.

Je me suis demandé cent fois pourquoi un roi doué des qualités les plus sociales, les plus honnêtes, paraissait aussi insensible à la mort de ceux qui l'environnaient; je n'ai pu trouver qu'une solution. Un roi a continuellement sous les yeux un tableau mouvant; son service intime, comme celui de l'extérieur, change tous les trois mois; c'est une sorte de lanterne magique. D'un autre côté, il ne meurt pas une personne de ceux qui l'entourent qu'il n'ait une place à donner. Il fait ainsi un heureux, tandis que par le changement continuel, celui qu'il perd s'efface très-aisément de sa pensée.

M. Rouillé [2] fut appelé pour remplacer M. de Saint-Con-

---

son histoire dans le conte de la *Bergère des Alpes*. Voir aussi le *Journal historique de Collé* (publié par Barbier), t. I, p. 402, etc.

[1] « M. de Saint-Contest est mort ce matin de la poitrine. » (Luynes, t. XIII, p. 302, 24 juillet 1754.)

[2] Antoine-Louis Rouillé, comte de Jouy (1689-1761), conseiller d'État, puis ministre de 1749 à 1757.

test; petit d'esprit et de corps, il était arrivé par un travail assidu, comme un commis dans les bureaux. C'était le meilleur homme possible, et il fut pris par le corps diplomatique pour ce qu'il était et ce qu'il valait.

Le voyage de Compiègne fini, je repris pendant six semaines, c'est-à-dire jusqu'au voyage de Fontainebleau, ma vie ordinaire, les mardis à Versailles, quelquefois dans la semaine. Il existait alors une étiquette, conservée depuis Louis XIV; dans la semaine, aucun ministre étranger ne pouvait se transporter à la cour, sauf le mardi, sans en avoir prévenu l'introducteur; le but était d'empêcher toute manœuvre secrète. Les ambassadeurs d'Espagne et de Naples, comme ambassadeurs de famille, étaient seuls exceptés. Le ministre des affaires étrangères m'en instruisit de la part du Roi. C'était à propos d'un petit Sorba [1], ministre de Gênes, qui ne plaisait pas et qui ne bougeait de Versailles. Mais, sur chose pareille, je n'avais d'ordre à prendre que du Roi lui-même, et je n'hésitai pas à lui en parler. Il me répondit : « C'est le « droit de votre place. » Cela me suffit, et en quinze jours je rétablis cette étiquette. Chaque ministre me faisait savoir s'il allait dans la semaine à Versailles.

Une autre étiquette était que lorsqu'un ambassadeur voulait voir jouer les eaux de Versailles, il s'adressait à l'introducteur, qui, ayant pris les ordres du Roi, fixait un jour d'absence de la cour. M. le marquis de Saint-Germain, ambassadeur de Sardaigne, fut le seul que j'accompagnai, m'en étant dispensé dans la suite. Les eaux jouèrent, les calèches traînées par des Suisses nous transportèrent partout. Je dis nous, car lui, sa compagnie et moi, faisions en tout seize personnes, montées chacune dans une petite calèche à une place, de velours cramoisi, galonnée et festonnée en or. On nous fit tout voir; les fontainiers, les inspecteurs des jardins, les artistes restaurateurs des marbres, s'y trouvèrent. C'est une journée des plus pit-

---

[1] Augustin-Paul-Dominique Sorba (1715-1771), marquis de la Villette en l'île de Corse, ministre de Gênes à Paris depuis 1749.

toresques et des plus instructives que j'aie passées de ma vie.

Mon temps était tellement rempli qu'il ne me restait pas un instant, et je m'éloignais insensiblement de ma société du mardi, dans laquelle je vais faire une petite incursion pour n'y plus revenir.

Vis-à-vis de chez moi logeait un vieux marquis d'Ombreval, avec une femme encore fraîche et une fille très-grande et très-vieille. M. d'Ombreval, ayant la croix de Saint-Louis, petit-fils du lieutenant de police[1] après les d'Argenson, vivait très-succinctement chez lui, et passait sa vie chez madame la présidente Chavaudon. La chronique disait que c'était une vieille inclination réciproque. Bref, il était le maître dans cette très-bonne maison. Le président de Chavaudon[2] était un petit homme tout rond, qui n'était ni Cujas ni Barthole; lorsqu'il arrivait dans un salon, il s'approchait, disait à chacun : « Bonjour, comment vous portez-vous? j'en suis bien « aise », sans attendre même la réponse; mais la maison était excellente. Il demeurait rue de Paradis, à côté de l'hôtel Soubise.

Cette immense maison était aussi habitée par M. et madame de Flesselles. M. de Flesselles le père[3] avait fait une fortune brillante au système; la chronique de nos parents était qu'après avoir commencé à monter derrière le carrosse, en six semaines il s'était trouvé dedans, et ce qui confirmait ce récit, c'est que tout le monde convenait que sa femme était fille du loueur de chaises de la Merci. La ressemblance de nom avec une famille ancienne[4] lui fit faire

---

[1] Nicolas-Jean-Baptiste Ravot d'Ombreval, lieutenant de police de 1724 à 1725, remplacé par René Hérault. Cette famille compte trois générations de premiers présidents à la cour des aides.

[2] Guillaume de Chavaudon (Louis) (1691-1765), conseiller au Parlement en 1712, président au grand Conseil en 1728, maître des requêtes honoraire, puis président au Parlement en 1749. Il avait épousé en 1715 Anne-Élisabeth Masson, fille d'un fermier général.

[3] Jacques de Flesselles, secrétaire du Roi de 1735. Sa femme se nommait Élisabeth Robinet.

[4] La famille des Flecelles ou Flesselles, comtes de Brégy. (Voir LA CHESNAYE.)

des sacrifices, et, un beau matin, il se trouva dans la famille des Flesselles.

Le mari et la femme étaient tous deux gens de beaucoup d'esprit et réunissaient chez eux la meilleure compagnie du Marais, dont la base était la robe et les vieux officiers.

Ils ont laissé deux enfants. Le garçon [1] a été conseiller au Parlement, maître des requêtes, intendant à Lyon, ensuite prévôt des marchands; il a fini ses jours au commencement de la Révolution. Homme de talent, petit, mais d'une jolie figure, il avait épousé mademoiselle Pajot, la fille de l'intendant d'Orléans, qui était veuve de M. le président de Motteville. L'un et l'autre avaient le talent de la grande représentation; sans enfants, ils poussaient leurs dépenses à un luxe étonnant. Il n'était bruit à Lyon que de la magnificence de M. de Flesselles et de son goût pour les femmes.

Je veux me rappeler ici une aventure qui lui arriva à la Comédie. Il était dans la loge de l'intendance, entre deux jolies femmes, à l'une desquelles on savait qu'il avait fait sans succès une cour assidue. L'éventail de la dame étant tombé, l'intendant se précipita pour le ramasser, et le parterre fut fort étonné de voir la dame lui appliquer un soufflet à tour de bras. Le parterre, les loges, tout se mit à applaudir; Flesselles ne perd pas la tête; il s'avance au bord de la loge et fait signe qu'il veut parler. On se tait, et il dit: « Messieurs, vous avez grande raison, ainsi que madame; « car je lui ai manqué très-fort de respect, soyez-en cer-« tains. » Tout le monde de rire, et la dame, fort embarrassée, n'eut qu'une contenance très-dépitée.

Il a été le premier magistrat tué à la Révolution.

[1] Jacques de Flesselles (1721-1789), seigneur de Champgueffier, maître des requêtes, intendant à Moulins (1762), en Bretagne (1765), à Lyon (1767), conseiller d'État en 1784 et prévôt des marchands en 1788, massacré le jour de la prise de la Bastille. Il avait épousé en 1759 Marie-Geneviève-Rose-Ursule Pajot, fille de Pierre Pajot de Nozeau, intendant à Limoges, Montauban et Orléans. Elle était veuve de Marie-Louis-Claude-Bruno Langlois de Motteville, président aux enquêtes.

Je voyais madame la marquise de Brion, née Pomereu, et son fils M. le marquis de Brion-Marolles [1], officier retiré, qui avait une excellente maison; il avait épousé madame Le Couturier. M. de Bonneuil, conseiller au Parlement, et moi, nous étions allés à une terre du Fresnoi, appartenant à M. de Marolles, auprès de Péronne, à deux lieues du Tilloloy, alors possédé par le marquis de Soyecourt [2]. Ce fut dans ce voyage, où étaient le marquis [3] et le chevalier de Sarcus, officier aux gardes et qui sont restés mes amis, que madame de Marolles donna des signes évidents de folie qui l'ont privée de la société et ont fait briller les vertus de son mari.

J'allais dans l'Ile, chez ma grand'tante, madame Le Boullanger [4], et ses enfants, M. et madame Charpentier de Vilziers [5], où toute l'Ile se rendait. J'allais aussi à l'hôtel Pelletier. A Deuil, je voyais la famille Chavaudon. Ainsi, j'eus le temps de connaître tout ce qui a joué un rôle depuis, comme Bochard de Saron, premier président, et Le Pelletier de Morfontaine, devenu prévôt des marchands. Nous faisions des parties très-gaies, quoique ces messieurs, habitués à leur étiquette, voulussent y mettre tout le secret de la décence. Dans ce temps-là, la robe se tenait singulièrement; c'était un tout autre monde et un tout autre ton. Ma cousine Le Boullanger ayant épousé M. Pinon, président à mortier [6], je fus un des garçons de la noce.

---

[1] Marie-Agnès de Pomereu, mariée en 1714 à Noël-François de Brion, marquis de Marolles et de Combronde. C'était la tante d'Alexandre-Michel de Pomereu, qui devint beau-frère de M. Dufort. Son fils, Jean-Baptiste de Brion, marquis de Marolles, avait épousé en 1745 la veuve d'Eustache-François Le Couturier, président au Parlement, et qui était née Élisabeth-Victoire du Châtelet.

[2] Louis-Armand de Seiglière, marquis de Soyecourt (1722-1791). Son père portait le titre de comte de Tilloloy. L'auteur écrit Saucourt.

[3] Il s'agit probablement de Louis-François, marquis de Sarcus, de la branche de Frévillers (1726-1805). Comme il avait sept frères, tous au service, il est difficile de désigner celui qui prenait alors le titre de chevalier.

[4] Née Soullet.

[5] Philippe Charpentier, seigneur de Vilziers, maître des comptes, marié en 1727 à mademoiselle Le Boullanger.

[6] Agnès-Catherine Le Boullanger, fille de M. Le Boullanger, maître des

Le voyage de Fontainebleau fut brillant; j'avais un logement superbe, près du château. Les spectacles furent de la plus grande beauté, tous les artistes des spectacles y étaient appelés. Le Roi, blasé sur toutes ces magnificences, en jouissait par manière d'acquit.

Il allait tous les jours à la chasse, excepté les dimanches et fêtes. Il donnait force soupers dans les petits appartements; les conseils et le travail des ministres remplissaient le reste de son temps. Madame de Pompadour aimait les arts, et elle ordonnait tout, mais la Reine décidait ou croyait décider les spectacles et les pièces. Elle fit un jour une réponse sublime à Papillon de Fontpertuis, intendant des Menus, qui, en lui présentant la liste des pièces, n'osant nommer le *Cocu imaginaire*[1], l'avait laissé en blanc. Elle l'interroge, et le force à dire le nom. « Apprenez, monsieur, « lui dit-elle, que ces sortes de mots ne peuvent choquer la « pudeur de mes filles, et qu'il vaut bien mieux jouer devant « elles ces excellentes pièces que toutes ces pièces à sentiment « dont nous sommes inondés.. »

Jelyotte[2], le plus grand chanteur de l'Europe, faisait en ce temps-là les délices de la cour et de la ville. Dès qu'il chantait, il se faisait un silence involontaire, qui avait quelque chose de religieux; son timbre était d'une haute-contre parfaite, et certains sons étaient aussi brillants que s'ils sortaient d'une cloche d'argent; sa prononciation était si nette et si bien détaillée, qu'on ne perdait pas le moindre mot. Sa voix, dans *Pygmalion*, couvrait le chœur, et dans *Zoroastre*[3], tout Paris courait entendre, au milieu du tonnerre : *Ciel! Thémire expire dans mes bras!*

---

requêtes, et de mademoiselle Girault de Moussy, et petite-fille de madame Le Boullanger, née Soullet, épousa en 1751 Anne-Louis-Simon, vicomte de Quincy, président à mortier, son cousin germain.

[1] *Sganarelle, ou le C... imaginaire*, de MOLIÈRE.

[2] Pierre Jelyotte. Toutes les biographies le font naître en 1711 et mourir en 1782. On verra dans la suite de ces *Mémoires* qu'il était né en 1713 et mourut en 1797.

[3] *Zoroastre* et *Pygmalion* sont des opéras de Rameau, paroles de Cahusac.

Neveu d'un chanoine de Toulouse qu'il devait remplacer, il avait reçu la meilleure éducation; il avait été enfant de chœur, ensuite attaché aux archives du chapitre. M. [1]..... qui passa fut frappé de la beauté de sa voix. Jelyotte le suivit, renonça au canonicat, et, en un an, fit les délices de Paris, ce qui a continué et augmenté jusqu'à sa retraite, en 1756. Doux, complaisant, aimable [2], jouant tous les jeux et les aimant, il avait étudié la langue italienne, et il avait en ce genre une bibliothèque superbe. Il vivait dans la plus grande compagnie, ne s'attachant qu'à ce qui était du plus haut parage, et on lui prêtait des airs que sa figure ne lui permettait pas. Il était en effet petit et mal fait, mais il avait des yeux d'un brillant, d'un feu qui augmentait dès qu'il chantait.

Je pèse un peu sur toutes ces circonstances, parce que notre liaison, qui a commencé à cette époque, ne s'est jamais démentie, qu'il a actuellement plus de quatre-vingts ans et que, malgré les circonstances et l'éloignement (il est à Oléron, Basses-Pyrénées), notre amitié ne s'est pas plus affaiblie que notre correspondance ne s'est ralentie. Il n'y a que cinq ans qu'il a cessé de venir à Paris.

Quand on a vécu longtemps, et qu'on examine les mœurs d'une ville immense comme Paris, dans un temps calme où les lois et la police sont en vigueur, tel que le règne de Louis XV, toutes les sociétés sont des coteries, à commencer par la cour. Madame de Pompadour avait sa coterie ; malgré la foule de courtisans qui l'entouraient, le Roi avait aussi la sienne : le duc de La Vallière [3], le prince de Soubise [4], le marquis de Chauvelin [5] la marquise de Livry, la

---

[1] Le nom est en blanc dans le manuscrit.

[2] *Amitoux*, dit Marmontel, qui, dans ses *Mémoires*, dépeint le caractère de Jelyotte presque dans les mêmes termes (livre IV).

[3] Louis-César de la Baume Le Blanc, duc de la Vallière, grand fauconnier (1708-1780). C'était le petit-neveu de la maîtresse de Louis XIV.

[4] Charles de Rohan, prince de Soubise, maréchal de France, capitaine-lieutenant des gendarmes de la garde (1715-1787).

[5] Bernard-Louis, chevalier, puis marquis de Chauvelin, de la branche de

maréchale de Mirepoix ¹, etc. Tous faisaient sa partie le soir, soit au whist ou au tri. Le Roi aimait à gagner, et, aux voyages de Marly, il jouait les jeux de hasard plus en particulier qu'en roi. Il était le plus grand connaisseur du royaume en fait d'espèces; un rouleau de cinquante louis, où il se trouvait un louis faux ou un louis de moins était rejeté par lui avec promptitude et une sagacité sans exemple. Généreux pour ceux qui l'entouraient à la chasse, il faisait à ses écuyers de magnifiques présents de porcelaine de Sèvres. Un d'eux, le marquis de Villepail ², qu'il avait marié, jouait et perdait. Il le vit triste à la chasse et le questionna; l'autre osa lui tout avouer. — C'était la veille du jour de l'an. — Le Roi lui envoya le lendemain une superbe écuelle de Sèvres, dans laquelle il y avait mille louis d'or.

Bontemps ³, le petit-fils de tous les Bontemps, ne venait que de prendre seize ans, et l'on attendait avec impatience qu'il eût l'âge, pour remplir la place que le Roi lui avait conservée. Le Roi, qui aimait les enfants, jouait avec lui, et le jeune homme, sans trop se familiariser, se prêtait de bonne grâce aux plaisanteries royales, qui finissaient souvent par le faire pleurer; car le Roi lui tirait quelquefois rudement les oreilles. Presque toujours dans l'intérieur, nous étions présents à toutes ces scènes. Un jour, à Versailles, Villepail accompagnait le Roi à son débotté; lorsqu'il fut

---

Beauséjour, lieutenant général, ministre à Gênes, ambassadeur en Sardaigne, maître de la garde-robe du Roi en 1760, mort en 1774. C'était le frère de l'abbé Chauvelin, conseiller au Parlement.

¹ Née de Beauvau-Craon, veuve en premières noces du prince de Lixin.

² De Lonlay, baron de Villepail, écuyer de la petite écurie en 1750, marié la même année à mademoiselle de Gaussé de Cazeau.

³ Bontemps, premier valet de chambre du Roi, gouverneur des Tuileries, était mort en 1747. Le Roi avait conservé à son fils, alors âgé de huit ans, la charge et le gouvernement. (LUYNES, t. VIII, p. 138.) L'*État de la France* de 1749 ne donne pas ses prénoms, et l'on y trouve cette mention curieuse : « Il a été tenu sur les fonts par Sa Majesté, qui ne l'a pas nommé. » Il finit cependant par être « nommé », et, d'après la *Gazette* du 27 janvier 1766, il s'appelait Louis-Pierre-Dominique. Il épousa en 1757 la fille de M. Teissier, intendant de la grande écurie (LUYNES, t. XVI, p. 138), sœur du Teissier dont il est question dans ces *Mémoires*. Il mourut en janvier 1766.

fini, le Roi se leva, et traversant son cabinet, sa vraie chambre à coucher, passa dans la pièce avant son cabinet intime et descendit chez madame de Pompadour. Dès qu'il fut parti, l'intérieur devint une arène de polissonneries entre Bontemps et Villepail; ce dernier, qui avait son fouet de poste, s'en servit, et, voyant Bontemps prendre le fouet de chasse du Roi, s'enfuit par l'escalier. Bontemps se poste derrière la porte de la vraie chambre à coucher et s'enveloppe dans la portière, le fouet sur l'épaule. Il n'est pas un quart d'heure en faction, que le Roi, qui avait donné rendez-vous à M. d'Argenson pour travailler, arrive précipitamment. Cet étourdi de Bontemps ne reconnait pas la marche du Roi, se développe de la portière, le fouet en l'air, et reste pétrifié. Le Roi le devine, le prend par l'oreille, et le traîne ainsi deux ou trois pieds. Bontemps criait : « Sire, pardonnez-« moi! c'est Villepail qui m'a battu; je croyais que c'était « lui. » Le Roi ne le laissa que quand il fut las de le secouer et de rire. Je rapporte ce fait pour faire voir qu'un roi est un homme pour son valet de chambre.

La coterie de la Reine était chez madame de Luynes; c'étaient le président Hénault, Moncrif, beaucoup de dévots et toutes les dames *Validés* de la cour; on y jouait les jeux de commerce, et la Reine tenait son cavagnol depuis sept heures jusqu'à neuf heures. Le Dauphin, la Dauphine, Mesdames venaient régulièrement y faire une ou deux mises. On était admis à voir ce spectacle assez triste, mais, excepté quelques vieux courtisans, quelques officiers des gardes du corps et quelques capitaines aux gardes, personne ne se souciait d'y venir.

Madame la Dauphine, née Saxe [1], était la femme la plus jalouse du royaume; assez revêche dans son service, elle était peu aimée. Le Dauphin [2], attaché alors aux Jésuites,

---

[1] Marie-Josèphe de Saxe (1731-1767). Elle avait épousé en 1747 Louis, Dauphin de France. C'est la mère de Louis XVI, Louis XVIII et Charles X.

[2] (1729-1765). Il avait été marié d'abord à Marie-Thérèse-Raphaelle, infante d'Espagne, morte en 1746. L'extrême sévérité de ses mœurs est une de ces

était fort surveillé par sa femme; il avait voulu jeter le mouchoir à la marquise de Belsunce, jolie comme un ange; il avait distingué la marquise de Tessé, née de Noailles, faite pour plaire; mais dès ses premières démarches, il avait été déjoué par la Dauphine. Plusieurs fois introduit dans son intérieur, pour des éclaircissements qu'il me demandait, j'ai été à portée d'en juger. J'ai vu la Dauphine assise devant un métier, travaillant au tambour, dans une petite pièce à une seule croisée, dont le Dauphin faisait sa bibliothèque. Son bureau était couvert des meilleurs livres qui changeaient tous les huit jours. M. le comte de Lusace [1], frère de madame la Dauphine, l'air commun et très-bourgeois, était assis sur un tabouret ou sur une chaise; le Dauphin se promenait ou s'asseyait. Je me suis surpris plusieurs fois causant avec lui, comme si j'avais été dans une société bourgeoise.

Le Dauphin avait une société de menins distingués; c'étaient M. du Muy, mort maréchal de France [2]; M. de Laval, tué à la bataille de Rosbach [3]; le comte de Gramont [4], myope, mais bon et excellent homme. Le Dauphin avait une conversation suivie, instructive, aimable; personne ne donnait mieux que lui audience aux ambassadeurs. Il savait les intérêts des États, connaissait toutes les familles de l'Europe et les différentes productions des pays. Il mesurait la force de

traditions qu'il ne faut admettre qu'avec une certaine réserve. D'Argenson cite plusieurs dames auxquelles il aurait porté ses hommages, et qui ne sont pas les mêmes que celles dont il est question ici (t. VI, p. 242; t. VII, p. 308; t. VIII, p. 119). On trouve aussi dans la *Correspondance du prince de Saxe* (comte de Lusace), publiée par M. A. Thévenot (Dumoulin, 1874, in-8º, p. 103), une lettre de la Dauphine, qui contient à ce sujet un passage curieux que je n'ai vu cité nulle part.

[1] François-Xavier-Louis-Auguste-Albert Bennon, prince de Saxe, connu en France sous le nom de comte de Lusace (1730-1806), deuxième fils de Frédéric-Auguste, électeur de Saxe, qui devint roi de Pologne en 1734, sous le nom d'Auguste III.

[2] Louis-Nicolas-Victor de Félix, comte du Muy (1711-1775), ministre de la guerre en 1774, maréchal de France en 1775.

[3] Joseph-Pierre, comte de Laval-Montmorency (1729-1757).

[4] Antoine-Adrien-Charles, comte de Gramont, maréchal de camp, mort en 1762.

ceux à qui il parlait, et avait l'adresse de rendre la conversation générale sans la trop prolonger.

Il chantait de grands airs, jouait du clavecin et aimait la musique. Je l'ai vu gai dans son intérieur, mais d'une gaieté décente et du meilleur ton. Un jour de procession des Cordons bleus, il avait vu la veille une pièce de Sedaine, *le Paysan et son seigneur,* où le paysan demande sa perruque, parce que le seigneur va arriver. Il la joua si plaisamment qu'il fit rire tout le monde aux éclats, par la verve avec laquelle il rendait la scène, sans cependant qu'on pût en tirer la conséquence du moindre ridicule.

Mesdames menaient la vie la plus triste et la plus uniforme possible. Tous les jours en habit de cour, pour aller chez le Roi et l'accompagner à la messe, elles venaient chez elles attendre un dîner où elles représentaient en public ; elles se déshabillaient ensuite pour reprendre la même robe de cour, et se trouver au débotté du Roi, et ensuite au jeu de la Reine.

Quelques dames de leur suite étaient admises dans l'intérieur pendant leur semaine, comme madame la marquise de Narbonne [1], qui plaisait à Madame Adélaïde [2]. Celle-ci joignait à une physionomie animée et intéressante tous les moyens de rendre un homme heureux ; elle avait des talents, et les cultivait, mais, comme ses sœurs, elle n'avait que le changement de résidence pour dissipation. M. le Dauphin, qui étouffait son tempérament par des mœurs austères, était un surveillant pour elles toutes. Quant au Roi, il aurait pu dire à ses enfants comme les prédicateurs : « Faites ce que « je dis, et non pas ce que je fais. » Ces dames avaient encore de temps à autre le séjour de leur sœur, Madame Infante [3], qui venait tous les deux ans.

---

[1] Françoise de Charlus, mariée en 1749 à Jean-François, comte de Narbonne-Lara. Elle fut dame du palais de Madame Infante, et ensuite dame d'atours de Madame Adélaïde.

[2] Marie-Adélaïde de France, troisième fille du Roi, née en 1732.

[3] Louise-Élisabeth de France, première fille du Roi, née en 1727, mariée en 1739 à don Philippe, infant d'Espagne.

Madame Adélaïde peignit bien sa situation à une dame de semaine qui se plaignait d'être habillée et deshabillée quatre fois par jour, et de n'avoir pas un quart d'heure à sa volonté : « Madame, lui répondit Madame Adelaïde, vous en êtes quitte pour vous reposer une semaine ; mais moi qui fais ce service toute l'année, permettez que je garde toute ma pitié pour moi-même. »

Madame la duchesse de Tallard [1], la plus belle, la plus brillante et jouissante de la cour, gouvernante des Enfants de France, était hors de combat, quoique la chronique lui accordât encore des courtisans, pour la seule raison qu'elle avait fait la fortune de tous ceux qu'elle avait honorés de ses faveurs. Elle avait aussi sa coterie.

Madame de Marsan [2], qui avait sa survivance, avait donné dans la dévotion et les Jésuites, depuis qu'elle avait perdu le comte de Bissy [3], qu'elle devait épouser. Il avait été tué par le dernier coup de canon, quand la paix était déjà faite, et fut Cordon bleu une heure avant sa mort. Elle donnait dans les arts, la botanique surtout, et vivait avec tous les gens de goût. M. le prince de Soubise, son frère, vivait avec des filles, pendant le temps qu'il ne donnait pas à faire la cour à son maître, qui était son ami. Le cardinal de Soubise [4], grand aumônier, tenait une maison.

Les ministres vivaient aussi dans leur coterie. Madame d'Argenson [5], fort particulière, vivait à Paris et était tous

---

[1] Marie-Isabelle-Gabrielle-Angélique de Rohan (1699-1754), femme de Marie-Joseph, duc d'Hostun et de Tallard, dont il a déjà été parlé. On peut voir sur elle, dans GRIMM (édition Tourneux, t. VII, p. 264), une anecdote typique.

[2] Marie-Louise de Rohan-Soubise, née en 1720, mariée en 1736 à Gaston-Jean-Baptiste-Charles de Lorraine, comte de Marsan, mort en 1743.

[3] Anne-Louis de Thiard, marquis de Bissy, mestre de camp général de la cavalerie, tué d'un coup de canon à la fin du siége de Maestricht, en juin 1748, à trente-trois ans.

[4] Armand de Rohan-Soubise (1717-1756), cardinal-évêque de Strasbourg, grand aumônier en 1749, après la mort de son oncle, le cardinal de Rohan.

[5] Anne Larcher (1706-1754), fille de Pierre Larcher, seigneur de Pocancy, conseiller au Parlement, et de Anne-Thérèse Hébert ; elle avait épousé M. d'Argenson en 1717.

les jours dans sa petite loge à l'Opéra ; M. d'Argenson, se conservant par ses talents, brouillé avec madame de Pompadour, avait pour maîtresse la marquise d'Estrades [1]. Le *petit saint*, autrement M. Phélipeaux de Saint-Florentin, vivait à Paris crapuleusement, entouré d'espèces par la faiblesse de son caractère. M. Rouillé vivait comme un magistrat, avec sa famille : sa femme, mademoiselle Pallu [2], son beau-frère, M. Pallu, maître des requêtes [3], sa fille, madame la marquise de Beuvron [4]. Toute cette famille avait l'air et le ton bourgeois. M. de Machault, contrôleur général, plus fin, plus délié, faisait sa cour à la maîtresse et visait aux sceaux. Sa femme [5], fort gauche à la cour, l'aimant peu, y vivait malgré elle.

Les dames de la cour, logées sous les toits, soit à Versailles, soit dans les voyages, peu aisées, piquaient les tables des ministres, du premier maître d'hôtel du Roi et du premier maître d'hôtel de la Reine, celles de M. de Beringhen ou du duc de Gesvres.

Une autre coterie, d'un second rang, était celle de M. Félix, de M. Mesnard et de M. Boudret, premier commis du contrôle général. Madame Boudret avait trouvé le secret de fixer le marquis de Briges, l'écuyer de confiance du Roi [6]. De Briges était un homme superbe, des mœurs les plus

---

[1] Née Huguet de Sémonville, veuve de Charles-Jean d'Estrades, lieutenant aux gardes, tué à la bataille de Dettingen en 1743, lequel avait pour mère une demoiselle Lenormand, sœur de MM. de Tournehem et Lenormand. Elle était donc cousine germaine par alliance de madame de Pompadour.

[2] Marie-Anne-Catherine Pallu, qu'il avait épousée en 1730. Elle mourut en 1774, âgée de soixante-dix-huit ans.

[3] Bertrand-René Pallu du Ruau, maître des requêtes de 1726, intendant à Moulins et à Lyon, conseiller d'État en 1743. On trouve dans la *Correspondance de Voltaire* plusieurs lettres qui lui sont adressées. Il mourut en 1758, à soixante-cinq ans.

[4] Marie-Catherine Rouillé, mariée à Anne-François, marquis, puis duc d'Harcourt-Beuvron.

[5] Née Geneviève-Louise Rouillé du Coudray.

[6] Elle l'épousa plus tard, comme on l'a dit. S'il faut en croire d'Argenson, madame Boudret avait eu des succès en plus haut lieu ; le Roi et le Dauphin avaient en même temps brigué ses faveurs. La dame avait accepté le rendez-vous du Roi, et remis la lettre du Dauphin à son mari, qui depuis ce temps-là

décentes, d'un maintien sage et noble; il avait porté ses vœux à madame d'Étiolles, depuis madame de Pompadour, et l'intrigue en avait fait une arme, pour retarder l'attachement du Roi pour elle; mais il s'était si bien conduit, avait tellement immolé sa passion, que le Roi n'y avait plus songé [1].

Le voyage de Fontainebleau fut fort brillant; les étrangers, appelés par les fêtes, s'y trouvèrent en foule. Madame B*** y vint, attirée par le désir de voir deux personnes qui lui étaient attachées; elle mangeait chez sa sœur, qui tenait une maison considérable, et couchait à l'hôtel. Ces dames réunirent tout ce qu'il y avait d'aimable à la cour, tous jeunes gens : M. le baron de Besenval, M. le prince de Monaco, M. le duc de la Vallière, M. Boutin le boiteux [2], receveur général des finances; M. d'Angiviller [3], exempt des gardes du corps; M. de Bonac, marquis Donnezan, officier aux gardes; de Briges; Tourdonnet, le marquis de Sarlabous, depuis comte de Mun [4], et une foule d'autres. J'étais obligé à toutes sortes de ménagements pour une femme que j'aimais, quoiqu'elle ne me donnât que le second rang; je m'absentais cependant quelquefois pour suivre la chasse, pour dîner chez les ambassadeurs et les traiter à mon tour, pour aller chez les ministres, et je donnais à la société de M. Félix mes rares moments de loisir.

Les spectacles m'obligeaient aussi à un service assidu. Le fauteuil du Roi est au milieu du parterre; à droite sont des banquettes, destinées aux grands officiers; toutes les ban-

---

eut pour sa femme de la vénération. (D'Argenson, t. VI, p. 242; t. VIII, p. 119.)

[1] Le Roi, d'après madame du Hausset, posa lui-même la question à de Briges, qui s'en tira en galant homme et en homme d'esprit.

[2] Charles-Robert Boutin, qui devint conseiller d'État en 1766. Il fut guillotiné en 1794. C'est le créateur du jardin de Tivoli.

[3] Charles-Claude Labillarderie d'Angiviller, plus tard directeur des bâtiments du Roi, maréchal de camp. Il épousa madame de Marchais, devenue veuve.

[4] Alexandre-François de Sarlabous, comte de Mun, qui mourut en 1816. Il épousa en 1772 Élisabeth-Charlotte Helvétius. Il fit toute sa carrière militaire aux gardes du corps et devint lieutenant général en 1814.

quettes à gauche sont pour les étrangers. La première est réservée aux ambassadeurs et à l'introducteur, qui prend sa place auprès du fauteuil. La seconde est pour les ministres, et celle derrière pour les étrangers. La police de la salle est faite par les gardes du corps; l'introducteur et le secrétaire des ambassadeurs sont chargés des banquettes : ils répondent de tous ceux qui les accompagnent, et l'on n'ouvre les barrières que lorsque l'introducteur ou le secrétaire se présentent; ce service, assez fatigant, se répétait tous les jours de spectacle.

J'oubliais de dire que j'avais de temps en temps, au-dessous de moi, le souper des premiers acteurs de l'Europe, traités par les intendants des menus, qui les invitaient avec ce qu'il y avait de plus agréable à la cour. J'y allais quelquefois; on chantait, on causait, on jouissait de toutes les manières.

Ce voyage passa comme un rêve, cependant je fus enchanté d'en voir la fin : mon cœur, oppressé malgré moi par la jalousie, n'aimait point les partages. Mais cette dame avait tant d'empire sur mon esprit, qu'un quart d'heure de son éloquence me mettait à ses genoux.

Nous fîmes un voyage à sa terre de T..., au-dessous de Poissy; toute la jeunesse de la cour y vint. Je m'étais insinué dans les bonnes grâces du mari, et il ne pouvait se passer de moi. Rien n'était si superbe que ce château, rien n'était si magnifique et si élégant que la manière dont on y était servi; rien de si beau que l'éclairage des appartements.

Madame B*** avait avec elle une de ses parentes, madame de Montpellier, née Beigne, de Bayonne [1], femme d'esprit et

[1] Un François de Montpellier, ancien fermier général et directeur de la Compagnie des Indes, peut-être le père de celui dont nous voyons ici la femme, mourut en 1720. (*Mercure* d'avril 1735.) Sa veuve, Jeanne Talon, fut, en 1730, marraine d'Élisabeth-Sophie-Françoise La Live de Bellegarde, la future comtesse d'Houdetot. (*Mémoires de madame d'Épinay*, édition Boiteau, t. I, p. 43.) En 1768, le jeune et très-évaporé conseiller au Parlement de Pau, Louis d'Épinay, fréquente à Bayonne la maison de M. et madame de Montpellier, qui sont très-vraisemblablement ceux-ci. (*Dernières Années de madame d'Épinay*, de Perey et Maugras, p. 345.)

de la plus belle figure possible, puisqu'elle avait rivalisé avec madame de Pompadour. En tout il y avait six femmes, et le reste était tout ce qu'il y avait d'agréable à la cour.

M. B*** avait un secrétaire, homme d'esprit et qui a joué un rôle dans la république des lettres; je ne me permettrai pas de le nommer, mais voici son aventure. M. B***, lorsqu'il perdait, disait à son secrétaire d'aller lui chercher sa bourse; le secrétaire était persuadé que le maître ne savait pas ce qu'il y avait dedans. Un valet de chambre de confiance, regardant par une fenêtre, vit par hasard le secrétaire qui ouvrait le bureau, prenait la bourse, en tirait le plus de louis qu'il pouvait, et les cachait dans ses souliers avant de revenir au salon. Les intimes furent instruits; il fut congédié. Depuis, je l'ai vu homme de lettres, et j'ai ses œuvres. Il a été gouverneur, attaché ensuite chez le marquis de Puységur; il est mort avant la Révolution, où il était d'étoffe à jouer un rôle.

Les visites de M. de Kaunitz chez les princes m'occupaient considérablement. Cette cérémonie, pleine d'étiquette, est très-compassée. L'introducteur se rend chez le prince, qui est entouré de sa maison. L'ambassadeur arrive, *in fiocchi*, mené par le secrétaire à la conduite. L'introducteur le reçoit à la tête de la maison du prince, à la dernière marche de l'escalier, et prend la gauche, précédé par le secrétaire. A la quatrième ou cinquième marche, le prince reçoit l'ambassadeur, lui donne la droite, et le conduit à la salle du dais où sont trois fauteuils. Après s'être tous les trois assis, ils se relèvent, et l'ambassadeur est reconduit avec les mêmes cérémonies. Le prince rend la visite à l'instant dans la même forme : il est accompagné dans sa voiture par l'introducteur et le premier gentilhomme. Si le prince est marié, il faut en faire autant chez la princesse, qui reçoit sur son lit, pour éviter toute reconduite. L'ambassadeur, l'introducteur, les dames de la princesse s'asseyent, et c'est la même étiquette chez tous les princes.

M. de Kaunitz était bien l'homme le plus poli, le plus haut et le plus instruit. Il prenait des notes sur tout, et à chaque instant il tirait ses tablettes. Tenant son mouchoir à deux mains, il se mouchait, même aux audiences du Roi, en appuyant le plat de ses mains de chaque côté de son nez, avec une gravité et une recherche que remarquaient les vieux courtisans accoutumés à l'étiquette de Louis XIV. Dans ce temps-là, en effet, on ne pouvait ni cracher, ni se moucher devant le Roi. Il avait conservé une étiquette que j'ai encore vue; c'est que les habits de gala eussent les manches ouvertes, et qu'on ne pût les porter que boutonnés. Il n'était jamais autrement, parce que, grand et bien fait, sa taille paraissait ainsi avec avantage. Le seul défaut, qu'il cachait avec bien de la peine, était un pied énorme.

Magnifique dans toutes ses dépenses, il avait loué vingt-cinq mille livres le palais de madame la duchesse de Bourbon, joignant l'hôtel Lassay, qui a fait depuis l'hôtel de Condé. Ce loyer, énorme pour les temps, avait fait parler tout Paris [1].

Il vivait avec ce qu'il y avait de plus aimable dans la finance, et l'on disait que c'était par hauteur et pour tirer des lumières de tous les états. Aimable, sans gêne avec les inférieurs, il était poli, haut et fier avec ceux qui pouvaient rivaliser avec lui. Ménagé à Versailles par madame de Pompadour, considéré du Roi, tout le reste lui était égal. Son ordinaire, fastueux pour la représentation, se bornait à huit ou dix personnes tous les jours; quelques ambassadeurs choisis, quelques gens de lettres, M. le président Ogier [2], depuis ambassadeur en Danemark, étaient sa société intime. Il me traitait avec toutes sortes d'amitiés; il m'avait invité une fois pour toutes, et je ne manquais pas d'y aller une fois la semaine.

Je placerai ici, tels que la mémoire me les fournit, des traits qui caractérisent M. le comte de Charolais. Ce prince,

---

[1] Voir *Mémoires de Luynes*, t. V, p. 45, et t. XIII, p. 230. L'hôtel de Lassay est maintenant l'hôtel de la présidence du Corps législatif.

[2] Jean-François Ogier, seigneur d'Hénonville, Berville, Ivry-le-Temple, etc. (1703-1775), président au Parlement en 1727, ambassadeur en Danemark de 1753 à 1760.

d'une figure superbe, s'était distingué sous Louis XIV par sa vaillance, en allant au siége de Belgrade sans permission; mais la fougue des passions l'avait conduit à des choses criantes. Un coup de fusil, tiré à un couvreur sur un toit, avait forcé le Régent à dire qu'il donnerait des lettres de grâce à celui qui le tuerait. L'âge où je l'ai connu me l'a fait voir comme un homme de tête et fort raisonnable, mais sujet à l'humeur comme un prince mal élevé.

Devenu tuteur du prince de Condé, son neveu, il déploya les talents d'un homme d'affaires. Il paya toutes les dettes et porta les revenus à quinze cent mille livres, somme énorme pour le temps. Le prince de Condé était plus riche que la maison d'Orléans, qui avait plus d'étiquette et de dépenses à faire. Chantilly était superbement tenu. Pour le comte de Charolais, logé dans une maison très-ordinaire de la rue Sainte-Catherine [1], il passait son temps entre différentes maisons de chasse, telles que Luzarches et le bois de Boissy, ou chez sa maîtresse, sauf le temps qu'il donnait au conseil de son neveu, et à la place de grand maître de la maison du Roi, qu'il possédait par intérim.

De gros yeux à fleur de tête, les cheveux de face, ainsi que ceux de derrière, tous réunis dans une seule queue, en faisaient une tête rustique, la plus singulière possible. Un habit de drap uni, avec de gros boutons d'or, serré comme un porte-manteau, une culotte noire très-large, des bas de soie blancs attachés sous les genoux par une jarretière de cuir noir, de gros souliers avec de petites boucles d'argent, une canne à pomme d'or, une épée très-commune, formaient son costume de tous les jours, soit à Versailles, soit à Paris. Allant très-souvent à la Comédie française, il se tenait dans la première coulisse, à la vue du public, et donnait ses audiences décemment, sans troubler le spectacle.

Il avait une manie dont j'ai été témoin, en allant dans sa voiture à la chasse. S'il rencontrait un moine, il prétendait

---

[1] Rue Neuve Sainte-Catherine, dans la partie qui s'appelait alors rue des Francs-Bourgeois.

être en malheur ce jour-là ; il se tourmentait, criait au cocher ou au postillon : « Écrase ce b..... là ! » Ce serviteur faisait claquer son fouet, les chevaux faisaient feu des quatre pieds, le moine fuyait, la voiture passait, et le prince disait en riant : « J'ai vaincu le malheur de cette rencontre. »

Il chassait régulièrement le sanglier dans la forêt d'Enghien, et, par un despotisme inouï, avait laissé peupler la forêt d'un nombre énorme d'animaux de toute espèce, de sorte que les paroisses de la vallée, pour défendre leur vignoble, s'étaient cotisées, avaient entouré la forêt de palissades, et payaient des messiers qui, en criant et en battant du tambour, empêchaient les animaux de forcer les barrières.

Puisque je le peins tel que je l'ai vu, je vais finir tout ce qui le caractérise et qui est venu à ma connaissance. Ce fut dans un voyage de Fontainebleau que le comte de Charolais, qui fuyait l'étiquette, mais cependant était jaloux des honneurs de prince du sang, réussit à recevoir la visite de M. de Kaunitz comme ambassadeur. Ce prince était logé, comme on l'était à la cour, dans une très-petite maison à porte cochère, avec un escalier étroit et des pièces à l'avenant. Cependant, le jour et l'heure pris, tout se passa avec le même cérémonial que dans un palais. La visite reçue par le prince, je montai pour la rendre avec lui et Dumonan, son gentilhomme, dans sa voiture, qui avait l'air d'un carrosse de remise, et était tout en cuir. Le prince me dit en chemin que M. de Kaunitz le portait bien haut, qu'il savait l'étiquette comme lui, et se mit à chicaner sur un pas de plus ou de moins. Je l'adoucis, je lui peignis l'homme que j'aimais sous les couleurs les plus favorables, mais je ne réussis pas.

Nous arrivons ; la visite se passe à merveille, la reconduite de même. L'ambassadeur doit descendre jusqu'au bas de l'escalier et voir partir le prince, comme le prince l'avait fait pour lui. La voiture avance difficilement sous la porte : les rosses qui conduisaient le cabas serrent le bas de l'escalier ; tout cela prend cinq minutes. Le prince monte pesamment, je monte après lui et me mets à côté ; Dumonan de même sur

le devant. M. de Kaunitz, comptant la chose finie, remonte l'escalier avec son cortége; mais les chevaux résistent, et voilà le prince sortant à mi-corps de sa voiture qui crie : « Mon-
« sieur l'ambassadeur, ce n'est pas là votre place, et vous
« devez me voir partir. » L'ambassadeur fait volte-face, sans dire un mot, et revient à son poste.

Enfin la voiture roula, et nous partîmes. Voilà le comte de Charolais qui me prend la cuisse à me faire crier, et me dit en riant : « Voilà comme il faut mener les gens qui font
« les insolents! Ce n'est pas pour l'exactitude du cérémonial,
« c'est pour lui apprendre que nous ne sommes pas ses
« égaux. » Il était si content qu'il m'en a reparlé plusieurs fois.

Je n'eus rien de plus pressé que de me rendre chez l'ambassadeur, pour voir l'effet que cette scène avait produit sur lui. Il montra autant d'esprit que de raison et me dit : « Il
« est plus vieux que nous, et a voulu nous faire voir qu'il
« était foncé sur le cérémonial de France. Tout est dit. »

Ce prince mourut en 1760, âgé de soixante ans, amoureux jaloux, comme il l'avait toujours été, d'une fille qu'il avait faite marquise. Il avait persécuté un chevalier de Villemenu [1], mousquetaire, et l'avait forcé à aller aux Iles, pour l'éloigner de sa maîtresse. Il finit ses jours dans une maison, faubourg Saint-Germain, au milieu de ses gens et peu entouré d'amis. Ce fut l'abbé Duser, ancien précepteur du prince de Condé, élu par les états de Bourgogne, qui l'assista dans ses derniers moments. Il fut attaqué d'une hydropisie de poitrine, venue à la suite d'obstructions qu'il ne voulut pas soigner; retiré dans sa maison, il fit fermer sa porte, et ne se livra aux soins de son médecin que lorsqu'il ne fut plus temps.

L'hydropisie gagna sa poitrine, il ne put se coucher, et fut réduit à rester jour et nuit dans son fauteuil. Des évacuations fréquentes l'obligèrent à prendre, les trois derniers

---

[1] De Villemeneust, je crois.

jours, une chaise de commodité rembourrée sur laquelle, quoique assis, il avait le reste du corps droit. Son médecin, alarmé d'une pareille position qui hâtait sa fin, lui en parla. Le prince le traita rudement; toute sa maison le supplia, elle fut reçue de même. Enfin, l'abbé Duser, homme d'esprit, se hasarda à lui en parler à son tour. Voici la réponse du prince : « L'abbé, j'en sais plus qu'eux; l'eau me gagne la « poitrine, le moindre mouvement m'étoufferait. — Monsei- « gneur, le médecin assure le contraire. Votre position aug- « mente vos souffrances et vous mettra hors d'état d'y « résister. — Vos raisonnements, reprit le prince, ne peuvent « me convaincre. Si l'on me remue, j'étouffe. » L'abbé : « C'est impossible. » Le prince : « Vous m'impatientez! « vous allez voir l'effet. Adieu. » En disant cela, il se pencha vivement et mourut à l'instant.

On le porta à Montmorency, dans le caveau de tous les princes de sa maison. Il fit ce jour-là un temps si épouvantable, que les paysans de la vallée dirent que tous les diables étaient déchaînés, pour assister à son enterrement.

Otez son éducation de prince, c'était un homme de grand sens, d'esprit pour les affaires, de valeur pour la guerre et de mérite à tous égards. La justice était dans son cœur, et du moment qu'on rendait au prince du sang ce qu'il croyait lui être dû, il était le plus juste des humains. L'âge et la maladie, qui commençait à le travailler, lui avaient fait sentir les devoirs de l'homme en société[1].

---

[1] Ces deux dernières phrases terminent le très-long récit d'une contestation de M. Dufort avec le prince au sujet d'une affaire de chasse à Saint-Leu, récit que M. Rey a donné *in extenso* dans le *Château de Leumont* (p. 47 et suiv.), et que j'ai cru pouvoir supprimer. Mais les apologies du comte de Charolais sont assez rares, pour que j'aie tenu à mettre celle-ci sous les yeux du lecteur.

CHAPITRE V

Réceptions à Saint-Leu. — Le marquis de Marigny. — Madame Geoffrin; ses habitués; Poniatowski. — Compiègne; les maisons de bois. — Distractions du comte de Bavière. — L'habit d'équipage. — Le baron de Breteuil. — Excentricités de Marigny; son cordon bleu. — Le chat du Roi. — Une orgie chez Lebel. — Louis XV à la chasse. — Le comte de Melfort. — Un souper en petite maison. — Le maréchal de Saxe à Chambord. — Bougainville.

Cette année, j'eus deux voyages très-brillants à Saint-Leu; le château fut plein. Au premier, étaient mon oncle, M. Soullet, et sa femme avec leur société, qui était souvent la mienne : la présidente, marquise d'Albertas, la comtesse de Flers, que j'avais vue en Normandie, mademoiselle Félix, la marquise de Dampierre [1], le comte de Gravezon, le marquis de Merles [2]. Enfin, nous fûmes seize maîtres, sans les allants et venants. Il y eut illuminations et feu d'artifice, car le chevalier de Fontanieu et moi en faisions à nos heures perdues. Enfin, on singea tout ce qui se faisait à Bagnolet chez le duc d'Orléans; parties d'ânes, cavalcades, promenades dans tous les beaux châteaux qui nous avoisinaient, tout fut employé, et le voyage fut trouvé court.

Le voyage le plus intéressant pour moi fut celui de madame B***; elle vint avec toute sa société, ses parents, madame de Montpellier, enfin tous les agréables qui lui faisaient une cour brillante. Le marquis Donnezan fut l'ordonnateur; une salle de spectacle fut construite en un instant

---

[1] Probablement mademoiselle Leprestre de Lezonnet, fille d'un conseiller au Parlement, mariée en 1748 à Pierre Picot, marquis de Dampierre, capitaine aux gardes-françaises.

[2] Le même, je pense, que celui désigné déjà sous le titre de comte.

dans une moitié d'écurie, et l'on y joua des parades, dont l'une entre autres me revient à la mémoire.

M. de Saint-Marc, qui faisait un soldat aux gardes, paraissait à une fenêtre du théâtre, et, sur une dispute, criait à Donnezan, qui faisait Isabelle et qui raccommodait une culotte, de la lui rapporter pour venir décemment mettre le là. La dispute était entre deux Gilles, dont le chevalier de Fontanieu et moi étions chargés. Fontanieu devait recevoir un soufflet, et on lui avait montré plusieurs fois comment il devait avancer la main pour recevoir le coup; mais il l'oublie, et, dans la chaleur du jeu, je trouve sa joue. La colère le prend; il me saute à la gorge, je me défends. Tout cela était si naturel que le public crut que la pièce allait à la perfection; heureusement qu'Isabelle et le soldat aux gardes s'interposèrent, et la pièce, qui fit crever de rire, reprit son cours. La colère de Fontanieu passée, sa naïveté fit l'amusement d'une société qui ne demandait qu'à rire.

Le mois de juillet arriva, ainsi que le voyage de Compiègne. Les fêtes y commencèrent; madame de Pompadour avait à ses ordres tous les artistes du royaume, mais son frère, surintendant des bâtiments, y mettait peu de grâce.

Poisson de son nom, depuis Vandières, et ayant pris ensuite le nom de marquis de Marigny, il disait lui-même qu'on l'avait appelé marquis *d'avant-hier*, et qu'on l'appellerait marquis de *Marinières*, puisque son vrai nom était Poisson. Il avait de l'esprit, une grande mémoire et un fond d'instruction; né pour être un commis de ferme, et peut-être fermier général, en passant par tous les emplois, il s'était senti de la haute fortune de sa sœur, dès l'instant où il avait été mis au collége. Envoyé à dix-huit ans à Rome avec Cochin[1], il avait fait un voyage qui lui avait profité. Très-égoïste, brutal et d'une grande présomption, il faisait les honneurs de sa naissance tant qu'on voulait,

---

[1] Charles-Nicolas Cochin (1715-1790), graveur, dessinateur, écrivain. Il fit en 1749 le voyage d'Italie avec Marigny, et en publia le récit au point de vue artistique (3 vol. in-12, 1758).

pourvu qu'on fût convaincu qu'il valait beaucoup par son mérite.

Madame Geoffrin [1], femme singulière et d'esprit, s'était attiré une considération distinguée, par une tournure qui n'aurait pas réussi à beaucoup d'autres femmes.

Fille d'un tapissier [2], elle avait épousé un homme borné qui avait fait fortune dans les sous-fermes et qu'elle regardait comme un intendant. Elle ne donnait pas, comme madame de Tencin, des culottes de velours en étrennes aux auteurs, mais tous les lundis elle recevait à dîner les amateurs et les artistes les plus célèbres : La Live de Jully, Baudouin [3], Wattelet et tout ce qui avait un nom dans les arts, M. le comte de Caylus [4], M. Gaignat [5], M. de la Boissière, receveur des états de Bretagne ; le marquis de Voyer, un des premiers connaisseurs de l'Europe [6], y venait aussi.

Le mercredi était le dîner de littérature. Madame Geoffrin avait une mémoire sûre, un jugement sain ; sa facilité à parler et son ton doctoral lui avaient établi une suprématie sans jalousie sur toutes les femmes. Obligeante protectrice de tous les étrangers qui lui étaient adresssés, elle avait sauvé une avanie au comte de Poniatowski, depuis roi de Pologne [7]. Vivant comme un jeune homme qui sentait déjà

---

[1] Née Marie-Thérèse Rodet (1699-1777).

[2] D'un valet de chambre de la Dauphine, d'après les biographies ; ce qui du reste ne s'excluait pas.

[3] Il y avait un peintre de ce nom, mais je crois qu'il s'agit plutôt de Baudouin, capitaine aux gardes et graveur, dont il a déjà été parlé.

[4] Anne-Claude-Philippe de Tubières de Grimoard de Pestel de Lévis, comte de Caylus (1692-1765), membre honoraire de l'Académie des inscriptions et de l'Académie de peinture. Il a laissé de nombreux ouvrages littéraires et artistiques.

[5] Louis-Jean Gaignat, receveur général des consignations des requêtes du Palais. Il mourut en 1768, laissant un cabinet de tableaux et une bibliothèque évalués à plus de 500,000 livres. (GRIMM, éd. Tourneux, t. VIII, p. 58 et 305. — *Gazette de France* des 20 mars et 22 avril 1769. — BACHAUMONT, 2 août 1768.)

[6] Marc-René, marquis de Voyer (1722-1782), lieutenant général des armées, gouverneur du château de Vincennes, membre honoraire de l'Académie de peinture. C'était le fils de Marc-Pierre, comte d'Argenson, qui fut ministre de la guerre.

[7] Stanislas-Auguste Poniatowski (1732-1798), roi de Pologne sous le nom

ce qu'il serait, et montrant pour les femmes un goût qui l'a accompagné toute sa vie, il avait contracté des dettes qui l'avaient fait envoyer par ses créanciers au petit Châtelet. Il n'y fut pas une heure, que madame Geoffrin l'en tira, en payant pour lui, par elle et par ses amis, plus de cent mille livres. Quinze ans après, le roi de Pologne la fit venir à Varsovie, où il la reçut avec une délicatesse vraiment royale.

Le goût du vrai beau n'était pas perdu en France, mais la mode l'avait changé. Boucher avait introduit des bergères à pieds nus avec des paniers comme à l'Opéra. Tous les ornements étaient baroques; rien n'était d'aplomb, pas même les armes gravées, soit sur la vaisselle, soit sur les cachets, soit sur les voitures.

Vandières, ayant tous les arts à ses ordres, entouré de ses artistes, pouvait perpétuer ce mauvais genre, qui fatiguait les vrais connaisseurs. Madame Geoffrin fit toutes les avances pour l'introduire dans sa société. C'est là qu'il acquit un jugement sûr et que, malgré lui, il épura son goût. Que de peine tous ces habiles gens que j'ai connus m'ont dit avoir eue à lui inculquer le goût du vrai beau, qu'il sentait, mais dont son amour-propre l'éloignait [1] ! J'aurai si souvent occasion de parler de lui, qu'après l'avoir peint à grands traits, je veux pour l'instant en rester là.

Par un raffinement d'imagination, et pour diminuer la monotonie de la cour, on avait eu l'idée d'établir une maison au commencement de la forêt de Compiègne [2]. On choisit un emplacement très-uni, couvert d'arbres bien droits et de toute ancienneté. On entoura quatre arpents de palissades

de Stanislas II. C'est en 1752 qu'il vint en France, et en 1766 qu'il reçut madame Geoffrin à Varsovie. M. Ch. de Mouy a publié en 1875 la *Correspondance inédite de Stanislas-Auguste avec madame Geoffrin*.

[1] L'auteur est généralement peu bienveillant pour Marigny, que ses contemporains ont jugé moins sévèrement. Des dissentiments personnels, dont on trouvera le récit plus loin, ont évidemment influencé M. Dufort, qui d'ordinaire est plus porté à l'indulgence.

[2] Le duc de Luynes parle de ces maisons de bois.

en planches; pendant cette opération, on nettoya tout le dedans, on traça des allées tournoyantes et droites, on planta en pleine terre des caisses d'orangers, on fit des bosquets d'arbres étrangers et fruitiers, d'arbustes tout fleuris et de fleurs de la saison. Puis on fit venir du garde-meuble les deux tentes envoyées par l'empereur turc, et remises dans deux ambassades différentes.

Ces tentes, tout en bois, sont la plus belle chose possible; elles sont retroussées sur le devant avec une magnificence asiatique; des parquets superbes forment le plancher, et tout le dedans est de velours cramoisi, galonné d'or, les retroussis en graines d'épinards et crépines d'or. Chaque tente contient la salle du Conseil, une chambre à coucher, un cabinet de toilette, un boudoir, le tout meublé en perse, à dessins d'oiseaux superbes. On y voyait des poêles, des cheminées, tout en fonte, des porcelaines superbes et une prodigalité de magnifiques dentelles pour les choses même qui en ont le moins besoin. On arrivait à ce bâtiment par des allées bordées de fleurs : une corbeille du meilleur goût embaumait l'air. Derrière la tente était un berceau tout en fer, doublé par un treillage fort élevé, dans lequel étaient en abondance tous les oiseaux des quatre parties du monde, depuis le serin jusqu'au kakatoës; des pompes cachées soigneusement faisaient jouer des jets d'eau; des ruisseaux factices coulaient pour rafraichir les volatiles, et l'on avait garni les côtés du berceau de tous les arbustes les plus favorables, même aux faisans de la Chine.

La seconde tente était destinée au service de la garde, et l'on avait bâti, en un instant pour ainsi dire, un petit pavillon du meilleur goût servant de réchauffoir, qui avait une sortie par dehors et une par dedans. Aucune voiture n'entrait dans cette enceinte. Le Roi y vint deux ou trois fois, mais il était blasé sur les belles choses; et le goût de la chasse l'entraînait de plus en plus. Pour moi, je ne manquai pas une occasion d'aller m'y promener avec les ambassadeurs. Tout cela fut détruit après le voyage de Compiègne, et l'année d'ensuite j'eus toutes les peines du monde à en reconnaître la place.

Des parties de paume attiraient sur les deux heures presque tous les courtisans. Un jour, la marquise de Livry me proposa de venir dîner, me disant que ce jour-là elle était seule; je quittai la paume avec elle. Après une partie de piquet où, malgré mon ignorance du jeu, je lui gagnai plus de cent louis (elle aimait à jouer le plus gros jeu), elle me raconta les distractions singulières de M. le comte de Bavière[1], bâtard de cette maison. Aimable, mais distrait, il était assidu courtisan. Madame de Livry avait une grande levrette qui prenait tellement ses aises que, dès qu'elle voyait une bergère vide, elle ne manquait pas de s'y arranger et d'y rester jusqu'à ce qu'on la fît descendre.

M. de Bavière vint lui faire une visite; tout en causant agréablement, il s'occupait du chien, tantôt lui parlant, tantôt lui faisant : « Chit! Chit! » On vint annoncer madame de Talmond[2]; le valet de chambre chasse le chien; elle se met à sa place, et la conversation s'engage. M. de Bavière s'échauffe; la distraction le suit. Il oublie que le chien est mieux remplacé; il tend la main vers madame de Talmond, l'appelle : « Chit! Chit! » Elle le connaissait à peine, et elle reste interdite. Enfin, impatientée, elle lui demande ce qui peut lui attirer ces caresses déplacées. M. de Bavière, étonné, sort de sa distraction; il fait une humble inclination. « Ah! madame, excusez-moi, dit-il, je vous ai prise pour la chienne. »

Ce M. de Bavière a poussé la distraction si loin qu'il s'est tué à la fin de la campagne de 1747, en chargeant un pistolet d'arçon un jour d'affaire[3].

---

[1] Maximilien-Emmanuel-François-Joseph, comte de Bavière, lieutenant général (1695-1747). Il était fils naturel légitimé de Maximilien-Marie-Emmanuel, électeur de Bavière, et eut de très-beaux services militaires et diplomatiques. Il épousa une fille naturelle de l'empereur Charles VII, qui était sa nièce, Charles VII étant comme lui fils de l'électeur de Bavière.

[2] Marie-Louise, princesse Jablonowska, femme d'Anne-Charles-Frédéric de la Trémoille, d'abord duc de Châtellerault, puis prince de Talmond. Elle était parente de Stanislas Leczinski, dont la mère était une Jablonowska, et par conséquent de la Reine, femme de Louis XV.

[3] Il fut tué à la bataille de Laufeld, en 1747, dans l'action, dit LUYNES

Madame de B*** vint à Compiègne; les huit jours qu'elle y passa furent un temps consacré à tous les plaisirs; nous étions chez sa sœur matin et soir. Je laissai là tout le corps diplomatique et ne donnai des dîners qu'à sa société.

J'étais très-ami de de Briges et de Tourdonnet; ils me menaient tous les jours de chasse au rendez-vous dans une berline; le vieux Dampierre et le marquis de Sarlabous, depuis comte de Mun, faisaient la carrossée.

Le marquis de Dampierre, commandant du petit équipage, avait plus de soixante-dix ans; tout ridé, tout couvert de taches de rousseur larges comme le pouce, c'était un chasseur intrépide, et le Roi, qui le connaissait depuis son bas âge, s'amusait à lui faire conter des histoires si incroyables, si pauvres d'esprit, qu'il n'en aurait pas fait les frais si cela n'avait amusé son maître. Il avait, entre autres, le récit d'un lièvre qui était devenu mouton, ensuite sanglier, qui ne finissait pas; il disait l'avoir vu.

Mon assiduité à la chasse plaisait au Roi; je redoublai, et M. le duc de Penthièvre[1], me rencontrant un jour, me dit : « Le Roi vous permet de prendre l'habit d'équipage. » Il m'aurait donné un gouvernement qu'il ne m'aurait pas fait plus de plaisir. Je remercie, cours chez moi et fais partir mon premier laquais, avec ordre de me rapporter l'habit pour le surlendemain, jour de chasse. Ce jour arrive, l'heure de partir me commande, et me voilà encore sans habit. Enfin, mon laquais arrive à deux heures : je gronde :
« Hélas! monsieur, je défie en mille de faire mieux
« que moi. Vis-à-vis Saint-Lazare, en arrivant à Paris,
« mon cheval de poste est tombé; je me suis démis la
« clavicule; j'ai été d'abord commander votre habit, puis je
« me suis fait remettre; j'ai gardé le lit, et suis parti par les

---

(t. VIII, p. 268); d'un coup de canon, d'après Courcelles (*Dictionnaire des généraux français*).

[1] Louis-Jean-Marie de Bourbon, prince de Penthièvre (1725-1793). Il était grand veneur, et fut remplacé en 1755 par son fils, le prince de Lamballe, âgé de dix-huit ans; mais il conserva encore quelque temps l'exercice de sa charge.

« voitures publiques, car on m'a défendu de monter à cheval
« avant quinze jours. »

Dès que madame B*** fut partie, je recommençai ma même vie. Ma société s'était augmentée de celle du marquis de Marigny, alors ami intime du baron de Breteuil, officier de gendarmerie, qui commençait à travailler à sa fortune. Je vais faire une digression sur lui.

Le baron de Breteuil [1], petit-fils de l'introducteur des ambassadeurs, petit-neveu du ministre, était fils de mademoiselle de Gasville, d'une famille de robe, qui avait épousé en secondes noces M. le baron de Rocheplate. J'ai encore connu cette dame, qui logeait rue Pastourelle, chez M. Hébert [2], ancien introducteur des ambassadeurs; mes parents lui prêtaient une vie fort déréglée. Le baron était neveu de l'abbé de Breteuil [3], surintendant de la maison d'Orléans, homme d'esprit, d'agrément, aimant le plaisir, et qui avait refusé plusieurs fois d'entrer dans le ministère. On lui avait su gré de sa modestie, qui n'était due qu'à ses goûts de sybarite.

Le baron, un peu plus âgé que moi, faisait sa cour assidûment. Il était né avec un fonds de suffisance, qui se juge bien entre jeunes gens; on disait qu'il n'avait jamais fait une révérence qu'à dessein d'en tirer parti. D'une jolie figure, avantageux avec les femmes, pourvu de talents extraordinaires, il faisait une dépense énorme, aux frais de son oncle qui le poussait. Il s'attacha à Marigny qui était du même âge que lui; c'était un moyen de plus de faire sa cour à la favorite, qui regardait aux liaisons de son frère. Nous vécûmes donc ensemble. Marigny tenait un état de maison superbe à la

---

[1] Louis-Auguste Le Tonnelier, baron de Breteuil (1733-1807). Il occupa plusieurs postes diplomatiques de 1758 à 1783, et, en dernier lieu, l'ambassade de Vienne. Il devint ensuite conseiller d'État, ministre de la maison du Roi et de Paris jusqu'en 1787, époque à laquelle il quitta le ministère. Il était frère de la marquise du Châtelet. Sa mère, Marie-Anne-Françoise Goujon de Gasville, s'était remariée à Pierre Colas de Marolles, comte de Rocheplate. Elle mourut en 1753.

[2] André Hébert, qui mourut en 1768, âgé de quatre-vingt-sept ans.

[3] Élisabeth-Théodore Le Tonnelier de Breteuil (1712-1781), grand vicaire de Sens, grand-croix de Malte.

surintendance ; caressé par tout le monde, il s'était restreint pour souper au comte d'Alville[1], à Saint-Vigor, au baron et à moi. Souvent, il y venait aussi des gens que madame de Pompadour lui envoyait, et qui le gênaient, car ses soupers finissaient par des jeux enfantins.

Un jour, il nous embarrassa tous ; une dame vint lui faire une visite, il se confondit en protestations, fit ouvrir les deux battants et la reconduisit jusqu'à sa chaise ; nous lui demandâmes le nom d'une personne à laquelle il montrait tant de respect. « Peste ! nous dit-il, c'est une dame de « grande considération, une femme d'une origine illustre, « faite pour éclipser par son nom tout ce qu'il y a de plus « grand. » Après s'être épuisé en belles phrases, il finit par nous dire qu'elle était née Poisson, avait épousé un Poisson, et finirait Poisson. Ce genre de propos était fort embarrassant à entendre.

Au milieu du dîner ou du souper, il traitait son maître d'hôtel comme un portefaix, jurant, criant dès qu'un plat était manqué, sans pudeur pour se mettre en colère lorsqu'une assiette tombait ou qu'un plat était mal placé. Cent fois, nous nous sommes surpris à maudire cette liaison.

J'allais souvent souper chez le comte de Brionne, grand écuyer. Celui-ci, sans esprit, mais le meilleur homme possible, faisait une partie de piquet avec les écuyers et moi ; Dampierre nous regardait jouer.

Enfin, tous mes jours et tous mes moments étaient remplis, sans me faire oublier la dame de mes pensées qui m'occupait continuellement.

Au retour du voyage, j'allai un lundi à Versailles. Le cabinet du Roi, où j'avais des amis, était le lieu où je me tenais de préférence. Dès que le Roi était passé dans ses appartements ou ailleurs, la conversation était gaie, aimable, soutenue. C'était là seulement où l'on savait les intrigues des autres,

---

[1] Luynes le nomme Alville et Allelle, mais il s'agit en réalité de François-Joseph, comte de Halweil, d'origine suisse, et colonel d'un régiment de cette nation. Il devint maréchal de camp en 1762.

du moins ce qui pouvait s'en dire. J'y trouvai un jour M. le prince de Conti [1] et M. le comte de la Marche, son fils, qui attendaient le retour du Roi. C'était aux environs de la Chandeleur. « Est-il vrai, dit le prince, que Marigny va être « cordon bleu? » M. de Souvré [2] répondit : « On le dit, par « charge. — Par charge ou autrement, il me semble, dit le « prince, que cette décoration ne va pas à un Poisson. » M. le comte de la Marche reprit : « J'espère bien que si « on nous consulte, il ne le sera pas. » Et la conversation continua sur ce ton; mais comme c'était par charge, le Roi n'eut pas à le proposer, et il parut le jour de la Chandeleur avec sa nouvelle décoration [3].

Pour me rappeler la bonté du Roi dans l'intérieur, je raconterai ici plusieurs faits dont j'ai été témoin.

Les Quentin de Champcenetz, père et fils, étaient premiers valets de chambre; le fils [4], marié richement, très-bien fait, avait une jolie figure et l'air fort noble. Les valets de chambre sont quatre, et servent chacun trois mois. Lorsqu'ils sont de service, ils couchent dans la chambre du Roi, avec un ruban qu'ils attachent à leur poignet, pour être prêts lorsque le Roi veut les appeler. Cette place de confiance,

[1] Louis-François de Bourbon, prince de Conti (1717-1776). Malgré ses succès comme général, madame de Pompadour, qu'il n'aimait pas, le tint à l'écart des armées. Il avait épousé Louise-Diane d'Orléans, et en avait eu Louis-François-Joseph de Bourbon, comte de La Marche (celui dont il est question ici), puis duc de Conti (1734-1813), le dernier représentant de sa branche.

[2] François-Louis Le Tellier, marquis de Souvré, né en 1704, maître de la garde-robe en 1748. D'après Barbier, il perdit sa charge à la fin de 1759, pour un mot sur madame de Pompadour.

[3] Il figure parmi les grands officiers commandeurs de l'ordre en qualité de secrétaire, à la date de 1756. On avait dit à cette occasion que c'était *un bien petit poisson, pour être mis au bleu.* C'est le 2 février, jour de la Purification (Chandeleur), qu'avait lieu le chapitre de l'ordre de Saint-Michel.

[4] On a déjà parlé de Louis-Quentin de Champcenetz, qui succéda en 1710 à son père, François. Il s'était marié à une demoiselle Trévillon. Leur fils, Jean-Louis, épousa : 1º en 1748, Marie-Rose Teissier, fille d'un intendant général des écuries, dont il a été fait mention au chapitre 1er; il en eut un fils, Louis-Pierre; 2º en 1755, Madeleine Pernon, qui lui donna deux fils, Louis-Édmond et Rose-Ferdinand, dit le chevalier de Champcenetz. Ce dernier s'est fait un nom dans la littérature légère, et a péri sur l'échafaud en 1794.

par l'intimité et le crédit qu'elle produit, deviendrait peut-être trop considérable, si le valet de chambre ne changeait pas tous les quartiers. Tout le monde peut se rappeler le crédit des Bontemps sous Louis XIV.

Le cabinet n'était composé presque que de jeunes gens, tous fort gais, ce qui plaisait au Roi qui causait avec eux de préférence. Nous attendions tous le coucher du Roi, occasion pour ceux qui le pouvaient de se montrer assidûment. Le Roi avait un chat matou angora blanc, d'une grosseur prodigieuse, très-doux et très-familier : il couchait dans le cabinet du Conseil sur un coussin de damas cramoisi, au milieu de la cheminée. Le Roi rentrait toujours à minuit et demi des petits appartements. Il n'était pas minuit, et Champcenetz nous dit : « Vous ne savez pas que je puis faire danser « un chat pendant quelques minutes? » Nous rions, nous parions. Champcenetz tire alors un flacon de sa poche, caresse le chat et fait couler abondamment dans ses quatre pattes de l'eau de mille fleurs. Le chat se rendort, et nous comptions avoir gagné. Tout à coup, sentant l'effet de l'esprit-de-vin, il saute à terre en faisant des pétarades, court sur la table du Roi, jurant, cabriolant, faisant des jetés battus. Nous tous de rire aux éclats, lorsque le Roi arrive comme une bombe; chacun reprend sa place, le ton de décence et le maintien grave. Le Roi demande ce qui nous tenait en gaieté : « Rien, Sire, c'est un fait que nous « racontions, » dit Champcenetz. A l'instant, le maudit chat reprend sa danse, et court comme un enragé. Le Roi regarde : « Messieurs, dit-il, qu'est-ce qui se passe ici? « Champcenetz, qu'a-t-on fait à mon chat? je veux le savoir. » L'interpellation était directe; Champcenetz hésite et conte succinctement le fait, tandis que le chat battait des entrechats. On sourit du récit, pour voir dans les yeux du Roi comment il prendrait la chose ; mais son visage se renfrogne : « Messieurs, reprit-il, je vous laisse ici; mais si vous « voulez vous amuser, j'entends que ce ne soit pas aux « dépens de mon chat. » Cela fut dit si sèchement que personne depuis n'a fait danser le chat. Il n'en fut que cela.

Le Roi a eu un chien de la race du roi Charles; le Roi était le seul qu'il caressât, et il en était d'autant plus flatté qu'il savait que cet animal était peut-être le seul à l'aimer pour lui-même. Cependant, il n'en a jamais eu d'autre.

Un jour, il était mieux disposé. Nous soupions à Fontainebleau, chez Lebel, son premier valet de chambre, qui sur la fin a eu toute sa confiance pour ses plaisirs. Ce Lebel aimait beaucoup les dames de moyenne vertu, et les pourvoyeuses de Paris n'en laissaient pas manquer les amateurs. Nous étions six : le marquis de Talaru; Lebel; Saint-Vigor, frère de lait du Roi; M. de Maillebois et M. le prince de Turenne; deux de ces dames y furent invitées, et le souper fut très-gai. Une des dames faisant la difficile, Saint-Vigor la prit sur ses genoux et fit mine de lui donner le fouet; la princesse se fâchait, et tout le monde riait, lorsque nous entendons la porte s'ouvrir et voyons le Roi entrer à mi-corps. Dès qu'il eut vu ce qui nous faisait rire, il resta en extase, et, en fermant : « Messieurs, que je ne vous dérange pas; prenez que « je ne suis pas venu. » Ce fut le signal de se retirer; nous allâmes à son coucher, et il ne fut question de rien.

Aimable dans son intérieur, causant, et causant bien, personne n'animait plus la conversation que lui par la variété de ses questions. Le rôle de roi est difficile; il ne prend modèle sur personne, il est partout lui; on ne l'attaque jamais de questions, à moins que ce ne soit pour quelque chose du service. C'est donc à lui de faire tous les frais, et sur le genre qui lui plaît. Il ne peut parler que sciences et arts ou chasse ; car s'il parlait de politique ou des personnes, chaque mot tirerait à conséquence. Aimant peu les sciences, quoiqu'il fût instruit, par goût ou par politique il ramenait toutes ses conversations sur la chasse du jour ou celle du lendemain. Lansmate [1], son premier piqueur, venu à cette place par son talent

---

[1] C'est un nom qu'on rencontre souvent dans les Mémoires du temps, mais il en est peu qui aient été aussi défigurés. Luynes l'appelle Lassemate, Lasmate, Lasmastres; Champfort, Lansmatt; madame Campan et madame du

infatigable, était celui qu'il traitait le mieux, soit dans le cabinet, soit à la chasse; il n'adressait presque la parole qu'à lui, ou aux écuyers qui l'accompagnaient de chaque côté de son cheval. Un jour, à Fontainebleau, je fus témoin d'une boutade de Lansmate; la chasse avait été rude, on avait forcé deux cerfs; les chiens, les chevaux, les hommes, tout était sur les dents, et l'on regagnait sagement les voitures. Le Roi, avec sa voix enrouée qui l'aurait distingué entre cent mille, appelle Lansmate : « Lansmate, dit-il, les chiens sont las? « — Oui, Sire, pas mal comme cela. — Les chevaux le sont-« ils? — Je le crois bien. — Cependant, continue le Roi, je « chasserai après-demain. » Lansmate se tait. « Entendez-« vous, Lansmate? je chasserai après-demain. — Oui, Sire, « j'entends du premier mot. Mais ce qui me pique, dit-il en « allant gagner son équipage, c'est que j'entends toujours « demander si les chiens et les chevaux sont las, et jamais les « hommes. » Cela fut dit de manière que le Roi n'en perdit pas un mot. La chasse fut comme il l'avait ordonné.

Le Roi avait une grande attention de ne jamais passer dans une terre labourée, ensemencée, ou prête à rapporter; il tançait rudement les chasseurs qui passaient même sur les bords. Il faisait à chaque chasse payer les dommages aux propriétaires, s'ils se plaignaient, ou même sans plainte.

Le marquis de Villeroi, qui postulait la survivance de son oncle, capitaine des gardes du corps, suivait exactement la chasse et montait des chevaux qui le menaient souvent plus vite qu'il ne voulait. Un jour, son cheval l'emporte; le Roi était dans un carrefour, éloigné de quelques pas de tous, écoutant et voulant juger où tournait la chasse. M. de Villeroi arrive; on lui crie : « Voilà le Roi! » Il veut arrêter, ne le peut, et vient, avec le poitrail de son cheval, frapper la

---

Hausset, Lansmatte. Son véritable nom est Jean-Marie Damblard de Lasmartres. (*Gazette de France*, 6 décembre 1755, et d'Hozier, registre Ier.) Ancien page du comte de Toulouse, puis gentilhomme de vénerie, Lasmartres avait épousé Catherine-Jacqueline Guyard de Bauny, qui mourut après lui, en 1771. (*Gazette* du 5 avril.) Leur fille se maria à François de Boisseulh, capitaine de cavalerie.

croupe de celui du Roi. Le Roi, surpris, se jette sur la bride, se remet, se retourne, et voit M. de Villeroi le dépasser. Son premier mot fut de crier : « A qui en voulez-vous? » Le second fut de faire courir à son secours; il n'en fut que cela.

Un jour, le cerf se jeta à l'eau dans un étang du parc de Versailles et s'y tint, de manière que trois coups de fusil ne purent l'atteindre. Les paysans étaient accourus, et bordaient l'étang; on demandait un bateau. Un imprudent se jette à l'eau, malgré ses compagnons. On lui crie de faire un détour, parce qu'il y a une fondrière; il s'abandonne, comptant sur ses forces ou son adresse. A moitié chemin, on lui crie : « A droite! » Il continue, crie : « Vive le Roi! » et à l'instant disparaît. Le Roi avait les yeux fixés sur lui; dès qu'il est sûr du malheur, il tourne la bride de son cheval, et regagne sa voiture avec une tristesse qui l'empêche de prononcer un mot de toute la route.

Toutes les anecdotes que je pourrai me rappeler, sans observer aucune suite, je les placerai ici.

M. de Nestier [1], écuyer de l'académie, un des hommes les plus habiles de France pour l'équitation, chassait toujours avec le Roi, et laissait au comte de Neuilly [2] le service à faire. Cet homme très-singulier, ne parlant à qui que ce soit, âgé de plus de soixante ans, maigre et d'une figure sévère, montait les chevaux les plus difficiles. Ses cuisses et ses jambes formaient un étau, qui empêchait le cheval de se déranger; il montait à la française, méprisant la manière anglaise. J'ai admiré souvent la manière dont il courait et ramenait un cheval, sans aucun mouvement forcé; vous auriez cru que l'homme et le cheval ne faisaient qu'un; donnant de la vitesse à son cheval quand il voulait, d'autres fois, il lui faisait faire des passades, comme dans une salle de manége.

M. le comte de Melfort [3], favori de madame la duchesse

---

[1] Louis Cazeau de Nestier, écuyer ordinaire de la grande écurie. (*État de la France de* 1749.) Il mourut en 1754, âgé de soixante-huit ans.

[2] Jean-François-André Brunet de Neuilly, écuyer cavalcadour. (*Ibid.*)

[3] Louis Drummont, comte de Melfort (1722-1788), qui devint lieutenant

d'Orléans, petit de taille, mais fait comme un modèle et fort comme Hercule, suivait la chasse quand il ne faisait pas sa cour à Versailles; téméraire, jeune, vigoureux, il ne ménageait ni ses chevaux, ni ceux du Roi; chassant à travers bois, il s'abandonnait à son caprice. Un jour que M. de Nestier, planté à cheval au milieu d'une allée, écoutait où était la chasse, il voit au travers des gaulis, et ensuite dans une taille presque futaie, un chasseur allant à bride abattue; il s'aperçoit que le jeune homme n'était plus maître de son cheval. Melfort, emporté, passe sous un arbre dont la branche allait le couper en deux; il se décide, empoigne la branche, laisse courir le cheval, et, en sautant de la hauteur de près de cinq pieds, il bat un entrechat à huit. Le silencieux M. de Nestier ne peut tenir à ce gentil haut fait; il l'appelle, lui demande son nom, lui fait un compliment et lui ramène son cheval. Ils ne se sont peut-être pas parlé depuis.

Ce M. de Melfort était si prodigieusement nerveux, que je lui ai vu lever à bras tendus la pelle du foyer de la Comédie italienne à sa hauteur, et la reposer aussi doucement que si c'eût été une canne. Cette pelle avait au moins quatre pieds de haut, et était grosse à proportion.

Entraîné par mon attachement, je ne négligeais pas pourtant mes anciennes sociétés. M. le Gentil, mon ami, qui avait été gentilhomme ordinaire et, à son mariage avec mademoiselle de Vaudreuil, était entré dans les gardes, avait, quoique de mon âge, trois ou quatre enfants. Il voulut placer ses revenus de Saint-Domingue; on lui parla de la terre de Paroy, petit marquisat[1] situé à trois lieues de Nangis, autant de Provins. Nous allâmes la voir, et le marché fut bientôt conclu. Tous les ans j'y ai fait un voyage, jusqu'à mon mariage. Dès l'instant de l'achat, il prit le nom

général et grand-croix de Saint-Louis. Il épousa, comme on le verra plus tard, une demoiselle Laporte de Meslay. Madame d'Oberkirch dit « qu'il fut dans sa jeunesse un des hommes les plus brillants et les plus séduisants ». (*Mémoires*, t. II, p. 81.)

[1] Cette terre, érigée en marquisat en 1685, en faveur de François de Mascrany, le fut une seconde fois en 1754, en faveur de Guy Le Gentil.

et le titre de marquis, sous lequel il a été connu depuis.

M. et madame B*** avaient loué rue Saint-Honoré, près l'Assomption, un hôtel superbe. L'impatience de jouir leur avait fait habiter la maison, tandis que les ouvriers occupaient encore presque tout, excepté trois pièces donnant sur le bâtiment du couvent, avec une tribune ouvrant sur le dôme. On avait voulu que je fusse des premiers invités.

J'étais ami du mari : cela ne pouvait être autrement, elle me l'avait ordonné. B*** voulut m'admettre dans ses plaisirs particuliers. J'en parlai à sa femme, qui me dit que pour ôter tout soupçon je ferais bien d'accepter. Me voilà donc introduit dans une petite maison délicieuse, en haut de la rue Montmartre. J'y trouve Champlost, mon ami et mon parent; Renneville, le prince de Turenne, Imblat, danseuse de l'Opéra, qu'on appelait la carafe d'argent, à cause de sa longue taille, maîtresse de Renneville, et mademoiselle Garnier, d'une figure délicieuse, à laquelle B*** faisait la cour. J'arrive dans un salon meublé en gaze couleur de rose et argent; on me mène dans la salle à manger décorée en stuc, avec un énorme poêle de faïence surmonté d'une figure de femme du plus beau modèle, noire comme de l'ébène, posée comme la Vénus de Médicis et drapée de même. Frappé de la beauté des contours, je m'approche et pose la main sur la plus belle croupe possible ; la mollesse des chairs me fait retirer la main avec effroi : c'était une négresse qui, avec la liberté de son pays, vint me sauter au cou.

Nous soupâmes. Les vins exquis furent prodigués, la gaieté la plus franche, la plus vive, échauffait toutes les têtes. Garnier était l'objet des vœux du maître. On sort de table pour la reprendre après, ce n'était qu'un prélude. B*** me prend en particulier, et me dit : « Tu vois Garnier, conviens que « c'est une fille charmante ; tu t'entends à te tirer d'affaires « avec les dames. Tiens ! voilà une bague ; fais-moi le plaisir « de la lui donner ; dis-lui que c'est un homme qui veut faire « son bonheur qui la lui offre. — Mais, mon cher, lui dis-je, « tu veux me faire jouer un drôle de rôle ! — Non, je t'assure,

« reprit-il. — Eh bien, dis-je, j'y consens, pourvu que je la
« prépare auparavant. Je l'amènerai au point que tu la lui
« donneras toi-même. »

Je m'étais aperçu que cette demoiselle ne m'avait pas
regardé avec indifférence. Je demande à voir la maison;
il y avait boudoir, chambre à coucher. Je me trouve, je ne
sais comment, seul dans une pièce avec la Garnier. Notre
conversation fut courte; je lui dis ce dont j'étais chargé, je
lui proposai de me venger du rôle qu'on me faisait jouer,
elle accepte; tout cela dure un quart d'heure. Nous rentrons,
mon homme attendait. Je lui amène la dame, je lui dis de se
mettre à genoux, je pérore sur sa passion, sur la noblesse de
ses procédés, je prends la bague, la prie de sa part de la
mettre à son doigt, et de se laisser embrasser. Il file le parfait.

Tout le monde se rassemble; on avait couvert la table
d'huîtres et de vin de Champagne, et nous recommençons à
souper. La négresse était entre le prince et Champlost, Imblat
vis-à-vis, Renneville à côté, Garnier entre B*** et moi. Mes
idées se brouillent, j'étais à côté de Champlost; l'idée remplie du tour que je venais de jouer, je me penche vers lui, je
confonds, j'avais une bague que la femme de B*** m'avait
donnée, je le conte à Champlost, sans nommer la personne.
Imblat me dit : « Je sais qui te l'a donnée. » Je veux nier.
Le mari prend la parole, et dit : « Mes amis, je le sais mieux
« qu'un autre, puisque je l'ai payée et qu'elle me coûte deux
« mille écus. » La foudre serait tombée sur ma tête, que je
n'aurais pas été mieux dégrisé. Je reprends mes sens, et
comme on répare mal une sottise dite, je n'en parle plus et je
mets la conversation en train le plus follement possible.
Je fais l'amoureux de la couleur noire, je me déclare décidé
à m'y livrer entièrement; on rit, on disserte.

Il n'en fut que cela, et nous regagnâmes nos voitures à
quatre heures du matin. Je dormis mal. Rendu à moi-même,
je crus que c'était une méchanceté du mari, et que sa femme
en serait instruite; mais il n'osa lui en parler. Elle avait pris

un tel empire sur lui, qu'il n'avait droit de trouver rien de mauvais.

M. de Chailly avait loué une maison, vieille rue du Temple, vis-à-vis l'hôtel de Hollande, avec son frère l'abbé de Mégrigny, conseiller au Parlement. Riches l'un et l'autre, ils donnaient des diners où j'allais souvent. Chailly était entré dans les mousquetaires; il avait de l'esprit mordant, de la facilité à parler, et une audace dans la conversation qui le faisaient écouter. Son frère était la bonté même, il avait de l'esprit et une grande douceur. On ne pouvait lui reprocher qu'un goût excessif pour les femmes, qui lui faisait briser toute considération. On voyait chez eux : M. le marquis de Saint-Marc, M. le comte de Lameth [1], quelques conseillers au Parlement, M. le président de Rosambo [2] et Bougainville [3], que nous avons vu jouer un grand rôle depuis. Le chevalier de Chastellux, qui était encore mon voisin, y venait souvent, ainsi que le comte d'Osmont [4], du Hautoy, Vioménil, le vieux comte de Caulaincourt [5], et enfin le marquis de La Grange [6], fils de l'intendant.

Ce dernier avait eu, quelque temps auparavant, un duel qui avait fait parler tout Paris. Le marquis de Chauvelin [7], fils du ministre, était dans le service. Il avait une jolie figure

---

[1] Probablement Louis-Charles, comte de Lameth, maréchal de camp, marié en 1751 à Marie-Thérèse de Broglie, celui qu'on retrouve à la fin du chapitre.

[2] Louis Le Pelletier de Rosambo, IIIe du nom (1717-1760), président à mortier.

[3] Louis-Antoine de Bougainville (1729-1814), aide de camp de Chevert, secrétaire d'ambassade à Londres, aide de camp de Montcalm en Canada, ensuite de M. de Choiseul-Stainville en Allemagne. A la paix, il entra dans le service de mer, où il se fit bientôt un nom.

[4] V. chap. xviii.

[5] Louis-Henri, comte de Caulaincourt, marié en 1726 à mademoiselle de Bailleul de Vic.

[6] François Le Lièvre de la Grange (1726-1808). Il devint lieutenant général. C'était non pas le fils, mais le petit-fils de Thomas Le Lièvre, intendant de justice, police et finances de la généralité de Paris, pendant la Fronde.

[7] Claude-Louis Chauvelin, marquis de Grosbois, fils unique de Germain-Louis, seigneur de Grosbois, qui avait été garde des sceaux et ministre des affaires étrangères.

et de l'esprit, et c'était l'espérance d'une maison ambitieuse. Tous les jeunes gens allaient souvent en visite à Chambord, chez le maréchal de Saxe, qui en avait fait un second Versailles. Un théâtre, dont sa maîtresse, madame Favart, faisait les délices, augmentait et attirait le monde. Le maréchal, grand dans toutes ses manières, avait un équipage de chasse pour le cerf, un autre pour le sanglier; on faisait des battues fréquentes. On avait attaqué un sanglier, et la chasse allait à merveille, lorsque La Grange, arrivant dans un carrefour, voit passer le sanglier de meute, le tire et le tue; les chiens s'approchent, et, le trouvant mort, ne donnent plus de voix; les piqueurs, toute la chasse arrivent.

Le maréchal, qui voit son plaisir fini en un instant, jure, tempête; sa colère était comme celle de Jupiter, elle faisait trembler. Il demande qui a fait le coup; une voix s'élève, celle de Chauvelin, qui dit : « Je l'ai vu, c'est M. La Grange. » Le maréchal s'emporte; cependant, réfléchissant sur les conséquences, il s'apaise bientôt; mais la vérité perce. La Grange en est instruit; brutal, de fort peu d'esprit, fier, insolent, il trouva l'injure trop forte. On vint à Paris. — Le maréchal aurait trouvé mauvais toute querelle chez lui. — Chauvelin, qui ne voulait en aucune manière se battre, convenait qu'il avait commis une étourderie, et il aurait fait toutes les excuses convenables. La Grange ne voulut entendre à rien, il fallut en découdre. Chauvelin se présenta plus d'à moitié mort; à peine fut-il en garde que l'autre lui passa son épée au travers du corps, et le tua[1]. La Grange parut à tous les spectacles et vint dîner le lendemain chez Chailly. Il n'en fut pas question; mais tout le monde avait sur le cœur le peu de délicatesse de cette vengeance qui mettait toute une famille en deuil. Il a été depuis officier des mousquetaires et cordon rouge, mais je n'ai vu aucun de

[1] Ce duel eut lieu le 23 novembre 1750, quelques jours avant la mort du maréchal de Saxe. Voy. *Journal historique de Collé*, t. I, p. 317; Barbier, novembre 1750, etc.

notre société qui fût intime avec lui. Il avait épousé la veuve de l'intendant Méliand [1].

Bougainville, frère du secrétaire de l'Académie française, venait, comme je l'ai dit, dans cette société. Il avait peu de fortune, et il avait commencé par accompagner à l'armée un M. Hérault de Séchelles [2], officier dans le même régiment, pour lui servir de mentor; il annonçait de l'esprit. Voulant exceller dans les armes, il tirait toute la journée, et, dès qu'on avait dîné, le salon se convertissait en salle d'armes. Le comte de Lameth, tué à la bataille d'Hastenbeck [3], était un des tenants.

[1] La fille, d'après la Chenaye; Angélique-Adélaïde Méliand, fille de Charles Blaise, maître des requêtes, puis conseiller d'État, et de Marie-Louise-Adélaïde du Quesnoy, sa seconde femme. Le mariage eut lieu en 1766.

[2] Qui devint colonel du régiment de Bourgogne, et fut tué à la bataille de Minden. Il était fils du lieutenant de police René Hérault, et de mademoiselle Moreau de Séchelles. C'est le père du fameux révolutionnaire.

[3] Le duc de Luynes, comme M. Dufort, dit que le comte de Lameth fut tué à Hastenbeck en 1757; d'après la Chenaye et Pinard, il serait mort à Francfort en 1761. Il ne peut cependant y avoir de doute sur l'identité, Luynes indiquant le nom de la femme, mademoiselle de Broglie.

CHAPITRE VI

La petite vérole du Dauphin. — L'exil du Parlement. — Le marquis de Stainville, depuis duc de Choiseul. — Le comte de Gontaut. — Mesdemoiselles Crozat. — La marquise de Choiseul-Romanet et les lettres du Roi; mort de la marquise; les bruits de la cour. — Stainville ambassadeur à Rome. — Il propose d'emmener M. Dufort, qui refuse. — Madame B*** et son mari. — Compiègne. — Le comte d'Eu. — Retour de chasse. — Maladie. — Fontainebleau. — Quelques diplomates. — Le pari de lord Powerscourt. — Les étalons de Danemark. — Le nonce aux langes. — Les Roslin. — Projets de mariage. — La famille Le Gendre.

Le mois de juillet[1] arriva. Il fallut reprendre mon service et être plus assidu, je partis pour Compiègne[1]. Ce voyage fut intéressant. Les ministres de la finance paraissaient successivement comme dans une lanterne magique. On attendait d'eux les meilleures choses, mais ils ne tenaient nullement les espérances de la cour. Les autres ministres stables menaient leurs services avec des fonds arrêtés tous les ans; ceux qui étaient décidés leur suffisaient.

Le voyage fut fort brillant. On voulut donner à la cour le plaisir d'un camp. Le régiment du Roi vint camper derrière Royal-lieu; un camp bien assis, des essais continuels de canons, les exercices à feu amusèrent toute la cour[2]. Le colonel, le comte de Guerchy-Nangis[3], tint sous la tente une table magnifique; y allait qui voulait, après avoir été invité une fois. Les dames en faisaient les honneurs, ainsi que les capitaines. Le Roi y vint plusieurs fois, acompagné de la troupe dorée. M. le Dauphin déploya ses talents

---

[1] 1752.

[2] La *Gazette de France* du 28 juillet 1752 parle de ces exercices.

[3] Claude-François-Louis Régnier, comte de Guerchy (1715-1767), nommé colonel de ce régiment pour sa belle conduite à Fontenoy.

modestement, car il mettait toute son adresse à ne pas exciter la jalousie. Sa conduite sage pouvait faire la critique de son père, et il voulait l'éviter.

Quand le voyage tira sur la fin, il retourna à Versailles avec la Dauphine; c'était assez l'usage pour éviter les embarras. Un courrier vint le lendemain annoncer que le Dauphin en arrivant était tombé malade d'une grosse fièvre [1]; les courriers se succédèrent; enfin, le dernier annonça que la petite vérole était déclarée. Toute la cour fut en l'air; le Roi partit d'abord, la Reine ensuite; le reste de la cour, comme il put. J'eus une permission de poste expresse; et, en me servant de la poste et de mes chevaux, je fus encore obligé par l'embarras et la confusion de coucher dans une auberge à Senlis.

La maison d'Orléans jouait alors un grand rôle; le Dauphin n'avait qu'un fils, qui est mort depuis; le Roi prenait de l'âge, de sorte que les intrigants faisaient déjà leurs projets et leurs combinaisons.

J'avais eu la petite vérole, de l'espèce qu'on appelle volante; je comptais en être quitte. Cependant, j'avais perdu si promptement plusieurs de mes amis, que je ne pouvais me défendre de quelques inquiétudes. Le corps diplomatique montra le plus grand intérêt à cette maladie. C'était à moi que l'on demandait les détails, que j'avais soin de prendre exactement. Enfin, au bout de quinze jours de convalescence, on m'annonça que les ambassadeurs seraient reçus le mardi. Je les en prévins; ceux qui avaient peur de la maladie se dispensèrent aisément de cette visite; pour l'introducteur, cela était impossible. Après m'être bien pourvu de tous les préservatifs, je fus admis quelques jours avant l'audience dans la chambre du malade, où, malgré les précautions, l'odeur était très-forte. Je vis le prince rouge comme une écrevisse et boutonné [2] singulièrement. La Dauphine était

---

[1] Parti de Compiègne le 23 juillet 1752, le Dauphin tomba malade le 1ᵉʳ août. (LUYNES, t. XII, p. 79, 81.)

[2] Couvert de boutons.

en robe du matin; et, si je ne l'avais connue parfaitement, j'aurais pu faire le second volume de Dumoulin ¹.

Ce fameux médecin avait été mandé de Paris; car on ne se fiait guère aux plus habiles médecins de la cour, qui avaient plus de théorie que de pratique. Il arriva, avec des souliers de paysan et un gros habit couleur de café qu'il ne quittait jamais. Il se planta dans le fauteuil, à côté du lit du malade, prit le pouls, annonça la petite vérole et ordonna en despote le régime à suivre. La Dauphine, mise plus que simplement, voulut faire des questions, des observations; le médecin prit le ton de son état vis-à-vis d'une garde. La Dauphine mit de côté son humeur impérieuse et revêche pour s'empresser de faire suivre les ordonnances. Alors Dumoulin, élevant la voix : « Qu'on suive exactement ce que cette « petite femme dira, car elle entend à merveille tout ce « qu'il faut. » Il sortit, pour ne revenir que le lendemain, et ce fut seulement en chemin qu'il apprit que c'était à la Dauphine qu'il avait parlé d'une manière si leste.

Les ambassadeurs vinrent le mardi. Le Dauphin était couché, et il reçut toutes les félicitations de la cour sur son heureuse convalescence.

Ce fut dans cet hiver que le Parlement fut exilé ². Mon oncle, M. Soullet, fut envoyé à Clermont en Auvergne; je n'ai jamais vu un départ si triste. La plupart de ces messieurs n'avaient jamais quitté de vue les clochers de Paris, et leurs femmes voulurent les accompagner. Les ordres de la cour étaient pressants; des mousquetaires étaient venus les réveiller la nuit et leur apporter à chacun une lettre de cachet, sur laquelle le lieu de leur exil était déterminé. M. Soullet n'avait pris aucune précaution, pas même de se procurer une berline de campagne. J'offris tout ce qui

¹ Dumoulin et Falconnet avaient été appelés en consultation le 3 août. (LUYNES, t. XII, p. 183.) Ce n'est pas à Dumoulin, mais à Pousse, que Luynes attribue l'anecdote rapportée ici. (*Ibid.*, p. 94. Voyez aussi les *Mémoires de madame du Hausset* (Didot), p. 67, note.)

² Au mois de mai 1753, à la suite des démêlés déjà anciens du Parlement avec le Roi et le clergé au sujet du refus des sacrements.

dépendait de moi, voiture et argent. On partit dans les vingt-quatre heures, et on alla avec mes chevaux coucher en route. Ce voyage, qui les attristait tant, ne fut pour eux qu'un temps de fêtes et de plaisirs. La Michodière [1], ancien conseiller au Parlement, et alors intendant à Clermont, se conduisit vis-à-vis de ses confrères avec beaucoup de grâce. Ils étaient dix, réunis dans la même ville, avec leurs femmes, et ils me mandèrent que leurs plaisirs passaient de beaucoup la peine du voyage. Cet exil dura quatre mois; leur docilité et les négociations les firent ensuite réintégrer dans Paris.

Ce fut vers ce temps que parut M. le comte de Stainville, fils de M. le marquis de Stainville [2], ministre du duc de Toscane à la cour de France, emploi de faveur qui lui valait trente mille francs, ne l'obligeait à rien, et le laissait se livrer au plaisir de la bonne chère, sa passion dominante.

M. de Stainville [3], depuis le fameux duc de Choiseul, colonel du régiment de Navarre, était connu à Paris par sa figure spirituelle. Quoique extrêmement laid, il vivait en homme à bonnes fortunes, et passait pour être l'un des hommes les plus mordants de Paris. Son esprit était fin, délicat, aimable, et il vivait par le droit de sa naissance avec ce qu'il y avait de plus grand.

Né sans fortune, pour un homme de son nom, le comte de Gontaut était frère du maréchal de Biron, colonel des gardes-françaises. Aimable courtisan, il était l'ami du Roi et de madame de Pompadour.

M. le marquis du Châtel, fils de Crozat le pauvre [4], lieu-

---

[1] Jean-Baptiste-François de la Michodière, né en 1720, successivement conseiller au grand conseil, maître des requêtes, intendant d'Auvergne en 1753, conseiller d'État en 1758, prévôt des marchands en 1778.

[2] François-Joseph de Choiseul, qui prit le nom de Stainville après avoir épousé la dernière héritière de cette maison, fit toute sa carrière au service de François-Étienne, duc de Lorraine, puis grand-duc de Toscane, et enfin empereur d'Allemagne.

[3] Étienne-François de Choiseul (1719-1785), connu d'abord sous le nom de comte de Stainville, était alors maréchal de camp. Il ne devint lieutenant général qu'en 1760.

[4] Il y avait deux frères Crozat : l'aîné, surnommé *le riche*, receveur général

tenant général, et des plus riches de Paris après Samuel Bernard, avait laissé deux filles; l'aînée avait épousé M. de Gontaut, qui était porté d'amitié pour le comte de Stainville. Le nommé S..., valet de chambre de ce dernier, avait épousé la femme de confiance de mademoiselle du Châtel, la seconde fille. M. de Stainville fit le reste; il déploya toute son amabilité et l'épousa; ce mariage étonna tout Paris, à cause du peu de fortune qu'il avait.

M. de Gontaut fit son possible pour le faire prendre dans l'intimité du Roi et de la marquise; mais M. de Stainville ayant la réputation d'un homme méchant, son beau-frère éprouva de la résistance. Enfin la marquise eut de grandes inquiétudes. La comtesse de Choiseul-Romanet [1], belle comme un ange, tendre, sage, fidèle, était un morceau de roi. On pouvait la comparer à mademoiselle de Fontanges, sous Louis XIV. Le Roi ne tarda pas à la distinguer. Le maréchal de Richelieu, à l'affût des plaisirs de son maître, enchanté de jouer un rôle qu'il ne pouvait espérer chez la marquise, officieux spirituellement autant qu'un courtisan peut l'être, mit ses émissaires en campagne. Bref, la correspondance fut établie entre le Roi et la comtesse de Choiseul-Romanet; mais elle ne put être si secrète que madame de Pompadour n'en fût instruite.

Toutes les têtes travaillèrent; il fallait déjouer cette naissante passion. On jeta les yeux sur M. de Stainville; madame de Pompadour lui dit que jamais le Roi n'avouerait son infi-

---

des finances à Bordeaux, grand trésorier des ordres du Roi, avait une fortune immense qui venait, dit Luynes, de ses possessions en Amérique (t. XVII, p. 118); le second, *le pauvre*, celui dont il est question ici, Antoine Crozat, marquis de Thiers, receveur général du clergé de France, marié à Marie-Marguerite Le Gendre, était le père de Louis-François, seigneur du Châtel et de Moy, lieutenant général, qui avait épousé une demoiselle de Gouffier d'Heilly. Ils eurent deux filles : 1° Antoinette-Eustachie, mariée en 1744 à Charles-Antoine-Armand, marquis, puis duc de Gontaut, morte en couches en 1747; 2° Louise-Honorine, qui épousa en 1750 le futur duc de Choiseul. Luynes a commis d'assez graves erreurs dans ce qu'il dit de la famille Crozat.

[1] Charlotte-Rosalie de Romanet, mariée en 1751 à François-Martial, comte de Choiseul-Beaupré, menin du Dauphin. Elle était dame pour accompagner de Madame Adélaïde. Elle mourut le 2 juin 1753, âgée de vingt ans.

délité, qu'il fallait qu'elle pût l'en convaincre, qu'elle jetait les yeux sur lui pour en avoir des preuves. Il n'en fallut pas davantage. M. de Stainville déploya tous ses moyens de séduction, car, quoique très-laid, il faisait oublier sa figure par son esprit ; madame de Choiseul-Romanet succomba. Il fit le jaloux, se fit désirer et obtint, par le manége le plus fin, les lettres du Roi. Dès qu'il les eût, il les porta à la marquise, qui s'en servit si victorieusement, que le Roi convaincu fut obligé de renoncer à cette nouvelle inclination [1].

M. de Stainville tint parole et vécut avec sa nouvelle maîtresse, sans donner de jalousie au Roi, qui, choqué de la préférence, ne voulut plus y penser. Mais, par la plus grande fatalité, il n'y avait pas trois mois que cette affaire était arrangée, quand madame de Choiseul-Romanet fut emportée, en quinze jours, par une fièvre maligne. La méchanceté prétendit qu'elle avait été empoisonnée. Le Roi, déjoué dans ses amours, n'avait pu exciter à ce crime ; le comte de Stainville, qui n'avait vu dans la livraison des lettres qu'un moyen de s'assurer d'une femme qu'il aimait réellement, ne pouvait être soupçonné. Cependant la jalousie qu'inspirait le rôle qu'il commençait à jouer fit tenir des propos indignes. J'ai été à portée de juger de leur valeur, et, en mon âme et conscience, je l'ai toujours cru incapable d'un pareil crime. La suite prouvera qu'il a été au-dessus de tout soupçon de ce côté-là.

Pour le consoler et le distraire, madame de Pompadour ne tarda pas à le faire nommer à l'ambassade de Rome. Grand en toutes choses, il fit les dépenses les plus magnifiques pour y paraître, plus qu'aucun ambassadeur ne l'avait fait avant lui.

Il avait appris que je voulais voir l'Italie, et un jour que je le trouvai chez M. Rouillé, il s'avança vers moi, avec un air de franchise : « J'ai appris que vous voulez voir Rome, me

---

[1] L'anecdote est connue, mais n'est-il pas curieux de voir un ami, un admirateur du duc de Choiseul, la raconter de cette façon, sans même chercher à pallier ce que la conduite du duc a eu de réellement odieux ?

« dit-il, je vous offre ma maison et quelque chose de plus.
« Si vous voulez être cavalier d'ambassade, je vous fais
« nommer. » Je le remerciai, et lui dis que sous huit jours
j'aurais l'honneur de lui rendre réponse.

Sans conseil, sans appui, attaché à une femme que j'adorais, je n'eus rien de plus pressé que d'aller lui en rendre compte. Je lui procurai une attaque de nerfs; elle se mit au lit, ne voulut recevoir ni prendre rien que de ma main; je vois une tête perdue. Comment soutenir tant d'attaques, lorsqu'on a vingt-trois ans et qu'on est amoureux! Je cède, je remercie M. de Stainville; la paix se fait, et la santé revient. J'ai fait, en refusant, la plus lourde sottise; entraîné par une folle passion, j'ai négligé la plus belle occasion que j'aie eue de ma vie de m'attacher à une famille qui servait chaudement ses amis.

J'avais attiré dans la maison de madame B*** les étrangers les plus distingués, les princes de Corsini, dont un depuis a été cardinal[1], et le duc de Matalone de Naples. Si j'avais accompagné M. de Stainville, ces mêmes personnes m'auraient tenu fidèle compagnie. Moyennant ma place et mon âge où l'on fait aisément connaissance, je n'aurais été embarrassé dans aucune cour de l'Europe. Toute ma vie, j'ai eu le goût des voyages, et cette occasion manquée, je n'ai pu la retrouver.

Subjugué entièrement par une passion qui ne faisait qu'augmenter, je m'y laissai entraîner; toutes les femmes de l'univers n'étaient plus rien pour moi. Le temps que je passais à mon service me paraissait un supplice; les voyages à Versailles, un tourment. Le voyage de Compiègne arriva, il fallut nous séparer; elle semblait en éprouver autant de peine que moi; une maladie de sa fille, qu'elle perdit, rompit le dessein qu'elle avait formé de me rejoindre. L'espérance de la revoir m'occupait tous les jours. Je n'ai jamais si bien calculé les dates, et même les heures.

---

[1] Ils furent présentés au Roi le 7 mai 1754. (Luynes, t. XIII, p. 248.) André Corsini, né en 1735, fut nommé cardinal-diacre en 1759.

Me livrant à tous les plaisirs de la bonne chère et des fêtes, soupant très-souvent, soit chez Marigny, soit chez les écuyers, soit chez M. le comte de Brionne, me présentant peu au château, et restant une ou deux fois chez madame la duchesse de Luynes, je menais la vie la plus active et je cherchais à me distraire de la privation de ce que j'aimais. Me livrant au plaisir de la chasse, j'étais monté avec distinction ; ma connaissance de l'équitation avait déterminé à me faire monter les chevaux destinés au Roi et aux premiers écuyers; je ne les dérangeais pas du point où ils étaient. Le Roi me traitait bien ; le prince de Condé, farouche, peu communicatif, venait se planter à côté de moi pour me faire des questions et engager des conversations. C'était son usage, soit à la chasse, soit dans le cabinet du Roi. Il était froid et pensif, et je n'ai jamais rien trouvé en lui qui pût m'attacher.

Il m'arriva dans ce voyage une singulière aventure. Après s'être rendu au rendez-vous à Royal-lieu, le Roi fit attaquer; la chasse tourna si subitement que chacun s'abandonna pour la rattraper. Je partis comme les autres qui me laissèrent bientôt derrière eux ; quelques voix de chiens me déterminèrent à suivre une grande route. Après avoir couru deux heures, j'eus beau m'orienter, écouter, je ne vis personne et n'entendis rien. Je reprends une route cavalière, comptant qu'elle me ramènerait au moins au rendez-vous. Après une heure, je ne suis pas plus avancé; les routes sont en droite ligne à perte de vue, et la forêt est sourde comme une cave. Enfin je tombe sur une grande allée et, dans le lointain, j'aperçois un cavalier en équipage de chasse; je ranime mon cheval, et, après avoir forcé de temps, j'arrive sur lui à nuit tombante.

Quel fut mon étonnement de voir le vieux comte d'Eu tout seul[1] ! Dès qu'il me vit, il m'appela par mon nom en me disant : « Ah ! que je suis heureux de vous trouver ! il « y a trois heures que j'ai perdu la chasse ; je suis égaré,

---

[1] Louis-Charles de Bourbon, comte d'Eu (1701-1775), fils du duc du Maine et frère cadet du prince de Dombes.

« mon cheval ne peut plus marcher. — Je suis de même,
« monseigneur, mais mon cheval est au Roi et connaît la
« forêt; il vous ramènera à Compiègne, et moi je reviendrai
« sur le vôtre comme je pourrai. » A l'instant, je descends
de cheval; mais je ne pus rien obtenir du prince. Il me
pria seulement d'appuyer avec mon fouet son cheval qui
refusait d'aller. L'accord fait par obéissance de ma part,
nous voilà en route, moi suivant mes conditions et ayant
grand'peur, au milieu de la nuit, de me tromper et de
frapper le cavalier. Nous cheminâmes ainsi plus de deux
mortelles heures, et nous fûmes ravis, en sortant de la forêt,
de voir le coup d'œil du château, qui, tout éclairé, portait son reflet jusque sur le chemin. Nous arrivâmes à onze
heures. Le prince me retint à souper avec son gentilhomme,
et le Roi s'amusa beaucoup le lendemain de notre aventure.
Nous n'étions pas les seuls qui se fussent égarés, et le vieux
bonhomme Dampierre, qui croyait aux sortiléges, disait très-
sérieusement que nous avions eu un sort.

La chasse, la bonne chère, les soupers prolongés, le vin
de Champagne, tout contribua à allumer mon sang, et mettre
ma bile en effervescence. Il me prit un frisson au grand
couvert; c'était le dernier, le voyage étant à sa fin. Je priai
La Martinière[1], le premier chirurgien du Roi, qui me témoignait de l'amitié, de me prendre le pouls; il me dit : « Vous
« couvez une maladie; allez-vous-en chez vous. Si vous
« restez après le départ du Roi, vous serez à la merci du
« médecin d'ici, et Dieu seul sait ce qui arrivera. Partez, le
« voyage est fini. » Je revins chez moi; j'avais un mal de
tête si violent que je fus obligé de me mettre au lit et ne pus
partir qu'à quatre heures du matin dans ma chaise de poste,

---

[1] Germain Pichault de la Martinière, né le 27 septembre 1697 à Argenton-l'Église (Deux-Sèvres), mort le 17 octobre 1783. Il commença par être chirurgien militaire, et ce fut en 1747 que Louis XV le nomma son premier chirurgien. La Martinière, quoiqu'il n'ait laissé aucun écrit, était un praticien de grand mérite. C'était aussi un administrateur distingué, et il a fait beaucoup pour le corps des chirurgiens, dont sa charge le rendait le chef. (*Encyclopédie des sciences médicales* et *Documents particuliers*.)

avec mon valet de chambre qui, assis devant moi sur un strapontin, me soutenait la tête. J'arrivai à dix heures rue des Enfants-Rouges, après avoir souffert tout ce qu'on peut souffrir.

J'envoyai chercher Bastien [1], médecin du Roi, qui demeurait aux Tuileries ; il me voyait depuis que j'étais au monde et m'était des plus attaché. Une fièvre putride se déclara ; mademoiselle Gentil, qui m'avait élevé, me soigna, et mademoiselle Félix, ma cousine, ne me quitta pas. J'eus un transport continuel. Dans mon effervescence, je ne parlais que de madame B***. Je fus saigné neuf fois, rien n'opérait ; enfin, Bastien se détermina à me passer trois grains d'émétique. J'étais entre la vie et la mort sans m'en douter. Je voyais, je parlais machinalement, ou je tombais dans des assoupissements. Enfin, une évacuation terrible par le haut et par le bas me rendit à moi-même. Je vis mon oncle, ma tante, mademoiselle Félix, mademoiselle Gentil, se félicitant et venant à moi, ma chambre remplie d'un apothicaire, du chirurgien et de mon médecin, tous me disant : « Cela va « bien ; voilà la crise ! il n'y a plus d'inquiétude ! » C'était de l'algèbre pour moi. J'étais au septième jour de ma maladie, et de ce moment la fièvre me quitta. Cependant, neuf saignées dont quatre au pied, de l'émétique, après une conduite qui n'était pas des plus régulières, m'avaient mis dans un état pitoyable ; je me faisais peur à moi-même.

Madame B*** envoyait continuellement des émissaires pour savoir de mes nouvelles ; elle m'avait écrit nombre de lettres, qu'on m'avait remises ; le secret, qui m'était échappé pendant mon transport, avait affligé tous ceux qui m'entouraient. Mon médecin répétait que je me tuais. Mademoiselle Félix redoublait de tendresse, de soins et d'amitié pour moi ; j'ignorais tout et n'étais préoccupé que de me rétablir pour aller rendre mes soins à madame B***.

Un jour, son domestique de confiance parut ; mes émo-

---

[1] Je n'ai pu trouver ce nom parmi les médecins du Roi, ni même sur les listes des médecins de Paris.

tions furent vives, mais j'étais assez rétabli pour les supporter. J'affecte une grande gaieté, je trouve le temps superbe. Je pense qu'un tour en voiture sur les boulevards avancera ma convalescence; je fais mettre les chevaux et pars lestement. Je ne suis pas dans la rue Portefoin, que je donne ordre qu'on me mène rue Saint-Honoré; je descends chez madame B***, et me précipite dans ses bras. Elle se trouve mal, elle revient; une explication tendre s'ensuit. O vous qui n'avez pas connu ces moments, vous ne connaissez pas le charme de l'existence! Il y a plus de quarante ans que cette aventure est passée, et elle est toujours gravée au fond de mon cœur.

Je remonte dans ma voiture, et reviens vite chez moi prendre un dîner de régime dont j'avais grand besoin. Mademoiselle Gentil s'aperçut sans peine d'un changement dans ma figure; il fallut se laisser prendre le pouls, et son intermittence fit juger que j'allais retomber malade. Pour moi, qui en savais la cause, je me mis à dîner, et je marchai à grands pas vers une parfaite guérison.

A la fin des voyages de Compiègne et de Fontainebleau, le Roi allait à Saint-Hubert et à Crécy, de sorte que les ambassadeurs allaient traiter d'affaires les mardis chez le ministre des affaires étrangères à Paris, et le corps diplomatique était une quinzaine de jours sans aller à Versailles. Ce temps suffit à ma convalescence; je n'eus pas besoin des secours de mon camarade, et, après avoir passé plus de trois semaines dans un état pire qu'une grande maladie, je me rétablis insensiblement.

Le voyage de Fontainebleau fut plus brillant que jamais. Les artistes de tous les genres se surpassèrent; on voulut rappeler jusqu'à des talents surannés. Mademoiselle Lemaure [1] vint y chanter; mademoiselle Salé vint y danser [2]. On retrouva

---

[1] Catherine-Nicole Lemaure, cantatrice de l'Opéra (1704-1783). Elle avait débuté en 1724. A plus de cinquante ans, elle épousa un jeune officier, M. de Monrose. (BACHAUMONT, 10 septembre 1762.)

[2] Renommée par la grâce et la légèreté de sa danse. Elle passait pour avoir

la danse majestueuse de Dupré [1], mais il y manquait la force ; elle avait l'air d'un château branlant, et fit plus de peine que de plaisir dans deux entrées qui ne durèrent pas cinq minutes.

Ce fut dans ce voyage que mon ami Donnezan eut une querelle avec un garde du corps, au sujet d'une porte de la salle des gardes qu'il n'avait pas fermée. L'affaire finit par un coup d'épée, que Donnezan reçut dans le bras, et dont il ne fut même pas alité.

Cependant M. de Stainville prenait plus de crédit que jamais, soutenu par M. Rouillé, ministre des affaires étrangères. Il n'était bruit à Versailles que de sa magnificence, et de son goût pour les arts. Sa femme, pleine d'esprit, de sagesse et de goût, attirait à elle tous les savants, les antiquaires et les artistes. Il envoyait à madame de Pompadour les choses les plus rares.

Le marquis de la Chétardie [2], homme très-avantageux, tenant le dé, couvert d'ordres, avait été renvoyé un beau matin par l'impératrice de Russie, et traînait son inutilité à la suite de la cour, vivant beaucoup avec tout le corps diplomatique. Mais il fallait le remplacer ; on jeta les yeux sur le marquis de l'Hopital [3], ambassadeur en plusieurs cours. D'une belle figure, aimable, âgé de soixante-cinq ans, il fut nommé, et il accepta de s'expatrier à deux mille lieues, dans un âge où l'on doit être dégoûté des voyages. Mais il était encore très-actif, puisqu'il avait conservé son inspection de cavalerie. Il aimait la décoration, ayant déjà le cordon bleu d'un côté, le cordon rouge de Saint-Janvier en sautoir, et encore un autre ordre ; et l'on imaginait qu'il serait le seul

---

toujours été sage. Elle mourut en 1756. (*Mémoires de Luynes*, t. XV, p. 172.)

[1] Le maître de mademoiselle Salé. D'après Luynes (t. XII, p. 177), il s'était retiré du théâtre en 1752, et avait dansé pour la dernière fois à Fontainebleau, au mois d'octobre de cette année.

[2] Joachim-Jacques Trotti, marquis de la Chétardie (1701-1759), d'abord ministre en Prusse, puis ambassadeur en Russie en 1739. Il avait été l'amant de l'impératrice Élisabeth, qu'il avait contribué à élever sur le trône, et sur laquelle il eut un moment une grande influence.

[3] Dont il a déjà été question. C'est à la fin de 1756 qu'il fut nommé à Saint-Pétersbourg. Il était alors premier écuyer de Madame Adélaïde.

homme sans prétention, capable de ramener l'Impératrice à des procédés amicaux. Il reçut donc tous les compliments. Sa femme, dame de Mesdames, et ses enfants ne quittèrent pas le service, et l'on regarda cette acceptation comme un dévouement.

Ce fut dans ce voyage que le fils de milord Postcook [1], âgé de vingt ans, fit des paris de courses si extraordinaires. Milord, son père, était extrêmement avare; la fureur des paris était dans sa force. Pour venir à Paris, il fit des fonds le plus singulièrement du monde; il pariait la somme qu'on voulait, avec tous les jeunes gens de famille, que son père vivrait plus que le leur. Cette manœuvre, acceptée et saisie par beaucoup d'individus, lui procura des sommes considérables. Rien n'était si décent que ce vœu tacite de voir prolonger les jours de son père, et s'il l'avait perdu, il savait qu'il trouverait dans ses épargnes de quoi acquitter les pertes de ses paris.

Postcook, présenté, était de toutes les chasses du Roi. Il chassait sur des chevaux de course qui n'avaient ni mine ni façon : le coup de hache, aucune allure, les jambes entreprises; mais du moment que la chasse commençait, ces chevaux se déployaient, couraient par monts et par vaux, et franchissaient les rochers d'une vitesse à faire trembler. Le cavalier montait à l'anglaise; il avait l'air de la plus grande tranquillité. Je le vis un jour se jeter au travers d'une harde de bêtes, et ce, dans le temps du rut, et les séparer avec son fouet; nous crûmes tous qu'il n'en reviendrait pas. Il suivait la chasse de si près, que le cerf sur ses fins l'avait, pour ainsi dire, sur les talons.

Enfin, tous les jeunes gens de la cour se mirent à parier contre lui. Il fit le pari de se rendre en deux heures de la forêt de Fontainebleau à la barrière de Paris. Le pari fut de 1,500 louis pour lui; le reste, et il y en avait pour des sommes, entre différents jeunes gens.

[1] Ici, nous reculons de deux ans. Le pari eut lieu le 29 octobre 1734. (LUYNES, t. XIII, p. 380; BARBIER; *Gazette de France*.) Luynes nomme le lord, Puscot et Powerscot; le vrai nom est Powerscourt.

Le jour pris, il arriva au départ de Fontainebleau avant neuf heures du matin. Il était vêtu en veste et culotte de peau, un bonnet de velours anglais, des bottines, un fouet, des gants et une cravate, le tout anglais, et une montre cousue sur son bras gauche, de manière à voir toujours l'heure en courant. Il avait distribué en tout trois relais, de quatre à cinq lieues de distance, avec un palefrenier tout prêt. Il partit à un signal, et après qu'on eut constaté l'heure ; quelques jeunes gens, tels que le marquis de Villeroi et le duc de Mazarin [1] voulurent le suivre ; ils le perdirent de vue avant la demi-lieue ; bref, il se trouva à un quart de lieue de la barrière en une heure vingt minutes. Voyant son pari plus que gagné, il fit le reste au pas [2]. Il déjeuna avec des Anglais, remonta dans sa chaise, et arriva assez à temps pour entrer au spectacle du Roi. Il m'avait confié qu'il était sûr de son pari, et avait voulu que je parie pour lui, ce que je n'acceptai pas.

Le voyage fini, je revins à Paris. C'était la fureur des bals particuliers, et de ceux de l'Opéra. M. le prince de Condé en donna un superbe à l'hôtel de Condé ; je m'y trouvais, si bien masqué que j'intriguai beaucoup de monde. La belle madame Mazade, ma cousine, y était. Je la voyais souvent chez ses parents. Ce fut là, et ensuite à l'Opéra, que je lui adressai mes vœux pour l'épouser. Elle avait une figure superbe, un an de plus que moi, et 60,000 livres de rente. Je me crus le plus heureux des hommes. Plusieurs rendez-vous, entre autres chez le fameux bijoutier anglais Zaïde, en face de Henri IV, me firent croire que j'aurais la préférence. Tout le monde m'en fit compliment, jusqu'au marquis de la Cerda [3], ministre du Portugal, qui se mettait sur les rangs,

---

[1] Louis-Marie-Guy d'Aumont, né en 1732, duc de Mazarin par son mariage, en 1747, avec Louise-Jeanne de Durfort-Duras, fille d'Emmanuel-Félicité de Durfort et de Charlotte-Antoinette Mazarini. Il était le fils aîné du duc d'Aumont, premier gentilhomme de la chambre.

[2] Luynes dit qu'il gagna de vingt-deux minutes.

[3] Gonzalve-Emmanuel-Galvao de La Cerda. Il mourut à Paris le 9 mai 1755, âgé de soixante et un ans.

et le chevalier, depuis marquis de Cucé, maître de la garderobe du Roi [1]. M. de Boullongne [2], mon parent et son grand-oncle, dont on parlait pour la place de contrôleur général, m'attaqua ouvertement, en me disant qu'il était très-mal à moi de ne pas lui en faire part; mais je ne tardai pas à m'apercevoir qu'elle nous amusait tous. Nous nous fîmes part mutuellement de ce qui se passait, et insensiblement nous nous éclipsâmes.

Ma conduite, avec la passion que j'avais, serait inexplicable, si je n'entrais pas dans quelques détails.

J'avais été pris d'un mal de gorge assez sérieux, et Bastien me fit saigner. Quel fut son étonnement et le mien, dès que les palettes furent reposées, de n'y pas voir de consistance, ni presque de parties colorées! Il me dit, tout naturellement, que, pour peu que je voulusse continuer la même vie, je la ferais courte et bonne, et qu'il n'y avait que le mariage qui pût me sauver. Je sentis la force de ce raisonnement; la preuve était convaincante, et je me promis de faire mes efforts pour changer de conduite.

Cependant, Tourdonnet, désespéré de la froideur avec laquelle il était traité par madame B***, ouvrit les yeux; il vit que sa tendresse pour moi en était la cause. Désespéré, il vint franchement me dire l'état de son cœur, et me prier de venir à son secours. Je le lui promis, sans cependant lui faire aucune confidence, et je fis, en honnête homme, tout ce que je pus, assez maladroitement, je crois; car je l'aimais plus que lui, et plus que jamais. Comme je n'avais jamais été jaloux, elle s'irritait de la jalousie de l'autre. Sa passion pour moi augmenta, et elle finit, malgré moi, par le renvoyer tout à fait.

---

[1] Louis-Bruno de Boisgelin de Cucé, maître de la garde-robe du Roi jusqu'à la Révolution, d'abord sous le nom de comte de Cucé, puis sous celui de comte de Boisgelin. Il épousa en 1760 Louise-Julie de Boufflers, sœur du chevalier.

[2] Jean de Boullongne, comte de Nogent (1690-1769), premier commis des finances en 1724, conseiller au Parlement de Metz en 1725, intendant des ordres du Roi en 1737, intendant des finances en 1744, contrôleur général de 1757 à 1759. Il avait épousé, comme on l'a vu, une demoiselle de Beaufort.

Ces pourparlers étaient venus jusqu'aux oreilles du Roi; je sus qu'il en avait plaisanté dans l'intérieur : il me regardait en riant, appelait Tourdonnet, causait avec lui, et revenait me faire quelques questions. Toutes ces intrigues étaient singulièrement dans son goût, mais il ne m'en parla jamais: ce qui me fit d'autant plus de plaisir que j'aurais été fort embarrassé.

Ce fut dans ce temps qu'il m'arriva une assez plaisante aventure. L'abbé de Saint-Hubert [1], comme souverain, était dans l'usage de donner tous les ans au Roi des gerfauts pour la chasse du vol, et le roi de Danemark des chevaux étalons superbes, quand on lui en demandait pour les haras; autrement, c'étaient des faucons d'Islande. Le Roi les recevait en passant dans la galerie pour aller à la messe. Le capitaine du vol, M. le duc de la Vallière, ou M. Forget [2], s'y trouvaient; l'ambassadeur et le moine présentaient, et l'introducteur les annonçait.

Le roi de Danemark envoya huit étalons superbes qu'on lui avait demandés. Ils furent rangés sous la fenêtre du cabinet intérieur du Roi, près la voûte du passage de la Chapelle. Après avoir prévenu le Roi et pris son heure, qu'il fixa après la messe, je courus à mes affaires, car les mardis j'étais fort occupé. En passant par la porte de glace, je rencontrai Mesdames dans la pièce du trône. Madame Victoire [3] m'appelle, et me demande s'il n'y a rien de nouveau. Comme cette présentation ne la regardait pas, je réponds qu'il n'y a pour ce jour-là aucun étranger. Elle me dit : « Mais qu'est-ce donc « qu'on va présenter au Roi? — Ce sont, Madame, des che- « vaux danois. — Ah! oui! cela s'appelle des étalons, me « répondit-elle, comment cela est-il fait? » Toute la suite souriait, je la suivais toujours. « Madame, lui répondis-je, ce

---

[1] Abbaye de Bénédictins dans la province de Liége.

[2] Claude Forget, capitaine du vol du cabinet du Roi, né en 1731, qualifié plus tard, dans les *Almanachs de Versailles*, marquis de Forget.

[3] Marie-Louise-Adélaïde-Victoire de France, quatrième fille du Roi (1733-1799).

« sont des chevaux d'une qualité supérieure. » Les trois dames eurent un petit colloque ensemble, puis elles me demandèrent si l'on pouvait les voir. Je leur dis que rien n'était si aisé par les fenêtres du cabinet, et, forcé de les accompagner, je leur laissai examiner les étalons sans faire aucune réflexion.

Ma grand'mère touchait à sa fin [1]; je la perdis après trois mois de souffrances incroyables; c'était dans le temps de mon service.

Il est d'usage qu'à la naissance de l'héritier présomptif, le Pape envoie des langes, ordinairement par un prélat qui, pour récompense, obtient de la France le chapeau de cardinal. Ce fut cette fois le nonce Blanciforte [2], ancien vice-légat à Avignon, gros, gras, dodu, dans la force de l'âge, et qui avait l'air par ses habits d'un évêque, et par sa tournure, d'un colonel de dragons. Il fallait une permission pour ne pas paraître à cette cérémonie, ou y paraître en grand deuil; je me rendis donc à Versailles pour annoncer au Roi la situation où je me trouvais : je lui dis que je venais de perdre ma grand'mère, veuve de feu M. Soullet, conseiller de grand'-chambre. Le Roi eut la bonté de me dire : « C'était un « excellent homme, et de mérite; je l'ai beaucoup connu. » M. le marquis de Puisieux [3] vint, à ce sujet, me dire toutes sortes de choses honnêtes et m'inviter à aller souvent chez lui, ce que j'ai continué à Versailles jusqu'à ce qu'il se soit retiré à Paris.

La cérémonie se fit comme elle est décrite. Blanciforte, dont le séjour ne devait être que de six semaines, prolongea

[1] Madame Soullet, née Le Tessier de Montarsy.
[2] Il semble que l'auteur prenne à tâche de revenir en arrière. C'est à l'occasion de la naissance du petit duc de Bourgogne, fils du Dauphin, que le Pape envoya le nonce Blanciforte. Il eut sa première audience à Compiègne, le 14 juillet 1752. L'entrée solennelle eut lieu à Paris, le 17 juin 1753, et l'audience publique, à Versailles, deux jours après. (LUYNES, t. XII, p. 72, 473 et 487.)
[3] Louis-Philoxène Brulard, marquis de Puisieux (1702-1770), qui fut ministre des affaires étrangères de 1747 à 1751. C'était l'oncle des Genlis, et il en est souvent question dans les *Mémoires* de la comtesse.

son voyage de six mois, passa en revue toutes les filles de Paris, et s'endetta prodigieusement. M. le prince de Conti me demanda un jour si j'étais le dernier dimanche au bal de l'Opéra. Je lui répondis que non, et que je ne savais pas pourquoi il me faisait cette question! Il me dit : « C'est que « le nonce aux langes y est allé, masqué jusqu'aux dents; la « foule était si grande que, comme il est gros et lourd, en « entrant il a écrasé avec son talon le pied d'un masque, « qui, en se retournant, a dit : « Ce b...-là ne prend pas « garde à ce qu'il fait! » Blanciforte, s'entendant appeler « ainsi, n'a jamais voulu aller plus loin et s'est enfui, en « disant : « Je suis connu ici! »

Enfin il fut décidé, pour s'en débarrasser, qu'on lui enverrait le présent d'usage. C'est le portrait du Roi, entouré d'une garniture de diamants, valant depuis 15,000 livres jusqu'à 1,000 louis; c'est une entreprise faite par le joaillier des affaires étrangères. Je lui remis le présent. Il est d'usage que celui qui reçoit au nom de la puissance remette à l'introducteur une boîte d'or de 50 louis. Mon étonnement fut étrange de recevoir le lendemain du bijoutier la Frenaye une reconnaissance cachetée de 1,000 livres, pour me remettre en argent, ou en boîte. Je fus piqué; j'écrivis que je ne voulais pas d'argent et renvoyai le bon à Blanciforte; celui-ci m'écrivit une lettre d'excuses et me pria de passer chez la Frenaye pour choisir la boîte que je voudrais. J'y allai quelques jours après. Quel fut mon étonnement, lorsque le sieur de la Frenaye me montra les diamants que j'avais donnés montés, démontés, et le portrait du Roi, dans son enveloppe de monture! Blanciforte ne l'avait pas plus tôt reçu qu'il l'avait vendu 12,000 livres, sans daigner réserver le portrait du Roi. Il partit, pour l'honneur du Saint-Siége.

Je vivais de temps à autre dans la société de mes parents; elle était composée de M. Roslin le père, ancien fermier général; de madame Roslin, sa femme, belle-sœur de M. de Boullongne, contrôleur général; de M. Roslin, fermier général en nom, et de sa femme, mademoiselle Richard ; de madame la présidente Le Gendre, veuve du président de la Chambre des comptes, frère de M. Le Gendre, comte d'Onsenbray [1], lieutenant général des armées du Roi et légataire universel du fameux Pajot d'Onsenbray [2], son oncle maternel. Ce M. Le Gendre d'Onsenbray venait d'épouser mademoiselle Le Mairat, sœur de madame la présidente de Bésigny [3] et du président Le Mairat [4].

M. Roslin avait acheté du président Ogier la terre d'Hénonville près Méru, à quatre lieues de Pontoise. C'était une terre superbe, puisque la seule ferme du château était affermée 12,000 livres. Le château était flanqué de quatre tourelles qui annonçaient son antiquité ; le parc était à l'avenant, et c'était un séjour très-triste. Cependant, par devoir autant que par politesse, j'y fis deux voyages, où l'abondance du gibier nous charmait dans les battues que nous faisions.

Nous y voyions beaucoup de monde : M. d'Ennery, M. Baudouin, M. de Pierrevert, M. de Vilanbre [5], frère de Caze, fermier général, et le comte d'Osmont, qui y venait pour moi et à cause de la chasse. Madame Mazade, fille de M. Mayneaud de la Tour, conseiller au Parlement, qui avait épousé la fille aînée de la maison, y venait assidûment. Ainsi tous s'empressaient, les uns dans l'espérance de plaire à la veuve, les autres, par devoir de société.

Madame la présidente Le Gendre aimait les plaisanteries

---

[1] Léon-François Le Gendre, comte d'Onsenbray, marié à Anne-Marie Le Mairat en 1753. Il s'appelait de Lormoy avant d'hériter de son oncle Pajot d'Onsenbray.

[2] Louis-Léon Pajot, comte d'Onsenbray, intendant des postes et relais, membre honoraire de l'Académie des sciences (1678-1754). Il était fils de Léon Pajot d'Onsenbray, contrôleur général des postes et relais, et de Marie-Anne Rouillé.

[3] Adrien-Jules Gaultier de Bésigny, président à la deuxième chambre des enquêtes.

[4] Louis-Charles Lespinette Le Mairat, d'abord conseiller au Parlement en 1740, succéda, en 1755, comme président à la Chambre des comptes, à son père, Joachim, président depuis 1718.

[5] Ce doit être Jean-Louis de Caze, né en 1719, lieutenant aux gardes-françaises, frère cadet des deux Caze dont il a déjà été parlé.

qui consistent en des attrapes. A un troisième voyage que j'y fis cette année, j'y passai deux nuits pour mon malheur. Mon chevet donnait contre l'appartement de madame Le Gendre. Je fus en l'air ces deux nuits-là ; on se relevait pour frapper de grands coups de bûche contre mon mur ; on avait pratiqué dans ma porte des trous de vrille par lesquels je me sentais inondé par des seringues ; bref, je passai une première nuit blanche. Sans rien dire, j'envoyai acheter à Pontoise tous les pétards qu'on put trouver ; j'en fis dans le corridor une traînée à laquelle je mis le feu, et la seconde nuit se passa en assaut général. Je regagnai Paris, peu content de ce genre de plaisirs qui n'étaient plus de mon âge.

Cependant je menais toujours la même vie et j'étais entièrement le maître dans la maison de madame B***. Ses projets de m'épouser, si son mari venait à mourir, ou de divorcer pour cause, si un accident ne lui arrivait pas, m'effrayaient, et je sentais que la prédiction de mon docteur s'effectuerait, si je ne prenais un parti violent. Un beau jour, je vis mademoiselle Le Gendre avec de tout autres yeux ; je m'aperçus de ses vertus, de son intelligence et de son jugement.

Je vais alors trouver Pierrevert, l'ancien ami de tous ; je lui dis de faire la demande ; la négociation s'entame. J'avais le bonheur de plaire à toute la famille ; je suis accepté. Nous arrêtons par lui les premières conditions, mais j'exige (nous étions au mois de janvier) que le mariage n'ait pas lieu avant le 23 avril. — Madame B*** me faisait trembler. Je ne me sentais pas assez fort pour l'abandonner à l'instant, et il fallait travailler sur nos cœurs et sur nos têtes. Je ne voulais pas me marier comme tant d'autres, qui prennent ce parti comme un changement d'état, sans en remplir les conditions.

Ma proposition fut acceptée, et je louai pour Pâques, rue d'Anjou, faubourg Saint-Honoré, un hôtel occupé par M. de Brignole [1] et sa fille, depuis princesse de Monaco.

---

[1] Ce M. de Brignole, qui était Génois, se trouvait à Paris depuis plusieurs

Tous les arrangements pris, nous signons le contrat, et, libre jusqu'au 23 avril, j'exige qu'il n'y ait pas d'accord, et que je conserve toute ma liberté jusqu'à ce moment. J'en profitai pour ne me présenter que deux fois la semaine. Je trouvai justement un complet de diamants, qui était à vendre par la mort de madame de Courval[1]; je le payai mille louis, et allai le porter à l'instant à ma charmante cousine.

Cependant il fallait fondre la cloche vis-à-vis de la femme que j'aimais toujours. Je prends mon parti, et je lui avoue que mes parents me pressent sans cesse de me marier, que M. de Boullongne, contrôleur général, emploie tous les moyens pour vaincre ma résistance, et que l'état de mes affaires exige un établissement. Voyant son visage sans altération, je voulus continuer; mais son silence était celui de la douleur. Elle tombe sans connaissance et s'écrie en revenant à elle : « Voilà tout ce que je craignais! » Il fallut la mettre au lit, où elle resta, ne faisant que sangloter sans dire un mot. Toute sa famille fut appelée; le silence qu'elle gardait était effrayant. Elle ne voulut pas que je la quittasse un moment et ne prenait rien que de ma main; mais je ne pus en obtenir un seul mot. Le médecin Smith, appelé, devina sa maladie et me conseilla de chercher à la consoler. Je crus l'avoir calmée, et je lui annonçai par degrés que nous avions encore près de trois mois sans nous quitter. Elle parut se rassurer et reprit insensiblement des forces. Elle redoubla de moyens de séduction. Un jour, elle m'offrit 50,000 écus en billets des fermes qu'elle avait à sa disposition, pour rompre ce mariage. Enfin, me voyant inébranlable malgré

---

années. Sa femme, née Balbi, sœur d'un ancien doge de Gênes entré plus tard au service de France, avait été présentée en janvier 1749. (LETTRES, t. IX, p. 204 et 206; t. X, p. 229.) Mademoiselle de Brignole (Marie-Catherine) épousa en 1757 Honoré-Camille-Léonor Grimaldi, prince de Monaco, l'ami de l'auteur. Elle suivit en émigration le prince de Condé, qu'elle aimait depuis vingt ans, et elle l'épousa à Londres en 1801; elle mourut en 1813.

[1] Peut-être madame Dubois de Courval, née Chambon, belle-sœur de M. La Live de Jully, la madame de Versel des *Mémoires de madame d'Épinay* (édition Boiteau, t. I, p. 390).

ma douceur, elle voulut m'engager à venir voir une maison de campagne à Saint-Denis. J'y aurais consenti — que n'aurais-je pas fait pour elle? lorsque le docteur Smith me prévint qu'il y avait une chaise de poste qui l'attendait à Saint-Denis, garnie de tout ce qu'elle avait de plus précieux et de 500,000 livres en or qu'elle s'était procurées, et qu'elle avait pris un passe-port, sous le nom de M. et madame Smith, pour passer en Angleterre. Ce n'était pas moi qui enlevais, c'était elle. Ce parti avait soutenu son imagination et l'avait fait sortir du lit, où elle serait morte de chagrin. Je déjouai ce projet, et, manœuvrant de concert avec mon confident, je parvins à la calmer.

Ce docteur Smith était un fameux chimiste, venu à Paris avec plusieurs secrets et quelques théories de médecine; mais son plus grand mérite était dans son esprit et sa facilité de s'énoncer. C'est à peu près ce qui constitue la vogue des médecins éphémères dans Paris. Dès qu'il débuta chez madame B***, il ne tarda pas à s'apercevoir de la manière dont j'y étais reçu et s'attacha à moi singulièrement. J'avais la voix d'une haute-contre, quoique je n'aie jamais pu chanter. Il m'assura que si je voulais faire quelques remèdes externes et internes, il changerait mon larynx et me ferait une belle basse-taille. Je me gardai bien d'accepter aucune de ses propositions, et j'eus raison; car il fit sur sa personne une cruelle expérience. Au moment où il avait la plus grande vogue, il fut pris d'une fluxion de poitrine; il s'enferma et voulut se traiter avec ses secrets chimiques; bref, il mourut en cinq jours.

Enfin, mes arrangements pris, tant chez madame B*** que chez mes nouveaux parents, je venais souper chez eux trois fois la semaine; le reste du temps, je le donnais à mes affaires. Tout fut prêt pour le 13 avril, jour pris. Mademoiselle Gentil m'aida singulièrement. Pourvu d'un mobilier immense, je trouvai tout le linge, toutes les étoffes et les tapisseries pour me meubler dans le meilleur goût.

C'est ici que je vais placer la généalogie de la famille dans laquelle j'allais entrer.

Les Le Gendre sont une des plus anciennes familles de Paris. Sous la Régence, elle fut citée dans le mémoire présenté en opposition à celui des ducs, comme ayant une origine reculée, et des aïeux capitaines de cent hommes d'armes sous Charles VI. La famille Villeroi tirait d'eux son illustration et sa fortune, par une donation d'un oncle Le Gendre, de la terre de Neufville, avec l'obligation de porter les armes de Le Gendre[1]; trois têtes de femme qui existent encore au château de Villeroi en sont la preuve.

Plusieurs prévôts des marchands, du nom et armes, attestent la vérité de leur généalogie qui est consignée partout. Cette famille se soutint dans la plus haute robe tout le siècle dernier. Enfin M. Le Gendre, conseiller au Parlement, maître des requêtes, ensuite intendant et mort à Paris conseiller d'État, homme d'esprit, fort aimable, fut regretté de tout Paris[2]. Il était connu par sa gaieté. Sa belle-fille m'a conté qu'il fut frappé d'une attaque qui dégénéra en catalepsie; il mourut au bout de onze jours, et sa fureur était de reconduire tous ceux qui venaient le voir.

Ce M. Le Gendre fut intendant de Montauban; il avait donné son nom à une porte triomphale que j'ai encore vue dans cette ville. Veuf de bonne heure, il se remaria dans cette intendance avec madame de Malartic[3]. Ils avaient

---

[1] Il y a ici une erreur. Il s'agit des terres de Villeroi et d'Alincourt, que Pierre Le Gendre, prévôt des marchands, donna en 1525 à son petit-neveu, Nicolas de Neufville, qui devint prévôt des marchands en 1566. (LA CHENAYE. Voir aussi l'*Armorial général* de D'HOZIER, 1er registre, p. 258.)

[2] Gaspard-François Le Gendre, seigneur de Lormoy, conseiller au Châtelet, puis au Parlement (1689), maître des requêtes en 1693, intendant à Montauban, Auch et Tours (1699-1716 et 1718), et enfin conseiller d'État, avait épousé en 1695, en premières noces, Marie-Anne Pajot, fille de Léon Pajot d'Onsenbray et de Marie-Anne Rouillé. Il en eut deux fils.

[3] Ceci est une erreur. M. Le Gendre se remaria en 1713 avec Louise de Vieillevigne, veuve de Pierre de Savignac, conseiller à la cour des aides de Montauban. Cette dame avait une fille du premier lit, Antoinette-Charlotte de Savignac, qui épousa en 1724 Pierre-Hippolyte-Joseph de Maurès de Malartic, comte de Montricoux (1702-1768), dont elle eut dix enfants. Ce

l'un et l'autre des enfants, et ma belle-mère, en raison de cette alliance, a élevé tous les enfants Malartic.

La première femme de M. Le Gendre s'appelait Pajot; elle était sœur du fameux Pajot d'Onsenbray, à la tête des postes, et connu par son cabinet d'histoire naturelle. Les Pajot et les Rouillé étaient parents fort proches, et avaient des alliances sans nombre à la cour et à la ville. Madame Le Gendre, née Pajot, avait laissé deux enfants, dont l'aîné fut le père de ma femme; le cadet, appelé M. Le Gendre, comte de Lormoy [1], fut lieutenant général et épousa, comme je l'ai dit, mademoiselle Le Mairat; il en eut quatre enfants, dont je parlerai dans la suite.

M. Pajot d'Onsenbray, ne se voyant que des collatéraux, et une fortune immense, fit son testament, laissa ses propres à ses héritiers, et à chacune des filles de M. le président Le Gendre la somme de 45,000 livres par donation, en outre de leurs droits, comme un faible dédommagement de la fortune qu'il faisait passer à leur oncle. Il institua M. Le Gendre de Lormoy son légataire universel, à condition qu'il porterait le nom de la terre d'Onsenbray, dont il lui donnait la propriété.

MM. Le Gendre étaient neveux de madame Le Jay [2], mère de madame de Brou dont le mari a été garde des sceaux; ils étaient aussi parents très-proches de madame d'Argenson [3], qui était leur tante, et par les Boullongne, de tous les Noailles, des l'Hopital et des Béthune. De mon côté, j'avais presque

---

sont ces enfants qui furent élevés par madame Le Gendre, belle-mère de l'auteur.

[1] Léon-François, dont il a déjà été question.

[2] Anne-Marie Pajot, sœur de madame Le Gendre leur mère, avait épousé en 1703 Claude-Joseph Le Jay, baron de Tilly, capitaine aux gardes, dont la fille, Anne-Marie, se maria, en 1730, à Paul-Esprit Feydeau de Brou, conseiller d'État.

[3] Anne Larcher, qui épousa en 1717 Marc-Pierre de Voyer de Paulmy, comte d'Argenson, était fille de Pierre Larcher, conseiller au Parlement, et de Anne-Thérèse Hébert, fille elle-même d'André-Pierre Hébert et de Anne-Françoise Le Gendre, laquelle était sœur de Gaspard-François Le Gendre, conseiller d'État.

toute la robe et les familles Dupuis et Bouthillier-Beaujeu.

Toute la ville et la cour se firent à l'ordinaire écrire chez les deux familles.

J'allai à Versailles faire signer mon contrat de mariage [1]; l'affluence y fut considérable. M. d'Argenson voulait faire signer le contrat, comme parent proche; M. de Saint-Florentin, comme le ministre [2], voulait garder la plume. Enfin, M. d'Argenson céda une prérogative dont M. de Saint-Florentin était jaloux en toute occasion.

J'étais chez moi à Versailles; ma place me donnait un très-bel appartement au grand commun, et M. Félix, comme je l'ai dit, m'avait procuré la facilité de me faire servir des cuisines du Roi en payant; mais cette dépense était bien modique en comparaison de ce qu'un déplacement m'aurait coûté. J'eus donc, ce jour-là, un superbe dîner de quarante personnes. Ma cousine était charmante, et ressemblait beaucoup à sa cousine, madame Mazade; elle avait le vrai mérite de ne pas se douter combien elle était jolie.

Le mariage fut donc fixé au lundi 25 avril 1755. J'avais terminé l'affaire de la succession de ma grand'mère, dont j'étais l'héritier universel : j'avais donné une quittance générale et apuré les comptes de ma tutelle. On m'était redevable de plus de 20,000 livres, mais j'avais abandonné, j'ose le dire, tout ce que je pouvais prétendre. La veille du mariage, je quittai ma demeure, rue des Enfants-Rouges, pour mon nouveau domicile, rue d'Anjou, faubourg Saint-Honoré.

Après avoir soupé rue Vivienne chez ma prétendue, je me rendis à minuit rue Saint-Honoré, où j'allais pour la dernière fois. Fidèle à mes engagements, je restai auprès d'elle jusqu'à la pointe du jour, et me rendis ensuite chez moi, où je me mis au lit. Je n'y étais pas depuis une heure, que je fus réveillé par différents ouvriers, de sorte que je fus enlevé à moi-même : j'en avais grand besoin. Avec ma tête vive et

---

[1] Le contrat fut signé par le Roi et la famille royale le 13 avril 1755. (LUYNES, t. XIV, p. 113; *Gazette* et *Mercure*.)

[2] De la maison du Roi, d'où ressortissaient les introducteurs.

mon imagination, j'étais tourmenté de quitter une femme que j'adorais toujours. Mais, commandé impérieusement par la nécessité de changer de vie, je sentais que je ne pouvais la continuer plus longtemps, et qu'il fallait, pour me vaincre moi-même, la barrière insurmontable des devoirs d'un honnête homme. J'avais toujours devant les yeux mes respectables parents, et surtout mon père que j'avais plus connu; je me disais : « M'ont-ils conservé des biens pour ne plus voir con-« tinuer leurs traces? Si mon père vivait, approuverait-il « qu'après avoir pris une carrière où j'ai eu le bonheur de « réussir, après avoir évité tous les dangers d'une jeunesse « orageuse, je me laisse périr sans leur laisser de successeur? « A quoi servirait la sage conduite de mes pères? » Cette idée me revenait souvent, et a été en partie la cause de mon établissement.

Quoique j'eusse été peu jaloux de ma maîtresse, je sentais que le devoir de mari m'imposait d'autres conditions. J'étais révolté de voir un si grand nombre d'hommes avilis et tournés en ridicule par leurs moitiés; je l'attribuais à la dépravation des mœurs, à la mauvaise conduite des hommes qui autorisaient leurs femmes, par une négligence étudiée de tous les soins et des procédés. Quoique j'eusse vécu dans la société des filles les plus légères de Paris, le bonheur d'avoir une maîtresse d'un autre rang m'avait empêché d'y jouer aucun rôle. Jamais je n'avais fréquenté le théâtre de l'Opéra, l'écueil de toute la jeunesse, où l'air et le bon ton entraînaient tous les nouveaux maris dans des écarts qui livraient leurs femmes au premier prétendant. Dès qu'une jeune femme se mariait avec de la figure, chacun, comme dans une ville de garnison, y portait ses prétentions. On flattait le mari pour venir jusqu'à la femme, se rendre maître de la maison, et faire de lui une sorte d'intendant, à moins qu'il n'aimât mieux aller chercher fortune ailleurs.

J'épousais une femme dont la figure devait nécessairement attirer les regards; je m'étais appliqué à la connaître, et j'avais découvert en elle un germe de bons principes naturels qu'il était aisé de faire éclore. La façon dont je l'avais toujours distinguée, mes soins dévoués et respectueux avaient déjà préparé son cœur lorsque je fis ma demande. Elle s'accoutuma à penser que je la rendrais heureuse. Je n'étais plus un étranger pour elle; elle me voyait depuis deux ans, au moins tous les huit jours, et je faisais quelque sensation quand j'arrivais dans une maison sérieuse où j'apportais la gaieté et la jeunesse.

C'est ici que je finirai la première époque de ma vie. Je vais entrer dans une carrière plus sage, plus raisonnable; je me conformerai au devoir de mari; je tâcherai de mériter le cœur de ma femme; je m'appliquerai à réparer le peu d'éducation qu'elle a reçue, à lui faire naître le goût des bonnes choses. Je n'aurai aucun mérite, parce que son amitié pour moi, son bon esprit, son excellent jugement feront le reste. Elle me sacrifiera tout, et ne croira avoir d'autre mérite que celui de satisfaire son attachement vis-à-vis du seul homme qu'elle aime.

Cette seconde époque que je vais parcourir me mènera jusqu'au moment où j'ai quitté la charge d'introducteur des ambassadeurs. Elle va être assez variée pour donner matière à m'occuper.

Je sens qu'à mon âge on s'arrête difficilement quand on a la plume à la main, surtout lorsqu'on prend cette occupation dans des moments de crise, moments si orageux qu'aujourd'hui, 8 octobre 1795, nous recevons la nouvelle du massacre fait à Paris [1]. Je ne voudrais cependant pas qu'on pût me faire l'application d'une histoire de madame Geoffrin, qui me revient à la mémoire. Cette dame, recevant chez elle le chevalier de Coigny, un des plus jolis et des plus aimables cavaliers, presque au sortir du collége, lui donna la plus charmante leçon possible. Il était à souper, et contait très-longuement une histoire. Pour la faire finir, elle l'invite à découper une volaille; il tire un très-petit couteau et se met

---

[1] C'est la journée du 13 vendémiaire an IV.

en besogne; l'un et l'autre ne finissant pas, elle prend la
parole, et, avec le droit qu'elle avait de tout dire : « Mon-
« sieur le chevalier, lui dit-elle, écoutez mon conseil : pour
« réussir, contez de petites histoires, et servez-vous de grands
« couteaux ! » Il en a profité, et est un des hommes de France
les plus aimables.

DEUXIÈME ÉPOQUE
(1755-1764)

CHAPITRE VII

Le mariage de l'auteur. — Train de maison d'un jeune ménage. — Retour sur le passé. — M. Grimod-Dufort et sa veuve; le château d'Orsay. — Enterrement d'une passion. — Un grison modèle. — La présentation des femmes des introducteurs. — Ce qui était arrivé à la marquise de Verneuil. — Voyages de Compiègne et de Fontainebleau. — Le jeu. — Le Roi et le comte du Chayla. — Fâcheuse prédiction. — Quelques joueurs : le baron de Vioménil; le marquis de Genlis à Pierre-Encize. — M. O'Dune. — Mademoiselle Félix se marie. — Colombes. — Une colonie d'hommes de plaisir. — Attentat de Damiens. — Aspect des cabinets du Roi. — La famille royale et madame de Pompadour. — Huit jours de perplexité. — La marquise reprend faveur. — La Live de Jully est nommé introducteur. — Supplice de Damiens.

Le mariage se fit dans la paroisse Saint-Eustache, à midi[1], en grande cérémonie. J'étais maigre, harassé, et le peuple, en nous voyant passer, disait : « Voilà une trop jolie mariée pour « un jeune homme qui se meurt! » Quand je me mis à genoux, j'eus toutes les peines du monde à me relever. J'étais épuisé; mais la jeunesse me soutint.

Le repas se fit chez madame Roslin, rue Vivienne, à côté de la Banque[2]. Je payai de gaieté et d'amabilité; je voulais plaire à ma femme. Le soir, à onze heures, menés par madame la présidente Le Gendre (elle avait assuré à son père

---

[1] Le 23 avril 1755.
[2] M. Rey cite l'épithalame composé à cette occasion par l'abbé de Lattaignant. (*Château de Leumont*, p. 66.)

et à sa mère que j'avais exigé qu'elle accompagnât sa fille), nous vînmes habiter ma nouvelle maison, rue d'Anjou.

Ma maison était composée d'un suisse, d'un maître d'hôtel, de mademoiselle Gentil comme femme de charge, d'une femme de chambre, d'un cuisinier, d'un aide de cuisine et de deux superbes domestiques pour moi. Ma femme avait deux domestiques : un petit, donné par madame Le Gendre, et un autre, nommé Lapierre, devenu depuis courrier du cabinet. J'avais six chevaux de carrosse, deux pour ma femme, et quatre pour moi, deux cochers, un postillon, trois chevaux de selle et un palefrenier. Je gardai mon fidèle Boissy, dit Saint-Jean, qui avait été cocher de mon père, et qui était devenu un des meilleurs cochers de Paris, et connu pour tel.

Si je n'écrivais pas pour moi seul, je pourrais craindre d'ennuyer en parlant de tout ce qui me concerne; mais comme ce sont les mémoires de ma vie, il est consolant pour moi de me rappeler les moindres détails, et je suis souvent obligé de revenir sur certains événements qui se retracent dans ma mémoire.

En voici un. Il existait à Paris un M. Grimod-Dufort [1]; c'était un surnom qu'il avait pris. Il était dans la finance, et frère de M. Grimod de la Reynière. La place d'intendant des postes, ayant le travail avec le Roi, l'avait fait beaucoup plus connaître que mon père. Je me souviens d'avoir trouvé plusieurs lettres qu'il avait écrites à mon père, et où il s'excusait sur la ressemblance de nom pour en avoir décacheté [2]; mon père répétait à qui voulait l'entendre qu'il n'avait pas l'honneur de lui appartenir; non par hauteur, mais pour la vérité de la chose. Ce M. Grimod-Dufort s'était marié sur la fin de ses jours [3] à mademoiselle de Caulaincourt, fille du

---

[1] Pierre Grimod-Dufort, seigneur d'Orsay, fermier général, intendant des postes et relais (1693-1748), était le frère de Laurent Grimod de la Reynière, qui fut un des administrateurs généraux des postes.

[2] Ce qui était assez piquant, puisqu'il était précisément chargé du cabinet noir.

[3] Grimod-Dufort avait été déjà marié deux fois, et c'est en troisièmes noces

marquis de Caulaincourt, et nièce du comte, mon ami.

Madame Grimod-Dufort ne tarda pas à rester veuve; immensément riche, ayant la garde noble d'un fils unique, aujourd'hui M. le comte d'Orsay, elle était belle, aimable, jolie, spirituelle, grande, et faite au tour. Tout ce qu'il y avait d'agréable s'empressa de lui faire la cour.

M. de Chailly, l'abbé de Mégrigny, le comte d'Osmont, y allaient; ce fut assez pour m'y faire présenter. Sa cour était brillante. C'était l'instant où l'on me conseillait, pour me conserver, de soigner ma santé. Sa cousine, la baronne de Guy [1], arrivée d'Argentan, logeait chez elle et partageait les plaisirs d'une maison tenue par une jeune femme puissamment riche et qui aimait le plaisir. Cette maison était somptueuse, mais décousue, sans ordre ni mesure; la folie et le caprice présidaient à tous les arrangements. Le marquis de Borda [2], le comte de Flavigny [3], tous deux officiers de gendarmerie, étaient rivaux auprès de madame Grimod-Dufort, mais du meilleur accord du monde; ils visaient tous les deux au mariage. Des conversations métaphysiques sur l'amour laissaient à la dame la liberté de faire briller son esprit. Je n'étais pas fait pour rivaliser d'aucune manière avec ces messieurs, plus âgés que moi, et d'une tournure qui valait mille fois la mienne.

qu'il épousa, en février 1748, Marie-Antoinette-Gabrielle-Félicité de Caulaincourt, fille de Louis-Armand, marquis de Caulaincourt, et de Gabrielle-Pélagie de Bovelles. Il mourut huit mois, jour pour jour, après son mariage. Pierre-Gaspard-Marie Grimod, comte d'Orsay, fils posthume, capitaine de dragons, épousa en premières noces Marie-Louise-Albertine-Amélie, princesse de Croy et du Saint-Empire, et en secondes noces, en 1784, une princesse de Hohenlohe.

[1] V. chap. XVIII.

[2] Il y avait bien un marquis de Borda, parent du célèbre géomètre, et qui demeurait avec lui, rue Neuve-des-Capucines (*Almanachs de Paris*); mais d'après les états militaires, il n'y avait pas alors dans la gendarmerie d'officier de ce nom, et je crois qu'il faut lire Lordat. Joseph-Marie, comte de Lordat, d'abord sous-lieutenant, puis major dans la gendarmerie en 1759, devint maréchal de camp en 1762 et mourut en 1764. Je dois dire pourtant que l'auteur cite une seconde fois le marquis de Borda au chapitre XVIII.

[3] Louis-Agathon, comte de Flavigny-Renansart, capitaine lieutenant des gendarmes d'Aquitaine, maréchal de camp en 1761, lieutenant général en 1780.

Je plus cependant par ma gaieté enfantine et ma simplicité, qui faisaient paraître ridicules leurs grands sentiments. Je fus invité à un voyage à la terre d'Orsay, près Chevreuse et Palaiseau, une maison superbe où l'on voyait une cuisine très-artistement faite, avec une croisée ouvrant précisément au-dessus du manteau de la cheminée.

Dès le premier jour, je fus invité à l'accompagner à cheval ; nous fîmes un chemin considérable ; elle fut très-gaie, et voulut m'appeler son petit bon ; nous recommençâmes le lendemain. Je passai une huitaine délicieuse. A mon retour à Paris, je trouvai le moyen, sans que madame B*** s'en doutât, d'arranger mes visites et de pousser mon projet. Combien de fois suis-je resté le dernier avec madame Dufort dans la maison de la place Vendôme, sans en être plus avancé ! Elle faisait dévotement ses prières à genoux devant moi, comme si j'étais la divinité, et me prenait les mains. Je la voyais se mettre au lit, mais la timidité m'arrêtait toujours. Enfin, un jour, d'Osmont arrive chez moi, me dit ses prétentions pour l'épouser, et me conte comment elle le traite. Je le juge moins avancé que moi, quoiqu'il fût plus osé, et qu'ils fussent cousins. Je me garde bien de lui avouer qu'elle m'avait proposé ce jour-là de venir dîner en tête à-tête avec elle, et nous nous quittons.

Cette conversation me trotte dans la tête ; je m'imagine que ma timidité seule est cause de mon peu de succès, que cette femme, comme mille autres, veut être brusquée.

Après le dîner, elle se met dans son boudoir sur une ottomane, moi au pied. Elle dit qu'elle veut dormir, allonge ses jambes sur mes genoux, et ferme les yeux. Je crois que l'heure du berger a sonné, je passe la main sur la jambe, et je la trouve superbe ; je ne sais où j'aurais été, lorsque madame, se réveillant, se met à crier. Au même instant, la porte s'ouvre, et l'on annonce le comte d'Osmont ; nous fîmes tableau. D'Osmont prend un air distrait, va à la glace du boudoir et s'y regarde : la dame debout, tout en colère, me dit : « Mon

« petit bon, vous en qui j'avais la plus grande confiance,
« je ne vous aurais jamais cru capable d'un tel procédé! »
Et la voilà qui du même trait conte à d'Osmont toute la
scène. D'Osmont riait du bout des dents; il s'approche de
moi : « Ah! traître, me dit-il, tu n'es pas plus avancé que
« moi! » La scène finit par les plaisanteries de d'Osmont, et
par un pardon qu'elle m'accorda avec tant de grâce qu'elle
semblait se repentir de sa colère.

Cependant, rendus à nous-mêmes, nous jugeâmes que
nous perdions l'un et l'autre notre temps vis-à-vis d'une
femme de cette tournure; je me prêtai à ses manières
extraordinaires, sans m'en croire mieux avec elle, et continuai à aller la voir sans aucune prétention.

Je reviens à mon mariage. Le lendemain, selon l'usage,
tous les parents et amis vinrent nous faire visite. J'étais
changé en vingt-quatre heures, au moral comme au physique; je ne voulais plus m'occuper de ce qui avait rempli
tous mes moments. Je voulais conserver ma gaieté, mais
prendre des mœurs pures. Je sentais le devoir que m'imposait ce mariage avec une jeune personne, jusque-là fort
négligée, mais faite pour sentir profondément les soins d'un
mari qui pouvait lui plaire.

J'avais fait quelques jours auparavant une lettre raisonnée
pour l'envoyer à madame B***; elle était de six pages. Je lui
rendais compte de tout ce qui s'était passé dans mon âme en
me séparant d'elle; je lui disais que, sentant ma faiblesse pour
elle, j'éviterais toutes les occasions qui pourraient rallumer
une passion que j'avais eu tant de peine à amortir, mais que
tant que mon cœur sentirait, il serait toujours animé d'un
sentiment d'attachement inviolable. J'envoyai le fidèle Marnier porter ce message. C'était le dernier service qu'il me
rendait; la vie que j'allais mener ne lui convenait plus.
C'était un homme de cinq pieds onze pouces, de la plus
belle figure de femme que l'on pût voir, avec la force d'un
athlète; je l'avais depuis quatre ans, et j'avais pris son frère
avec lui.

Cet homme, alors à M. de Jonville[1], jadis envoyé à Gênes, et père de Jonville le mousquetaire, m'avait fait demander de le prendre à mon service. Il me conta la vie triste qu'il menait avec ce maître, dont la manie était de se faire réveiller à cinq heures du matin, de demi-heure en demi-heure, pour ne sortir de son lit qu'à dix heures. Marnier, impatienté de cette corvée, avait fini par prendre le parti de n'entrer chez lui qu'à neuf heures. Il lui annonçait qu'il était cinq heures, et de cinq minutes en cinq minutes, il lui disait une heure supposée, et le disposait pour se lever à dix heures, sans qu'il se doutât de rien. Ce domestique était l'homme le plus intelligent possible. J'avais un marché fait avec lui, d'après lequel je pouvais disposer de toutes les plus jolies petites maisons de Paris, et dans ce temps-là j'en connaissais plus de trente, surtout celle de M. le comte de Nogaret, rue Bergère, vis-à-vis l'hôtel des Menus. C'était un palais des fées, malgré des dehors sur la rue qui n'annonçaient qu'une masure. Avec dix louis que je comptais à Marnier, je trouvais un souper, un éclairage superbe, et une maison toute disposée. Je lui donnais l'ordre le matin ; il s'informait à quel spectacle je devais aller, et il me glissait un billet dans la main ; c'était l'adresse à laquelle il fallait se rendre ; j'étais le maître de tout comme chez moi, sans savoir s'il était dans la maison.

Ces qualités étaient le fait du prince de Conti, à qui j'en avais parlé à la chasse. Marnier n'y fut pas trois semaines, que le prince me dit un jour : « Vous m'avez donné un « homme excellent, mais vous avez voulu vous en débar« rasser, car il est malade au moins pour six mois et dans un « état affreux. » Je lui protestai avec vérité que je n'en avais rien su. « Tant pis, me dit-il, je vous en estime moins. — « Ma foi ! lui répondis-je, s'il faut mériter votre estime à « pareille épreuve, il y a grande apparence que je ne l'aurai « jamais ; mais pas moins à vos ordres pour toute autre chose. « — Sûrement, reprit-il, tel que vous me voyez, j'ai été plus

[1] François Chaillon de Jonville, gentilhomme ordinaire de la maison du Roi, ministre à Bruxelles, puis à Gênes en 1739. Il mourut en 1765.

« de quatre fois trompé, et je ne m'en estime pas moins. Au
« surplus, vous nous avez rendu un service à l'un et à l'autre,
« parce que je vais faire sur lui un essai qui le guérira radi-
« calement; car vous savez que j'ai un cabinet de chimie.
« C'est une préparation chimique admirable. Il se portera
« mieux qu'il ne s'est jamais porté et sera comme un enfant
« qui vient de naître. »

Le dernier service qu'il me rendit fut de porter mon message chez madame B***. Ainsi a fini une passion qui m'a
tenu quatre ans de ma vie, qui a rempli tous mes moments,
qui m'a coûté tout ce que peut coûter à un cœur navré la
douleur de la séparation. Elle me renvoya une boîte d'or en
forme de malle que je lui avais donnée, avec un secret unique
qui cachait mon portrait peint par Beaudouin. Elle l'adressa
à ma femme, cachetée dans une boîte. Mais depuis, si par
malheur pour l'un et pour l'autre nos yeux se rencontraient
au spectacle, attentifs à tous nos mouvements, nous nous
peignions malgré nous le chagrin de ne plus nous revoir.
Elle s'abandonna depuis à tous les écarts de sa tête vive,
jusqu'à ce qu'une maladie douloureuse la conduisit au tombeau [1].

Dix ans après cette aventure, je la rencontrai chez sa sœur;
elle leva le siége dès qu'elle me vit sortir. La politesse m'obligea
de la reconduire à son carrosse. Elle me prit le bras et le
serra de telle manière que l'impression renouvela tous mes
sentiments; mes genoux tremblèrent. Elle se précipita dans
son carrosse avec une émotion qui augmenta la mienne. Ainsi
finit une passion si singulière que, rendu à moi-même, j'ai
bien de la peine à l'expliquer, mais qui, après quarante ans
passés, reste encore gravée au fond de mon cœur.

Il fallut faire les visites de noces, qui furent longues et
ennuyeuses à l'ordinaire. Je tins maison; j'avais tous les
jours du monde à dîner, mes amis, mes parents et mes
anciennes connaissances.

---

[1] Elle mourut en 1777, âgée de cinquante ans.

J'allai à Saint-Leu ; ce voyage fut brillant. Madame de Santo, madame de Merger, M. de Paroy, y vinrent. Nous passâmes aussi huit jours à Paroy.

M. et madame Roslin avaient une maison à Passy, tout à côté des eaux, ayant une terrasse en bas sur le grand chemin. C'était la plus belle vue possible, mais la vie qu'on y menait était ennuyeuse à crever. Une madame Lépinot et madame la marquise de Balleroy, sa fille, qui avait été ma cousine par son premier mariage, ayant épousé M. de Pleurre, intendant, étaient toute la société [1]. La famille s'y rassemblait de deux jours l'un, et était fort resserrée. Mon service recommença le 5 juillet [2], et il fallut que je partisse pour Compiègne.

Les femmes des introducteurs étaient présentées de droit. Jusqu'à M. de Verneuil, ces charges avaient été remplies par des gens faits pour avoir leurs femmes présentées ; mais le grand laps de temps pendant lequel le chevalier de Sainctot avait eu cette place, avait laissé le droit en souffrance.

Verneuil, haut, fier, élevé à la cour, avait un ton de suffisance qui lui faisait beaucoup d'ennemis. Son père, introducteur des ambassadeurs, ayant fait ériger en marquisat sa terre près de Loches en Touraine, avait laissé par sa mort le titre et la charge à son fils. Il avait, comme son fils, des airs qui déplaisaient. Des méchants surent qu'il avait à Loches des parents, dont le plus huppé était boucher. On lui appliquait leurs différents noms, et on l'appelait : Bigre, Chassepoux, marquis de Verneuil [3]. Cependant le Roi et la famille

---

[1] Adélaïde-Élisabeth-Sophie de Lépinot, veuve en 1739 de Gabriel-Jean de Pleurre, intendant de la Rochelle, épousa en 1752 Charles-Augustin de La Cour, comte de Balleroy, lieutenant général, qui fut guillotiné le 26 mars 1794.

[2] 1755.

[3] Le nom patronymique était en effet Chaspoux. Le grand-père du marquis, Jacques Chaspoux, seigneur de Verneuil, lieutenant des gardes du corps de Monsieur, avait épousé Claire Renaudot, sœur du fameux abbé Eusèbe Renaudot. Eusèbe-Jacques, leur fils, secrétaire de la chambre et du cabinet du Roi, puis introducteur des ambassadeurs, mort en 1747, avait fait ériger en marquisat la terre de Verneuil, en 1746. Il avait épousé une demoiselle Bigres, fille d'un conseiller secrétaire du Roi, d'où était né Eusèbe-Félix Chaspoux,

royale le traitaient bien ; il avait la plume comme secrétaire
du cabinet. Son travail était de faire signer au Roi des lettres
de protocole, à chaque événement qui arrivait aux princes
étrangers, ou de faire des réponses. Ce service n'occupait pas
beaucoup, mais le droit de travailler une ou deux fois par
an, tête à tête avec le Roi, augmentait beaucoup ses airs
d'importance.

Verneuil avait épousé une demoiselle de très-bonne maison, mademoiselle d'Harville [1] ; il demanda que sa femme fût
présentée. Le jour fut pris ; elle devait être la dernière de quatre
présentations. L'usage est que la femme présentée, après avoir
fait la révérence, fait un pas en avant ; le Roi fait le reste, et
présente la joue ; cela s'appelle avoir l'accolade du salut et
de la présentation. Une mauvaise plaisanterie de courtisans,
soit du duc d'Ayen, soit d'un autre, ou l'association bizarre
des noms dont j'ai parlé, détermina le Roi à refuser le salut ;
de sorte que madame la marquise de Verneuil s'avançant, le
Roi recula, et elle fut forcée de s'en aller, sans être traitée
comme les autres présentations. Cette scène arriva trois ans
environ avant que je fusse en place [2]. On en parlait encore
comme d'un déboire, qui leur avait laissé de tristes impres-
sions.

Tous ceux qui me voulaient du bien me conseillaient de
présenter ma femme ; elle était très-jolie, et le Roi ne haïssait
pas le beau sexe. C'était une raison de plus pour m'en dé-
tourner.

Verneuil avait voulu s'assimiler à la cour, et son origine
était trop connue. Pour moi, qui avais l'ancienneté de la race,
mais dont les derniers pères n'avaient occupé dans la robe

---

marquis de Verneuil (1720-1791), dont il est question ici. On a de lui, aux
Archives des affaires étrangères (Fonds de France, 1852), un Journal du
cérémonial pour les années 1747 et 1748.

[1] Anne-Adélaïde, fille d'Anne-François, marquis de Harville, maréchal de
camp, et de Marie-Anne Boucher de Livry. Le mariage avait eu lieu en 1743.

[2] Le 16 mars 1749, d'après Luynes, qui raconte toute l'histoire de cette
présentation. Il ne dit rien des plaisanteries faites sur les noms, et n'attribue
la conduite du Roi qu'à une question d'étiquette (t. X, p. 231, 234 et 409).
D'Argenson est moins réservé (t. VI, p. 175).

que des charges ordinaires, qui n'avais à Versailles que des parents très-éloignés, je pensais, ou que j'aurais le même déboire, ou que si je ne l'avais pas, j'exciterais dans la maison de Verneuil la plus forte jalousie. Laissant la question indécise, je me renfermai dans mes fonctions, sans jamais agiter le droit de présentation attaché à la charge.

Je partis le 5 juillet 1755 pour Compiègne, et, ne voulant pas laisser ma femme à Saint-Leu, je cédai à madame Le Gendre le soin de l'amuser à Paris, où les grands-parents étaient établis. Ma femme alla donc, avec deux laquais, un cocher, deux chevaux et une femme de chambre, s'installer à Passy. Je recommençai à voir tous les ministres et ambassadeurs, Marigny, les écuyers, le comte de Brionne, et à faire ma cour assidûment, soit à la chasse, soit dans l'intérieur. Quelques nouvelles scènes de brutalité de Marigny vis-à-vis de ses gens nous firent dire, au baron de Breteuil et à moi, que cet homme sentirait toute sa vie ce qu'il était né, et nous en éloignèrent un peu.

Le voyage de Fontainebleau arriva; il fut très-brillant. Les spectacles, le gros jeu, y attiraient tout le monde. Excepté M. d'Argenson et M. de Machault, les ministres passaient comme dans une lanterne magique; les querelles de l'archevêque de Beaumont et du Parlement étaient interminables.

Un jour, après souper, j'entrai chez le marquis de Livry, où le gros jeu était établi. On marchait sur les tas de cartes; les louis roulaient sur la table, l'argent blanc allait aux cartes. On ne jouait que le trente-et-quarante, ce qui faisait des sommes immenses; car les fiches étaient comptées pour cent louis, et quelquefois plus. Je me rappelle avoir vu M. le comte de Belsunce [1], mort depuis gouverneur de Saint-Domingue, caché derrière une porte dans un coin de la chambre, et déchirant des cartes à belles dents, les yeux hors de la tête et avec un air farouche qui présageait quelque chose de sinistre.

---

[1] Armand, vicomte de Belsunce, lieutenant général. Il mourut en 1763, en arrivant à Saint-Domingue. C'était le frère aîné de celui qui épousa mademoiselle d'Épinay.

Il se rapprocha insensiblement de la table ; la chance changea, et je quittai la salle à trois heures du matin, le laissant avec le visage le plus radieux, tandis que le baron de Besenval faisait des jurements qui auraient effrayé une douzaine de corps de garde.

Cet homme, dont j'aurais occasion de parler, était suisse, d'une belle figure, jeune, aimable, mais le plus mauvais joueur que j'aie connu; insolent dans la prospérité, affreux joueur dans la perte. Il compensait tout cela, avec les femmes, par un air vif, sentimental et gai ; intrigant par goût, il jouait un rôle qu'il a continué jusqu'à la fin de sa vie.

Ce fut dans ce voyage que M. le comte du Chayla [1], se tenant debout à la cheminée de l'appartement avant la chambre à coucher du Roi (ce qui tenait lieu d'œil-de-bœuf), fut surpris, au lever du Roi, d'une apoplexie sanguine; il glissa sur le marbre et tomba mort, sa perruque loin de lui. Il y avait bien du monde, et l'on fit cercle. C'était le moment où le Roi, ayant reçu les ambassadeurs, passait à son prie-Dieu, pour aller ensuite dans son cabinet. J'étais sorti un instant, et vis l'homme mourir; je revins tout ému. Le Roi était passé dans son cabinet; j'y entrai, et rien ne m'étonna davantage que d'entendre le Roi appeler M. d'Argenson et lui dire : « D'Argenson, M. du Chayla vient de quitter sa « perruque », et de raconter le fait comme s'il avait été présent. Triste condition des rois qui, dans le tableau mouvant qu'ils sont obligés de voir continuellement, ne font jamais de retour sur eux-mêmes et ont éteint toute sensibilité pour les autres!

J'en vais rapporter une belle preuve que j'ai vue quelques jours après. Le lever du Roi était fort brillant, surtout les jours de fête. Un de ces jours, la chambre était presque pleine; le Roi passait sa chemise au milieu d'un cercle très-considérable. Un homme de quarante ans, ayant près de six

---

[1] Lieutenant général, directeur général de la cavalerie, chevalier des ordres du Roi. Il mourut le 16 décembre 1754. L'auteur se trompe donc ici d'un an. (LUYNES, t. X, p. 409 et 450.)

pieds, maigre, jaune, dépassait toutes les têtes et fixait le Roi, que probablement il ne voyait pas souvent; le Roi le regarda à son tour et appela Sénac, son premier médecin : « Sénac, « dit-il, regardez bien ce grand homme-là; le voyez-vous? « — Oui, Sire, répond l'autre. — Eh bien! voyez son teint. « Il a la jaunisse; le foie est engagé par des obstructions, il « n'en a pas pour un mois à vivre. » Tous les assistants entendirent le propos, surtout le malade qui nous avait paru si grand. Cette tête fondit à l'instant dans la foule; il ne demanda pas son reste. On sut que c'était un M. de Lespinasse, bon officier dans un régiment d'infanterie. Cette prédiction inutile l'aura peut-être conduit au tombeau.

Je fus dans ce voyage engagé avec Marigny à quelques dîners dans la forêt donnés par les intendants des menus. On y voyait les actrices les plus fameuses, et Marigny apportait ou sa bruyante gaieté, ou son humeur.

Après le voyage, je revins à Paris. Je désirais faire de ma femme ce qu'elle a été depuis. On l'avait tellement dégoûtée de lire qu'un livre intéressant, mis sur sa toilette, restait toujours marqué à la première page. Il fallait lui faire aimer la lecture. Je m'aperçus que les conversations morales étaient ce qui l'intéressait le plus. Je hasardai quelques livres dans ce genre; ils furent lus avidement; je redoublai d'éloges et de caresses, et j'affectai de causer sur ce qu'elle avait lu. Elle savait parfaitement la géographie, je lui fis naître l'envie d'apprendre les mœurs des pays dont elle connaissait si bien la carte. Sa confiance en moi, son amitié, la firent redoubler de zèle.

Les jours où nous dînions seuls, je m'appliquais à lui apprendre les jeux : le trictrac, le piquet, le brelan, le tri, le quadrille, le reversi; maître amoureux, je payais mes leçons en argent, et je perdais exprès. Persuadé qu'une jolie femme qui débute dans le monde doit être nécessairement occupée, j'étais de l'avis de madame la marquise d'Amezaga, qui me disait depuis : « J'aime mieux que mes filles « soient occupées à jouer, plutôt que d'aller faire l'amour ou

« écouter des fleurettes, dans un coin de l'appartement. »

Je pouvais aisément montrer tous les jeux; car, comme je l'ai dit, nos précepteurs avaient fait entrer ce plaisir dans notre éducation. Pourtant, ainsi que je l'ai fait remarquer, aucun de nous n'a été un joueur décidé, tandis que le marquis de Genlis, qui passait ses récréations dans la cour à jouer à la balle, est devenu un des gros joueurs de Paris.

Genlis était petit, mais avait la plus jolie figure d'homme que j'aie vue; une femme s'en serait glorifiée. Neveu et héritier de M. le marquis de Puisieux, et riche par lui-même, il débuta le plus brillamment possible; mais la maudite passion du jeu l'emporta sur celle des femmes. Il fit connaissance avec le baron de Vioménil, et le persécuta pour jouer. Le baron, noble et heureux, s'y refusait; enfin, il fallut céder. Une partie de trictrac, qui dura huit jours, détermina en faveur du baron un gain de cent mille écus. Le baron lui offre de prendre le temps qu'il voudra pour être payé. Genlis, la tête tournée, publie son aventure; elle vient aux oreilles de M. de Puisieux, qui obtient une lettre de cachet, et, après avoir payé Vioménil, fait enfermer Genlis à Pierre-Encize. Il eut le temps d'y faire des réflexions. Le grand d'Ennery, passant à Lyon trois ans après, crut devoir aller voir notre ami commun. Genlis, après avoir demandé de nos nouvelles à tous, parla de sa désastreuse aventure, et finit par dire : « Mon ami, j'ai joué trois jours et trois nuits « au trictrac contre le baron; j'ai perdu cent mille écus; « mais ce qui me console, c'est qu'il peut dire si j'ai mal joué « et si j'ai fait une école ! »

Le baron de Vioménil, qui me regardait comme son ami, venait nous voir souvent, et j'étais le premier à qui il avait confié cette aventure. Il lui en arriva de plus singulières. Tout le monde joueur s'acharnait contre sa fortune; elle était étonnante. Il pariait, tenait les cartes ou les laissait tenir, à quelque jeu que ce fût, et il gagnait.

Allant faire une visite à Arras, où était la gendarmerie, sa fortune le suivit, et il gagna tous les officiers. A Paris, il jouait et ne savait pas perdre. Il était cousu de bijoux, et s'il y en avait un qui vous plût, il offrait de le jouer contre cinquante louis. Il vous laissait prendre les cartes et il gagnait : c'était une chose incroyable.

Il était, à dix-huit ans, devenu amoureux d'une demoiselle de Nancy, et il avait été refusé pour son peu de fortune. Il s'avise de vendre son bien, de se mettre joueur, et avec environ 80,000 livres, en six mois, il gagna plus de 1,500,000 livres. Aussi prudent qu'heureux, il acheta des terres, garda des fonds disponibles, et augmenta tous les ans sa fortune.

Nous avions acquis à Passy deux amis qui voyaient souvent la maison de madame Roslin. C'étaient M. et madame O'Dune, le mari Irlandais, et la femme Anglaise. C'était la fille du fameux Parson, boucher à Londres. Ce boucher, d'une richesse immense, avait envoyé madame Parson et sa fille à Paris avec M. O'Dune. La fille en devint amoureuse, tandis que la mère comptait qu'il l'était d'elle. Il épousa la fille à l'anglaise, c'est-à-dire par son consentement seulement. La mère s'en retourna en reniant sa fille, et le ménage, subsistant du peu de fortune du mari, vivait très-modiquement à Passy.

O'Dune était un garçon aimable, d'une belle figure et de beaucoup d'esprit, et je ne tardai pas à me lier avec eux; ils n'eurent plus à la campagne d'autre habitation que Saint-Leu. Il cherchait à faire fortune, et je le menais à Versailles toutes les fois que j'y allais. Étonné de mon peu d'ambition, il voulait m'en faire naître, et me rendait compte de ses démarches. Envoyé depuis à Manheim, ensuite ambassadeur en Portugal, il a été fort question de lui dans notre malheureux dernier règne pour être ministre des affaires étrangères [1]. Il avait alors près de quatre-vingts ans, et est mort à quatre-vingt-deux. Complaisants l'un et l'autre, avec la forme anglaise, ils sont toujours restés nos amis.

---

[1] M. O'Dune fut ministre en Portugal en 1762 et 1763, ministre à Manheim de 1764 à 1779, ambassadeur en Portugal de 1780 à 1785. (*Almanachs royaux.*)

Je reviens à mon intérieur. Dès que ma grand'mère fut morte, mon oncle, M. Soullet, s'occupa de marier sa cousine, mademoiselle Félix. Encore jeune, jolie, fort aimable, elle était née pour faire le bonheur d'un galant homme, mais elle n'avait aucune fortune et n'était nullement aidée par son frère. Un M. Girault de Moussy [1], beau-frère de M. Le Boullanger, maître des requêtes [2], et fils d'un bibliomane qui amassait depuis soixante ans plus de 300,000 volumes qu'il tenait sans ordre dans plusieurs pièces de sa maison, se présenta. Fort bonhomme, il avait 20,000 livres de rente, de cinquante à soixante ans, et était écuyer de Madame Adélaïde de France.

Quoiqu'elle eût pris son parti de rester fille, et qu'elle sentit de la répugnance à vivre avec un homme qui ne convenait pas à la délicatesse de son esprit, nous l'y déterminâmes en lui persuadant que nous ne connaissions pas de pire état que celui d'une vieille fille. Elle alla donc vivre avec son mari dans la rue Villedo, eut une fille charmante qu'elle eut le malheur de perdre à quatre ans, de convulsions, et se trouva veuve après sept ans de mariage, fort considérée et estimée des parents de son mari, avec lesquels elle a vécu jusqu'à leur mort. Elle a fini elle-même, il y a six ans, en faisant ses héritiers les petits-enfants de M. Soullet et moi, par reconnaissance et attachement.

La maison de Colombes où je n'allais pas, m'était à charge. En faisant abattre un gros arbre dans une petite futaie, on avait trouvé trois clefs. On voulut fouiller; trois pieds au-dessous, on trouva aussi trois clefs; encore plus bas, trois clefs. Ces trouvailles à distances égales me déterminèrent à faire des recherches considérables, qui ne me procurèrent aucun trésor. Je me décidai donc à vendre, me réservant les meubles et un buste de marbre antique de Solon, avec sa gaine, que je fis transporter à Saint-Leu, et qui m'a suivi à

---

[1] Antoine Girault de Moussy ou Moucy.
[2] Ce serait, d'après l'arbre généalogique de la famille Dufort, le fils de Jean Le Boullanger et de Marie-Agnès Soullet.

Cheverny, où il fait l'ornement de mon premier perron.

Colombes a toujours été le rendez-vous des gens de plaisir. M. de Bauche, depuis Bandeville [1], avait acheté la Garenne [2] de la fameuse actrice de l'Opéra, mademoiselle Pélissier. Il était lié avec le marquis d'Étrehan [3] ; ils avaient une baignoire à l'Opéra, et tout l'été partageaient leurs plaisirs entre le séjour de Colombes et celui de Paris. De Bauche vivait avec Coupé [4] et avait pour ami M. de Marcande, homme d'esprit, aimable, et de sang-froid, qui s'est tué depuis par ennui de la vie.

M. de Marcande, un matin, prit son fusil pour aller tirer un lapin dans la garenne. Il passe dans la tête de de Bauche de courir en avant et d'aller se mettre au coin d'une allée, près de l'endroit où son ami se plaçait, dans la posture de Sancho Pança, lorsqu'il pariait qu'un coup de plomb ne l'atteindrait pas. Marcande l'aperçoit ; il s'approche doucement, ramasse une poignée de sable et la lance avec roideur ; en même temps, il lâche un coup de fusil en l'air. Le tour fut si preste que de Bauche ne douta pas qu'il ne fût atteint par le plomb. La peur le saisit ; il court comme un égaré, tenant sa culotte à deux mains, et arrive à mademoiselle Coupé, qui, après avoir visité les parties offensées, eut toutes les peines du monde à le rassurer. C'est d'elle-même que j'ai su l'histoire, et elle ajouta que cette aventure l'avait corrigé de sa mauvaise plaisanterie.

Les parlements se brouillaient tous les jours de plus en plus contre l'autorité royale ; les impôts en étaient le prétexte. Mais rien n'était si ridiculement républicain que le

---

[1] Michel Doublet, baron de Bauche, né en 1707, conseiller au Parlement. Il prit le nom de marquis de Bandeville en 1761, à la mort de son frère aîné, Pierre-François Doublet. Il épousa en 1762 une demoiselle Niquet, qui lui donna une fille.

[2] Château entre Colombes et Courbevoie.

[3] C'est, je crois, Jacques-Robert d'Héricy, marquis d'Estrehans, lieutenant général depuis 1748, vieillard assez ridicule, qui avait passé sa vie dans la meilleure compagnie. Ses amis l'appelaient *le père*. (V. les *Souvenirs de Félicie*, p. 173 et suiv.)

[4] Actrice de l'Opéra, que l'on retrouvera plus loin.

Parlement, quoiqu'il tremblât au moindre coup d'autorité. Cela existera toujours dans les compagnies où deux ou trois meneurs influencent tous les membres, les uns, par ambition pour être placés, les autres, comme le premier président Maupeou, pour jouer un rôle. Ce dernier n'avait l'estime d'aucun parti, mais son esprit suppléait à tout. Bas, haut, fier, insolent, menteur, effronté, caressant, il jouait tous les rôles, sans être estimé, et il faisait faire par d'autres, quand il ne pouvait le faire lui-même, tout ce qui pouvait le conduire au ministère.

Le 5 janvier 1757, j'avais une douzaine de personnes à souper, entre autres le chevalier de Fontanieu et le petit Sorba, ministre de Gênes, lorsqu'il arriva à chacun de nous un message. Celui de Fontanieu était le plus clair ; il annonçait que le Roi était assassiné et entrait dans quelques détails ; celui de Sorba annonçait qu'il était arrivé un grand malheur ; le mien m'invitait à me rendre à Versailles de grand matin, de la part du ministre.

La nouvelle perçait dans Paris ; chacun de nous alla aux renseignements. Les relations étaient toutes différentes, comme dans pareille occasion. Les parlements, d'après les uns, y jouaient un grand rôle ; d'après les autres, c'étaient les Jésuites. Les courriers se succédaient continuellement, et Paris près d'être pris d'assaut n'aurait pas été plus agité. Toute la nuit on n'entendit que rouler des voitures et partir des courriers.

Dès cinq heures du matin, je montai en voiture, et arrivai à Versailles entre six et sept ; je me rendis chez le ministre ; il dormait depuis une demi-heure qu'il était couché. Je montai dans le cabinet du Roi, c'était ma place. J'y trouvai Caterby, huissier du cabinet, Forget, capitaine du vol, et le service personnel, comme médecins et chirurgiens. Tous ces messieurs jouent un grand rôle dès qu'un roi est malade. Aussi c'était une nuée d'habits noirs à ne pas en finir ; toutes les pièces en étaient pleines. Le Roi couché dans sa vraie chambre à coucher, derrière son cabinet, enfermé entre ses quatre rideaux, n'ouvrait la bouche que pour demander des choses indifférentes ; il était tout entier à ses réflexions. Un assassinat dirigé contre lui était bien fait pour lui en inspirer.

Le canif à deux lames (car c'en était un) était encore sur la cheminée du conseil ; nous le maniâmes tous. La Martinière, premier médecin, sur les craintes qu'on témoignait que la lame fût empoisonnée, se hâta de les détruire ; il prouva que le jus de *morice* [?], dont les sauvages empoisonnent les fers de leurs flèches, ne pouvait exister sur une lame polie et faite en France. Il rassura entièrement le duc de Gesvres et le comte de Tresmes [1], son survivancier dans la place de premier gentilhomme, ainsi que nous tous.

On me proposa d'aller voir l'assassin Damiens, tenu dans la prison de la prévôté. Damiens, qu'on avait fait tenailler toute la nuit par des gardes du corps zélés, avait soutenu avec audace et sang-froid le supplice de lui approcher les pieds du feu [2]. Pour retarder toute voie de fait, il avait voulu faire croire à une conspiration en répétant : « Qu'on prenne garde à M. le Dauphin ! » Maintenant il était tranquille dans sa prison. Le voyait qui voulait, il parlait à ceux qu'il connaissait et jouait tous ceux qui voulaient l'attaquer.

Pour moi, je refusai d'y aller et m'établis à poste fixe à Versailles, pour envoyer aux ambassadeurs les messages qui conviendraient en de si tristes circonstances.

Les courtisans intriguaient. Dans les premiers moments, tous les regards se tournaient vers le Dauphin ; c'était le soleil levant. Le fer qu'on disait empoisonné pouvait, quoique la plaie ne fût presque rien, amener une fin prochaine.

---

[1] Louis-Léon Potier, comte de Tresmes, était le frère du duc de Gesvres. L'auteur veut évidemment parler du fils du duc, Louis-Alexandre-Paris Potier, marquis et plus tard duc de Gesvres, né en 1733, qui en effet était survivancier de son père. (V. Luynes, t. XV, p. 416.)

[2] Le fait est confirmé par Barbier (janvier 1757). D'après les *Mémoires inédits du duc de Croy* (*Revue rétrospective*, t. I, p. 361), c'était sur l'ordre de M. de Machault qu'on avait pratiqué cette sorte de question.

M. le Dauphin, âgé de vingt-sept ans, était dans la force de l'âge. Lui et toute la famille jouaient le rôle qui convenait; à poste fixe dans le cabinet, ils donnaient des ordres pour empêcher qu'on ne troublât la tranquillité du Roi. Les menins du Dauphin devenaient ses aides de camp, surtout le comte de Laval, tué depuis à Rosbach.

Le cabinet, inondé de tous les curieux qui avaient leurs entrées, fut vidé des inutiles. Caterby, huissier du cabinet, recevait l'ordre du premier gentilhomme de la chambre en fonction, le duc de Richelieu, et venait vous prier tout bas de vous retirer. Marigny venait exactement, comme émissaire de sa sœur; mais ce n'était pas le compte de la famille royale, qui espérait que le Roi tournerait à la dévotion. Je vis Caterby recevoir l'ordre de M. de Richelieu, auquel M. le Dauphin venait de dire un mot. Il s'avança à l'oreille de Marigny, qui s'éclipsa à l'instant. Comme il était peu aimé, tous en furent ravis. Dans un moment où les vrais serviteurs du Roi étaient inquiets, il aurait dû sentir, sans qu'on le lui dît, qu'il ne plaisait pas au Dauphin, ni à la famille royale.

C'est une grande cérémonie que le bouillon qu'on donne à un roi malade; toutes les trois heures, il arrive à l'heure dite; il est déposé sur la table de marbre, gardé par le premier maître d'hôtel, goûté par l'échanson et le médecin. L'huissier annonce le bouillon du Roi; on ouvre la porte de la chambre, ceux qui sont dans le cabinet le suivent; le premier médecin, le premier gentilhomme se trouvent dans la chambre. Nous suivîmes; le Roi était couché dans ses doubles rideaux, la chambre fort éclairée, le lit fort noir. Nous ne vîmes que son bras qu'il avança, il n'ouvrit pas la bouche; et l'huissier dire de : « Messieurs, retirez-vous. »

Madame de Pompadour était fort inquiète. Son sort dépendait de la vie du Roi, ou de l'impression que lui aurait fait cet événement. Toutes les avenues, les communications de l'intérieur lui étaient fermées; la famille royale obsédait l'appartement. Quant à la Reine, toute à Dieu, attachée comme une fermière à ses devoirs par dévotion, menant la vie la plus routinière, elle avait une cour qui ne se mêlait de rien.

Mesdames, filles du Roi, attachées à leur père et à leur mère, ne songeait qu'à la conversion du Roi, qui leur aurait donné plus d'autorité. Madame Adélaïde, l'aînée, ayant l'air noble, les yeux vifs, raisonnable autant qu'une femme de son rang peut l'être, était la mieux traitée du Roi. Je suis plusieurs fois entré chez elle pour mon service, car j'avais mes entrées partout, et je les ai vus tête à tête, causant ensemble d'une bonne amitié, comme un père et une fille.

Madame la Dauphine, pleine d'ambition, jalouse, sans aucun talent qu'une humeur qui perçait, intriguait avec son frère, le comte de Lusace, pour l'électorat de Hanovre. Mais, comme disait M. de Saint-Germain, ambassadeur de Sardaigne, cette maison n'avait jamais eu de grands hommes que dans ses bâtards (le maréchal de Saxe).

Le cabinet du Roi était une chose très-curieuse pour l'œil observateur. C'était le foyer de toutes les intrigues, et pourtant l'homme qui n'y aurait passé qu'une heure n'aurait rien vu, rien deviné. Tous les visages peignaient l'inquiétude, tous les discours se rapportaient à la santé du Roi. Des mots à l'oreille faisaient toute la besogne.

Il y avait une société qui se contentait d'observer. C'était d'abord M. le marquis de Souvré, homme à bons mots, celui qui ayant le droit, comme maître de la garde-robe, d'ouvrir les rideaux du Roi, osa lui annoncer la mort du cardinal Fleury en disant : « Sire, le cardinal est mort. Qui donc « nous gouvernera actuellement? » Cette plaisanterie avait mis le Roi en garde contre lui, et il ne lui a jamais donné que le cordon bleu et quelques pensions. Puis le marquis de Maillebois, d'une belle figure, très-spirituel, et ayant la manière la plus originale de raconter, plein d'ambition, et ayant dans le militaire une réputation bien au-dessus de ce qu'il a tenu; de Champcenetz, jeune, joli, aimé du Roi, d'abord premier valet de chambre, ensuite commandant un équipage, attaché au Roi par sentiment comme par devoir; de Fontanieu, maître des requêtes, intendant du garde-meuble en survivance, qui, quoique ayant la vue basse, était un des meilleurs observateurs possibles ; enfin Hébert, trésorier des menus, et ayant une maison délicieuse à la ville et à la campagne, homme de beaucoup d'esprit.

Tous ces messieurs, comme moi, n'étaient dans aucune intrigue ; nous examinions curieusement les différentes positions, et le soir nous nous rassemblions pour nous faire part de nos observations.

M. de Courtenvaux accourut de Colombes ; il aimait le Roi, mais étranger pour ainsi dire à la cour, il regardait, écoutait et ne désirait rien que de rentrer chez lui.

M. le maréchal de Soubise, l'ami du Roi, attaché à la marquise, se tenait auprès du Roi. Peu fêté de tous les partis, parce qu'on savait qu'il n'aimait que son maître, il n'était lié qu'avec madame de Marsan, sa sœur, gouvernante des Enfants de France, et avec le cardinal de Soubise, son frère, grand aumônier. Assez grand seigneur pour voler de ses propres forces, il se contentait du désir d'obtenir de son ami le Roi, si l'on peut se servir de ce terme, ce qui contribuerait au maintien de sa maison.

Madame de Pompadour, ennemie de M. d'Argenson, sur lequel elle n'avait jamais rien gagné, ne disposant point à sa fantaisie des places militaires, ne comptait que sur M. de Machault, contrôleur général, puis ministre de la marine, qu'elle avait élevé à la place de garde des sceaux. Cet homme, une des meilleures têtes du royaume, avait été contrarié dans les grandes opérations qu'il avait voulu faire pendant son contrôle [1]. L'édit qui ne permettait aux religieux de prononcer des vœux qu'à vingt-cinq ans pour les hommes et dix-huit ans pour les filles, avait été modifié ; on avait abaissé l'âge à vingt et un ans. Un autre édit qui obligeait les maisons reli-

---

[1] La résistance qu'opposa le clergé à divers édits fiscaux, notamment à l'édit de 1747, dit de mainmorte, et à celui de 1749 portant établissement de l'impôt du vingtième, fut en effet l'une des causes qui décidèrent Machault à abandonner le contrôle général en 1754, pour prendre le département de la marine, tout en conservant les sceaux.

gieuses à ne plus acheter d'autres biens que des rentes sur la ville, que l'on aurait supprimées quand le temps les aurait toutes mises dans leurs mains, dénotait les vastes projets d'un grand ministre; mais le clergé les éventa, et manœuvra si bien que le projet s'en alla en fumée.

M. de Machault, avec tout son esprit et sa politique, fit pourtant une grande école, comme on le verra plus loin.

Le Roi, ayant l'air très-tranquille dans son lit, faisait ses réflexions : elles étaient tristes. Obsédé par sa famille et ses enfants, il se souvenait parfaitement de Metz, tandis que les autres l'avaient oublié. Il avait eu grand'peur et n'en témoignait rien. Il craignait que sa conduite privée ne lui eût fait perdre l'amitié de son peuple. Contrarié par tous les Parlements du royaume, qui avaient fait entre eux une coalition, le compte qu'on lui rendait, avec des réflexions, sur les propos de l'assassin, lui en faisait faire d'amères. Il pensait qu'il ne pourrait plus sortir, sans courir risque de la vie; qu'il allait être réduit à mener la vie la plus contrariante pour ses goûts, qui n'étaient pas éteints, et peut-être à se séparer d'une femme [1] qui avait pris un grand empire sur son esprit, sur laquelle il se reposait d'une partie du gouvernement, et qui recevait ses confidences de l'ennui intérieur que devait lui procurer une famille d'ailleurs respectable à tous égards.

Il resta dans cette perplexité près de huit jours, entre ses quatre rideaux; le neuvième, les médecins et chirurgiens assurèrent qu'il n'y avait plus rien à craindre.

Lorsqu'on appelait pour le bouillon, il recevait, les rideaux ouverts, ne disant mot. La première fois que nous pûmes le voir, cette superbe figure d'homme jeta sur nous tous un regard de chagrin; il semblait qu'il voulut dire : « Regardez « votre roi qu'un misérable a voulu assassiner, et qui est le « plus malheureux de son royaume! »

De ce jour-là, tout l'intérieur vit dire la messe à porte

---

[1] Il y a dans le texte : « La vie la plus contrariante sur ses goûts... et sur « une femme qui....., sa confidente sur l'ennui..... » Les corrections, toutes grammaticales, ne me paraissent pas avoir altéré le sens.

ouverte; on ne l'en avait pas laissé manquer, et la dévotion avait l'air de s'emparer de lui. La famille, maîtresse de l'intérieur, bien sûre que toutes les communications étaient interrompues, et que le Roi ne parlait en particulier à personne des petits appartements, se crut assez forte pour agir. Il fallait éloigner madame de Pompadour. On craignait qu'à la première vue tous les beaux projets ne s'évanouissent.

On manœuvra vis-à-vis de M. de Machault, on le flatta; on lui dit que comme il était l'ami de madame de Pompadour, il valait mieux qu'il lui conseillât de se retirer, que c'était lui éviter un renvoi. On lui fit voir combien le Dauphin et la famille royale seraient flattés de le voir aider le Roi dans une démarche qui lui coûtait, mais qu'il voulait absolument; qu'on connaissait ses talents, que le Roi, n'ayant plus l'intérieur des appartements, et se livrant à la dévotion, l'appellerait à la tête du gouvernement; qu'il devait être sûr des vœux de toute la famille royale. Il se refusa à toute démarche, mais il promit, si madame de Pompadour le consultait, de la déterminer à la retraite.

M. d'Argenson, qui était à la tête de la cabale, regardait ce qui se passait, et était ravi de l'entraîner dans une fausse démarche. Madame d'Estrades, dame de Mesdames, maîtresse reconnue de M. d'Argenson, et assez bien dans la cour de madame de Pompadour [1], se chargea des premières démarches.

Madame de Pompadour, qui était dans l'inquiétude, dont les émissaires ne savaient rien et voyaient seulement la famille royale entourer le Roi, reçut l'avis de se retirer, en présence de M. de Machault et de M. de Soubise, les deux courtisans auxquels elle croyait pouvoir se fier. On tint conseil; un autre ami du Roi, M. de Gontaut, y était aussi. M. de Machault opina pour la retraite [2], et la chose allait être

---

[1] Fort bien même; d'après tous les Mémoires, c'était l'amie intime de la marquise.

[2] Le cardinal de Bernis, dans ses *Mémoires*, affirme le contraire (t. I, p. 358 et suiv.).

résolue, lorsque M. de Soubise la combattit avec succès : il valait mieux succomber et attendre le coup que de céder la place ; le Roi ne s'était pas prononcé ; n'était-ce pas une manœuvre, et une intrigue de cour ? — Madame de Pompadour, qui hésitait, se rangea à ce dernier avis [1] et s'observa sur ceux qu'elle recevait. Du reste, ils n'étaient pas nombreux ; car, à la cour, la disgrâce fait envoler les courtisans, comme les pigeons d'un colombier quand un émouchet y entre. Rien ne perça dans le public, même dans l'intérieur, où nous observions scrupuleusement qu'il n'y avait nulle allée ni venue.

Je pris les ordres du Roi, qui me dit qu'il recevrait le mardi les ambassadeurs, si laconiquement, si tristement, mais d'une manière si ferme, qu'il était aisé de voir que sa tête était plus malade que son corps. Tout le corps diplomatique s'y trouva [2] ; le Roi ne fit aucune question, tout le monde garda un profond silence, aucune présentation n'eut lieu. Les ambassadeurs eurent le temps de le contempler ; un signe de tête leur annonça qu'ils étaient congédiés. Ils continuèrent leur cour auprès de la famille royale, et revinrent depuis ce jour-là régulièrement tous les mardis.

Cependant le Roi commençait à se lever et paraissait dans son cabinet, choisissant le temps où il y avait le moins de monde. Le train de l'intérieur de ses pièces recommença ; Mesdames et la Dauphine venaient avec leur suite avant la messe, allaient à la chapelle et revenaient après faire leur cour, jusqu'à ce que le Roi leur eût fait un signe. Alors chaque personne de la famille royale s'avançait, lui baisait la main ; il l'embrassait, et tous s'en allaient avec leur suite, qui en passant faisait une révérence au Roi.

Ces tristes étiquettes durèrent plus de douze jours. Nous

---

[1] Tout ceci a été raconté de plusieurs façons différentes par madame du Hausset, le cardinal de Bernis, etc. Je ne m'attacherai pas à rapprocher ces versions de celle de l'auteur, dont le témoignage, du reste, est loin d'être sans valeur, à raison de ses relations avec l'entourage du Roi.

[2] D'après Luynes (t. XV, p. 367), c'est le lundi 11 janvier que furent reçus les ambassadeurs.

voyions que le Dauphin voulait s'emparer de l'esprit de son
père, il le suivait dans tous ses mouvements ; le Roi le traitait avec bonté comme à l'ordinaire, et rien de plus. Les
princes du sang restaient, mais n'étaient comptés pour
rien.

Enfin un jour, il était près de deux heures et le cabinet
presque vide, tous ayant pris congé ; il ne restait auprès de
la porte de l'intérieur que Champcenetz, Fontanieu et le
marquis de Croissy[1], courtisan assidu. Fontanieu me dit de
rester, parce qu'il voyait que le Roi faisait traîner le temps ;
je m'établis donc avec eux. Le Roi avait sa robe de chambre,
son bonnet de nuit, et à la main une canne sur laquelle il
s'appuyait légèrement. Tantôt il regardait par la fenêtre,
tantôt il s'arrêtait et rêvait. Le Dauphin, à qui le Roi ne faisait pas signe de s'en aller, causait avec le marquis du Muy ;
la Dauphine n'osait prendre congé. Enfin le Roi, sûr que
tout le monde est à dîner, fait le signal du départ à la Dauphine, qui s'avance, le salue à l'ordinaire et s'en va. Elle était
accompagnée de plusieurs dames, entre autres de la duchesse
de Brancas[2], surnommée, à cause de sa taille, la grande ; le
Roi, qui la connaissait particulièrement, parce qu'elle allait
souvent chez la marquise, s'avance vers elle lorsqu'elle s'en
allait et lui dit : « Restez un moment. » — Le Dauphin
regarde. — Le Roi dit à madame de Brancas : « Donnez-moi
« votre mantelet. » Elle le détache et le lui donne : il le
place sur ses épaules, fait un tour dans le cabinet sans rien
dire, après l'avoir saluée, et s'en va. Il s'achemine à l'instant
du côté de l'intérieur. Le Dauphin, accoutumé à le suivre,
s'avance. Il n'est pas à moitié de la pièce que le Roi se

---

[1] Jean-Baptiste-Joachim Colbert de Torcy, marquis de Croissy, lieutenant
général. Son nom, quelques années auparavant, figurait dans tous les spectacles
de la cour.

[2] Il y avait deux dames de ce nom dans la maison de la Dauphine. Je pense
qu'il s'agit ici de Marie-Angélique Frémin de Moras, femme de Louis-Antoine,
duc de Villars-Brancas, dame d'honneur de la Dauphine. Sa belle-mère,
Louise-Françoise de Clermont-Gallerande, veuve de Louis, duc de Villars-
Brancas, était sa survivancière et la remplaça en 1762.

retourne et lui dit : « Ne me suivez pas ! » Nous voyons la manœuvre et entendons le propos. Le Dauphin obéit et se rendit à l'instant chez lui pour dîner.

Fontanieu et Champcenetz se dirent : « La chose est trop « intéressante pour dîner » ; j'en dis autant. M. de Maillebois arrive; on lui conte tout, et nous voilà tous les quatre à attendre. Le Roi revient entre les trois et quatre heures. — Ce n'était plus le même homme. Au lieu d'un regard triste et sévère, son air était calme, son regard agréable; il avait le sourire sur les lèvres et causait sans humeur. Il nous adressa la parole à tous, fit des plaisanteries sur le mantelet dont il s'était affublé, et nous quitta en disant qu'il allait dîner et qu'il nous exhortait à en faire autant. Il rentra; nous n'eûmes pas de peine à deviner qu'il avait été faire une visite à madame de Pompadour. Une seule conversation d'une amie, intéressée à sa conservation plus que personne de son royaume, avait guéri son esprit plus malade que tout le reste.

On s'était attaché indirectement à lui prouver que c'était à lui personnellement qu'on en voulait, que c'était peut-être une haine, une conspiration qui tenait aux prêtres, et qu'il fomentait par son indifférence. Madame de Pompadour avait fait tout le contraire; elle lui avait montré que Damiens était un scélérat, fou et enragé, et qu'il n'y avait aucune conspiration. Elle lui fit voir l'alarme générale qui s'était produite dans le royaume, et combien tous les parlements avaient détesté cette action. Elle lui avait dit que cet accident le mettait à l'abri de tout autre pareil, par le sentiment d'effroi général et par l'attachement que ses peuples lui avaient montré. Enfin elle avait versé tant de baume dans ses plaies que le soir il s'habilla et le lendemain reprit la chasse et les soupers des petits appartements. La cabale dévote fut déjouée, et la marquise devint plus forte que jamais. Marigny rentra dans le cabinet et fut traité comme le frère d'une femme à qui l'on devait de nouveau la vie.

Le tableau était curieux; la suite le fut davantage. Un

mardi[1], j'étais dans le cabinet après le lever, Champcenetz s'approcha de moi et me dit : « Le *petit saint* (c'était le comte « de Saint-Florentin) a de la besogne ; il est chez le garde des « sceaux depuis deux heures. » Fontanieu dit à son tour : « La besogne est faite ; je l'ai vu aller chez d'Argenson lui « en rendre compte et de là chez madame de Pompadour. » Personne autre ne savait rien ; arrive M. de Maillebois, l'air assez intrigué, enfin la Martinière qui nous dit : « M. de « Machault est congédié, et aussi M. d'Argenson ; c'est fini. » M. d'Argenson, prévenu que M. de Machault allait être envoyé en exil, regardait par la fenêtre de son cabinet M. de Saint-Florentin faire son message. Lorsqu'il le vit remonter dans sa chaise et prendre le chemin de chez lui, il crut que c'était pour le charger par intérim de la place. Mais M. de Saint-Florentin vint lui faire le même compliment de la part du Roi. Ceci ne fut pas long ; toutes les fenêtres et portes furent fermées, et l'un et l'autre partirent pour Paris, et ensuite pour le lieu de leur exil. Tout le monde a su ce qui est arrivé depuis ; je ne m'attache qu'à peindre ce qui s'est passé dans l'intérieur.

Les détails ci-dessus, desquels j'ai été témoin, m'ont empêché d'entrer dans ceux qui me sont personnels. Le marquis de Verneuil venait d'acheter la charge de grand échanson[2], une des premières charges de la couronne, sans aucune fonction qu'au jour du sacre, ou le jeudi saint au lavement des pieds. Cette charge, d'un prix modique, était une faveur pour lui ; elle l'assimilait aux plus grands officiers, elle le plaçait au rang des plus grands courtisans ; tout flattait sa vanité, et la vente de la charge d'introducteur des ambassadeurs le tirait des dépenses qu'il ne pouvait plus faire, et le rendait à lui-même.

M. de La Live de Jully, frère de M. d'Épinay, fermier général, veuf de mademoiselle Chambon, jeune encore, ami de madame Geoffrin, connu par son goût pour les arts,

---

[1] Le 1er février 1757.
[2] En janvier 1756.

ayant un superbe cabinet de tableaux, qu'il composait de tous les ouvrages des peintres français, se présenta pour l'acheter.

Ce n'était plus le temps où le fils d'un homme de finances était exclu de ces sortes de charges. Madame de Pompadour était sortie de la finance, puisque ses premières démarches avaient été pour obtenir à son mari, ou à son oncle Tournehem, une place de fermier général. Tout le monde se ressouvenait que Orry[1], contrôleur général, d'une humeur assez revêche, la refusait malgré ses grâces. On lui disait que le Roi la distinguait, mais il n'en voulait rien croire. Enfin madame d'Étioles, impatientée de ses refus, finit par lui dire : « Monsieur, je serai obligée de vous faire demander la place « par quelqu'un à qui vous ne pourrez la refuser. » M. Orry la reconduisit quelques pas, et en la quittant il lui dit avec humeur : « Madame, si vous êtes ce qu'on dit, j'obéirai ; « mais si vous ne l'êtes pas, vous n'obtiendrez rien. » Il paya le compliment de sa place, dès qu'elle fut reconnue maîtresse du Roi.

Madame de Pompadour, par qui tout passait, obtint l'agrément pour La Live de Jully. Dès que Verneuil m'en eut instruit, je me présentai et dis que la charge était ruineuse tout autant pour moi que pour M. de Verneuil, que je ne vivais que du bien de mes pères, et que cent mille écus qui se perdaient à la mort me mettaient dans l'inquiétude, d'autant que j'allais avoir un enfant; que je n'avais que 40,000 écus de brevet de retenue et environ 25,000 livres de traitement. Je vis clairement que le Roi voulait me conserver, et je demandai qu'on m'accordât une pension de 2,000 livres, comme à M. de Verneuil, et que l'on me donnât le semestre du 1ᵉʳ janvier au 1ᵉʳ juillet, ce qui me dispenserait des voyages de Compiègne et de Fontainebleau, voyages ruineux pour un introducteur. Tout me fut accordé; il fut décidé que l'ancien introducteur prendrait le semestre

---

[1] Philibert Orry, comte de Vignoux (1689-1747). Il fut contrôleur général de 1730 à 1745 et remplacé par M. de Machault.

de janvier, et que je donnerais à M. de Verneuil 15,000 livres de plus. Ainsi j'entrai en fonction au 1ᵉʳ janvier, de sorte que je fis le service une année entière.

L'hiver fut fastidieux à Paris. Il ne fut question que du procès de Damiens, du récit de ses souffrances, de sa garde à la tour de Montgommery, à la Conciergerie, de son supplice, de ses interrogatoires, et des conjectures à perte de vue.

Au commencement de février, ma femme accoucha de mon fils aîné [1].

Le jour du supplice de Damiens arriva [2] ; ma femme était relevée. Les dames les plus jolies se faisaient une fête d'y aller comme à un spectacle. Ma délicatesse, celle de ma femme répugnaient à toutes ces conversations. J'aimais le Roi à la passion ; je sentais toute l'étendue du forfait, et, si j'avais été présent, j'aurais massacré le coupable ; mais au bout de trois mois, la nature et l'humanité reprenaient leurs droits. Je ne comprenais pas comment ce qu'on appelle la bonne compagnie savourait un plaisir qui n'appartient qu'à la plus vile canaille.

Nous fîmes donc la partie d'aller voir Sceaux ce jour-là, avec M. de Chailly et l'abbé de Mégrigny ; je les cite pour rendre justice à leur humanité. Nous ne revînmes souper chez moi qu'à neuf heures, avec ordre de ne nous faire aucun récit, quoique je susse parfaitement qu'une partie de mon monde y était allé.

[1] Bernard-Marie-Joseph-Pierre Dufort, né le 5 février 1757.
[2] Le 28 mars 1757.

CHAPITRE VIII

Le curé de Saint-Prix et les contrebandiers. — Maladie de M. Dufort. — On lui ordonne les eaux de Cauterets. — Voyage. — M. d'Argenson aux Ormes. — Accidents de route. — Bordeaux : Ségur, le roi des vins. — MM. de Tourny. — Les Landes, Bayonne. — M. Morassin. — Le docteur Listal. — Les prisonniers anglais. — Saint-Jean de Luz. — Les corsaires de Bayonne. — Pau. — M. de Berry. — Bagnères. — Mademoiselle Lolotte et le comte d'Hérouville. — Olivarès. — Baréges. — Les ducs d'Aumont et de Villequier. — Tarbes. — Auch. — Montauban. — Toulouse. — Lefranc de Pompignan; son mariage avec madame Grimod-Dufort. Cette. — Béziers. — Montpellier. — Les Galloys de la Tour. — Avignon. — Marseille. — Le duc de Villars. — Un homme de cent vingt-neuf ans. — Toulon. — La flotte de M. de la Clüe. — Hyères. — Gemenos. — Lyon. — Le cardinal de Tencin. — Pierre-Encize. — Dijon. — Retour à Paris.

Je raconterai ici une histoire qui s'est passée sous mes yeux à Saint-Prix, peu de temps après mon mariage [1]. Saint-Prix a un pèlerinage fameux entretenu par la dévotion de tous les arts et métiers de Paris. Le jour de la fête du saint, le village est rempli de charrettes, de fiacres, de carrosses de remise. « Monsieur Saint Prix », comme il est écrit sur le tronc, guérit tous les estropiés. Quatre portefaix traînaient ou faisaient courir trois fois autour du tombeau des boiteux, des culs-de-jatte, des paralytiques, en criant : « Miracle ! » Et malheur à celui qui aurait douté de l'efficacité du remède !

Nous voyions souvent le curé, homme d'esprit au-dessus des préjugés, mais ne les froissant pas; il était plein d'amabilité, et de mœurs respectables. Il vint nous raconter le fait suivant :

[1] J'ai cru devoir placer ici cette anecdote; elle se trouvait originairement au chapitre xv, fort loin de sa date, qui, comme on le verra, est antérieure à 1757.

L'église de Saint-Prix est à mi-côte et tout en haut du village, appuyée à une montagne appelée la Croix-Jacques, et l'on peut arriver à l'église en descendant par les bois, sans être vu de personne. « Il y a environ quinze mois, nous dit
« le curé, que je fus demandé au confessionnal à dix heures
« du matin. Je trouvai dans mon église un homme âgé, bien
« vêtu et en bottes, ainsi qu'un autre plus jeune; ils me
« demandaient de les entendre en confession. Ils se mirent
« chacun d'un côté du confessionnal, à la place du pénitent;
« le plus âgé me dit : — Monsieur, vous êtes un galant homme;
« nous vous confions, mon fils et moi ici présents, que nous
« sommes les chefs d'un convoi considérable de contreban-
« diers; nous sommes poursuivis par les commis de la ferme,
« et il y a trois jours que nous sommes cachés avec nos
« chevaux et nos bagages dans les caves du château de la
« Chasse[1], qui est à une demi-lieue d'ici, sur le bord d'un
« étang en fin fond de forêt. Nos espions nous avertissent
« qu'il faut y rester jusqu'à demain soir; nous sommes dix-
« sept, sans compter les chevaux, qui n'avons rien mangé
« depuis avant-hier au soir. Nous ne pouvons nous employer
« pour acheter des vivres, et nous désirons que cela se fasse
« par votre ministère. Vous comprenez l'importance du
« secret : on pourrait nous trahir, mais celui qui le ferait
« périrait certainement; car nos camarades sont intrépides,
« et connaissent notre démarche. — Messieurs, leur répondit
« le curé, soyez tranquilles; faites-moi l'honneur de venir
« déjeuner chez moi, et pendant ce temps je pourvoirai à vos
« approvisionnements. » Ils le suivirent, le déjeuner fut gai, et deux chevaux furent chargés très-adroitement de pain, de vin et de victuailles. Les deux hommes payèrent grassement, ajoutèrent quatre louis pour les pauvres, et, en partant, ils firent donner au curé sa parole de garder le plus inviolable secret jusqu'à ce qu'il eût reçu de leurs nouvelles. Il y avait quatre jours qu'il avait reçu un ballot de toile superbe, pour faire

---

[1] Dont il reste quelques vestiges dans un vallon de la forêt, entre Saint-Prix et Bouffémont. (A. Rey.)

vingt-quatre chemises, et la lettre ci-jointe : « Vous pouvez, « Monsieur, conter l'aventure si elle vous amuse. Vous avez « très-bien gardé le secret à des personnes qui vous doivent la « vie ; acceptez cette marque de reconnaissance. Tranquille « maintenant chez moi, la vente que j'ai faite des marchan- « dises en question m'a mis assez au-dessus de mes affaires « pour ne plus entreprendre de spéculations si dangereuses, « surtout pour des officiers au service du Roi. Nous conser- « verons une reconnaissance éternelle de votre conduite « envers nous. »

Le bon curé était ravi ; mais trois semaines après, il mourut d'une fluxion de poitrine, et dans ses derniers moments, sa conscience timorée lui reprochait cette honnêteté, à ce que me dirent ceux qui l'assistèrent[1].

Notre genre de vie fut bientôt troublé par le délabrement de ma santé. J'arrivai à un affaiblissement et à une maigreur qui dégénéraient en phthisie. Bastien était mort, après six ans de paralysie ; tout ce qu'il y avait d'habiles médecins ne me donnaient que des toniques, et ils n'étaient pas suffi- sants. Je trouvai à la Comédie italienne le président de Sénozan[2], père de M. de Viriville, un de mes amis. Je lui contai mes maux. Il me console, me dit qu'il n'y a que les eaux de Cauterets qui l'ont guéri : je le vois gros, gras et frais ; je me persuade aisément ce que je désire, et je prends la ferme résolution d'y aller. M. de Barassy, mon ami de collège que je voyais de temps en temps, marié à mademoi- selle Gondouin, demeurait rue de Paradis, où il tenait une très-bonne maison ; il passait pour être riche de 60,000 livres

[1] D'après M. Auguste Rey (p. 70), ce curé devait être Jean Lointier, prieur, licencié en théologie, curé de Saint-Prix en 1746, mort en 1757.

[2] Jean-Antoine Olivier de Sénozan, d'abord président à la quatrième chambre des enquêtes, puis conseiller d'État ordinaire en 1755. Sa mère, Anne-Madeleine de Giôlée de Viriville, était la dernière héritière de la branche des comtes de ce nom. Il eut deux fils, nommés, d'après la Chenaye, 1° Antoine-François, et 2° Jean-François-Ferdinand, qui mourut maréchal de camp en 1769, et que la *Gazette de France* du 1er décembre 1769 qualifie comte de Sénozan et de Viriville. C'est lui probablement qui était l'ami de l'auteur.

de rente, et il vivait comme les ayant. On le disait attaqué de la poitrine; il m'entend parler de mon projet et s'offre de m'accompagner.

J'avais une voiture excellente, je la fais disposer pour le voyage, et je fais faire une table qui s'ajustait aux portières, avec un trictrac dont les flèches étaient séparées par des coches. Puis je mets en ordre mes affaires, car je me trouvais si mal que je ne comptais pas revenir. Je vais à Versailles prendre congé du Roi et lui demande la permission; j'avais encore deux mois de service, et M. de La Live ne demandait pas mieux que d'entrer en fonction. Le Roi, qui avait vu ma femme dans la galerie, me répond : « Voilà ce que c'est que « de s'être diverti et d'avoir une jolie femme ! guérissez-vous, « je vous le conseille, et mettez-y le temps. » Je m'assure d'un passe-port pour Gênes et pour l'Italie, et de lettres de recommandation. Je comptais, si les eaux me réussissaient, faire ce voyage instructif et amusant. Mon fils était en nourrice à Saint-Leu, et j'y envoyai toute ma maison.

Nous partons le 10 avril 1757 dans la berline, ma femme et moi, mademoiselle Gentil et M. de Barassy; en outre, trois courriers : un pour M. de Barassy et pour moi, le frère de Marnier, mon premier laquais, et Duplessis, premier laquais de ma femme, qui depuis s'est trouvé un homme à talent et est l'auteur des calendriers perpétuels qu'on voit partout; il est mort après avoir eu une boutique considérable sur le pont au Change.

Nous vînmes coucher à Orléans, dîner à Blois, et le lendemain coucher à Tours. De Tours nous allâmes à Poitiers, et nous ne voulûmes pas passer sans séjourner un jour franc aux Ormes [1]. M. d'Argenson était notre parent, il nous avait toujours bien traités, et moi en particulier. Il était dans les premiers temps de son exil, et j'avais assez sondé le terrain pour croire qu'une visite de parenté ne me ferait nullement tort.

---

[1] Les Ormes-Saint-Martin, sur la rive droite de la Vienne, près de son confluent avec la Creuse, sur les confins de la Touraine et du Poitou. (BARBIER, février 1757.)

Nous arrivâmes de très-bonne heure aux Ormes. Nous y trouvâmes madame d'Estrades, qui l'avait suivi, M. Thiroux, directeur des postes [1], Moncrif, et quelques gentilshommes voisins. Après dîner, M. d'Argenson n'eut rien de plus pressé que de me faire voir son parc, ses jardins et la rivière qui les borde. Toute la conversation roula sur la cour que j'avais quittée à l'instant. Je vis le regret mortel où il était d'avoir succombé à la cabale. La promenade nous mena vis-à-vis d'une statue du Roi [2]; il me dit : « Voilà ma seule « consolation, celle de venir voir tous les jours mon maître ! »

Nous rentrâmes, il fit sa partie avec nous; il fut galant, aimable, enfin tout ce qu'il était avant dans la société.

J'oublie que M. Vallier [3], surnommé le petit Vallier, y était aussi. Ami intime de la maison, il faisait tout son possible par sa gaieté pour distraire l'ex-ministre du chagrin de son exil.

Le lendemain, nous allâmes coucher à Barbesieux, où nous vîmes les manufactures d'épingles; puis nous partîmes pour Bordeaux. Cette route a été changée depuis. Nous arrivâmes à Saint-André de Cubzac, environ sur les quatre heures. Nous ne connaissions pas la route, et nous ignorions que pour arriver à la Dordogne, il fallait descendre une montagne bien pavée, mais très-longue, allant en tournant et faite à mi-côte, de manière que la montagne était d'un côté, et le précipice de l'autre. J'étais alors dans le fond avec ma femme; sur le devant, M. de Barassy et mademoiselle Gentil; au milieu, la table que j'avais fait faire, sur laquelle nous mangions et posions nos livres, et qui était soutenue par quatre attaches se détachant à volonté. Un sac de cinquante louis, en écus, était ouvert pour payer la poste. On ne parle pas d'enrayer une voiture très-lourde et chargée d'effets pour six mois au moins.

---

[1] Il y avait alors trois Thiroux dans l'administration des postes. Il s'agit probablement de Thiroux de Montregard, l'un des deux intendants généraux.

[2] Le président Hénault, qui décrit le château des Ormes, dit que cette statue était primitivement dans les jardins de M. d'Argenson, à Neuilly. (*Mémoires*, p. 251.)

[3] Peut-être Charles-François Vallier, comte du Saussay (1703-1778), colonel d'infanterie et poëte médiocre.

Nos trois courriers s'étaient détachés pour faire préparer les bateaux à voiles. Mais à peine la voiture est-elle en train de descendre, que les deux chevaux, entraînés par la pesanteur, poussent les quatre de devant. Voyant qu'ils ne pouvaient résister, les postillons se mettent au grand galop, espérant nous faire verser contre la montagne à un détour. Mais ils n'étaient plus les maîtres, et nous voyons les chevaux, le timon et la voiture prendre la direction d'un précipice de plus de cent toises de profondeur. Impossible à nous de sortir de la voiture et de faire aucun mouvement; nous étions tenus par cette maudite table, qui ne cédait pas à notre précipitation. Tout cela se faisait aussi vite que la pensée. Enfin, le postillon de devant, apercevant un tronc d'arbre dans l'affreux glacis, y dirige ses chevaux; ils tombent tous les uns sur les autres, comme des capucins de cartes. Cette résistance d'un instant arrête les deux petites roues, car celles de derrière n'avaient pas encore quitté le pavé; en un instant, tout ce qui était sur la table fut déblayé; tabatières, mouchoirs, livres, sac à ouvrage et le sac de cinquante louis furent jetés sur le pavé, la table de même, et nous sortîmes tous les quatre. La voiture allégée, les postillons se dépêtrèrent, et les chevaux furent rattelés au moyen de quelques cordes. Nous ramassâmes nos effets; le sac d'écus était tout éparpillé, mais nous avions la vie sauve, et cela nous suffisait. Nous remîmes tout en ordre, excepté la table que je laissai aux postillons, ne voulant plus jamais me servir de pareille invention, et nous gagnâmes à pied la rivière pour nous embarquer. De la Dordogne à la Garonne, il y a une plaine de plus de deux lieues; enfin nous arrivâmes au bord de la Garonne, bien dédommagés par le superbe coup d'œil de la ville et du faubourg des Chartrons.

Nous étions parents par ma femme de M. de Ségur, qui, ainsi que toute sa famille, était lié intimement avec M. le comte d'Onsenbray; il avait absolument voulu me donner une lettre pour sa mère, et je l'avais acceptée avec d'autant plus de plaisir que je ne connaissais personne directement à

Bordeaux. M. de Ségur[1] était connu dans le pays sous le titre de *roi des vins;* il avait les meilleurs crus, et conservait depuis trente ans des vins qu'il vendait à proportion. Dès que, arrivé dans la ville, j'eus prononcé son nom, on me mena tout de suite à un superbe hôtel, où il demeurait avec sa mère; cette dame était prévenue et nous reçut avec une aisance telle que nous nous y trouvâmes mieux que chez nous.

Nous y séjournâmes huit jours, traités magnifiquement, et passant en revue tout ce qu'il y avait de mieux dans la ville, tant dans le militaire que dans la robe.

Nous vîmes depuis le château Trompette jusqu'aux plus jolies maisons des environs. M. de Tourny, le fils d'un intendant illustre dans cette province[2], puisqu'il avait donné son nom aux superbes allées de Tourny, nous traita un jour.

Extrêmement dévot, il se chargea de nous faire voir les églises, surtout les Chartreux, dont il nous fit les honneurs comme s'il eût été un moine. La dévotion a fini par lui échauffer tellement la tête, que voulant étouffer tout mouvement soit du sang, soit de l'imagination, il se ficela le corps comme un bout de tabac, ce qui lui procura une gangrène, dont il n'avertit le nommé Duchesnay (qui a été mon médecin depuis) que lorsqu'il ne fut plus temps. Il périt le seizième jour, en bénissant le ciel de ses souffrances.

La bonne chère, le voyage, les vins exquis que je buvais, m'avaient rétabli un peu; mais dès que j'abusais, j'étais sûr de le payer par des douleurs. J'approchais des eaux; on

---

[1] Il ne peut s'agir, eu égard à la date du voyage, de Nicolas-Alexandre de Ségur, président à mortier au Parlement de Bordeaux, qui « était fort riche « et avait des vins pour beaucoup d'argent à Bordeaux ». (LUYNES, t. IX, p. 100.) Le Ségur dont il est parlé ici doit être Alexandre de Ségur, aussi président à mortier au Parlement de Bordeaux, puis prévôt de Paris de 1755 à 1766, neveu et gendre de celui qui précède. Il était fils de Pierre de Ségur et de Marie Rocaute, et avait épousé en 1742 Marie-Thérèse-Élisabeth-Eugénie de Ségur, sa cousine.

[2] Louis-Urbain Aubert de Tourny, ancien intendant de Limoges, intendant de Bordeaux depuis 1743, conseiller d'État de 1755, venait de donner sa démission d'intendant en faveur de son fils, Claude-Louis, maître des requêtes depuis 1755, qui fut remplacé en 1758 par M. Boutin.

devait les connaître. J'allai consulter le plus habile médecin, qui me renvoya à un fameux médecin de Bayonne, nommé Listal, qui avait une réputation dans tout le Midi, comme Dumoulin l'avait eue à Paris. Au lieu d'aller à Pau par les petites landes, je n'hésitai pas à prendre les grandes, pour me rendre à Bayonne. Il fallait choisir entre les eaux de Bagnères, de Cauterets ou de Baréges, toutes trois à quatre lieues l'une de l'autre.

Nous passâmes dans les grandes landes. Ce sont des plaines à perte de vue, remplies d'ajoncs et d'arbustes piquants, dans lesquelles se promènent des moutons et bestiaux, qui se perdent dans les broussailles, et que l'on ne découvre que par leurs conducteurs, montés sur des échasses de près de quatre pieds de haut. Ces bergers, accoutumés à cet exercice, marchent lestement, ne descendent jamais, et pour se reposer s'appuient contre des arbres, quand ils sont assez heureux pour en trouver. On traverse souvent des forêts de pins, et nous fîmes deux lieues à travers une partie qui avait été incendiée depuis peu et présentait le spectacle le plus triste possible. Les postes étaient entourées de quelques terres défrichées, et il était aisé d'en conclure que si le gouvernement avait suivi le projet d'une compagnie de défrichement, ce terrain aurait été aussi productif pour la France que bien d'autres ; il ne manquait que des bras.

Les postes étaient mal servies ; souvent, les chevaux étaient dans les pâturages, et il fallait attendre. Après avoir couru toute la journée, nous fûmes obligés de coucher dans une maison isolée, qui faisait l'auberge et la poste. Il nous en coûta un prix exorbitant, pour ajouter quelques œufs aux provisions dont nous nous étions pourvus, et nous n'eûmes d'autre retraite qu'une chambre, à côté de la cuisine, où nous couchâmes cinq. Deux des courriers passèrent la nuit dans la voiture, sur le grand chemin et en plein bois. Nous apercevant que la porte ne fermait qu'au loquet, nous établîmes des chaises pour nous avertir ; nous nous armâmes de nos pistolets et nous nous endormîmes de fatigue, dans une maison qui avait l'air d'un vrai repaire de voleurs, et dont les hôtes avaient une mine peu rassurante. A deux heures, nous étions réveillés par le bruit que faisaient les meubles en tombant; un particulier cherchait à entrer, mais, nous trouvant sur nos gardes, il ferma la porte et se retira. De ce moment il ne fut plus question de dormir; nous nous dépêchâmes de faire mettre les chevaux et nous partîmes à la pointe du jour. La seconde nuit fut moins orageuse.

Enfin, sortis des landes, nous arrivâmes de bonne heure à la dernière poste, avant Bayonne. J'aperçus, sur une élévation, un homme très-bien mis qui, avec sa lunette longue, regardait un vaisseau qui voguait à toutes voiles. Dès qu'il vit nos courriers, il s'empressa de leur demander qui nous étions. Aussitôt qu'on eut prononcé mon nom, il vint à la voiture et me dit : « Monsieur, mon frère Moracin[1] m'avait mandé de « Paris que vous viendriez peut-être à Bayonne; vous ne vous « rappelez peut-être pas m'avoir vu chez madame de Sy, où « mon frère loge, et chez madame de Cramayel[2], mais j'ai « bien l'honneur de vous connaître. Vous serez très-mal dans « l'auberge à Bayonne, faites-moi le plaisir d'accepter ma « maison. Je ne puis y retourner que demain, mais je vais « vous donner un ordre pour qu'on vous y reçoive, comme « si j'y étais moi-même. »

J'eus beau me tenir dans les termes de la politesse d'usage, il fallut promettre et accepter. Il s'appelait M. Moracin d'Hollande. Dès que nous fûmes partis, nous nous décidâmes, pour ne pas l'importuner, à descendre à la meilleure auberge, et nous nous y fîmes conduire; mais à peine descendus, nous fûmes convaincus qu'il nous avait dit la plus grande vérité : l'auberge n'était pas habitable. Comme il faisait encore jour, nous nous déterminâmes à nous faire conduire chez M. Moracin d'Hollande.

[1] Un Moracin avait été associé au banquier La Borde. Un autre fut receveur général des fermes à Bayonne (1766); un autre enfin fut nommé commissaire général ordonnateur à Pondichéry en 1784.
[2] Madame Fremyn de Sy, née Ferrand, et madame Fontaine de Cramayel, née de La Borde, que nous retrouverons toutes deux un peu plus loin.

Ma femme jeune, très-jolie, avait un habit d'homme, une jupe de femme, un chapeau à plumet blanc et boutons de diamants et du rouge, ce qui nous attira les regards des passants. Nous frappons à une porte qu'on nous dit être la demeure de M. Moracin; une femme paraît au troisième et nous salue du *Quésaco*. Nous l'invitons à descendre, de la part de son maître; elle arrive, voit ma femme, fait un signe de croix, et nous referme la porte sur le nez, en criant : « Hé! grand Dieu! c'est une comédienne! » Nous voilà dans la rue, fort estomaqués; enfin, les voisins s'assemblent; je m'explique, je montre le billet; on parlemente; la servante revient, reste convaincue que nous ne sommes ni comédiens ni opérateurs, et nous introduit chez elle.

Cette réception ne nous donnait pas une grande idée de l'habitation. Quel est notre étonnement! Nous trouvons une petite maison charmante : une chambre à coucher en damas cramoisi, avec baguettes dorées, le lit pareil; un joli salon; une salle à manger et quatre chambres particulières, plus jolies et plus propres les unes que les autres. On nous servit un souper délicieux, et nous nous couchâmes tous, comme par féerie, dans les meilleurs lits possibles.

A huit heures du matin, Moracin arriva; je n'ai de ma vie eu une plus aimable réception. Il était amoureux de mademoiselle Galland, qu'il a épousée depuis; il nous mena chez la belle-mère et nous fit voir toute la ville. La meilleure compagnie s'empressa de nous inviter, et nous allâmes partout. Dans une ville si éloignée, une jolie femme venant de Paris faisait sensation; madame la marquise d'Amou, dont le mari avait le commandement de la ville [1], nous invita. Il fallut aussi aller dîner chez le comte d'Aspremont [2], commandant la citadelle.

---

[1] De Caupenne, marquis d'Amou, capitaine aux gardes-françaises, puis commandant à Bayonne, marié en 1740 à Marie-Charlotte de Menou, de la branche de Cuissy.

[2] Henri, chevalier d'Aspremont, né en 1702, brigadier d'infanterie en 1747, nommé en 1756 lieutenant de Roi au château de Bayonne. (PINARD, *Chronologie militaire*.)

Nous étions en pleine guerre; les prisonniers anglais étaient entassés dans la citadelle, et nous fûmes réveillés une nuit par un bruit de fusillade soutenu. Le lendemain, nous sûmes que les prisonniers avaient fait un trou; seize s'étaient enfuis et mis en défense; on avait été obligé d'en fusiller quatre pour faire rentrer les autres.

Cependant mon principal objet était de consulter M. de Listal, pour qui j'avais fait soixante lieues de plus. Il opina pour que je me rendisse aux eaux de Bagnères, comme les seules qui pussent me rendre la santé. La chose décidée, nous consacrâmes huit jours à Bayonne, tant par reconnaissance de la bonne réception qu'on nous y faisait, que par le plaisir que nous y trouvions.

Des bals charmants, embellis par l'humeur *saltimbanque* des Basques, une quantité de jolies femmes, les amitiés et les attentions de M. de Moracin, tout nous rendait ce séjour agréable.

Je ne voulais pas quitter Bayonne sans voir les confins de l'Espagne et de la France. Nous primes donc un jour pour aller à Saint-Jean de Luz, qui n'est qu'à quatre lieues de Bayonne.

Nous vîmes en passant sur la montagne le beau château construit par l'avant-dernière reine d'Espagne, qui y a fini ses jours. Ce château, bâti à la moderne, a été possédé par M. Picot, dont la fille a épousé Charles Lameth [1], qui a joué un rôle dans l'Assemblée constituante.

Après avoir touché les terres d'Espagne, nous revînmes à Bayonne. M. de Moracin risquait beaucoup sur les corsaires armés en course. Il en sortait journellement, et il n'était question que de prises. Il avait mis sur un corsaire prêt à partir, dont il estimait beaucoup le capitaine, et il me proposa de prendre une action. Elles étaient de cinq mille

---

[1] Charles-Malo-François de Lameth (1757-1832), colonel des cuirassiers du Roi, gentilhomme d'honneur du comte d'Artois, député de la noblesse aux États généraux. Il siégea au côté gauche, et eut avec le duc de Castries un duel qui fit grand bruit. Il avait épousé Marie-Anne Picot.

livres; j'engageai M. de Barassy à en prendre la moitié, et me voilà dans le commerce de la marine. Le vaisseau était prêt à mettre à la voile, il était dans le bassin; c'était une course d'au plus quinze jours. Le vent devient bon, nous le voyons partir. Toutes les lunettes sont braquées, nous le voyons à l'horizon se joindre à un autre vaisseau et tirer des bordées; nous croyons notre gain sûr, lorsque notre cher capitaine baisse pavillon et suit paisiblement celui qu'il avait attaqué. Les avis se partageaient; mais je ne doutai pas que nous ne fussions pris, et je fus corrigé de mettre mon argent à la grosse aventure.

Nous partîmes de Bayonne le lendemain, pour nous rendre par Orthez à Pau, et de là à Bagnères; cette route fut longue, mais le chemin très-beau; nous couchâmes à Orthez. La nouveauté et la beauté du pays nous intéressèrent; mais lorsque nous fûmes à descendre la côte de Gère, nous fûmes émerveillés par le coup d'œil magnifique d'une campagne à perte de vue.

J'avais à Pau une cousine, mademoiselle Charpentier de Vilziers [1], mariée à un conseiller au Parlement de Pau, M. de Baiard, avec laquelle j'avais une intimité d'enfance. Les premières personnes que je rencontrai furent elle et son mari, en berline, qui allaient dans leur terre. Ainsi je n'avais rien qui m'engageât à rester à Pau; nous ne fîmes donc qu'y dîner, pour aller à Tarbes où logeait M. de Berry, trésorier des états de Bigorre, qui nous attendait. Je lui étais fort recommandé par madame de Montpellier, qui prenait en ce moment les eaux à Bagnères; elle m'avait écrit qu'elle nous attendait.

Nous arrivâmes pour souper à Tarbes. Madame Berry, la mère, était âgée de plus de quatre-vingts ans, et nous ne sûmes son âge qu'après lui en avoir donné tout au plus qua-

---

[1] Il a été question de son père, qui avait épousé une demoiselle Le Boullanger, mais madame de Baiard ne figure pas dans la Chenaye, qui mentionne seulement ses frères et sœurs. Jean-Antoine de Baiard était conseiller au Parlement de Pau depuis 1736. (*État de la France*, 1749.)

rante. Bonne réception, grande bonhomie, opulence considérable et sans faste, tout nous représentait l'ancien temps. Berry arriva le lendemain matin. Gai et obligeant, il facilitait à tous les gens connus les moyens de se rendre aux trois eaux. Il arrivait de Cauterets, où se trouvait M. le duc d'Aumont.

Le lendemain, nous allâmes coucher à Lourdes, où M. de Bellegarde commandait. Ce bourg, où commencent les Pyrénées, est dominé par un château fort où l'on envoyait en exil les personnes qu'on ne voulait que corriger.

Le soir, nous arrivâmes à Bagnères; Berry nous avait loué sur une petite place une maison entière, bien bâtie et agréable. L'établissement aux eaux n'est pas long; Duplessis se fit cuisinier, mademoiselle Gentil fit l'office, et en vingt-quatre heures nous nous trouvâmes même en état d'avoir quelques personnes à dîner.

Mademoiselle Lolotte, la maîtresse de feu lord Albemarle, jouait un grand rôle. Elle ne m'était pas étrangère, comme je l'ai dit. Depuis la mort subite de lord Albemarle, M. le comte d'Hérouville, commandant à Bordeaux [1], s'était attaché à elle, de manière qu'il l'a épousée depuis. Il en a eu deux filles, bien mariées aujourd'hui. De l'esprit, de l'usage du monde, une grande finesse, une très-jolie figure, tout justifiait son choix. Un accident arrivé à Bordeaux à l'hôtel du gouverneur était la cause de ce voyage. Une fontaine de plomb, anciennement bouchée, fut rouverte par ordre de M. d'Hérouville. Au bout de deux jours, sept personnes de sa maison périrent dans des douleurs qui manifestaient le poison; lui-même fut attaqué, mademoiselle Lolotte aussi. Les remèdes les tirèrent des portes de la mort, et on leur ordonna de venir prendre les eaux de Bagnères. Ils y étaient établis avant nous, et leur maison était considérable; ils étaient environ une vingtaine. Le coureur connaissait mes

---

[1] Antoine de Ricouard, comte d'Hérouville, lieutenant général, commandait la province de Guyenne depuis 1754. Il épousa Louise Gaucher fort peu de temps après le voyage de M. Dufort. Elle mourut en 1765.

gens ; il vint les voir, et il dit qu'il se sentait attaqué. Il tint parole ; le lendemain, il mourut dans des douleurs affreuses. Enfin, successivement, il périt de leur maison neuf personnes, tant hommes que femmes.

Toutes les avances de M. d'Hérouville et mon ancienne connaissance avec mademoiselle Lolotte tiraient à conséquence. Il était difficile de lier une femme jeune et très-jolie avec une fille entretenue et qu'on convenait avoir à douze ans dansé sur les planches. Je résistai donc à toute invitation d'intimité, et nous nous bornâmes à nous voir comme connaissances des eaux. La réputation de ma femme valait bien ce petit sacrifice.

Les eaux étaient brillantes. Madame de Montpellier faisait le fond de notre société. Il y avait beaucoup de Bayonnais, beaucoup de Bordelais, quelques Américains. Ce fut là où je fis connaissance de M. Olavidès, connu depuis sous le nom de comte de Pilos[1], homme d'État rempli d'esprit et de connaissances, et ayant joué depuis un grand rôle en Espagne. C'est lui qui a défriché la Sierra Morena, et, en butte à l'Inquisition, a été obligé de venir vivre à Paris.

Il arrivait de faire le voyage de Lima à Madrid. Une longue traversée, une persécution qu'il avait éprouvée, lui avaient fait porter l'humeur aux jambes, qu'il a conservées enflées. Venant d'épouser à Madrid une veuve qui lui apportait une fortune considérable, il commençait ses voyages en Europe, et voulait prendre les eaux pour raffermir totalement sa santé. Étudiant le français, doué d'une mémoire prodigieuse et d'une éloquence rare, il débuta par vivre seul. Je ne tardai pas à sentir tout ce qu'il valait, et, de ce moment, nous nous liâmes tellement que maintenant il passe sa vie avec moi.

Comme j'aurai d'autres occasions de parler de lui, je vais continuer de me rappeler tous ceux que je vis à Bagnères : madame la baronne de Mesplesse, notre ami Jelyotte, qui,

---

[1] Olavidès (Pablo-Antonio-José), né à Lima en 1725, mort en Espagne en 1803. Il en sera souvent parlé dans ces Mémoires.

depuis son jeune âge, venait tous les ans revoir sa patrie et prendre les eaux du pays; M. Becque; enfin, M. Gradis [1], Juif de Bordeaux, d'une fortune immense.

Nous dînions, soit chez nous, soit chez madame de Mesplesse ou madame de Montpellier, mais nous dédaignions de nous trouver aux redoutes : il y venait des joueurs intrépides qui n'y perdaient pas leur temps.

Nous nous étions liés avec l'abbé de Verthamont de Montauban [2], cousin de l'évêque de ce nom. Sa tête exaltée l'avait porté en mission à la Chine; il avait dépassé Canton et avait éprouvé une persécution de trois mois, après laquelle il était revenu en France. Le scorbut l'avait attaqué, et il venait aux eaux pour tâcher d'apaiser le feu que les antiscorbutiques avaient allumé dans son sang. Homme d'esprit, fort instruit, rendant agréablement les récits de son voyage, il travaillait à une réfutation du père Duhalde [3], qui n'a jamais paru, mais que j'ai vue, et qui aurait mis au jour bien des mensonges; c'était un homme pieux et de mœurs, sans être un fanatique.

Une douzaine de personnes faisaient donc le fond de notre société, et différentes parties aux environs se passèrent fort agréablement, surtout à Médous, petite capucinière située à mi-côte et dominant sur la vallée de Campan, où se trouve une fontaine excellente d'eau limpide, réunie en un bassin.

Les eaux de Salut se réunissent dans un bassin couvert et fermé par un petit bâtiment, à peu de distance de Bagnères; chacun s'y rend tous les matins, après avoir pris l'heure vacante. Ces eaux, d'une chaleur extrêmement tempérée,

---

[1] Marmontel en parle dans ses *Mémoires* (livre VII). D'après des renseignements fournis par M. Pierre Margry à M. Masson, il se nommait Michel Gradis, armait des vaisseaux pour la course, et fut à ce sujet en rapport avec Lapeyrouse en 1759. (*Correspondance de Bernis*, t. II, p. 318, note.)

[2] Abbé de Néaufle le Vieux depuis 1753. Son cousin était Samuel-Guillaume de Verthamont de Chavagnac, qui fut évêque de Luçon de 1737 à 1758.

[3] Duhalde, Jésuite, auteur de la *Description géographique, historique, chronologique..... de la Chine et de la Tartarie*. Paris, 1735, 4 volumes in-f°, avec figures et atlas.

puisqu'elles remplissent le bassin au sortir de la source, sont bonnes pour rafraîchir le sang et guérir les petits maux; aussi y voit-on peu de gens attaqués de maladies sérieuses.

Nous allâmes faire un dîner dans les montagnes, à portée d'un site superbe par le rapprochement de plusieurs vallons. C'était auprès d'une vieille église abandonnée et encore bien couverte. Jelyotte, madame de Montpellier, madame de Mesplesse en étaient, ainsi que l'abbé de Verthamont et beaucoup de nos nouvelles connaissances. Dans les montagnes, on éprouve toutes les variations des saisons. Le temps était superbe au départ, puis l'air devint lourd et étouffant. Nous entrâmes dans l'église. Ce vaisseau était vaste et extraordinairement sonore, Jelyotte était dans la force de sa voix, et la conduisait avec un goût qui a fait sa grande réputation; nous le priâmes de déployer sa superbe haute-contre. Il se mit à chanter cette ariette de l'opéra dont il fit la fortune : *Du Dieu des cœurs...* Mais quand il fut à la seconde partie de l'air : *Quand Jupiter lance son tonnerre...*, il sembla que la nue se mit d'accord pour faire orchestre; il y eut un coup de tonnerre comme je n'en ai jamais entendu un pareil. Rien ne l'émeut, il finit l'air, et nous sortons. Un déluge d'eau s'annonçait, la foudre redoublait, et, dans un pré vis-à-vis de nous, et dont nous n'étions séparés que par un gave ou torrent, nous voyons l'éclair partir et le coup porter sur deux vaches; comme le terrain était en pente, nous les vîmes rouler quelques pas. L'abbé de Verthamont me prend alors en particulier et me dit : « Je n'ai jamais été si mal à mon
« aise que quand Jelyotte a chanté dans cette église un
« hymne à l'amour, et ce que nous voyons me prouverait
« qu'on ne peut offenser Dieu impunément. — Moi, lui répon-
« dis-je, je n'ai jamais eu tant de plaisir, car je n'ai jamais
« entendu Jelyotte chanter aussi bien. Personne ici n'a envie
« d'offenser Dieu; il n'y a que des fous dans la tête de qui
« cette idée puisse passer. Une église abandonnée n'a plus
« le caractère de temple de la divinité; celle-ci n'est main-
« tenant qu'une grange ou une étable. » Il me parut que mes

réflexions le tranquillisaient, et il ne fut plus question que de revenir, portés sur des chaises par des Basques à jambes nues.

Cependant, par le conseil du médecin des eaux, je risquai de me purger. Cette médecine m'affaiblit tellement que je n'avais plus la force de sortir de mon lit. Je revins un peu en huit jours, sans cependant trouver un moment de relâche à mes maux d'estomac. Dès que je pus monter à cheval, je me décidai à aller, avec M. de Berry, à Baréges et à Cauterets, pour voir où j'irais m'établir, ne me sentant nullement soulagé à Bagnères.

Nous partîmes donc tous les deux pour Baréges, avec un domestique, par le Tourmalet. Baréges est bientôt vu; c'est une seule rue avec quelques maisons et un hospice militaire. La princesse de Barette[1] s'y trouvait, avec un fils et une fille rachitiques; il y avait beaucoup d'officiers et de soldats blessés, mais peu de société. Après y avoir dîné, nous continuâmes notre route pour nous rendre à Cauterets. Je n'ai jamais vu rien de si beau que les chemins nouvellement finis par M. Mégret d'Étigny, alors intendant[2]. Tous sont pris à mi-côte, coupés dans le rocher dont il jaillit, du côté droit, des sources qui vont se précipiter dans un gave, qui coule à cent toises de profondeur. Un pont d'une seule arche, surnommé le *pont du Diable,* est si prodigieusement élevé que les yeux sont effrayés par la profondeur du gave qui roule avec un bruit effrayant.

Enfin, nous arrivâmes à Cauterets; la société y était charmante, et le duc d'Aumont y tenait maison ouverte. Je n'étais pas descendu de cheval que son fils, le duc de Villequier[3],

---

[1] Peut-être la margrave de Bareith, quoiqu'à cette époque la margrave, née en 1709, ne dût pas avoir de jeunes enfants. Ce serait plutôt Élisabeth-Frédérique de Brandebourg-Bareith, née en 1733, mariée en 1744 à Charles-Eugène, duc de Wurtemberg-Stuttgard.

[2] Antoine Mégret d'Étigny, maître des requêtes de 1744, intendant de Pau et d'Auch de 1751 à 1767. Il avait épousé en 1744 Françoise Thomas de Pange. Il fut le père de Mégret de Sérilly, que l'on trouvera plus tard.

[3] Louis-Alexandre-Céleste d'Aumont (1736-1814), duc de Villequier, puis duc d'Aumont, fils cadet du duc d'Aumont, dont il a été déjà question (ainsi que du duc de Mazarin, son fils aîné). Le duc de Villequier eut la survivance

vint m'inviter, j'y courus. Je trouvai le duc, un M. Nique, savant et médecin, qui demeurait chez lui; l'abbé Panat [1], aumônier du Roi; l'abbé de Noé [2], depuis évêque; l'abbé de Juigné [3], depuis archevêque de Paris; madame Dufort d'Orsay [4], dont j'avais l'intime connaissance; madame la marquise de Chabrillant [5]; enfin douze ou quinze personnes qui m'amusèrent fort; le souper fut charmant.

Mes forces revenaient, mais mon estomac était encore fort souffrant. Le duc m'invita à aller avec lui à la fontaine. La source est à plus de vingt minutes de chemin; deux montagnards, pour une légère rétribution, vous portent sur une chaise de paille, traversée des deux côtés par des bâtons de chaise à porteurs. J'en pris une, et nous arrivâmes à la source de compagnie. Les eaux commençaient à peine à être connues. Il y avait plusieurs fontaines sortant du rocher; l'une, qui était destinée pour les bains, venait de plus de cinq cents pas, dans des rigoles de bois suspendues. Elle arrivait brûlante dans des baignoires faites en forme de bières à enterrer les morts, placées dans des baraques de bois mal jointes, à côté les unes des autres. Je ne pris pas de bain, mais je fis usage des eaux destinées à être bues; je les trouvai délicieuses, quoiqu'elles sentissent le goût d'œuf pourri à pleine bouche; la nature me les indiquait. Je n'en eus pas bu deux verres que je sentis un baume sur mon estomac; je continuai jusqu'à dix verres et revins dîner chez le duc d'Aumont avec appétit et confiance.

Les conseils de M. Nique, les invitations de toute la société

---

de la charge de premier gentilhomme de la chambre en 1762, et devint titulaire en 1785, à la mort de son père.

[1] Probablement René-François d'Azémar, dit l'abbé de Panat, alors aumônier de Madame, nommé en 1754 à l'abbaye de Sainte-Foy-de-Conques.

[2] Marc-Antoine de Noé, né en 1724, grand vicaire d'Alby, abbé de Simorre en 1756, évêque de Lescar en 1763.

[3] Antoine-Éléonor-Léon Le Clerc de Juigné (1728-1811), agent général du clergé, évêque de Châlons en 1764, archevêque de Paris en 1781.

[4] Madame Grimod-Dufort, née de Caulaincourt, dont il a été déjà fait mention.

[5] Sur laquelle l'auteur donne des détails un peu plus loin.

me déterminèrent, et je promis d'être de retour pour souper huit jours après, jour pour jour. On se chargea de me trouver un logement suffisant. Je n'avais pas de peine à porter parole pour M. Barassy, qui ne se trouvait pas mieux que moi des eaux de Bagnères, et ma femme ne songeait qu'à ma guérison.

Le duc d'Aumont ne connaissait pas Bagnères, ni Baréges; il fut convenu que je le recevrais à mon tour, ainsi que son fils et M. Nique. Je partis, enchanté de me bien porter, d'espérer une guérison parfaite, et du séjour agréable que j'allais faire.

Je revins par Lourdes à Bagnères, et j'annonçai tout ce que nous devions attendre d'un changement d'eaux. Le duc d'Aumont fut exact; nous le couchâmes et l'hébergeâmes, lui et son monde. Il nous quitta, après nous avoir fait réitérer nos promesses, et exigea de nous de ne faire aucune provision, voulant que nous n'eussions pas d'autre table que la sienne. Il l'offrait de si bonne grâce que je n'étais pas fait pour rivaliser.

Le jour dit, ma femme prit son habit d'homme avec la jupe; elle était jolie comme un ange. On la porta à l'ordinaire, ainsi que mademoiselle Gentil. Tous les hommes montèrent à cheval, et, longeant la vallée de Campan, nous arrivâmes à la montagne du Tourmalet; cette montagne est prodigieusement haute, et il faut une heure et demie pour la gravir. Le ciel était brumeux, et les nuages s'amoncelaient sur la cime. Les porteurs, meilleurs observateurs que nous, se pressèrent; il y aurait eu danger à attendre. Nous montâmes, tantôt passant à travers des nuages, tantôt entendant la foudre gronder en dessous et en dessus, tantôt mouillés par un brouillard épais. Au beau milieu, nos porteurs se mirent à doubler le pas; nous les suivîmes, et après deux ou trois cents pas, ils nous dirent que l'endroit qu'ils avaient franchi était le plus dangereux en temps d'orage, et nous citèrent plusieurs faits plus effrayants les uns que les autres.

Ces *beurrères*, c'est ainsi qu'on les nomme, sont presque

tous les vassaux de M. le marquis d'Ossun [1]. Ils sont vêtus d'une façon particulière; ils ont les jambes nues, et portent de grandes culottes de cent-suisses bien plissées, une veste courte, un surtout de même, dont les manches sont plissées; le tout bleu, brodé de fil blanc. Un filet couvre tous leurs cheveux et se lie avec des cordons; leur bonnet bleu est plat et rond. Ce costume de paysans est uniforme, et aussi ancien que la monarchie.

Nous continuâmes notre ascension. Les nuages, les brumes étaient au-dessous de nous; nous nous en éloignions, et nous jouissions du plus beau soleil possible. Arrivés au sommet, nous nous trouvâmes sur une plaine charmante et découverte. Nous vîmes pour la première fois les deux mers, la Méditerranée et l'Océan. Je ne pouvais me lasser de faire contempler à ma femme ce magnifique spectacle, et je vis avec plaisir qu'elle en sentait le prix.

Enfin nous arrivâmes pour dîner à Baréges. Le duc nous avait annoncés, et la meilleure compagnie était réunie pour nous traiter. Je vis là un M. de Servoil, âgé de vingt-trois ans, et d'une figure intéressante; il était du corps des ingénieurs : en plantant un jalon sur le bord d'une tranchée, un boulet de canon lui avait cassé le jalon entre les deux mains, sans le toucher. Il avait été frappé à l'instant d'une paralysie, par suite de la commotion. Les eaux lui avaient rendu l'usage des jambes et des mains, et le médecin Ducos assurait qu'il guérirait.

Le soir même nous nous réunîmes à Cauterets, et nous voilà établis comme si nous y avions toujours été. Nos bagages étaient venus dans une charrette par Lourdes; rien n'est si aisé, lorsqu'on est en voyage, que tous ces déménagements-là.

Je ne tardai pas à remercier le ciel d'avoir pris ce parti, et je regrettai d'avoir suivi les conseils de M. de Listal, qui

---

[1] Pierre-Paul, marquis d'Ossun, alors ambassadeur à Naples, appelé en 1759 à l'ambassade d'Espagne. Les d'Ossun avaient leurs possessions dans le comté de Bigorre.

avaient retardé notre guérison ; car M. de Barassy et mademoiselle Gentil se trouvaient aussi bien que moi des nouvelles eaux.

Il me restait au plus six semaines de séjour, les eaux n'étant plus habitables, passé le 10 septembre. La gaieté me revenait avec la santé. Le trictrac, mille jeux innocents se succédaient. Madame Dufort d'Orsay, madame de Chabrillant, ma femme, madame de Mesplesse qui nous avait suivis, se réunissaient tous les jours chez M. le duc.

Madame Dufort d'Orsay faisait régulièrement des remèdes, ainsi que madame de Chabrillant. Cette dernière, fille de M. des Fourniels [1], fermier général, était asthmatique. Notre société était augmentée d'un cousin de ma femme, le chevalier de la Tour, frère de M. Galloys de la Tour, intendant et premier président à Aix en Provence [2]. Le chevalier de la Tour, frère aussi du capitaine aux gardes, notre ami, était asthmatique de naissance. Obligé de quitter le service avec la croix de Saint-Louis, sa situation toujours tranquille l'avait rendu le plus grand joueur de trictrac de Paris. Depuis dix-huit ans, il n'avait pas pu se coucher, et il passait la nuit sur une chaise ; il venait pour la troisième fois aux eaux, dont il éprouvait quelque soulagement. Il me prit pour son second au trictrac, et de ce moment, le duc d'Aumont s'associant l'abbé de Panat, nous établîmes une partie assez considérable. L'abbé de Noé, Basque d'origine,

---

[1] Deux demoiselles des Fourniels épousèrent des Chabrillant : 1º Marie, fille d'Annibal Verdelhan des Fourniels et de Françoise Levieux, mariée en 1727 à Claude de Moreton de Chabrillant ; 2º Bathilde-Madeleine-Félicité, fille de Jacques de Verdelhan des Fourniels (fils du précédent) et de Marie-Madeleine Morin, qui épousa en 1752 son cousin germain, Jacques-Aimar-Henri de Moreton de Chabrillant, maréchal de camp. C'est probablement de la dernière qu'il est question ; elle mourut en 1765. Marmontel parle, dans ses *Mémoires*, de la famille des Fourniels (liv. III).

[2] Charles-Jean-Baptiste des Galloys, seigneur de la Tour, vicomte de Glené, né en 1715, maître des requêtes en 1738, premier président du Parlement d'Aix et intendant de Provence depuis 1744, marié en 1748 à Marie-Madeleine d'Aligre. Il était fils de Pierre Galloys, premier président au Parlement d'Aix, et de Anne Le Gendre de Saint-Aubin, de la famille de madame Dufort. Le chevalier était connu sous le nom de la Tour des Pontais.

s'exerçait aux tours de force et sautait jusqu'à vingt-deux semelles de soulier; il passait une rivière ou gave d'un seul saut, en se servant, à la manière du pays, d'une perche qu'il appuyait au milieu. L'abbé de Juigné, doux et honnête, avait toutes les dispositions épiscopales, qui l'ont conduit à l'évêché de Châlons, et depuis à l'archevêché de Paris.

Nous fîmes la partie d'aller dîner au lac. C'est un site à deux lieues de Cauterets, sur les terres d'Espagne, où se trouve un lac considérable [1], rempli de truites et de perches excellentes. Le duc se chargea de faire trouver à dîner. Nous étions vingt preneurs d'eau, sans compter les gens à pied pour le service. Le chemin était difficile, entre autres un passage de quatre pieds où chaque porteur devait sauter à son tour. Rien ne fut plus agréable que cette fête, rien de si délicieux que le poisson sortant de l'eau qu'on nous servit, rien de si beau que ces différents sites que nous découvrîmes, rien de si curieux que les accidents de la nature dans cette partie inhabitable des Pyrénées.

Enfin, après avoir passé un mois dans les plaisirs d'une société charmante, le duc d'Aumont se détermina à faire la même route que nous. Mon projet était de revenir par la Provence. Madame Dufort d'Orsay voulut nous accompagner jusqu'à Toulouse, le chevalier de la Tour jusqu'à Aix.

Nous allâmes souper et coucher à Tarbes. Nous avions quatre voitures de poste, sans compter les courriers. Berry et sa mère, pour combler la mesure des procédés, nous donnèrent à coucher et à souper. Madame de Montpellier, Jelyotte et tous nos amis s'y trouvèrent aussi. Nous quittâmes les eaux, regrettant la société charmante de tant d'honnêtes gens.

Nous allâmes le lendemain coucher à Auch; l'évêque n'y était point, et nous séjournâmes à l'auberge, où nous nous régalâmes de force poires du pays, renommées parce qu'elles sont sans pepins. Nous arrivâmes ensuite à Castelnaudary,

---

[1] C'est évidemment le lac de Gaube, mais il n'est pas en Espagne.

d'où nous allâmes voir Saint-Ferréol, réservoir et origine du canal du Midi [1]; nous y fûmes à cheval, et on nous fit remarquer avec intérêt l'endroit où le duc de Montmorency fut pris en 1632 [2]. Nous séjournâmes à ..... [3], où, quoique l'évêque n'y fût pas, nous fûmes traités au palais épiscopal par ses grands vicaires. Après avoir vu tout ce qu'il y avait de curieux, nous nous séparâmes. Le duc voulait aller droit à Toulouse; nous voulions passer par Montauban.

Nous avions promis à ma belle-mère d'aller voir M. et madame de Malartic [4], qui avaient de si proches alliances avec elle; en conséquence, nous forçâmes de journées, et nous arrivâmes à Montauban par une route superbe, mais d'une longueur désolante. Mon ancien ami, La Galaisière, y était intendant. Il se tenait peu à Montauban, mais plutôt dans une maison de campagne louée par les intendants, et où il rassemblait les jolies femmes de la ville. Il avait de l'esprit, de la jeunesse, et tirait parti de tous ses moyens pour se divertir.

Nous descendîmes chez les Malartic. On avait envoyé les enfants nous recevoir, à deux lieues de Montauban. Le père était goutteux, quoique jeune, et les jambes lui refusaient le service; mais il était si agile du reste de son corps, qu'il courait tous les appartements en faisant lui-même marcher sa chaise sur les quatre pieds. Nous passâmes la ville en revue. Ma femme y avait des droits. La mémoire de son grand-père y

[1] Ce n'est pas l'origine du canal, mais un immense réservoir qui sert à l'alimenter.
[2] Henri II, duc de Montmorency. Il commandait les insurgés du Languedoc; battu et fait prisonnier par Schomberg, il fut condamné à mort par le Parlement de Toulouse.
[3] Le mot est raturé et illisible, mais il doit s'agir de Lavaur, dont l'évêque était alors Mgr de Fontange.
[4] Il ne peut s'agir, je pense, que de Pierre-Hippolyte-Joseph de Maurès de Malartic, comte de Montricoux (1702-1768), ancien lieutenant aux gardes-françaises, qui avait épousé en 1724 Antoinette-Charlotte de Savignac, fille de Pierre de Savignac, conseiller à la cour des aides de Montauban, et de Louise de Vieillevigne. On a vu que cette dernière s'était mariée en secondes noces, en 1713, à Gaspard-François Le Gendre, grand-père de madame Dufort, qui avait été intendant à Montauban de 1700 à 1715.

était encore en vénération, et une porte de ville, du meilleur goût, ressemblant à la porte Saint-Denis, portait son nom. La Galaisière vint nous inviter; nous lui donnâmes une journée entière sur les quatre que nous devions passer à Montauban, et la cinquième, nous nous réunîmes à Toulouse avec le duc d'Aumont et madame Dufort d'Orsay.

Le duc et nous logeâmes chez M. Darcy[1], fameux académicien des sciences, et chez M. Vassal. Nous fûmes enchantés de la ville; les plaisirs nous y accompagnèrent. M. de Pompignan[2], connu par sa *Didon* et par son frère l'évêque, avait sa terre entre Montpellier et Toulouse, et il s'empressa de se réunir à nous. Madame Dufort d'Orsay, qui avait refusé tous les partis de Paris, jeune, belle, aimable, mais fort extraordinaire, se laissa séduire par son mérite; quand sa tête se prenait, elle faisait les avances. Elle se livra sans réflexion à une passion qu'elle crut d'abord n'avoir que pour Dieu. Ses idées religieuses s'éveillèrent entre les mains d'un homme habile qui, par ambition, attaquait Voltaire. Il en profita. Nous fûmes invités à aller à Pompignan, mais nous refusâmes, la saison étant trop avancée, et nous laissâmes madame Dufort d'Orsay à la merci de ce nouveau prétendant, sans prévoir qu'il réussirait si vite. Ce fut l'affaire d'un mois[3], et le même hiver elle revint à Paris sous le nom de madame de Pompignan. Malheureusement, l'humeur de M. de Pompignan ne pouvant cadrer avec la sienne, ils vécurent séparés. Après la mort de son mari, elle prit le parti du couvent; on dit même qu'elle se fit religieuse[4].

[1] Je ne sais quel nom substituer à celui-ci, qui est évidemment défiguré. Il ne semble pas que ce puisse être Darcet, qui ne paraît pas avoir jamais habité Montauban.

[2] Jean-Jacques Le Franc, marquis de Pompignan (1709-1784). C'est en 1734 qu'il avait donné sa tragédie de *Didon*, qui eut plus de succès qu'elle ne le méritait. Son frère, Jean-Georges (1715-1790), évêque du Puy, ensuite archevêque de Vienne, fut un moment président de l'Assemblée nationale et chargé de la feuille des bénéfices.

[3] Le mariage eut lieu le 19 novembre 1757.

[4] D'après le *Dictionnaire* de JAL, elle se retira au couvent des Capucines de la place Vendôme. Elle y était novice en 1787. (Verbo *Pompignan*.)

En sortant de Toulouse, le duc de Villequier me proposa de faire quelques postes à franc étrier. Nous voulions voir le port de Cette, tandis que la société gagnerait Nîmes, Montpellier, le pont du Gard et Avignon.

En arrivant à Cette, après avoir passé un pont d'une longueur immense qui traverse un marais de plus de deux lieues, nous aperçûmes dans le port deux hommes presque nus, entourés d'une flamme bleue, qui couraient se jeter dans la mer. Le peuple du port ne paraissait pas s'en inquiéter. Nous vîmes, en descendant de cheval, que ces deux hommes travaillaient à des tonneaux d'eau-de-vie, que le feu s'était mis par imprudence à l'eau-de-vie dont ils étaient imprégnés, et que pour faire cesser cet accident fort commun, ils avaient l'habitude d'aller se jeter dans l'eau en traversant le quai à toutes jambes.

Après avoir visité pendant une heure le port et la ville, nous reprîmes notre course et arrivâmes à Béziers, où nous fûmes traités par les grands vicaires de l'évêque absent [1]. Nous visitâmes les manufactures de draps destinés pour le commerce du Levant, et vînmes ensuite coucher à Montpellier, où nous séjournâmes chez un M. Duranti, négociant, qui nous fit les honneurs de la ville. Après y avoir passé trois jours, et vu tout ce qu'il y avait de curieux, avec un livre qui nous instruisait mieux que les gens du pays, nous partîmes pour Nîmes. Nous n'étions plus que le duc d'Aumont, son fils, M. Nique, le chevalier de la Tour et nous trois : en tout, trois voitures. Madame de Chabrillant avait repris la route de Paris. A Nîmes, nous vîmes la fontaine où les bains avaient été rétablis sur les plans des Romains, la Maison carrée, le temple de Diane et l'amphithéâtre antique que nous quittâmes en formant des vœux pour que l'on mît fin à un vandalisme digne des Goths et des Visigoths, en supprimant les masures placées au milieu de ce superbe monument.

---

[1] Joseph-Bruno de Baüsset de Roquefort.

Mais ce qui nous fit un vrai plaisir fut de retrouver en sortant madame la baronne d'Ogny et sa sœur, madame la marquise de la Valette, qui venaient comme nous visiter les monuments. C'étaient mes amis, et ils étaient devenus ceux de ma femme; ils venaient de passer la saison aux eaux de Balaruc, dont ils avaient fait usage par occasion, en accompagnant madame la marquise de la Valette la mère. Les effets que ces eaux produisent sur les personnes qui n'en ont pas besoin, en les purgeant vigoureusement par haut et par bas, ne nous tentèrent pas d'y goûter.

Cependant notre partie de trictrac continuait tête à tête avec le duc d'Aumont; il n'avait plus l'abbé de Panat, et le chevalier de la Tour qui restait était trop fort pour nous deux. Nous jouions à la coche, c'est-à-dire à payer à Paris, et la fortune se déclara tellement pour moi que je gagnai soixante-quinze louis, quoique le jeu ne fût qu'à dix écus la fiche.

Après avoir fêté nos amis, nous partîmes pour passer le pont du Gard et arriver à Avignon. Le pont du Gard, monument des Romains, excita toute mon attention; nous le parcourûmes avec ma femme dessus et dessous. Nous suivîmes l'aqueduc en haut, et nous l'examinâmes en connaisseurs. M. de Barassy, paresseux, peu sensible aux objets dignes d'attention, n'aurait pas fait un pas pour voir la plus belle chose du monde.

Nous arrivâmes à Avignon. Jamais je ne pus déterminer Barassy à aller à la fontaine de Vaucluse : c'était nous retarder d'un jour. Le duc d'Aumont partait pour Aix. Ainsi, dans les trois jours que nous restâmes, il fallut se contenter de visiter le palais du légat, qui était absent, le quartier des Juifs, les synagogues, et voir toutes les églises des pénitents bleus, blancs, gris, enfin de toutes les couleurs. Ce qui m'émerveilla, c'est la propreté et la magnificence de ces colifichets de dévotion; il semble que tous ces pénitents se piquent de se surpasser pour le goût, la magnificence et la propreté. Ce sont autant de boudoirs destinés à la divinité, mais l'honorer, de quelque manière que ce soit, est une chose respectable aux yeux de l'homme raisonnable.

Nous partîmes de grand matin et allâmes tout d'une traite coucher à Aix. Le président marquis d'Albertas et sa femme, mes amis intimes, qui étaient à Paris, avaient donné des ordres pour que nous fussions bien reçus. Le duc d'Aumont avait été logé, lui et sa suite, chez notre parent, M. des Galloys de la Tour, intendant et premier président. Le petit chevalier de la Tour des Pontais, notre compagnon de voyage, faisait les honneurs, jusqu'à ce que son frère revint, et madame de la Tour la mère tenait la maison.

A l'instant nous nous trouvâmes, ma femme, moi et M. de Barassy, établis comme chez nous dans une maison superbe, où existait une galerie de tableaux considérable ; on avait ordre de me traiter, et je n'en abusai pas. Madame de la Tour réclama de nous nourrir, puisqu'elle ne pouvait pas nous héberger. Nous fîmes une chère délicieuse, avec des pâtés de foies et tous les poissons de la Méditerranée, qui nous étaient inconnus et qui nous parurent délicieux. Nous passâmes en revue toute la noblesse, et les huit jours que nous donnâmes à la ville pour voir les monuments et les églises, entre autres une où il y avait six colonnes superbes de porphyre, passèrent comme un instant.

Barassy avait été au collége avec un marquis de la Tour d'Aigues, président [1]. Ils avaient été sous le même précepteur et dans la même chambre. Je ne pouvais refuser de l'aller voir, d'autant que le château de la Tour d'Aigues était superbe.

Nous laissâmes donc le duc partir pour Marseille, et prîmes deux jours pour cette course. Nous en fûmes bien dédommagés par la bonne réception que nous fit M. de la Tour

---

[1] Les Bruni de la Tour d'Aigues étaient la branche aînée de la famille Bruni. Les d'Entrecasteaux, dont nous avons déjà rencontré un représentant, étaient la branche cadette. Il doit s'agir ici de Jean-Baptiste-Jérôme de Bruni, baron de la Tour d'Aigues, président à mortier au Parlement d'Aix, marié en 1758 à Julie de Venant.

d'Aigues, qui avait rassemblé un cabinet d'histoire naturelle où les pétrifications étaient abondantes. Le château était bâti en petit comme le Luxembourg. Il y avait un parc de haute futaie, le seul que j'aie vu dans toute la province, où il n'y a que des bois rachitiques, comme le liége et l'olivier.

Après ces vingt-quatre heures passées agréablement, nous partîmes pour nous rendre à Marseille. Nous passâmes devant Gémenos, charmante terre du président d'Albertas, avec la détermination de nous y arrêter au retour; j'avais donné parole à mes amis d'y rester un jour franc.

Nous arrivâmes à Marseille et nous logeâmes chez le directeur des fermes [1], à qui l'on nous avait recommandés. A peine arrivés, le duc d'Aumont et le duc de Villars [2], gouverneur et commandant de la province, qui tenait la plus grande représentation, à Marseille de préférence, vinrent nous chercher; il fallut céder, et nous arrivâmes au gouvernement, où nous passâmes la soirée. On y jouait un jeu épouvantable, à la marseillaise, jeu de hasard qui va très-vite. Les louis couvraient une table où trente joueurs pouvaient tenir assis, sans compter les autres placés derrière. Un Provençal, qui tenait la main, avait une telle aversion pour les écus qu'il n'était occupé qu'à les prendre avec un râteau et à les jeter sous les pieds, pour les emporter à la fin du jeu et souvent les laisser aux cartes; on ne voyait que des louis simples ou doubles.

Cependant notre partie de trictrac, au duc et à moi, ne s'interrompait pas; la fortune me traitait fort bien, et il me devait plus de cent cinquante louis. Cette occupation nous empêchait d'être tentés de jouer à cette table effrayante.

Nous vîmes toute la ville, visitâmes le port et fîmes des dîners charmants dans des bastides délicieuses. On me montra aussi le fameux Annibal, âgé alors de cent vingt-neuf

---

[1] Le directeur des fermes à Marseille se nommait Callas.

[2] Honoré-Armand, duc de Villars (1702-1770). Il avait remplacé son père, le maréchal, qui avait eu ce gouvernement de 1711 à 1734.

ans; je ne puis me dispenser de faire une digression à son sujet [1].

La première fois que je le vis, il était sur le port, vêtu en matelot; il me tournait le dos. C'était un homme d'une taille moyenne; à sa démarche ferme, à la finesse de ses jambes, à sa taille dégagée, je l'aurais pris pour un homme de vingt-cinq à trente ans. Il n'en fut pas de même lorsque, se retournant, je vis toutes les rides de la vieillesse gravées sur son visage; c'étaient des plis en tous sens, et je ne puis le comparer qu'à la peau d'une vieille pomme de reinette. Sa conversation était bonne et conforme à son état; il avait beaucoup vu et décrivait nettement la figure des personnes fameuses, et les guerres où il s'était trouvé, tout cela de la manière qu'il avait été à portée de le voir. Au surplus, ses traits et sa manière d'être sont retracés dans la gravure des ports, d'après les tableaux de Vernet [2].

Je trouvai le marquis de Fénelon [3], colonel, qui séjournait avec son régiment; nous étions proches parents du côté de mon grand-père maternel, et nous fûmes enchantés de nous retrouver. Il aimait le jeu, et le soir du même jour, je l'aperçus à la table de jeu, faisant une triste mine. Il vint à moi et me dit : « Je perds tout ce que je joue; prêtez-moi cinquante louis, nous les jouerons de moitié. » La figure qu'il faisait n'était pas engageante, mais je crus devoir en faire le sacrifice; je les lui remets et vais me coucher. A cinq heures du matin, il me fait réveiller en sursaut : « Arrivez, me dit-il, votre argent m'a porté bonheur; tenez, voilà d'abord vos cinquante louis, et en voilà cent deux pour votre moitié. » Il me quitta, aussi content qu'il l'était peu quatre heures auparavant. Ainsi finit notre association, car je repartis le lendemain pour suivre le duc à Toulon.

---

[1] D'après Luynes (t. XIII, p. 170), il était né en 1638, ce qui, en 1757, lui donnait non pas cent vingt-neuf, mais cent dix-neuf ans.

[2] Dans le tableau de Joseph Vernet, peint en 1754, et représentant l'entrée du port. (Luynes.)

[3] François-Louis de Salignac, marquis de Fénelon, né en 1722, colonel

La flotte, commandée par M. de la Clüe [1], était en rade ; le superbe vaisseau *l'Océan*, de 130 canons, était à la tête. M. le marquis de Fremeur [2], lieutenant général, commandait les forces de terre à Toulon. Tout y était en activité, rien n'était si intéressant ; nous y restâmes cinq jours. M. de la Clüe fit pavoiser la flotte pour nous recevoir, car, voyageant avec le duc, nous partagions tous les traitements qu'on lui faisait. Montés sur des barques charmantes, nous arrivâmes au vaisseau, qui était à l'ancre dans le port à une demi-lieue ; le temps était assez gros, et il fallut que ma femme montât dans le vaisseau par l'échelle de corde. Elle soutint bravement cette aventure, et elle en reçut mille compliments ; elle était jeune, très-jolie, leste, et n'avait pas la moindre peur. Pour moi, je ressentis les mêmes symptômes que lors de mon voyage en Angleterre ; mais lorsque nous fûmes arrivés dans la superbe chambre du conseil, dans un bâtiment inébranlable au roulis ordinaire, j'oubliai mon mal de cœur pour ne m'occuper que d'un couvert de trente personnes à une seule table, qui fut suivi d'un dîner magnifique, où la mer et les poissons firent assaut avec les productions de la terre. Pendant ce temps, on jouait des airs militaires. A cinq heures du soir, nous partîmes, salués de toute l'artillerie de la flotte. Le duc de Villequier, qui avait fait le brave à mes dépens lors de son arrivée, paya le tribut au retour, et je pris ma revanche. Nous eûmes le chagrin d'apprendre, six mois après, que l'*Océan* avait été mis hors de combat et était rentré au port dans un état pitoyable [3].

Nous prîmes un jour pour aller à Hyères, pays renommé pour les bonnes oranges. Nous nous promettions de jouir

---

du régiment de la Fère, plus tard lieutenant général et gouverneur de la Martinique.

[1] De Bertet, marquis de la Clüe, chef d'escadre depuis 1755.

[2] Jean Toussaint de la Pierre, marquis de Frémeur, lieutenant général, gouverneur de Montmédy, mort à Minorque en 1759, âgé de soixante-deux ans.

[3] L'*Océan* fut brûlé par les Anglais à Lagos en 1759. Il était encore sous le commandement de M. de la Clüe. (BARBIER, édition Charpentier, t. VII, p. 205.)

d'un spectacle délicieux, mais nous fûmes bien déçus de nos espérances. Il y avait, il est vrai, des orangers en pleine terre, mais sans aucun agrément et plantés çà et là au milieu des broussailles; le village annonçait la pauvreté, et l'on n'y voyait autre chose que des huttes de paysans et des habitants d'un teint jaune et malsain. La plage du côté de la mer n'offre pas d'élévation, ce qui fait que la vue ne peut se reposer sur aucun objet distinct. Nous n'y fîmes donc qu'un court séjour de deux heures, et nous revînmes par le petit village de la Valette, origine du nom de MM. Thomas, marquis de la Valette.

Nous repartîmes le lendemain de Toulon pour retourner à Marseille, où nous devions passer trois jours avec le duc d'Aumont. Nous allâmes ensuite à la terre de Gémenos, et nous fûmes ravis du goût qui y régnait. C'était une habitation peignée comme dans la vallée de Montmorency. Après avoir remercié tous les gens de la maison d'Albertas de leurs soins, nous montâmes en voiture pour aller souper à Aix, chez madame de la Tour. Nous y trouvâmes l'intendant, l'intendante et le petit chevalier de la Tour. Nous repartîmes le lendemain pour aller coucher à Avignon, et nous continuâmes ensuite notre route, en passant la nuit, pour nous rendre d'une traite à Lyon.

Nous traversâmes de jour le pont Saint-Esprit, dont la longueur et l'étroitesse nous parurent fort singulières, ainsi que les portes placées aux deux bouts.

Nous éprouvâmes un changement subit de saison dans ces trente-six heures de course. Nous avions quitté un ciel pur, un soleil brillant, ayant ressenti seulement pendant deux jours l'influence du vent mistral, qui du nord envoie un air froid qui vous pénètre et vous passe au travers du corps; et nous nous trouvâmes le lendemain en plein hiver, entourés de neige et de frimas abominables, quoique nous ne fussions encore qu'à la mi-novembre.

Le 16, nous arrivâmes à Lyon et prîmes gîte dans la plus belle et la meilleure auberge, située à la place des Terreaux, à côté de l'intendance.

L'intendant était alors M. Bertin[1], depuis ministre. Comme il s'était présenté pour épouser ma femme et qu'on m'avait donné la préférence, ce n'eût pas été un titre pour aller le voir; du reste, il n'y était pas en ce moment.

Nous allâmes chez le cardinal de Tencin[2]; il était sur la fin de sa vie, mais j'étais curieux de le connaître. Sa représentation était considérable, et à l'instant il nous invita pour tous les jours. Il fallut aller voir madame la marquise de Grolée, sa sœur, qui faisait les honneurs de la maison; elle était presque aussi âgée que lui, mais on voyait qu'elle avait été jolie; elle était maigre et agile, et ses yeux avaient encore ce feu électrique qui annonce le reste de tous les goûts. Dès qu'elle eut vu ma femme, elle lui porta la main sur le sein et voulut voir ses jambes. Ces manières ne convenaient pas à la modestie de ma femme, et je ne pus lui persuader au retour que c'était un hommage rendu à sa figure.

Le comte d'Osmont, comte de Lyon[3], avec qui j'avais été au collége, quoiqu'il fût bien plus âgé que moi, nous vit chez le cardinal-archevêque. Né avec une charmante voix et une jolie figure, il avait eu le malheur d'être estropié étant jeune, et avait une jambe de deux pouces plus courte que l'autre; il était rempli d'amabilité et de bonté.

Il nous accompagna à Pierre-Encize, et nous visitâmes en détail cette prison d'État. Nous vîmes tous les prisonniers, excepté quelques-uns qu'on ne nous montra point; ils ne nous parurent pas malheureux. Le gouverneur leur laissait beaucoup de liberté. Un M. de S..., entre autres, qui jouissait de soixante mille livres de rente, tenait un état de mai-

---

[1] Henri-Léonard-Jean-Baptiste Bertin (1719-1792), intendant à Lyon depuis 1750. Cette année même (1757), il devint lieutenant général de police, et, deux ans plus tard, fut nommé contrôleur général en remplacement de Silhouette.

[2] Pierre de Guérin de Tencin (1680-1758), qui joua un grand rôle sous la régence et fut l'homme de confiance du cardinal Dubois. Depuis la mort de l'aînée de ses sœurs, la célèbre comtesse de Tencin, le cardinal avait auprès de lui une autre sœur, la marquise de Grolée, que d'Argenson appelait « une bête bavarde ».

[3] Voir au chapitre XVII.

son considérable et traitait plusieurs personnes de la ville. Il avait assassiné son beau-frère à la chasse par derrière, et nous nous gardâmes bien de lier conversation avec un homme qui avait mérité la roue et aurait dû, à juste titre, être retranché de la société.

Nous prîmes la route de Dijon, où nous arrivâmes chez nos amis, le baron et la baronne d'Ogny. M. Rigoley d'Ogny [1] était trésorier des états de Bourgogne par intérim, jusqu'à la majorité de son cousin M. de Montigny, titulaire. Les états de Bourgogne étaient finis depuis huit jours, et la ville s'en ressentait encore. Nous fûmes traités pendant huit jours par M. et madame d'Ogny, à la ville et à la campagne, dans des habitations charmantes, et nous y vîmes la marquise de Sassenay, mademoiselle de Brou en son nom [2], cousine germaine de ma femme.

La saison s'avançant, nous regagnâmes Paris en toute diligence.

Notre voiture était remplie d'étoffes de prix que j'avais achetées à Marseille et dans ma tournée. Les droits étaient considérables, et le tout était d'entrer dans Paris sans que nos effets fussent visités à la douane. Le contrôleur général actuel était M. de Boullongne, grand-oncle maternel de ma femme; M. Roslin, fermier général, était son oncle. C'étaient bien des titres pour obtenir quelques faveurs.

J'envoyai mes gens à la barrière Saint-Jacques nous annoncer avec tous nos titres de parenté, ne doutant pas qu'on ne nous laissât passer. Mais, par suite d'un malentendu entre nos gens et les postillons, on nous fit entrer par la barrière Saint-Bernard. Quel fut notre étonnement de voir ouvrir la portière par un couple de commis qui nous

---

[1] Le baron d'Ogny était, comme on l'a vu, fils d'une demoiselle Anne-Marie Chartraire de Bierre, fille elle-même de François Chartraire, seigneur de Montigny et de Bierre, conseiller au Parlement de Dijon, dont la famille posséda pendant fort longtemps la charge de trésorier des états.

[2] Henriette-Flore Feydeau, mariée en 1752 à François Bernard de Sassenay, vicomte de Châlon, président à mortier au Parlement de Bourgogne. Elle mourut à Dijon en 1770, âgée de trente-quatre ans.

proposent de descendre! Le moment était critique; je dis qui nous étions, je parle avec toute l'emphase possible de notre oncle, le contrôleur général; un des commis se détache pour se rendre au bureau. Je tire deux doubles louis de ma poche et les offre à celui qui reste : « Monsieur, lui « dis-je, ma femme est très-fatiguée, voici mon adresse; « faites-nous accompagner, mais, par honnêteté, laissez-nous « regagner notre hôtel. » Cet homme, attendri de mes procédés, ferme la portière et donne l'ordre aux postillons de suivre leur route. Ainsi nous fûmes quittes des droits.

CHAPITRE IX

L'abbé de Bernis et le comte de Stahrenberg. — Le Roi et le prince de Condé. — Traits de caractère. — M. Amelot épouse mademoiselle Le Gendre. — La marquise d'Amezaga. — M. de Boullongue de Préninville. — Encore la comédie à la Chevrette. — Liaison avec Sedaine; sa vie. — Vadé. — M. et madame Le Comte. — Jean Monet. — Philidor. — L'abbé de Bernis et Madame Infante. — La maison Roslin; les habitués. — Mademoiselle Coupé et quelques-unes de ses amies. — M. de Pomereu, beau-frère de Dufort. — Le duc de Choiseul; sa nomination au ministère; sa représentation. — Anecdote sur le cardinal Fleury. — La cour prend une nouvelle animation. — Quadrilles costumés. — La duchesse de Gramont. — Le comte de Stainville; son mariage. — Le duc de Lauzun. — Histoire de chasse. — Les deux princes Galitzin. — Le baron de Knyphausen et l'aboyeur Luxembourg. — M. et madame de Cypierre. — Les demoiselles de Montgeron; le baron de Breteuil; M. Bourgeois de Boynes.

Au 1ᵉʳ janvier[1], je repris mon service. Le Roi continuait ses plaisirs et s'occupait peu des affaires. Il pensait, malgré lui, à ce malheureux assassinat, et lorsqu'il changeait de chemise devant le corps diplomatique, il regardait si l'on ne jetait pas les yeux sur sa cicatrice, qui était presque invisible. Si je lui présentais un étranger, quoique auparavant je lui eusse dit, et son nom, et ce qu'il était, il s'en éloignait malgré lui. Dès que je me fus aperçu de ce faible, j'eus la précaution de me mettre entre eux deux, et cette attention lui plaisait.

L'abbé de Bernis[2] était fort avancé dans la cour de Mesdames, et plaisait fort à Madame Infante. Il avait de l'esprit, une figure ronde et ouverte. Il négociait avec M. le comte

[1] 1758.
[2] François-Joachim de Pierre de Bernis, reçu de l'Académie française en 1744, ambassadeur à Venise en 1751, en Espagne la même année, conseiller d'État et ambassadeur à Vienne en 1753, ministre des affaires étrangères en juin 1757. Le traité dont parle l'auteur est le traité d'alliance offensive et défensive avec l'Autriche, conclu à Versailles le 30 décembre 1758.

de Stahrenberg, alors ambassadeur de l'Empereur. L'abbé était l'intermédiaire de madame de Pompadour, et Stahrenberg celui de l'Impératrice : on préparait le fameux traité d'union entre les deux puissances. Ces négociations se traitaient aux Petites-Écuries, chez M. de Briges, sans que qui que ce soit s'en doutât. Les lettres de ces deux dames se remettaient comme celles de deux amants; l'Impératrice appelait madame de Pompadour sa bonne amie, et le Roi était circonvenu sous toutes les formes possibles. On avait renvoyé quelques ministres; le contrôle général était comme une arène escarpée, où tout le monde se présentait, et d'où l'on descendait encore plus vite. La duchesse d'Orléans (Conti), qui ne se refusait rien, le lendemain du jour où le nouveau contrôleur général était nommé, envoyait un page demander quelque chose d'indifférent, en recommandant de s'informer s'il était encore en place [1].

On envoya en ambassade, en Espagne, M. le marquis d'Ossun; M. le comte de Masones Sotomayor [2], ambassadeur en France, reçut l'ordre de revenir. Bon homme, petit, magnifique dans sa représentation, il fut regretté dans Paris, qu'il régalait de bals masqués ou publics cinq ou six fois par hiver.

Le Roi, dans son intérieur, était aussi aimable qu'on pouvait l'être; gai, affable, il tenait son cabinet d'une manière intéressante. M. le prince de Condé arriva un jour pour lui annoncer l'accouchement de sa femme [3]. C'était son premier enfant (M. le duc de Bourbon d'aujourd'hui) [4]. Il faut

---

[1] « Savez-vous la plaisanterie qu'elle a faite sur la nomination de Moras? « Elle lui a envoyé faire son compliment, et, deux minutes après, elle a rappelé « celui qu'elle envoyait en disant devant tout le monde : *Avant de lui parler,* « *demandez au suisse s'il est encore en place.* » (*Mémoires de madame du Hausset,* édition Didot, p. 69.)

[2] Don James Masones de Lima de Sotomayor. *L'Espion dévalisé* fait un portrait assez grotesque de cet ambassadeur de famille.

[3] Charlotte-Godefride-Élisabeth de Rohan-Soubise (1737-1760), femme de Louis-Joseph de Bourbon, prince de Condé.

[4] Louis-Henri-Joseph de Bourbon, duc de Bourbon (1756-1830). M. Dufort ne se doutait guère que ce prince finirait un jour sa vie au château de Saint-

observer qu'on s'était trompé de mois, et madame la duchesse d'Orléans avait dit à qui voulait l'entendre, qu'il fallait que madame la princesse de Condé avalât un précepteur en pilule, pour que l'enfant vînt tout éduqué. Tout Paris, toute la cour s'en occupaient; madame la princesse de Condé était intéresssante à tous les égards. D'une figure charmante, pleine de bonté et de vertus, elle intéressait toute la France.

Le prince de Condé arriva donc dans le cabinet; le Roi allait partir pour la messe. Dès qu'il vit le prince, il ne lui dit qu'un mot, et, revenant après avoir congédié la suite, il ne resta qu'avec les habitués du cabinet; j'étais présent. « Monsieur de Condé, lui dit le Roi, nous sommes accou-
« tumés dans la famille à arriver plus tard qu'on ne comp-
« tait; vous, votre grand-père et votre bisaïeul, vous en
« avez fait autant, de même que moi et mon grand-père
« Louis XIV. » Là-dessus, il déploie une érudition étonnante et s'étend sur la famille du roi de Sardaigne. Il se divertissait de l'embarras du prince, qui ne répondait que par des monosyllabes : « Oui, Sire », et qui était à son ordinaire très-timide et embarrassé. Cette conversation dura plus d'une heure et nous intéressa tous singulièrement.

Un autre jour, il adresse la parole au maréchal de Biron [1], celui qui avait si bien tenu le régiment des gardes-françaises, du reste, le plus intrépide courtisan et conteur que j'aie vu de ma vie. Il lui dit : « Maréchal, avez-vous vu le nouvel
« uniforme des gardes du corps? — Non, Sire. — Faites-
« vous-le montrer. Ah! il est beau, il est magnifique, brodé
« en paillettes sur toutes les tailles. Je ne sais ce que cela
« coûtera, mais ils l'ont voulu. Payera qui pourra! car les
« fonds sont bien courts cette année. » Il parlait des affaires d'État comme si c'était un autre qui gouvernât. Grand tort

Leu, où, comme on le sait, il fut trouvé pendu à l'espagnolette d'une fenêtre. D'après les *Mémoires de Luynes* (t. XV, p. 23), la princesse avait compté accoucher au mois de janvier, et l'enfant ne vint au monde que le 23 avril 1756. Ici encore, on le voit, l'anecdote n'est pas à sa place chronologique.

[1] Louis-Antoine de Gontaut, duc de Biron (1700-1788), maréchal de France depuis 1751.

d'une mauvaise éducation, car, personnellement, il était le plus excellent des hommes, quelques choses que les malveillants aient pu dire.

Ma belle-mère voulait pourvoir à l'établissement de ses autres filles. Celle qui venait après ma femme s'étant décidée à prendre le voile, à l'instant elle avait pris avec elle celle qui la suivait. M. Amelot, fils du ministre, maître des requêtes, et avec lequel j'avais fait mon académie, venait très-souvent chez moi. Verneuil, mon ancien camarade, était fort répandu dans la société de madame la marquise d'Amezaga. Cette dame, qui était une demoiselle de Vougny, avait été la femme de M. Amelot, le ministre, et était la mère de notre ami; elle était restée veuve avec un garçon et deux filles mariées. L'aînée était veuve de M. le marquis de Caumont la Force [1], et l'autre, mariée à M. le marquis de Pont-Saint-Pierre de Roncherolles [2]. Madame Amelot s'était remariée avec M. le marquis d'Amezaga [3], d'une famille espagnole établie à Nancy; homme d'un certain âge, mais ayant conservé les traces de la plus jolie figure possible, renommé pour ses bonnes fortunes et le goût de tous les plaisirs.

Madame d'Amezaga avait été très-jolie, et conservait encore les traits les plus délicats; femme d'un ministre, elle avait su refuser les avances que le Roi lui avait faites. Elle jouissait d'une grande fortune et tenait une excellente maison, où la ville et la cour se rassemblaient; tout cela avait un air de grandeur de l'ancien temps. Je ne leur étais pas étranger; garçon, j'avais vécu avec Amelot chez madame de Vougny,

---

[1] Marie-Philiberte Amelot, mariée en 1742 à Armand, marquis de Caumont la Force, mort en 1744. Elle mourut en 1788.

[2] Marie-Louise, mariée en 1752 à Claude-Thomas-Sibylle de Pont-Saint-Pierre, marquis de Roncherolles, qui mourut en 1789, âgé de quatre-vingt-quatre ans.

[3] En 1754. Balthazar-Joseph-François-Nicolas-Antoine-Michel Urtado, marquis d'Amezaga, lieutenant général, grand bailli d'épée du bailliage de Rozières, premier gentilhomme de la chambre du roi Stanislas. Ils étaient du même âge (quarante-cinq ans), d'après Luynes (t. XIII, p. 331). Madame de Genlis, qui en parle assez longuement, dit que le mari était plus jeune de quinze ans. (*Mémoires*, t. II, p. 70.) Madame d'Amezaga mourut en 1783.

sa grand'mère, qui demeurait rue du Grand-Chantier, vis-à-vis l'hôtel de Machault.

M. de Verneuil fit donc les premières démarches pour le mariage de ma belle-sœur, et l'affaire fut terminée en huit jours. Ma belle-sœur eut la même dot que ma femme, et on loua pour eux une maison rue Vivienne, à côté de celle de M. Roslin. Ma femme, qui était sur la fin de sa grossesse de sa fille [1], accoucha d'elle précisément le jour de la noce [2]. Elle se faisait chez M. de Boullongne, alors contrôleur général, et je ne pus m'y trouver que quelques instants, puisque ma femme accoucha à neuf heures du soir.

Cette noce se fit avec le même appareil que la mienne, et ne fit qu'augmenter notre liaison. M. de Vougny [3], neveu de madame d'Amezaga, était fort jeune, et venait d'hériter de son grand-père maternel, M. de la Peschellerie [4], ancien fermier général, de soixante mille livres de rente et d'une terre superbe [5] auprès de Choisy; plein de goût, il se distingua par des fêtes charmantes qu'il donna à cette occasion.

C'est de cette époque que date ma connaissance et notre liaison intime avec M. et madame de Préninville. Leur société a tellement influé sur le reste de ma vie que je m'étendrai avec plaisir sur ce qui les concerne. J'ai dit qu'après la mort du dernier des Grandval, la famille avait fait passer la place de fermier général à un M. de Beaufort, dont les trois filles épousèrent : l'une, M. Roslin, grand-père de ma femme; la seconde, M. de Boullongne, petit-fils du fameux peintre, alors commis des fermes, depuis intendant des

---

[1] Edmée-Antoinette-Marie Dufort, mariée au comte de Toulongeon.

[2] Françoise-Marie Le Gendre épousa Antoine-Jean Amelot le 21 février 1759, qui est en effet le jour de la naissance de mademoiselle Dufort.

[3] Jacques-Marie de Vougny, mort en 1792, à cinquante-huit ans. Il portait alors le titre de comte de Boquestan. (CHASTELLUX.) Il avait été mousquetaire.

[4] Marie-Magdeleine Robin de la Peschellerie, fille unique de Jacques, secrétaire du Roi, avait épousé en 1733 Jean-Marie de Vougny de Folleny, conseiller du Roi en ses conseils. Elle mourut en 1734. (*Mercure*, juin 1734.)

[5] Vitry. Voir le *Catalogue des gentilshommes de l'Ile-de-France en 1789*, p. 32.

finances, et ensuite contrôleur général ; la troisième,
M. Wattelet, receveur général des finances, dont sortirent
feu M. Wattelet, aussi receveur général des finances, et
M. de Valogny, mort maréchal de camp [1].

Dès que M. de Boullongne commença à prendre son vol,
il résolut de s'appuyer de parents du même nom. Il fit donc
venir de Caen un Boullongne, d'une bonne noblesse de ce
pays, et qui y vivotait bourgeoisement [2].

M. de Beaufort étant venu à mourir, on donna la place à
ce M. Boullongne ; mais il n'y fut pas un an que la mort
l'enleva. Il avait deux fils qui se trouvèrent chacun avec cinq
mille livres de rente sur le pavé de Paris ; on les destinait à
la robe, il fallut y renoncer. M. de Boullongne, qui les avait
attirés dans la capitale, ne trouva rien de mieux que de les
mettre dans les vivres de l'armée du maréchal de Saxe. Ce
fut l'époque de leur fortune ; après une seule campagne, eux

[1] On a donné antérieurement des détails sur les personnes qui figurent dans ce paragraphe, mais il ne sera pas sans intérêt d'indiquer en quelques mots la filiation de la famille Boullongne, qui n'a été rendue que d'une façon incomplète par les auteurs. Louis Boulogne, Boullogne ou Boullongne, premier du nom, mort en 1674, fils de N. Boulogne et de Marie Bocquezan, fut peintre ordinaire du Roi et professeur à l'Académie de peinture, dont il avait été l'un des fondateurs. Il avait eu de Barbe Larchevesque : 1° Jean Boulogne (1649-1717), aussi peintre du Roi et professeur à l'Académie, marié à Anne Lourdet ; 2° Louis II Boullongne (1654-1733), le plus illustre de la famille, chevalier de Saint-Michel, premier peintre du Roi, membre de l'Académie des inscriptions et belles-lettres, directeur de l'Académie de peinture. Ce dernier avait épousé Marguerite Bacquet, dont il eut : a. Bon, né en 1688 ; b. Jean, né en 1700, qui épousa mademoiselle de Beaufort et devint contrôleur général ; c. Edme-Louis Boullongne de Conçaux, né vers 1702, mort en 1732, receveur général de la généralité de Tours.

[2] D'après La Chenaye, c'était une branche cadette, et elle portait le nom de Tavernier de Boullongne. Un Artus Tavernier, seigneur de Boulogne (sic), avait acheté deux charges de receveur des tailles à Clermont en Beauvoisis. (Mss., Pièces originales, verbo Gaudais.) Il figure en 1687 au mariage de Bon Boulogne. (JAL.) Un Tavernier de Boullongne (Pierre-Léonor), habitant Falaise, avait acheté en 1734 une charge de secrétaire du Roi. (Almanachs royaux et État de la France.) Il avait épousé une demoiselle de Rabodange, et est qualifié seigneur de Lorière. Son fils, Henri-François, mort en 1767, fut intendant du commerce. On trouve aussi un Charles Tavernier de Boullongne, seigneur de Sainte-Croix, fermier général des états de Bretagne, qui mourut en 1760. (CHASTELLUX.) M. de Préninville, l'ami de l'auteur, appartenait à cette branche.

défrayés, ils eurent chacun cent mille livres. Ils continuèrent deux campagnes ; alors l'aîné entra dans la plus haute place des finances [1], se maria, et n'eut qu'une fille, qui est aujourd'hui la marquise de Laval-Montmorency [2], mère de Mathieu de Montmorency ; le second prit une charge de receveur des finances [3], en épousant mademoiselle Jogues de Martainville. M. Jogues de Martainville était veuf, il avait fait sa fortune dans le commerce, et ses enfants étaient protégés par madame de Pompadour [4]. L'aînée, belle, jolie, charmante, faisait beaucoup de bruit à Paris; M. de Préninville fut préféré, et on lui accorda l'agrément de la place.

M. de Boullongne de Préninville joignait à de l'esprit la meilleure éducation ; il aurait été de la plus belle figure possible si, au collège, un couteau placé sur une planche élevée ne lui était pas tombé sur l'œil gauche de telle manière qu'on ne put le lui conserver. Fort riche, honorable, délicat en amitié, gai, mais timide par son incommodité, il avait une tête telle qu'il aurait pu gouverner un royaume; son cœur s'ouvrait à l'amitié, mais il fallait faire des frais pour l'obtenir. Un an avant que je le connusse, une formalité oubliée dans leur mariage les obligea à recommencer la cérémonie, pour constater l'existence d'un fils unique qui était beau comme un ange.

[1] Il devint en 1758 trésorier de l'extraordinaire des guerres, et fut remplacé en 1772 par son neveu (fils de M. Boullongne de Préninville), qui s'appelait Jean-Baptiste, et prit le nom de Boullongne de Magnanville.

[2] Catherine-Jeanne Tavernier de Boullongne, mariée à Paul-Louis, vicomte de Laval-Montmorency, colonel du régiment d'Auvergne, premier gentilhomme de la chambre de Monsieur. Leur contrat fut signé par le Roi le 29 décembre 1765. (*Gazette* du 3 janvier 1766.)

[3] M. Boullongne de Préninville devint en 1769 receveur général de la généralité de Poitiers. Il fut plus tard fermier général.

[4] D'après Luynes (t. XI, p. 288), une tante de M. Le Normand d'Étioles, mari de madame de Pompadour, avait épousé un M. de Martainville. On trouve sa signature : Le Normant de Martinville, sur l'acte de mariage de M. d'Étioles et de mademoiselle Poisson en 1741. (JAL, *Pompadour*; c'est par erreur que M. Jal attribue cette signature à un oncle du marié.) Une dame ou demoiselle de Martainville fut gouvernante de mademoiselle Alexandrine, fille que madame de Pompadour avait eue avant sa séparation. (D'ARGENSON, t. VI, p. 66 et 395.)

Nous avions des raisons de liaison, puisqu'il y avait affinité entre la famille de ma femme et lui; l'amabilité froide de sa femme convint merveilleusement à la mienne, et je ne tardai pas à sentir tout ce que valait le mari; nos caractères sympathisaient. Il m'a témoigné jusqu'à la fin de ses jours une amitié sans réserve, quoiqu'il eût vingt ans juste de plus que moi. A l'époque où nous nous connûmes, je logeais rue d'Anjou, et lui à l'hôtel de Caumont, rue de Richelieu, entre la rue Feydeau et la rue Saint-Marc. Il ne tarda pas à louer pour maison de campagne le superbe château de la Chevrette [1], les affaires de M. d'Épinay, dont j'ai parlé, exigeant ce sacrifice. Cette terre était à la Barre, à moitié chemin de ma terre de Saint-Leu.

Si l'on pouvait dire que ma femme eût un goût décidé, c'était pour jouer la comédie; elle était née avec une mémoire prodigieuse et facile, et avait le physique le plus agréable; quoique sans amour-propre, son jugement sûr lui donnait la confiance qu'elle réussirait. Je fis donc arranger le théâtre provisoire que j'avais construit pour jouer des parades; il devint un théâtre en règle, et la comédie et les opéras-comiques (car c'était le ton du jour) y furent exécutés avec succès.

On débuta par le *Glorieux* [2] et *Blaise savetier* [3], opéras-comiques : il furent si bien joués que cela fit du bruit. A la seconde représentation, toute la salle se trouva remplie, et les avenues avaient des voitures comme au spectacle de Paris. Philidor et Sedaine, les auteurs de *Blaise*, me firent demander la permission d'y assister. Mon ami La Borde, excellent musicien, y jouait; M. de Bacquencourt faisait Blaise; ma femme, Blaisine; on ne parlait que de son jeu. Tout ce qu'il y avait, soit de connaisseurs, soit d'artistes, soit de gens de nom, briguait d'être invité. Cet été fut

---

[1] M. Rey fixe la date de cette location après 1762. En 1764, la Chevrette était habitée par la famille Savalette de Magnanville.

[2] De Destouches (1732).

[3] De Philidor et Sedaine, représenté pour la première fois à Paris le 9 mars 1759.

brillant et fort cher; car ces jours-là, j'avais plus de cinquante personnes à souper.

Ce fut à cette époque que je me liai intimement avec Sedaine [1]; son histoire est trop singulière pour ne pas la consigner.

Sedaine, fils d'un architecte entrepreneur, avait fait ses études au collége des Quatre-Nations. Son père, employé à construire quelques châteaux en Berry et en Touraine, entre autres le château de Verneuil, l'emmena avec lui à l'âge de quinze ans. La fatalité voulut qu'il mourût au bout de trois mois. Sedaine revint alors à Paris pour consoler sa mère. On vit, par l'inventaire, que la probité du père avait nui à sa fortune, et il fut constaté qu'il ne laissait rien, dans l'étendue du terme. Sedaine, né avec du caractère, commença par laisser à sa mère le mobilier et quelque argent comptant; son frère cadet prit le parti de s'engager. Pour lui, connaissant déjà la coupe des pierres, il se fit tailleur de pierre. Ce fut alors que, comme Molière, il commença à étudier les hommes auxquels l'usage du monde n'a pas donné l'usage de se masquer.

Cependant il s'occupait de petites pièces fugitives que le *Mercure* de ce temps consignait comme d'un anonyme; il se serait bien gardé, dans son nouvel état, de s'en avouer l'auteur; ses camarades, ou l'auraient trop considéré, ou s'en seraient défiés; il n'y avait pas de milieu.

Il travaillait assidûment les jours ouvriers. Combien de fois, en se promenant avec moi dans Paris, ne m'a-t-il pas montré les endroits où il avait travaillé, supportant le poids du jour !

Un maître maçon entrepreneur le distingua, et lui proposa d'être appareilleur, état qui demande un peu plus de connaissances. Ses appointements augmentèrent, et en deux ans il se trouva en état de pouvoir compter sur mille écus d'épargne. Il commença par en placer la moitié en rente

---

[1] Sedaine (Michel-Jean) était né à Paris le 2 juin 1719. Madame de Vandeul a écrit sur sa vie une notice intéressante publiée dans la *Correspondance de Grimm* (édition Tourneux, t. XVI, p. 234).

viagère sur la tête de sa mère, et écrivit à son frère qu'il destinait le reste à le dégager. La réponse fut laconique; la voici : « Mon frère, j'aime le service ; si tu me dégageais, « j'y rentrerais à l'instant. Je n'ai besoin de rien que de ton « amitié ; garde l'argent pour toi, je te remercie. »

Ce fut à peu près dans ce temps qu'il loua un appartement rue du Puits, au Marais, et qu'il fit sa charmante épître *A mon habit*[1] ; connu par sa probité et ses talents, il commença sa carrière dans les lettres. Vadé[2], le fameux auteur de vaudevilles, devint son ami intime. C'était à table et avec de très-aimables femmes qu'ils firent en riant beaucoup de jolis couplets, entre autres le fameux et charmant cantique de saint Antoine[3]. Alors il abandonna totalement le ciseau et le marteau.

Un M. Le Comte[4], marié et sans enfants, avait quitté la place de lieutenant criminel à Paris avec considération; ce ménage plein d'esprit, de philosophie et de raison, voulait vivre retiré en petite société à Paris. Un terrain construit en masures, dans le faubourg Saint-Antoine[5], parut propre à ce projet. M. Le Comte consulta; on lui parla de Sedaine, il l'envoya chercher et lui proposa d'être l'architecte de sa nouvelle maison et de lui donner un plan. Sedaine hésitait par modestie, enfin il accepte, et le voilà maître maçon et entrepreneur de la maison de M. Le Comte. Ce dernier ne fut pas longtemps sans reconnaitre le mérite de celui qu'il employait; il ne voulut pas qu'il eût d'autre table que la sienne, et l'étonnement de Sedaine fut à son comble quand on lui proposa de bâtir au fond de la maison un appartement comme pour lui. Il devint nécessaire à ces deux honnêtes gens, qui, n'ayant point d'héritiers, s'accoutumèrent à le

[1] Que l'on attribua d'abord à Diderot. (Madame DE VANDEUL, *Notice citée*.)
[2] Vadé (Jean-Joseph), 1719-1757, l'inventeur du genre poissard.
[3] *La Tentation de saint Antoine*.
[4] Claude-François-Nicolas Le Comte, lieutenant criminel au Châtelet de 1731 à 1735.
[5] Place Royale, d'après madame de Vandeul. Voy. la *Maison de Sedaine et de Michelet*, par madame MICHELET.

regarder comme un tendre fils que le hasard leur avait procuré. Fidèle à son caractère, il ne voulut point s'assujettir et garda son appartement au Marais. Il ne donnait à ses amis que les jours de fête.

Monet[1], restaurateur de l'opéra-comique, voulait s'attacher des auteurs. Il avait jugé Sedaine par ses œuvres légères. Il lui proposa un opéra-comique; Sedaine accepte, pourvu qu'il soit maître de choisir le musicien. Philidor[2], fameux joueur d'échecs, se met sur les rangs, et Sedaine le préfère à tous, parce qu'il est persuadé qu'un homme qui a un si grand esprit de calcul doit réussir. Ils font ensemble, lui les paroles, l'autre la musique de *Blaise le savetier*. Tout Paris y court, et toutes les sociétés un peu musiciennes veulent l'exécuter.

Ce fut l'époque de notre connaissance. Je n'eus pas causé une heure avec lui que je l'invitai à passer quelques jours à Saint-Leu; il accepta avec franchise. Les spectacles étaient alors interrompus; nous passâmes huit jours avec lui, madame de Moussy, alors veuve, Saint-Marc et quelques autres, dans une société délicieuse. Tel fut le commencement d'une amitié durable, puisque depuis 1758[3] jusqu'à cette année 1795, il n'y a eu aucune interruption, ni aucun nuage dans notre amitié. Les temps malheureux de cette révolution m'ont fait jeter au feu des tas de lettres philosophiques que je désirais conserver à la postérité. Comme cette intimité a fort influé sur le reste de ma vie, je me suis trouvé forcé de faire ces deux digressions.

Madame de Préninville était charmante de figure, quoiqu'un peu trop grasse; son caractère de bonté et de bonhomie attachait tout ce qui la connaissait. Elle sympathisait avec ma femme, qui aimait à rendre à sa paresse tous les soins de l'amitié. Elle souffrait qu'on la plaisantât sur ce défaut,

---

[1] Jean Monet, né vers 1710, mort en 1785, obtint la direction de l'Opéra-Comique en 1743. Il la perdit bientôt et la reprit quelques années plus tard, pour la conserver jusqu'en 1754.

[2] François-André Danican, dit Philidor (1727-1795).

[3] 1759 au plus tôt, puisque la connaissance date de *Blaise le Savetier*.

mais, accoutumée à des adorations, elle prenait tous les soins comme une chose qui lui était due, quoique d'une manière dont on ne pouvait être choqué. Confiante, causante, on l'aimait, lorsqu'on la connaissait, à ne pouvoir s'en détacher, parce que sa bonté était un aimant qui attirait à elle.

Dès que la terre de la Chevrette fut louée, et que M. de Préninville eut donné son consentement (il venait de quitter la place de receveur général des finances pour celle de fermier général), la société s'y établit. Nos comédies se transportèrent sur un plus grand théâtre ; celui de M. d'Épinay, établi dans une superbe orangerie, et où j'avais jadis joué la comédie, fut de nouveau occupé. Bacquencourt et presque nous tous y fûmes jouer. Le temps que nous ne donnions pas l'été à Hénonville, à Passy ou à Saint-Leu, leur était consacré, et nous y passâmes des jours délicieux.

Madame de Préninville avait de son côté une famille fort étendue ; d'un premier lit elles étaient trois sœurs : madame de Préninville, l'aînée ; madame de la Valette, épouse de M. Chicoyneau de la Valette[1], fermier général, et séparée de lui parce qu'il était atteint de folie, et la troisième, mariée à M. Peilhon, trésorier des bâtiments, fils d'un homme dans les fermes que l'on croyait extraordinairement riche.

D'un autre lit, par un second mariage de son père, elle avait quatre sœurs et un frère ; les quatre sœurs étaient toutes fort aimables, et j'en ferai mention plusieurs fois.

Nous fûmes tous obligés d'aller cette année faire un voyage à la terre d'Hénonville, à cinq mortelles lieues de Pontoise. Il fut de six semaines. Je ne me suis de ma vie tant ennuyé. Il fallait vivre avec tout un monde qui ne se convenait en aucune manière ; je me soutenais avec la grand'mère, madame Roslin, petite vieille, courbée comme si elle avait travaillé toute sa vie à la terre, ayant des yeux d'une gran-

---

[1] Michelle Jogues de Martainville, mariée à Joseph-François Chicoyneau, baron et seigneur de la Valette, né en 1720, ancien conseiller au Parlement, fils de François Chicoyneau, premier médecin du Roi.

deur et d'une vivacité étonnantes, de l'esprit, mais subjuguée entièrement par sa fille.

Le comte d'Osmont, notre ami, les connaissait; l'espoir d'une superbe chasse lui fit passer sur l'ennui et les difficultés du séjour, et nous fîmes, avec M. Roslin le fils, des chasses beaucoup plus belles que dans les plaisirs du Roi. Pour ne pas effrayer madame Roslin, il ne parut qu'une demi-douzaine de pièces; le reste fut distribué dans le hameau et à nos gens.

Mon service recommença au 1er janvier 1759. Tout était bien changé. M. l'abbé de Bernis n'était plus ministre des affaires étrangères [1], il avait été remplacé par le marquis de Stainville, depuis ambassadeur à Vienne.

La protection évidente de Mesdames, la manière leste dont l'abbé était avec Madame Infante, tout semblait pourtant lui donner l'espérance de jouer un grand rôle. Madame Infante, singulièrement grasse, aimait la parure et était d'une bonhomie qui, sans nuire à sa dignité, perçait dans toutes ses actions. Elle parut un jour dans le cabinet avec une robe de satin cramoisi, retroussée par des attaches faites avec tous les diamants de la Couronne, le Pitt, le Sancy, le Régent. Je n'ai de ma vie vu une parure si riche et de si mauvais goût. Sa robe de cour, sans mantelet, étalait une gorge très-volumineuse. Tout le monde remarqua l'abbé de Bernis qui, en causant avec elle familièrement, promenait, comme par distraction, sur cette énorme peau, les poils d'un manchon de martre qu'il tenait fort haut [2].

Une maladie vive emporta la princesse en huit jours [3]. Pour un événement pareil, c'est le Roi qui ordonne tout. Il est obligé d'entrer dans les plus tristes détails, car les choses sont tellement arrangées, que chaque service, devant prendre

---

[1] Depuis le 11 novembre 1758.
[2] Voir les *Mémoires de Richelieu*, t. IX, p. 240.
[3] Louise-Élisabeth de France, duchesse de Parme, mourut le 6 décembre 1759. Tout ce qui suit doit donc être reporté une année plus tard que ne l'indiquent les *Mémoires*.

directement les ordres de lui, ne veut les recevoir d'aucun autre. Le Roi, accoutumé à cette étiquette dès l'enfance, est forcé de s'y conformer. Quels déchirements, s'il est sensible, doivent lui faire toutes les questions nécessaires!

Le grand aumônier prit donc les ordres pour les sacrements, ensuite les autres pour l'endroit où l'on déposerait la princesse après sa mort, aucun corps mort ne pouvant séjourner dans le château. On la transporta à Paris ; il fallut que le Roi donnât les ordres pour l'ouverture du corps, pour toutes les cérémonies, pour l'exposition pendant neuf jours sur le lit de parade.

Dans un événement pareil, les maîtres des cérémonies jouent un grand rôle. Ils ont sans cesse des ordres à prendre directement pour les plus petites choses. J'admirais la patience du Roi à répondre laconiquement, et plus encore sa mémoire.

Je fus obligé de m'adresser à lui pour prendre ses ordres, l'étiquette étant que les ambassadeurs, le nonce à leur tête, précédés de l'introducteur, allassent en grand deuil jeter de l'eau bénite sur le corps [1]. Rien ne m'a tant coûté que de mettre sa sensibilité de père à une épreuve si déchirante. Il me répondit comme s'il eût été question d'une étrangère, et me rappela ce que j'avais étudié par nécessité sur cette triste cérémonie ; j'en conclus que le devoir de sa place l'avait blasé, car je n'avais pas à douter qu'il n'eût été fort sensible à la perte de sa fille [2].

Pour éviter des bouderies sans fin, ma femme se rendait régulièrement tous les soirs à six heures chez ses parents Roslin, pour y faire une triste partie et se retirer à onze heures. Pour moi, je me dispensais quelquefois d'y souper.

---

[1] Peu de temps auparavant, lors de la mort de la duchesse d'Orléans (février 1759), il y avait eu, au sujet de l'eau bénite, une difficulté d'étiquette avec les ambassadeurs, qui refusèrent de se rendre à la cérémonie. M. Dufort, quoiqu'il n'en parle pas dans ses *Mémoires*, avait été mêlé de très-près à cet incident, survenu pendant son semestre. (Affaires étrangères, fonds français, vol. 1616, p. 221.)

[2] C'est le 2 février 1760 que fut célébré à Notre-Dame un service solennel pour Madame Infante.

Quelques garçons venaient dans cette maison, tels que M. de Vilanbre, frère de Caze, fermier général, MM. de Cuy, de Pierrevert et d'Ennery, officiers aux gardes. On y voyait aussi madame Mazade, M. Watelet, quelques parents de madame Roslin la jeune, tels que l'abbé de Saint-Non, un autre abbé qu'on appelait élégamment un arbre qui rapportait des vers, et le marquis de Moges, capitaine aux gardes [1].

Dès que le printemps arriva, nous nous rendîmes à Saint-Leu. J'entretenais toujours mon intimité avec le corps diplomatique, c'était mon devoir et mon plaisir. La position de Saint-Leu m'éloignait de Versailles, mais, en passant par Ermont et Sannois, entre les deux montagnes, j'arrivais à Argenteuil, passais le bac à Besons et me rendais par Nanterre droit à Versailles.

M. Roslin jeune, égoïste dans toute l'étendue du terme, peu aimable pour ce qui lui appartenait, froid, despote comme un fermier général, vivait avec Coupé, actrice de l'Opéra; fille qui n'était plus jeune, mais douce, aimable et de bon ton. Elle avait rue Saint-Marc, vis-à-vis l'hôtel Luxembourg, la maison la plus singulière qu'il y eût à Paris. Elle n'avait que deux croisées de façade et cinq étages : au rez-de-chaussée, la cuisine; au premier, la salle à manger; au second, le salon; au troisième, la chambre à coucher; au quatrième, le logement de ses gens, et au-dessus, un jardin grand comme le reste et aussi haut que ceux de Sémiramis.

Roslin me prit un jour en particulier et me dit : « Vous « savez que je vis avec Coupé. J'y soupe tous les vendredis; « soyez des nôtres ce jour-là. Je n'ai que faire de vous « recommander le secret ici. » Le vendredi, il vint me chercher à l'Opéra, et me voilà introduit dans la société. Nous étions cinq : le président de Rosambo, le marquis de Vizé, Pierrevert et Baudouin. En femmes, il y avait toutes les

---

[1] Charles-Adrien-Théodose, comte de Moges, qui devint maréchal de camp et mourut sans postérité en 1781. Son neveu est mentionné dans la suite de ces Mémoires.

sultanes validés de l'Opéra : la Carton [1], fameuse par son souper avec trois rois, comme dans l'opéra de Paësiello, et mademoiselle Carville, première danseuse dans le genre noble, grande comme un homme et grosse à proportion. Ces soupers continuèrent sans interruption l'hiver pendant près de cinq ans; Cramayel, fermier général, et Barassy y furent admis par la suite. On y causait nouvelles, et l'on était bien instruit; on jouait au brelan, et l'on faisait une chère délicate et délicieuse.

Un jour qu'il pleuvait, je fus obligé, n'ayant pas de voiture, de faire venir un fiacre; il me fut indispensable de ramener, et Carville, et Carton. Toutes deux demeuraient dans le faubourg Montmartre; Carton me faisait les yeux doux; elle nous raconta ses antiques exploits, et la conversation se soutint ainsi jusque chez Carville. Quand celle-ci fut déposée chez elle, je m'assis à côté de Carton, qui demeurait près du château du Coq [2]; elle continue à parler, et moi, je m'endors de la meilleure foi du monde. Dès qu'elle s'aperçoit que je ne suis plus à la conversation, la voilà qui m'applique cinq ou six coups de poing : « Comment! me « dit-elle en fureur, voilà comment tu te conduis avec une « femme comme moi, une femme qui a vu à ses genoux « toute la France ! » Je me fâche à mon tour, je lui rends en paroles ce qu'elle m'avait distribué si gracieusement; je la vois fondre en larmes et montrer un profond désespoir. Cette scène me conduisit jusqu'à sa porte, où je ne voulus pas descendre. Je la plaignis et me promis de ne jamais la ramener chez elle; je lui ai tenu parole, en évitant même de l'en plaisanter à nos soupers, quoique Coupé, à qui je l'avais conté, l'eût dit à toute la société.

Comme je l'ai dit, M. le marquis de Stainville, à son retour de Vienne, avait remplacé M. de Bernis, comme ministre

---

[1] Chanteuse de l'Opéra qui avait été la maîtresse du maréchal de Saxe; elle vécut jusqu'en 1770. Elle était d'un talent très-médiocre, mais renommée par ses saillies.

[2] Dans la rue Saint-Lazare, presque en face de la rue de Clichy.

des affaires étrangères. Dans son ambassade il avait parfait le traité d'alliance, en ébauchant le mariage de l'archiduchesse Antoinette avec le Dauphin, qui a été depuis le malheureux Louis XVI. Né Lorrain, il avait des titres pour être vu favorablement de l'Impératrice; il s'était servi de tous ses moyens, et il en avait beaucoup, pour réussir dans tous les points de son ambassade. Dès qu'il se sentit assez fort, il trouva mauvais que M. l'abbé de Bernis, de son cabinet, lui donnât des conseils. Fort de l'amitié de la Reine et de madame de Pompadour, il revint brillant de gloire et à l'instant supplanta M. l'abbé de Bernis, à qui l'on fit avoir le chapeau de cardinal [1] et l'assurance de l'ambassade à Rome et du protectorat [2]. Sûr de madame de Pompadour, à qui il avait juré un attachement inviolable, il s'installa, fit rappeler le marquis de l'Hôpital de son ambassade en Russie, pour avoir voulu lui donner des conseils, changea presque toute la diplomatie étrangère, envoya son cousin, M. le comte de Praslin [3], que depuis il a fait faire duc, à la place d'ambassadeur à Vienne, et il s'éleva tout de suite à la confiance intime du monarque.

Le premier jour où il entra au conseil, il voulut, d'après l'ordre du Roi, prendre la première place; les ministres parurent étonnés. C'était donner l'ordre de porter le portefeuille chez lui, le chancelier n'existant pas au conseil. Le Roi lui dit alors : « Monsieur de Choiseul, prenez cette place. — Mais, Sire, répondit le ministre, ces messieurs... » — Le Roi reprit : « Ils n'ont rien à dire, car je vous fais

---

[1] L'abbé de Bernis était encore ministre lorsqu'il fut nommé cardinal, mais il avait donné sa démission lorsqu'il reçut la barrette (30 novembre 1758), que le Roi lui remit de fort mauvaise grâce. Quelques jours après, il était exilé.

[2] Le titre de protecteur des affaires françaises à Rome. Le Roi l'avait donné en juin 1758 au cardinal Prosper Colonna de Sciarra. (*Gazette de France*.)

[3] César-Gabriel, comte de Choiseul-Chevigny, puis duc de Praslin (1712-1785), lieutenant général, fut nommé ambassadeur extraordinaire à Vienne en 1758, ministre des affaires étrangères en 1760, duc et pair en 1762, ministre de la marine et chef du conseil des finances en 1766. Il fut disgracié en 1770, en même temps que son cousin le duc de Choiseul.

duc et pair. » L'étonnement passé, on vit bien que c'était une scène concertée.

Dès lors, il y eut entre madame de Pompadour et lui une intimité où le Roi était en tiers. Il fut aussi magnifique dans son ministère qu'il l'avait été dans ses ambassades; jamais ministre n'a poussé la représentation plus loin. Dans ce temps-là, on dînait à deux heures précises, et tous les étrangers présentés, tous les courtisans étaient admis chez lui. La grande table était de trente-cinq couverts, et il y en avait une autre toute prête, sans qu'il y parût. Un valet de chambre comptait les entrants, et dès que le nombre dépassait trente-cinq, l'autre table était dressée. Sa vaisselle, extraordinairement nombreuse, était magnifique, toute travaillée en argent, ce qui la rendait d'un éclat éblouissant. Lorsqu'il y avait une seconde table, il m'avait prié une fois pour toutes d'en faire les honneurs; elle se dressait dans une pièce à part, et souvent les ambassadeurs qui n'aimaient pas l'affluence venaient s'y réfugier.

Je me souviens d'y avoir vu un jour M. le bailli de Froulay, ambassadeur de Malte, M. de Vauréal[1], évêque de Rennes, et MM. de Rochechouart. La conversation fut charmante. Le bailli, déjà vieux, nous faisait remarquer la différence de ce train de maison avec celui du cardinal de Fleury, premier ministre, chez lequel il avait mangé souvent. Le cardinal tenait aussi table ouverte; mais jamais, quelque monde qu'il y eût, il n'y avait que quatre entrées énormes, un plat de rôti et quatre plats d'entremets; c'était son étiquette qu'il n'avait jamais voulu changer. Avec une si grande quantité de convives, on ne faisait pas de difficulté de se passer les plats. M. de Vauréal, qui avait acquis le droit de tout dire au cardinal, ne trouvant pas assez à dîner, lui dit un jour : « Ma foi, monseigneur, vous avez beau faire, votre succes- « sion ne vaudra jamais celle du cardinal de Mazarin. » Ce qui fit beaucoup rire le ministre, qui mettait au rang des

---

[1] Louis-Guy Guérapin de Vauréal. Il avait été ambassadeur en Espagne et était grand d'Espagne. Il fut évêque de Rennes de 1732 à 1761.

premières vertus de son état l'économie et la probité.

Tout prit une nouvelle face à la cour. Les petits appartements devinrent plus brillants, les princes du sang plus assidus. On imagina, pour ôter l'uniformité, des bals où toute la cour fut invitée; on construisit une salle, et l'on fit des quadrilles costumés de tous les pays et de tous les temps. M. le duc d'Orléans, grand et monstrueusement gras, se prêta à la plaisanterie. Il fut destiné à un quadrille de l'ancienne cour; habillé comme Louis XIV, avec le baudrier et les houssettes, on l'associa à la duchesse de Mazarin [1], dont la taille était aussi énorme, et la tête régulièrement belle. Les ambassadeurs étaient invités à toutes les fêtes. Tous ceux qui avaient droit d'y aller étaient en habit de gala. Je n'ai jamais vu rien de si magnifique. M. le duc d'Orléans et madame la duchesse de Mazarin dansèrent un menuet, ensuite la mariée, des bourrées, le menuet de la Reine, tout cela entremêlé d'autres danses des plus agréables, où figuraient les plus beaux hommes de la cour.

Ces bals commençaient à minuit; le Roi y était un soir, dans la loge du milieu, avec madame de Pompadour, madame de Brancas et madame d'Esparbès [2], le duc de Choiseul, son beau-frère le duc de Gontaut, et le prince de Beauvau comme capitaine des gardes. Madame de Pompadour était sur un fauteuil à droite, les deux dames l'une derrière l'autre au côté opposé, le Roi au milieu, les trois autres derrière. Le Roi n'y était pas depuis une demi-heure qu'il se leva, obligea le duc de Choiseul à s'asseoir à sa place et se tint derrière lui, jouant familièrement avec ses cheveux, et le traitant avec l'affabilité la plus grande. Tout ce qui était là en conclut l'excès de faveur où il était monté; car le Roi, en public, se respectait beaucoup.

---

[1] Louise-Jeanne de Durfort-Duras, fille d'Emmanuel-Félicité de Durfort et de Charlotte-Antoinette de Mazarini, mariée en 1747 à Louis-Marie-Guy d'Aumont, qui avait pris à son mariage le titre de duc de Mazarin, et dont il a déjà été parlé.

[2] La comtesse d'Esparbès de Lussan était née Toinard de Jouy, d'une famille alliée à madame de Pompadour.

On ne tarda pas à voir arriver madame la comtesse de Choiseul, chanoinesse de Remiremont, femme d'une grande taille, d'un caractère décidé et pleine d'esprit [1]. Elle débuta très-simplement et se montra douce et complaisante; mais dès qu'elle eut tâté le terrain, qu'elle se sentit forte du crédit de son frère, et qu'elle se fut attachée à la société du Roi, elle vola de ses propres forces. Cette même femme qui se levait pour tout le monde ne se leva plus pour personne, même pour les ambassadeurs. Si la porte restait ouverte, elle disait d'une voix ferme : « Ambassadeur d'Espagne, fermez-nous donc la porte! » Et il y allait respectueusement. Avec beaucoup d'esprit, elle n'aimait pas tout le monde; mais elle était chaude amie de ceux qu'elle en croyait dignes.

Le duc de Choiseul voulait lui donner un rang. Le duc de Gramont [2], sans esprit, abandonné de tout le monde, trainait une vie crapuleuse, malgré son nom et ses grandes richesses. La nature ne l'avait fait que pour être perruquier. Le ministre jeta les yeux sur lui pour lui donner sa sœur. L'espérance de le tirer de la crapule était illusoire, mais les avantages du côté du rang étaient immenses. On passa sur tout; en six mois, elle fut duchesse de Gramont, et trois mois après, séparée et maîtresse de ses actions, logeant chez son frère et habitant avec la duchesse de Choiseul, qui, dans sa délicate personne, réunissait toutes les vertus de son sexe.

Il restait à M. le duc de Choiseul un frère attaché au service de l'Empereur [3]. Ce service était bien différent de celui de France; on y devenait officier à culotte de peau, c'est-à-dire ne quittant pas le corps auquel on était attaché.

---

[1] Béatrix de Choiseul-Stainville, depuis duchesse de Gramont.

[2] Antoine-Antonin, duc de Gramont, pair de France, gouverneur de Navarre, né en 1722. Il était veuf en premières noces de Marie-Louise-Victoire de Gramont, sa cousine germaine, dont il avait eu un fils. C'est le 16 août 1759 qu'il épousa Béatrix de Choiseul, dont il eut une fille.

[3] Jacques de Choiseul-Stainville, appelé le comte de Stainville, colonel de dragons au service de l'impératrice de Hongrie, chambellan de l'Empereur, puis lieutenant général des armées du Roi, épousa, le 3 avril 1761, Thomasse-Thérèse de Clermont d'Amboise, fille de Jacques-Louis-Georges, marquis de Rénel, et de Marie-Henriette Racine du Jonquoy.

Il était peu fortuné, et il y avait dix ans qu'il n'était pas sorti de Hongrie, lorsque son frère lui fit quitter le service de l'Impératrice.

J'assistai à son début, car, la première fois qu'il dîna chez le ministre, il se trouva à côté de moi. Nous causâmes beaucoup, ce qui était pour lui quelque chose d'extraordinaire, car, très-silencieux, très-particulier, il avait pris la froideur et la tenue allemandes. Son frère ne tarda pas à l'établir et lui fit épouser mademoiselle de Rénel d'Amboise, nièce de Monville dont j'ai parlé, et héritière de feu M. Lemonnier, fermier général. L'alliance était superbe, mais ne tourna pas heureusement. Vivant avec madame de Choiseul et madame de Gramont, elle les suivait à Paris, à Versailles et dans les petits voyages, et elle avait une loge à tous les spectacles. La tête lui tourna de Clairval, premier acteur de la comédie; ils furent surpris. Le comte de Stainville en fureur emmena sa femme en Lorraine dans un couvent, et il eut la cruauté de l'y conduire lui-même [1]. Elle changea du tout au tout, se mit dans la haute dévotion, et, quelques démarches qu'on fit, ne voulut jamais revenir dans sa famille; elle mourut assez jeune dans la maison où on l'avait consignée.

Nous vînmes alors débuter à la cour le duc de Lauzun [2], neveu du ministre. Tous les avantages de la nature paraissaient réunis en sa faveur : dix-sept ans, aimable autant qu'on peut l'être, une belle figure, un grand nom, fils d'un duc, neveu et héritier du maréchal duc de Biron, colonel des gardes-françaises, il débuta dans ce régiment, et personne ne doutait qu'il n'eût la survivance du commandement. Il était propre neveu de la duchesse de Choiseul, qui, sans

---

[1] Ceci se passait au commencement de 1767. On peut lire le récit détaillé de l'aventure dans une très-longue lettre du général de Fontenay, envoyé de Saxe, datée du 15 février 1767, et publiée dans la *Correspondance du prince François-Xavier de Saxe*, par M. Thévenot (Dumoulin, 1874, in-8°). Voir aussi la *Correspondance de madame du Deffand*, les *Mémoires de Lauzun*, etc.

[2] Armand-Louis de Gontaut, d'abord duc de Lauzun, puis duc de Biron (1747-1793). Il était fils du duc de Gontaut, qui avait épousé une demoiselle Crozat, sœur de la duchesse de Choiseul.

enfants, avait pour lui l'attachement d'une tendre mère.

Cet être charmant, noble dans ses manières, magnifique comme un grand seigneur, se laissa aller à tous les plaisirs. Il se lia avec le duc de Chartres [1], plus âgé que lui et l'homme le plus immoral qu'il y ait jamais eu, se livra au torrent de la débauche, s'ennuya de son oncle et du service des gardes, prit son vol, eut un régiment, leva une légion de son nom, et, oubliant la vie débauchée avec les devoirs d'un officier, fit tourner la tête à tous les militaires qui le connaissaient. Il était ami du prince de Guéménée [2], qui, plus tard, par la facilité qu'un arrêt du conseil lui avait donnée de faire un emprunt viager sur le port de Lorient, trouva le secret de faire une banqueroute de trente-trois millions, ce que bien des potentats de l'Europe n'auraient pu faire. Lauzun chercha à arranger les affaires de son ami; il y compromit sa fortune et ses espérances, mais sans pouvoir retarder la banqueroute de plus d'un an.

Tels étaient la parenté du duc de Choiseul et ses alentours jusqu'à la fin de son ministère. J'y reviendrai par occasion, et comme la chose se trouvera.

Madame Le Gendre avait marié sa dernière fille à M. de Pomereu [3], maître des requêtes, fils du marquis et de la marquise de Pomereu, rue du Temple. Ce jeune homme, plein d'esprit, de moyens et d'ambition, promettait de jouer un rôle très-important. D'un caractère mûr et froid, il aimait le travail et avait des connaissances au-dessus de son âge. Il arriva un jour pour dîner à Saint-Leu ; je lui trouvai l'air fort changé,

[1] Louis-Philippe-Joseph d'Orléans (1747-1793), duc de Montpensier, puis duc de Chartres, qui n'est autre que Philippe-Égalité. Il était du même âge que Lauzun.

[2] Henri-Louis-Marie de Rohan, prince de Guéménée (1745-1807). Sa fameuse banqueroute est de 1782. C'est en 1778 que Lauzun lui abandonna tous ses biens, moyennant le payement de ses dettes et une rente viagère de 80,000 livres.

[3] Alexandre-Michel de Pomereu, né en 1736, fils d'Alexandre-Jacques et de Agnès Bouvard de Fourqueux, conseiller au grand conseil en 1755, avocat général en 1759, maître des requêtes en 1761. Il épousa en 1761 Anne-Marie Le Gendre.

et il m'avoua qu'il avait eu la nuit un vomissement de sang. Il avait vingt-huit ans ; ses épaules serrées, une toux sèche, tout annonçait chez lui la pulmonie. J'eus beau l'engager à se ménager, rien ne put y faire ; l'ambition le portait au travail, il supportait et cachait ses maux. Il venait me solliciter de m'intéresser auprès de M. le duc de Choiseul pour lui faire avoir deux bureaux. Ce ministre me traitait à merveille ; j'allai donc le trouver, et il me répondit que lorsqu'on s'intéressait pour un sujet comme M. de Pomereu, on était sûr de réussir. Comme les bureaux étaient de son département, il me les accorda à l'instant, et j'écrivis de Versailles à mon beau-frère pour lui annoncer ma réussite.

Je vivais toujours dans la même société, et je bénis le ciel de n'en avoir point changé. C'étaient le comte d'Osmont ; son frère, l'évêque de Comminges ; le baron de Vioménil ; Le Gentil, devenu marquis de Paroy ; sa femme ; une cousine, nommée madame de Villebriand ; mesdames Merger et Santo-Domingo ; l'abbé de Mégrigny ; M. de Chailly, son frère ; madame de Moussy, ma cousine ; M. et madame O'Dune (je menai ce dernier à Versailles jusqu'à ce qu'il fût placé ministre à Manheim) ; le comte et la comtesse de Noé et ses frères [1] ; le chevalier de Montecler [2] ; le chevalier de Longaulnay [3] ; la marquise de la Valette ; la baronne d'Ogny ; les deux chevaliers de la Tour ; Jelyotte ; mon ami Sedaine ; toute la société Préninville ; voilà à peu près le fond de notre société. Je soupais avec ma femme tous les jours dans la société Préninville, je donnais à dîner tous les jours, et le

---

[1] Il est probable qu'il s'agit des frères du comte. Il y avait à ce moment, quatre frères portant le nom de Noé : 1° Jacques-Roger, marquis de Noé, maréchal de camp, marié à une demoiselle de la Jonquière ; 2° Louis, vicomte de Noé, qui avait épousé une demoiselle de Cohorn de la Palun, et dont il sera question plus loin ; 3° Marc-Antoine, qui devint évêque de Lescar, dont il a été déjà parlé, et enfin 4° Dominique, chevalier de Noé, mestre de camp de cavalerie.

[2] Probablement Henri-François, chevalier de Malte, frère du marquis.

[3] Peut-être Charles-André, chevalier de Longaunay, né en 1729, colonel de grenadiers en 1759, puis maréchal de camp en 1762. (PINARD, *Chronologie militaire*.)

vendredi était consacré aux étrangers. L'ambassadeur de l'Empereur, le comte de Stahrenberg; l'ambassadeur de Hollande, de Berkenroode [1]; l'ambassadeur de Russie, le prince Galitzin [2]; son cousin, le prince Démétrius Galitzin [3]; le baron de Knyphausen, envoyé de Prusse [4]; l'ambassadeur de Venise, Tiepolo, et les femmes de ceux qui en avaient, tous venaient dans la semaine. Ma femme avait établi une règle : passé deux heures, le suisse avait ordre de fermer la porte, afin qu'il n'y eût pas de jour où j'eusse plus de seize personnes. On jouait l'après-midi au quinze et au trictrac, et souvent on restait jusqu'au coup de neuf heures. Nous allions alors souper en ville, trois fois par semaine chez les grands parents, et une fois chez madame d'Amezaga; nous donnions à souper une fois chez nous, et notre hiver coulait sans nous en apercevoir.

Le goût de la chasse à courre m'occupait toujours. Le comte d'Osmont et moi étions les tenants fidèles de celles de feu M. le prince de Conti; il avait établi son équipage près de Montgeron; nos chevaux y étaient, et nous nous menions alternativement au rendez-vous, quand nous étions libres, toutes les fois qu'il nous le faisait dire.

Nous chassions dans la superbe forêt de Sénart, et nous y fûmes témoins l'un et l'autre d'un fait de chasse qui a été consigné depuis dans les fastes et anecdotes des chasseurs. Après avoir fait une chasse superbe, un cerf de dix cors sur ses fins se jeta dans la Seine, à peu près à la hauteur de Villegenis; les piqueurs montèrent dans un bateau qui se trouvait au bord; le cerf était fort puissant et nageait superbe-

---

[1] Matheus Lestevenon Van Berkenroode, dont il sera question plusieurs fois.
[2] Dimitri Galitzin (1721-1793). Il n'était pas ambassadeur, mais ministre plénipotentiaire. Il fut nommé ambassadeur à Vienne en 1761 et prit congé du Roi le 17 septembre de cette année.
[3] Dimitri-Alexievitch Galitzin (1738-1813). Il était alors simple cavalier d'ambassade.
[4] Dodo-Henry, baron de Knyphausen, évidemment nommé ici par erreur, puisqu'il avait été rappelé en 1756. Voir plus loin.

ment, ce qui donna le temps à tous les chasseurs d'arriver; nous étions là plus de vingt-cinq, tant serviteurs qu'amateurs. Enfin le bateau atteignit le cerf; on le prit par le bois, et, après l'avoir noyé, on regagna le rivage. La bête fut tirée à force de bras sur la plage : le premier piqueur lui coupe le pied et le présente au prince, et nous allions nous retirer, lorsqu'à l'étonnement de tous, le cerf se relève sur ses trois jambes, et en deux bonds se rejette à l'eau; il fallut recommencer la chasse, et il tint encore plus d'un quart d'heure. On peut compter sur la vérité du fait, car je l'ai vu.

Le prince de Galitzin, ambassadeur de Russie, mort depuis ambassadeur à Vienne, et la princesse [1], nous comblaient d'amitiés, ma femme et moi. Le prince Démétrius, leur cousin, s'était tellement identifié avec nous, que lui et le baron de Knyphausen [2], ministre de Prusse, se dérobaient aux affaires pour venir faire des séjours à Saint-Leu; c'est là où je lui [3] fis faire connaissance avec la baronne d'Ogny, chez laquelle il passa ensuite une partie du temps qu'il nous donnait auparavant tout entier.

L'ambassadeur un jour me prit en particulier et me dit : « Voici une lettre de l'Impératrice, ma maîtresse; lisez-la. « Vous verrez qu'elle me donne carte blanche pour demander « ici un ambassadeur qu'elle doit désigner; j'ai jeté les yeux « sur vous. Répondez-moi, et je pars pour Versailles pour « vous faire nommer. » Voici quelle fut ma réponse : « Je « ne suis sur aucun rang; je ne me suis jamais présenté pour « être employé; je n'ai nul parent dans le ministère. Si ma « nomination vient de la cour où je serai envoyé, je m'ôte « tout moyen de réussir auprès de celle qui m'enverra. Ainsi « permettez que je vous refuse. » Il voulut bien, après une

---

[1] Née de Cantimir, dame d'honneur de l'Impératrice.

[2] C'est au mois d'octobre 1756 que le baron de Knyphausen reçut l'ordre de quitter la France. Tout ce qui se rapporte à lui est donc loin d'être ici à sa place chronologique.

[3] Au prince Démétrius, je pense.

longue conversation, se rendre à mon avis, et il n'en fut plus question.

Cependant, à peu près dans ce temps-là, le roi de Prusse nous déclara la guerre, de concert avec l'Angleterre. Mon pauvre ami le baron de Knyphausen, ministre de Prusse, reçut l'ordre de partir sur-le-champ, et fut obligé de quitter les amis qu'il avait faits en France. Je ne pus m'empêcher de lui rendre des soins jusqu'à la fin, et lui sauvai un rude affront à la Comédie italienne. Il y avait affluence ce jour-là au spectacle; un aboyeur, nommé Luxembourg[1], appelait avec emphase la voiture des gens connus. Dès qu'il aperçoit le baron, il crie : « La voiture de M. l'envoyé de Prusse! » Le parterre sortait, le peuple tient des propos et se montre prêt à l'insulter, je rentre précipitamment, et, par la rue Françoise[2], je l'entraîne dans mon carrosse qui était à une place marquée. Je le ramenai chez lui, où sa voiture ne rentra qu'à onze heures; il partit le lendemain.

C'est ici qu'il est nécessaire pour ma mémoire que je fasse une digression sur M. et madame de Cypierre. Ils ont joué un rôle si intéressant dans ma vie, que je leur dois bien cette marque d'attachement. Hélas! je les ai perdus l'un et l'autre, mais tant que je vivrai je me souviendrai de leur amitié.

M. de Montgeron[3], receveur général, avait épousé mademoiselle Dumas, sœur de M. Dumas, receveur général des finances[4]. Cette famille, riche par ses places considérables, avait trois filles, qui toutes promettaient d'être de la plus jolie figure, et trois garçons. Madame de Montgeron était une femme d'esprit, qui aimait le plaisir. M. de Montgeron

---

[1] Si ce n'est lui, c'est au moins un homme de son nom et de sa profession qui, en 1790, lors de la suppression des titres, abandonna sa place, honteux de n'avoir plus à appeler que des noms plus ou moins vulgaires. (*Journal de la Cour* de juin 1790, cité par MM. DE GONCOURT : *la Société française sous la Révolution.*)

[2] Où se trouvait le théâtre des confrères de la Passion, devenu la Comédie italienne, près de la rue Mauconseil.

[3] Parat de Montgeron, receveur général pour la Lorraine de 1740 à 1768.

[4] Receveur général de la généralité d'Orléans en 1744.

avait fait une brèche à sa fortune en achetant la terre de Montgeron; il la revendit à M. Fabre, autre financier, et il bâtit, comme avec la baguette des fées, une terre superbe en Normandie [1].

Leur maison était le rendez-vous de tous les jeunes gens de Paris qui voulaient s'établir. Les trois jeunes personnes étaient de ma connaissance; elles avaient été élevées au couvent de Traisnel, où ma tante, madame Soullet de Sainte-Hélène, était religieuse.

M. Dumas, frère de madame de Montgeron, sortant un matin à pied, reçut sur la nuque, dans la rue des Petits-Pères, une botte de foin que l'on montait dans un grenier, et ne tarda pas à en mourir, de sorte que madame de Montgeron se trouva son héritière. Le baron de Breteuil se mit bientôt sur les rangs pour épouser la fille aînée; il fallait faire la cour à la mère, il s'en acquitta en homme accoutumé aux bonnes fortunes; l'abbé de Breteuil se présenta, et en huit jours le mariage fut conclu [2].

M. Bourgeois de Boynes se mit sur les rangs pour la seconde; il avait de la réputation dans le corps des maîtres des requêtes, et il fut accepté [3].

M. Perrin de Cypierre, fils d'un conseiller au Parlement de Dijon et petit-fils d'un receveur particulier des États à Charolles, orphelin, était venu à Paris avec quarante mille livres de rente, sans autre appui qu'un oncle nommé Perrin de Grégaine, chevalier de Saint-Louis, retiré du service et fort riche. M. de Cypierre était un homme de grand mérite, et,

---

[1] Son fils, aussi receveur général, s'appelait Parat de Chalandray. Il y a dans la Manche un village de ce nom.

[2] Le mariage eut lieu le 24 janvier 1752 (*Gazette* du 29). La baronne de Breteuil mourut de la petite vérole à Stockholm, en mars 1765. Elle avait vingt-huit ans.

[3] Ce mariage est antérieur à celui du baron de Breteuil; c'est en 1749 que Pierre-Étienne-François Bourgeois de Boynes épousa Marie-Marguerite Parat, qui mourut en 1753. Fils d'un caissier de la Banque au temps de Law, il était alors maître des requêtes. C'était, d'après Barbier (juin 1749), un homme d'esprit et de travail; « homme de palais, mais de quelque probité », dit laconiquement d'Argenson (août 1754). On le retrouvera plus loin.

sans avoir des qualités brillantes, il avait reçu de la nature une adresse et une force qui lui auraient permis d'être ministre[1]; il était maître des requêtes et travaillait avec le zèle d'un homme qui veut réussir. Il s'introduisit dans la maison par la même porte que le baron, en faisant sa cour à la mère, et ne tarda pas à recevoir sa récompense en épousant la troisième fille.

L'abbé de Breteuil s'attacha au beau-frère de son neveu, et M. de Barentin[2] étant venu à quitter l'intendance d'Orléans pour entrer au conseil, M. de Cypierre, sur la demande du duc d'Orléans, fut nommé à vingt-neuf ans à cette intendance qui était très-recherchée[3]. Nous étions restés amis intimes, et son mariage a resserré notre liaison par celle de nos deux jeunes femmes.

[1] L'*Espion dévalisé*, dont l'auteur, Baudouin de Guémadeuc, était un ancien maître des requêtes, est loin d'être aussi flatteur : « Cypierre... véritable mâchoire », dit-il irrévérencieusement, et faussement d'ailleurs.

[2] Charles-Amable-Honoré Barentin, maître des requêtes de 1731, intendant à la Rochelle en 1736 et à Orléans de 1747 à 1760, mort conseiller d'État en 1762. C'était le père de Barentin qui devint garde des sceaux en 1788.

[3] Il était maître des requêtes depuis 1749 et président au grand conseil depuis 1758. C'est en 1760 qu'il épousa Florimonde Parat de Montgeron, et il fut nommé la même année intendant à Orléans.

CHAPITRE X

Projets d'économie; le plan de M. de Verdun; arrangement d'un hôtel. — Mort de M. Soullet. — Les jeunes Soullet. — Le marquis de Praslin aux affaires étrangères. — D'Argental. — Mort de la princesse Galitzin. — La révolution de Russie. — Madame de Pompadour. — Lebel. — La marquise de Seran. — Madame de la P...... — M. de Sartine; son enfance; ses débuts; son mariage. — Mademoiselle Deschamps. — Labarre; une séance de convulsionnaires. — Un traité de cérémonial. — M. de la Tournelle. — Leroi de Séqueville. — Les ordres du Mont-Carmel et de Jérusalem. — Recherche d'une terre. — Montpipeau. — Cheverny : le comte d'Harcourt; la lieutenance générale du Blaisois. — Cormeré; les Mahi.

Après avoir rappelé la vie que je menais, je vais m'occuper de ce qui me concerne personnellement. J'avais pour homme d'affaires mon tuteur onéraire [1], M. de Verdun, qui me témoignait un attachement sans égal. Ce galant homme eut une longue conversation avec moi. Il me voyait deux enfants, et il voulait leur fonder une fortune durable. La terre de Saint-Leu valait au plus cinq mille livres de rente, ce qui suffisait à peine pour son entretien; la façon dont j'y vivais, les plaisirs que j'y rassemblais étaient un objet de dépense considérable. Le reste de ma fortune consistait en rentes sur la ville et sur les particuliers, et onze maisons à Paris, toutes bien louées, mais qui entraînaient des frais considérables. De plus, ce Dufort La Graullet dont j'ai parlé, et qui s'était fait porter sur le testament de mon père, me signifia qu'ayant tout fricassé, il ne pouvait plus me payer la rente de mes fonds. J'avais une charge dispendieuse sur laquelle je ne pouvais enrayer. Tout cela méritait de mûres réflexions. Voulant m'éviter des chagrins, M. de Verdun avait pourvu lui-même

[1] Celui qui a la charge effective de la fonction, par opposition à tuteur honoraire, comme on l'a déjà vu.

à mes besoins urgents, sans me donner aucun embarras et avec une délicatesse singulière.

Il fallut entrer en explication, et il le fit avec adresse; il connaissait la vivacité de ma tête, et il ne voulut me montrer le mal qu'en me présentant le remède à côté.

« Vous êtes en place, me dit-il, depuis huit ans, et vous
« devriez demander une pension qu'on ne vous refusera pas,
« puisque votre ancien camarade en a eu une de deux mille
« livres au bout de cinq ans. Votre terre de Saint-Leu n'est
« qu'un objet de dépense. Voyez tous ceux qui en possèdent
« dans la vallée de Montmorency; c'est un vrai tableau mou-
« vant, parce qu'aucune de ces terres ne peut suffire dans une
« famille. Vos maisons de Paris vous sont plus à charge qu'à
« profit. L'une d'elles, rue Notre-Dame-des-Victoires, louée
« deux mille cinq cents livres à M. Merlet, receveur de la
« ville, ayant un jardin, peut vous faire un hôtel considé-
« rable. Voici donc un plan que je vais vous tracer. Si vous
« le suivez sans vous en écarter, je ne doute pas que non-
« seulement vous ne veniez au-dessus de vos affaires, mais
« qu'à la fin de vos jours, vous ne soyez très-riche.

« Le bail de l'hôtel de la rue d'Anjou finit cette année; il
« ne faut pas le renouveler, il faut bâtir un hôtel rue Notre-
« Dame-des-Victoires; en voici le plan et voici le devis. Le
« tout vous coûtera quatre-vingt mille livres, et vous aurez
« augmenté la valeur et le fonds. Nous allons chercher une
« terre d'au moins six à sept cent mille livres; je trouverai les
« fonds avec votre crédit ou autrement. Pour la payer, nous
« vendrons Saint-Leu et les maisons, et vous ne conserverez
« votre charge que jusqu'à ce que vous trouviez à en sortir
« honorablement, soit en allant en ambassade, soit en tâchant
« d'obtenir une place qui vous empêche de faire la guerre à
« vos dépens. »

Je lui demandai vingt-quatre heures pour faire mes réflexions et en causer avec ma femme; le plan fut adopté, et je mis toute ma prévoyance à l'exécuter. Je quittai ma maison pour la Saint-Jean, et l'on mit des ouvriers dans celle qu'on allait bâtir. M. et madame Soullet m'offrirent l'appartement qui j'avais habité étant garçon, et nous partîmes pour différentes campagnes.

Le marquis et la marquise de la Valette avaient au-dessus de Saint-Cyr une très-jolie terre, appelée la Couarde [1]; nous y allions tous les ans faire des voyages charmants avec nos amis communs, le baron et la baronne d'Ogny, qui, près de quitter la recette des États de Bourgogne, avaient voulu réaliser leur fortune, et avaient acheté la terre de Millemont, séparée de celle de leur beau-frère par le grand chemin.

Mon oncle, M. Soullet, n'avait que douze ans de plus que moi; il était d'une très-jolie figure, d'une conversation gaie, originale et charmante, et nous vivions comme deux frères. Nous avions eu ensemble, dans mon jeune âge, une petite vérole, et nous comptions n'avoir plus rien à craindre. Son fils prend la petite vérole, il entre chez lui avec précaution, et, le neuvième jour, je reçois à Saint-Leu où j'étais retourné un courrier qui m'annonce que M. Soullet vient d'expirer, et que son fils est hors d'affaire. Cet accident me frappe, et me voilà persuadé que je ne tarderai pas à avoir aussi la petite vérole. Ni ma femme, ni mes deux enfants ne l'avaient eue; la maladie était alors des plus meurtrières et était devenue épidémique à Saint-Leu; nous entendions à chaque instant les trépas, selon la louable coutume des campagnes, où, comme dit Boileau, *pour honorer les morts, on fait mourir les vivants* [2].

Je m'étais établi dans mon ancien logement, rue des Enfants-Rouges, en attendant que ma maison fût finie. Je n'hésitai pas à accepter la maison de mon ami Barassy, dont la femme venait de mourir. Il voulut absolument tenir et continuer son ménage jusqu'au mois d'avril 1760, où ma maison devait être prête.

---

[1] Madame de la Valette (née d'Alencé) était, quand elle se maria, dame de la Couarde et du Gros-Rouvre, qui, ainsi que Millemont, dont il est question plus bas, sont situés entre Houdan et Montfort-l'Amaury.

[2] « Mille cloches émues..... pour honorer les morts, font, etc. » (BOILEAU, satire VI.)

Ce fut dans ce temps que mon ami le marquis de Paroy fût du détachement des gardes-françaises embarqués sur la frégate du capitaine Thurot [1]; toute sa famille, ainsi que nous, fûmes dans des transes, pendant tout le temps que dura cette expédition, qui finit par la prise et la mort de Thurot, et la perte d'une partie du détachement; heureusement mon ami revint sain et sauf.

M. Soullet laissait trois enfants; l'aîné avait dix-sept ans, la fille [2] suivait, le troisième avait cinq ans de moins. Il était entré avec moi dans les détails de sa fortune; son mariage avec mademoiselle d'Alègre n'avait nullement rempli ses espérances. On l'avait présentée comme une descendante de la famille des d'Alègre, mais le fait était faux; elle était d'une famille assez neuve, qui avait fait fortune dans les affaires. Les espérances s'étaient réduites à une dot d'environ douze mille livres de rente. Mademoiselle d'Alègre l'aînée avait été mariée à M. Le Tourneur [3], intendant du commerce. Ayant voulu habiter trop tôt l'hôtel de Maillé, rue des Vieilles-Haudriettes, l'odeur de la peinture les avait tués, à huit jours l'un de l'autre, laissant deux enfants en bas âge. Le frère, d'Alègre, conseiller au grand conseil [4], mourut garçon, de la mort des justes, ayant mangé toute sa fortune.

Mon oncle avait examiné avec moi ce qu'il ferait de son aîné. On ne pouvait songer à la robe, d'où ils tenaient leur illustration. Mon oncle, encore jeune, n'avait que vingt-cinq mille livres de rente, qui ne pouvaient suffire aux dépenses d'un pareil état. Il ne connaissait personne à la cour; il s'était contenté de vivre avec la tête de la robe, et il avait

---

[1] François Thurot (1727-1760), un des héros de la marine française. A la tête d'une petite escadre, il parvint à opérer un débarquement en Irlande et s'empara d'une ville (15 janvier 1760). Forcé de se rembarquer, il fut attaqué par des forces supérieures et périt dans le combat (28 février).

[2] Qui épousa M. Chabenat de Bonneuil, comme on le verra plus tard.

[3] M. Le Tourneur était conseiller au Parlement au moment de son mariage (voir p. 11). Il devint intendant du commerce en 1748.

[4] Pierre d'Alègre, conseiller de 1741. Il mourut vraisemblablement en 1770, car il ne figure plus à l'*Almanach royal* de 1771.

trop de vanité pour se charger de rien solliciter. C'était sur moi qu'il avait jeté les yeux, pour placer son fils [1] dans les gardes-françaises. A portée de voir le maréchal de Biron dans le cabinet et partout, je devais être en mesure. Je fis donc cette demande au maréchal pour mon cousin germain, et je crus la chose faite par la manière dont il l'accueillit, prenant le nom, l'âge, et me disant qu'il le ferait inscrire sur la liste; mais je ne fus pas longtemps sans m'apercevoir que c'était réellement ce qu'on appelait de l'eau bénite de cour. J'appris que l'inscription sur la liste était une marche interminable; qu'il y avait tels jeunes gens qui y étaient inscrits depuis dix ans, et que si l'on en plaçait un, c'était le *non plus ultra*, le maréchal se réservant de se faire demander les places par la famille royale pour d'autres sujets; que je n'obtiendrais rien, si je n'avais pas pour moi Gombout, son secrétaire. Dédaignant toutes ces manœuvres, et impatienté d'une attente de plus de deux ans, j'en parlai au duc de Choiseul, tout-puissant alors. Il me dit avec sa franchise ordinaire : « Pourquoi « ne m'avez-vous pas dit cela plus tôt? Nous ne sommes pas « très-bien, le maréchal et moi, et je ne réussirai peut-être pas « aussi vite que vous le désirez; vous auriez dû m'en parler « tout d'abord. » Je le remerciai de sa bonne volonté, et comme je ne voulais pas l'importuner, je me décidai à attendre l'effet de la bonne volonté qu'il me montrait.

Le maréchal de Belle-Isle [2] mourut dans sa place cette année, chose qu'on n'avait pas vu arriver à aucun ministre depuis M. de Saint-Contest. Le duc de Choiseul eut la guerre, et son cousin, le marquis de Praslin [3], les affaires étrangères. D'une figure froide et désagréable, M. de Praslin vivait avec la Dangeville [4], la première soubrette de l'Europe, qui depuis son jeune âge était au Théâtre-Français. Il y soupait

---

[1] Bernard-Pierre-Nicolas Soullet. Son frère cadet, Antoine-Jean, devint capitaine au régiment de Conti (cavalerie).

[2] Charles-Louis-Auguste Fouquet, comte, puis duc de Belle-Isle (1684-1761).

[3] Le comte de Choiseul-Chevigny, qui devint duc de Praslin. L'auteur l'a déjà désigné sous le nom de Praslin, qu'il ne portait pas alors.

[4] Marie-Anne Botot-Dangeville (1714-1796).

tous les soirs depuis dix ans, et y rassemblait ses amis, tels que d'Argental [1] et d'autres, ainsi que des auteurs. La correspondance suivie de Voltaire avec M. d'Argental y était l'aliment de la conversation.

D'Argental, conseiller au Parlement, le meilleur homme possible, et qui tirait son lustre de son dévouement à Voltaire, trouva auprès de MM. de Choiseul la récompense de son amitié pour eux. M. le comte de Stainville, père du duc, venait de mourir, et laissait vacante la place de ministre du duc de Toscane en France. Cette place *ad honores* n'était nullement gênante, valait 20,000 livres de rente, et donnait le droit de faire porter derrière soi la canne par ses domestiques. Le duc de Choiseul n'eut que la peine de témoigner à l'Impératrice le désir de voir d'Argental pourvu de la place. D'Argental avait beaucoup d'amis, et le jour de sa présentation, il me fut recommandé par tout ce qu'il y avait de mieux à la cour. Le duc d'Aiguillon, que je connaissais à peine, me montra tout l'intérêt qu'il avait pour lui en l'accompagnant partout et en me le recommandant.

Le prince Galitzin, après avoir perdu sa femme [2], qui était souvent chez nous, et la plus excellente femme possible, reçut sa nomination à l'ambassade de Vienne. M. le comte de Czernichew [3] fut regretté, et le prince Démétrius Galitzin, cavalier d'ambassade, mon ami, fut nommé ministre de Russie. C'était la mort forcée de Pierre III, empereur de Russie, qui avait produit tous ces changements.

Quelque bien instruit qu'on fût à Versailles de cette révolution, on y vit la cause des rois outragée, et l'on s'en expliqua clairement. Ces dispositions de la cour furent plus tard

---

[1] Charles-Augustin Ferriol d'Argental (1700-1788), conseiller au Parlement en 1721, conseiller d'honneur en 1744; ministre du duc de Parme (et non de Toscane).

[2] Morte le 2 novembre 1761, à l'âge de quarante-deux ans (*Gazette* du 14).

[3] Le comte de Czernichew ne fut rappelé qu'en septembre 1762 (*Gazette* du 17 septembre). Il fut remplacé par le comte de Soltikow, et le prince Démétrius Galitzin resta chargé d'affaires jusqu'à l'arrivée de ce dernier, qui remit ses lettres de créance en février 1763 (*Gazette* du 25).

la cause du rappel forcé du prince Démétrius. Mais je ne veux pas anticiper sur les événements.

Madame de Pompadour connaissait parfaitement le caractère du Roi, qui était blasé sur tout et fort difficile à amuser. Elle avait composé sa cour d'une société aimable qui se rassemblait le soir. C'étaient M. de Chauvelin, madame de la Vallière [1], M. de Soubise, M. de Choiseul et quelques femmes âgées de la cour. La nouvelle du jour, surtout la chronique de Paris, y était discutée avec agrément, mais tout cela ne suffisait pas au Roi. Il regardait madame de Pompadour comme une amie nécessaire, mais elle sentait parfaitement que si elle voulait être autre chose, non-seulement elle perdrait son crédit, mais elle finirait par déplaire comme une surveillante incommode.

Lebel, devenu premier valet de chambre, après avoir commencé par être barbier, était dans l'intimité du Roi par les services qu'il lui rendait. C'était lui qui servait dans toutes les intrigues que son maître croyait dérober à la connaissance de ses maîtresses. Les plus jolies femmes de Paris, soit par ambition, soit par vanité, soit par l'espérance d'en tirer quelque utilité, ne se refusèrent pas à son ministère. On savait que le Roi répondait exactement à une jolie femme qui voulait lui écrire. M. Bertin, le ministre, ou plutôt l'intendant particulier du Roi, avait en réserve deux ou trois places de fermier général, dont les particuliers jouissaient à moitié profit.

On savait que la jolie madame la marquise de Seran [2] avait passé quelques nuits avec Sa Majesté, et que cette faveur lui avait valu une belle maison derrière l'Oratoire et cent mille écus, quoiqu'on assurât que, par une fatalité sans exemple, le Roi avait très-mal gagné son argent.

---

[1] Anne-Julie-Françoise de Crussol d'Uzès, née en 1713, mariée en 1732 à Louis-César de la Baume le Blanc, duc de Vaujour, puis de la Vallière. C'est sur elle que la comtesse d'Houdetot a fait le joli quatrain si connu.

[2] Marie-Marguerite-Adélaïde de Bullioud, fille d'un ancien gouverneur des pages du duc d'Orléans, mariée à Louis-François, comte de Seran. Marmontel, qui l'a connue intimement, affirme, sans beaucoup de conviction, que ses relations avec le Roi furent toutes platoniques. (*Mémoires*, liv. VIII.)

DEUXIÈME ÉPOQUE (1755-1764).

Peu de gens savaient la triste aventure arrivée à la belle madame de la P... [1], veuve d'un fermier général, qui l'avait envoyé chercher au fond de la Gascogne ; elle venait de gagner un procès qui rendait à son fils l'existence [2] que son père lui avait refusée. Jeune, jolie, grande, bien faite, aimable, ayant une foule d'admirateurs, elle voulut tâcher d'attirer le Roi, non dans un caprice, mais dans un attachement durable. Sa conversation pleine d'esprit pouvait lui donner à croire que les autres s'y étaient mal prises. Dans une entrevue avec Lebel, elle s'ouvrit à lui sur l'attachement qu'elle avait pris pour son maître. Il lui dit qu'il en rendrait compte au Roi ; huit jours après il arrive chez elle et lui annonce dans le plus grand secret que le Roi lui donnera audience à minuit dans sa chambre à coucher, que lui, Lebel, l'attendra dans son appartement qui était au-dessous et qui communiquait.

A onze heures et demie, le jour fixé, la dame, qui tenait une bonne maison et avait chez elle beaucoup de gens qui lui faisaient la cour, prit pour prétexte qu'elle allait solliciter le contrôleur général et demander pour ce jour-là à souper à un écuyer de main de service à Versailles. La voilà, mise avec la plus grande élégance, qui monte dans sa voiture pour Versailles. Elle va au contrôle général, ensuite se rend à souper là où elle était engagée ; puis, après avoir donné l'ordre que la voiture fût toute prête à minuit à l'hôtel des fermes, elle monte en chaise à porteurs, se rend chez Lebel qui l'attendait et renvoie les porteurs.

Après quelques compliments sur sa beauté et son exactitude, Lebel lui dit : « Nous allons monter ensemble dans la

---

[1] Ici encore nous respecterons les scrupules de M. Dufort. Il ne faut pas cependant que ces initiales assez transparentes égarent le lecteur. Il ne peut pas s'agir ici de la première femme du financier La P..., si connue par sa liaison avec le maréchal de R... Celle-là était morte vers 1752, mais La P... s'était remarié à une demoiselle de M..., de Toulouse, qui lui survécut, et qui accoucha d'un fils peu de temps après la mort de son mari, survenue en décembre 1762.

[2] L'état.

« chambre à coucher; je suis de service, je m'en irai, et vous
« ne me verrez que lorsqu'on me le fera dire et lorsque l'au-
« dience sera finie; le Roi rentrera dans son intérieur seul, et
« vous serez tête à tête. »

La dame était trop avancée pour reculer, et la voilà établie dans la chambre véritable où le Roi couchait, son lit préparé pour le recevoir. Minuit, une heure se passent, et le Roi ne paraissait pas. Enfin, à une heure un quart, il arrive et lui dit : « Ah! vous voilà, madame; je ne m'attendais pas à « trouver une aussi jolie femme. » Tout cela fut dit en prenant des manières si libres, si cavalières, que la dame fut confondue. Il est aisé de concevoir l'étonnement d'une jolie femme, accoutumée à voir ce qu'il y avait de plus agréable la traiter avec respect; mais le faux pas était fait, et elle ne pouvait plus s'en tirer. Elle laissa donc le Roi prendre toutes les libertés qui lui plurent; il lui dit bientôt : « Mais vous « êtes charmante à tous égards; je vais me déshabiller en « public, faites-en autant; je reviendrai vous trouver le plus « tôt possible. » Puis il partit. La dame, qui ne s'attendait pas à une proposition si brusque, n'avait pris aucune précaution. Il fallait obéir ou faire un éclat.

Peu accoutumée à se servir elle-même, elle se déshabille tant bien que mal et se hâte de se cacher dans le lit pour se dérober elle-même à la honte du rôle qu'elle jouait. Le Roi, après avoir fait son coucher en public, se relève, passe par son cabinet, entre dans sa vraie chambre et referme la porte. Lebel, qui avait le mot, va se coucher chez lui. Le Roi passe dans sa garde-robe, il y reste plus d'un quart d'heure, et la dame a avoué depuis à son confident que de la vie elle n'avait passé un temps plus cruel; il arrive enfin et se glisse au lit...

« Madame, dit-il enfin, il faut m'excuser, je ne suis plus « jeune; je suis sûr que votre personne mérite tous les « hommages, mais un roi n'est pas plus homme qu'un « autre, malgré la meilleure volonté et le plus grand désir. « Il est trois heures; si vous attendez jusqu'au jour, vous « pouvez rencontrer quelque indiscret. Les plus courtes

« folies sont les meilleures; je n'oublierai jamais vos bontés.
« Habillez-vous, et je vais moi-même vous conduire à la
« porte de glace de la galerie. Il n'y a de sentinelles qu'au
« bout des deux côtés. »

La dame était si interdite, si accablée, que, sans rien dire,
elle se leva, courut s'habiller comme elle put et avec un
désordre incroyable. Le Roi la reconduit, lui ouvre la porte
de glace, et voilà qu'elle traîne son existence le long des
appartements, pour aller gagner ses porteurs au bas de la
chapelle. Il fallut qu'elle les réveillât, et, ne croyant pas que
ses chevaux fussent encore mis, elle se fit porter chez l'écuyer
qui lui avait donné à souper. Elle fut plus d'une demi-
heure sans qu'on lui ouvrît. Enfin elle entre, ne dit mot de
son aventure, prétexte un accident qui lui est arrivé, se fait
donner un lit, et le lendemain, à huit heures du matin,
reprend tristement le chemin de Paris.

Dès qu'elle fut arrivée, elle n'eut rien de plus pressé que
d'envoyer chercher un homme en qui elle avait d'autant plus
de confiance qu'il n'avait aucune prétention sur elle. Elle
lui confia sa triste aventure, en lui demandant le secret. Elle
espérait que le royal acteur garderait le silence; il n'y avait
pas de quoi se vanter.

Le surlendemain, Lebel arrive, se fait annoncer chez la
dame. Le feu sort des yeux de la belle délaissée; elle le fait
entrer, elle écoute son message : « Le Roi, dit-il, madame,
« me charge de vous témoigner tous ses regrets de ce
« qu'une indisposition passagère l'a empêché de vous donner
« une plus longue audience. Il vous prie d'accepter ce petit
« coffret, dans lequel sont quatre mille louis. — Qu'il
« reprenne ses présents! lui dit la dame toute rouge de
« colère, vous êtes bien osé de vous charger d'un pareil mes-
« sage. Une preuve de mon respect, de mon attachement,
« de mon dévouement, dont je rougirai toute ma vie, est
« au-dessus de tout prix d'aucun roi de la terre. La seule
« grâce qu'il me doit, c'est de ne vous envoyer de la vie
« chez moi!

Je ne garantis aucunement le fait, mais il m'a été conté avec toutes ses particularités par un homme qui avait droit d'être bien instruit.

En 1740, M. de Sartine [1] arriva comme boursier au collége d'Harcourt; il pouvait avoir alors quatorze à quinze ans. Il avait la même physionomie qu'il a conservée toute sa vie, la même tenue froide et modeste. Il venait perfectionner son éducation, et logeait en chambre particulière, avec deux autres écoliers, sous un même professeur. On savait qu'il était né en Espagne; son père y était passé avec Philippe V, et avait été intendant en Catalogne. Il se faisait aimer et estimer, comme un homme qui suppléerait par son travail à son peu de fortune.

Sorti du collége, je le perdis de vue jusqu'à ce qu'il fût nommé lieutenant criminel. M. de Glatigny-Lionais, conseiller au Parlement [2], épousa vers cette époque madame Le Boullanger, veuve d'un conseiller au Parlement; les alliances de la famille de cette dame avec mes parents maternels me lièrent dans leur maison. M. de Sartine avait loué le devant de leur hôtel, rue de Paradis au Marais. Il était alors conseiller au Châtelet, et devint ensuite lieutenant criminel. Il se forma entre eux tous une liaison que je ne pus suivre, parce que ma vie à Versailles m'éloignait nécessairement d'eux. Cependant, toutes les fois que nous nous retrouvions, notre amitié du collége n'avait pas l'air éteinte. Il fut appelé à la place de lieutenant de police et succéda à M. Berryer [3], qui passa au ministère de la marine que, malgré la faveur, il administra si mal qu'il aliéna toute la marine de France.

M. de Sartine avait épousé mademoiselle du Plessis [4],

---

[1] Antoine-Raimond-Jean-Gualbert-Gabriel de Sartine, né à Barcelone en 1729, conseiller au Châtelet en 1752, lieutenant criminel en 1755, maître des requêtes en 1759, lieutenant général de police de 1759 à 1774, conseiller d'État en 1767, ministre de la marine en 1774, ministre d'État de 1775 à 1780. Il mourut en émigration en 1801.

[2] Gabriel de Glatigny, conseiller de 1745 à la 4e chambre des enquêtes.

[3] Nicolas-René Berryer (1703-1762), conseiller au Parlement, puis maître des requêtes et intendant du Poitou, lieutenant de police en 1747 et conseiller d'État, ministre de la marine en 1758 et garde des sceaux en 1761.

[4] Il avait épousé en 1759 Marie-Anne Hardy du Plessis, qui mourut en 1784.

jeune et jolie, pleine d'esprit, qui devint l'intime amie de madame de Cypierre. Dès qu'il fût à la police, notre liaison redoubla. Je lui donnai quelques soupers, et nous allions chez lui régulièrement une fois la semaine, de sorte que notre intimité s'est soutenue jusqu'à ce que les malheureuses circonstances de la Révolution l'aient obligé de fuir à Cadix. La fortune, qui a pensé lui faire jouer un grand rôle à la mort de Louis XV, ne lui avait pas tourné la tête. Il avait le grand art de ne parler que succinctement, et il arrivait souvent à connaître ce qu'il ne savait pas par des réticences, qui laissaient croire qu'il était plus instruit qu'il ne l'était; mais la justice que je suis obligé de lui rendre, c'est que, toujours modeste, il a conservé jusqu'à la fin les personnes qu'il avait choisies pour amis, témoins M. de Glatigny et nous, sans jamais varier un instant.

Je passai donc l'hiver rue du Petit-Musc, où nous disposâmes de la maison de notre ami Barassy, comme si nous étions chez nous.

C'était alors Monet qui régissait le nouvel Opéra-Comique à la foire; mon ami Sedaine, par ses pièces, en était le soutien. Je pris donc le parti de louer une loge aux troisièmes, pour le temps de la foire; ces loges étaient extrêmement courues à cause de leur grandeur, et de la commodité d'y avoir qui l'on voulait. Un jour, la fameuse Deschamps [1], alors fort en vogue, me parut embarrassée de se placer. Quoique je ne lui eusse jamais parlé, je lui proposai de venir dans ma loge; elle accepta, et nous fûmes tête à tête tout le spectacle. Je ne tardai pas à m'apercevoir qu'elle méritait sa fortune; une jolie taille, un bras et une main superbes, une figure ronde éclatante, un nez retroussé très-bien fait et de très-beaux yeux la rendaient une des plus jolies femmes que j'aie vues; elle avait de la grâce dans tous ses mouvements et un embonpoint qui témoignait de sa bonne santé.

Sa conversation fut charmante; je croyais être masqué

---

[1] Ancienne maîtresse du duc d'Orléans et de Brissard; en 1760, elle avait trente ans. (BARBIER, avril 1760.)

comme au bal de l'Opéra, mais tout à coup, avec l'air le plus folichon, elle me dit : « Croyez-vous que que si je ne
« vous avais pas connu pour être le camarade de M. de la
« Live, je me serais hasardée à venir dans votre loge?
« Peste! les introducteurs sont dangereux. Ne voilà-t-il pas
« trois mois que je vis avec lui? En vérité, c'était une œuvre
« de charité. J'ai voulu le remettre dans le monde et lui faire
« oublier sa défunte, qu'il regrettait comme si elle l'avait
« adoré tout seul. Vous, vous avez une jolie femme et vous
« l'aimez, mais vous avez aimé vigoureusement autrefois.
« Est-ce que vous avez oublié ce bon temps? — Ma foi,
« lui dis-je, vous me persiflez le plus joliment du monde,
« mais je vous en remercie, car cette folie m'a fait connaître
« la plus jolie et la plus aimable femme de Paris. »

Nous causâmes un moment sur ce ton, puis, je ne sais comment, la conversation tourna sur les convulsionnaires. Tout Paris y courait alors; un certain père La Barre[1] en était le directeur : « N'ont-ils pas voulu, me dit-elle, me
« convertir! — Peste! répondis-je, cela ne serait pas mala-
« droit. — En attendant, reprit-elle, je suis initiée; je vais à
« leur assemblée quand cela me plaît, et j'y fais aller qui je
« veux. — Oh! repris-je, je vous somme de ce que vous
« venez de me dire, et je vous demande en grâce de me pro-
« curer ce spectacle. — Ce que je promets, dit-elle avec
« dignité, je le tiens. Soyez jeudi à deux heures précises dans
« l'église de Saint-Merry, auprès du bénitier; vous trouverez
« mon frère qui vous conduira. Ce que je vous demande,
« c'est de vous fier à lui, et de ne vous permettre aucune
« plaisanterie. Vous pouvez amener un ami avec vous. »
Nous nous quittâmes là-dessus; elle ne voulut pas qu'on la vit sortir de ma loge, et, de mon côté, je me souciais peu de

---

[1] « M. de la Barre est avocat au Parlement, fils unique d'un greffier en chef. « C'est un homme de cinq pieds trois ou quatre pouces, maigre, brun, qui « porte ses cheveux. Il a le coup d'œil et le sourire gracieux. Sa physionomie « respire la douceur, la bonté et la sagesse; il paraît avoir quarante à qua- « rante-cinq ans. » (Relation de M. du Doyer de Gastel; GRIMM, mars 1760, t. IV, p. 211, édition Tourneux.)

faire ses honneurs en plein public. Je la quittai donc, après m'être encore plus amusé de sa conversation que du spectacle.

Conter tout cela à M. de Barassy ne m'aurait servi de rien ; j'en parlai à M. de Chailly, qui vint dîner chez moi le jour du rendez-vous, et, après avoir conté la scène à ma femme, nous nous mîmes dans ma voiture pour nous rendre à Saint-Merry.

C'était une heure où l'église était fort solitaire, et nous vîmes un particulier de vingt-cinq ans environ près du bénitier. Il était mis fort bien et très-décemment ; il s'avance vers moi et me dit : « Vous êtes monsieur...? — Oui. — « Donnez-vous tous les deux la peine de me suivre. » Nous le suivons. Au détour de la première rue, nous trouvons la voiture de mademoiselle Deschamps, connue de tout Paris ; elle était à sept panneaux en glace, galonnée d'or sur du velours blanc ; les chevaux étaient superbes, le cocher galonné ; nous montons. Il y avait déjà un particulier dans la voiture, c'était M. le Normand d'Étioles, le mari de madame de Pompadour. Nous eûmes bientôt fait connaissance, et la voiture partit comme un éclair pour nous mener rue Saint-Martin, vis-à-vis de la rue aux Ours.

Nous descendîmes à une porte cochère, qui avait l'air d'une épicerie. Nous trouvons au fond d'une cour un escalier ; nous montons au troisième, dans un appartement des moins magnifiques et fort mal meublé. Il était composé de cinq pièces assez grandes et communiquant l'une dans l'autre pour revenir à l'escalier, de sorte que les deux du fond avaient vue sur des jardins. Il était au plus trois heures ; nous fûmes introduits avec mystère par une femme. Nous prîmes nos places sur des bancs, et chacun garda le silence.

Dès que nous pûmes nous reconnaître, j'aperçus madame la marquise de Coislin (mademoiselle de Mailly)[1], madame la duchesse de Villeroi (mademoiselle d'Aumont)[2], le duc

---

[1] Marie-Anne-Adélaïde de Mailly, mariée en 1750 à Charles-Georges-René du Cambout, marquis de Coislin.
[2] Jeanne-Louise-Constance d'Aumont, mariée en 1747 à Gabriel-Louis-

de Fronsac [1], fils du maréchal de Richelieu, Pibrac [2], chirurgien fameux, et une quantité de bonnes femmes assez mal vêtues, qui coopéraient toutes au saint œuvre. Le fameux père La Barre, vêtu en prêtre, en habit noir, sans poudre et avec un grand chapeau rabattu, était assis tout près du cercle et donnait un coup d'œil à tout.

On disait les vêpres, et toutes les femmes les psalmodiaient un peu vite; cette scène dura un quart d'heure, qui parut fort long à tout l'auditoire des curieux. Ensuite, une femme du commun assez mal mise s'avança, elle avait l'air d'entrer en convulsions; elle s'agita, fit une prophétie sans suite en estropiant le français. Son refrain, qui revenait à chaque fin de phrase, était : « Sion, la ville de Sion sera détruite, le « Seigneur la regarde dans sa colère; qu'on se convertisse! « N'y a pas de temps à perdre! »

Cette scène ennuyeuse fit place à une autre; une seconde femme s'avança, l'abbé La Barre se leva : « Messieurs, dit- « il, elle demande du secours. » Personne ne se proposait : un homme officieux l'appuya contre lui, et l'abbé La Barre, prenant un rondin en bûche, la frappa comme avec un bélier sur les hanches et sur le ventre. A chaque coup, la femme criait : « Ça me soulage, continuez! » On la porta sur le lit; elle y fit des cabrioles, qui auraient été de la dernière indécence, sans l'attention de l'abbé La Barre et de ses acolytes de lui baisser les jupes.

Cependant une autre s'avance et s'écrie : « Au secours! « au secours! » Et la voilà au milieu de la chambre, se tournant, s'agitant, cabriolant comme une démoniaque. L'abbé dit gravement : « Son mal est dans la langue. Il faut la lui

---

François de Neufville, duc de Villeroi, celui qui avait été l'ami d'enfance de M. Dufort.

[1] Louis-Antoine-Sophie du Plessis-Richelieu, duc de Fronsac, né en 1736. Il prit le titre de duc de Richelieu en 1788, à la mort de son père, et lui succéda dans la charge de premier gentilhomme de la chambre, dont il avait la survivance depuis 1756.

[2] Gilles-Bertrand Pibrac, chirurgien ordinaire du duc d'Orléans, et chirurgien major de l'École militaire. Il exerçait depuis 1724.

« percer de part en part avec une lancette, et elle sera guérie! »
Nous croyions tous que c'était encore un tour de passe-passe.
Pibrac s'avance et dit : « Messieurs, je me charge de
« faire l'opération ; rien n'y manquera. » Nous savions tous
que Pibrac ne donnait pas plus que nous dans ces badaude-
ries. La possédée ne se démonte pas, s'élance le dos à la
cheminée où il n'y avait pas de feu, et tire la langue d'une
façon exorbitante. Pibrac s'arme de sa lancette et l'enfonce
si distinctement pour nous tous qu'il fit voir le bout qui sortait
par-dessous la langue. Il la retire ; la possédée rentre sa langue,
fait une cabriole et court dans une autre pièce en disant :
« Je suis guérie, me voilà, me voilà guérie! »

Tout le monde gardait le silence, et le prêtre du sabbat,
pour ne pas laisser la scène vide, ordonnait de continuer les
psaumes, lorsqu'une autre énergumène s'avança au milieu de
la salle avec les mêmes simagrées; tout cela se faisait sans
ordre ni mesure. La Barre s'écria : « Que chacun s'assoie;
« il lui faut de l'air! » Cette femme parlait avec une volubilité merveilleuse, sans suite ni sens commun. Jérusalem
détruite, Sion abandonnée était son refrain. La Barre se
lève. « Je connais, dit-il, les secours qu'il faut à cette mal-
« heureuse; elle est tellement possédée que la pointe d'une
« épée appuyée contre elle ne pourra la percer. » Le duc de
Fronsac se présente, tire son épée et va hardiment sur elle.
La Barre l'arrête en lui disant : « Permettez! il ne s'agit pas
« de pourfendre ni de porter une botte, mais appuyez la
« pointe de votre épée, elle n'enfoncera pas! » Alors la
femme, debout, s'appuyant contre La Barre, aussi debout,
prit la pointe de l'épée, laissant la poignée dans la main du
duc, et saisissant la lame à pleine main, la fixa sur sa
hanche par-dessus ses jupes. Le duc poussa sans saccade du
plus grand courage. Il était fluet et très-délicat, la lame pliait
beaucoup, et la femme criait : « Poussez, cela me soulage[1]! »
Nous nous regardâmes tous; le tour de gobelet était mal

[1] On prétendit pourtant qu'une femme était morte, blessée par l'épée du duc de Fronsac. (BARBIER, mai 1760.)

fait; la lame fixée dans la main de la femme pliait à sa volonté et par conséquent n'avait plus de force.

La Barre n'était pas homme à se déconcerter; l'assemblée était intéressante, quoique, en entrant, on nous eût annoncé qu'il n'y aurait pas de crucifiement, La Barre fit un petit discours; il prouva que ces opérations n'étaient pas à sa volonté, que ses relations occultes ne lui permettaient que de placer à propos les secours que l'Esprit-Saint lui indiquait. C'était apparemment un ordre, car à l'instant la femme qui avait été régalée de coups de bûche et de coups de pied dans le ventre recommença ses manières et se présenta en faisant des cris, des hurlements qui déchiraient le tympan. « Esprit immonde, dit La Barre, tu m'y forces! Messieurs, « elle ne trouvera de soulagement qu'à l'exemple de notre « divin Sauveur; qu'elle soit crucifiée! »

A l'instant on voitura dans la chambre une croix dont voici le détail. C'était une planche de bois de bateau, longue de sept pieds et large de dix-huit pouces, nullement rabotée; les deux bras de la croix étaient de même. A l'endroit où devaient poser les pieds, il y avait deux tasseaux, et une planche très-peu inclinée pour les recevoir. Elle fut apportée contre la cheminée; le haut de la croix, incliné, prenait son point d'appui sur le manteau de la cheminée; la planche, qui débordait de dix-huit pouces l'endroit indiqué pour les pieds, fut fixée par deux clous dans le carreau pour l'empêcher de glisser. La femme, qui pleurait, soupirait et ne criait plus, s'élance sur la croix, les pieds nus, les fixe elle-même juste à la place, à côté l'un de l'autre, et étend les bras sur les deux branches. Le père La Barre prend un clou de quatre pouces et un marteau, tâte dans le cartilage du pied au-dessus du cou-de-pied, frappe, perce et enfonce le clou qui pénètre environ de six lignes dans le bois, après avoir traversé le pied.

J'ai de l'aversion pour voir souffrir un être quelconque. Je n'en voulus pas voir davantage; un particulier que je ne connaissais pas en fit autant, et nous entendîmes les coups de marteau qui finissaient l'opération, dont tous les autres spectateurs étaient très-occupés. Le frère de la Deschamps et mes autres compagnons, ne me voyant plus, vinrent me trouver : j'en avais assez. D'ailleurs, quelques passants nous dirent que tout était fini. Nous étions les plus près de la porte : je proposai de nous en aller.

La porte était fermée, et il était nuit close ; enfin, une femme vint avec une lanterne pour nous reconduire jusque dans la cour ; elle passa la première. En descendant, quelqu'un s'avisa de lui demander si ce n'était pas elle qui avait été crucifiée, car elle avait les jambes nues dans de mauvaises savates. « Hélas! monsieur, oui, c'est moi. — Mais « comment cela ne vous empêche-t-il pas de nous rendre « service? — Oh! non, monsieur, tout cela arrive par la « grâce de Dieu. » Alors nous lui donnâmes chacun un louis pour le mal de cœur que toute cette scène nous avait fait. M. Le Normand regagna sa voiture, et le frère de la Deschamps nous conduisit à celle de sa sœur, qui était au coin de la rue des Gravilliers. En très-peu de temps nous arrivâmes rue et à côté du magasin de l'Opéra ; la porte cochère s'ouvrit, et nous voilà dans un palais superbe.

On nous attendait ; un valet de chambre tout galonné se trouva à la descente du carrosse, tenant dans chaque main un flambeau à deux branches avec des bougies allumées. Nous montâmes un escalier superbement éclairé, et frotté comme un appartement ; après avoir trouvé deux domestiques dans l'antichambre, nous passâmes par un salon décoré magnifiquement, par une chambre à coucher ornée de colonnes, où se trouvait un lit d'une beauté sans égale, de la plus belle perse ; je n'exagère pas en disant qu'il y avait cinquante bougies d'allumées. Nous arrivons enfin dans un boudoir meublé en couleur rose et argent ; le plafond était en glaces, ainsi que l'endroit où était fixée l'ottomane, garnie de coussins de duvet à crépines d'or. C'était là qu'elle nous attendait. J'avoue qu'accoutumé à voir ce qu'il y avait de plus beau, je fus ébloui et stupéfait d'une pareille réception.

La conversation fut fort gaie; Chailly, qui avait de l'esprit et du jargon, l'amusa beaucoup. Neuf heures arrivent; nous voulons sortir. Pendant la conversation, j'avais fait l'inventaire de toutes les belles choses que je voyais, en mettant sur chacune le nom de celui qui l'avait donnée. Elle riait et en convenait, ou bien disait le nom véritable. « Vous n'avez « pas tout vu, dit-elle enfin ; ma salle à manger est un chef-« d'œuvre, mais je ne veux vous la montrer que lorsque « vous viendrez souper avec moi. » Je me mets à ses genoux, je lui demande pour toute grâce qu'elle me la fasse voir, que je ne veux que cette dernière preuve de ses bontés. Elle se laisse gagner; nous entrons dans une salle à manger garnie de statues de bronze, tenant chacune un candélabre à quatre branches, et jetant de l'eau dans des piscines de marbre. Tout est éclairé; une table anglaise est dressée, sur laquelle sont des fruits en glace à la manière italienne. Nous nous mettons à table, et nous ne quittons qu'à onze heures. On nous reconduit alors avec la même cérémonie. Je ramène Chailly chez lui, rue du Chaume, et je reviens trouver ma femme, me demandant si je ne viens pas de faire un rêve charmant. Soit caprice, soit autrement, elle alla loger six mois après rue de Richelieu, à côté de la rue des Filles-Saint-Thomas [1].

Elle m'avait si bien traité que je continuai à la voir de temps en temps. Si elle avait suivi mes conseils, ses affaires auraient mieux tourné. Elle passa du plus brillant état à la plus grande misère, sans que son cœur noble voulût implorer le secours de ceux qui l'avaient tant fêtée. Elle se retira dans une maison, rue de Seine, à côté de la barrière. Le curé de Saint-Sulpice s'en empara; c'était une conversion éclatante. Elle termina ses jours avant trente-cinq ans, pleine de résignation, pleurant ses péchés et la perte de sa fortune.

[1] Barbier (avril 1760) parle de la vente des meubles de mademoiselle Deschamps. On allait en foule visiter ses magnifiques appartements, dont il fait une description qui se rapporte à celle qu'on vient de lire. La Deschamps, vêtue simplement et avec goût, faisait les honneurs de sa maison.

Mon camarade La Live réussissait à merveille à Versailles. Très-aimable, bon connaisseur en tableaux, l'air doux, sans prétentions, il savait toujours ramener la conversation sur les arts, dont il parlait bien. Il vivait avec moi en frère. Mademoiselle de Valquiers [1], fille de madame Nettine, banquière de l'Empereur à Bruxelles, et sœur de madame de La Borde, femme du banquier de la cour, était un parti immense. Il fut préféré par la dame, qui était d'âge et que sa mère laissait maîtresse de choisir. Il s'était montré excellent mari dans son premier mariage, et il ne courait pas les mêmes risques [2] avec sa nouvelle épouse, Flamande d'origine et attachée à ses devoirs. Le mariage se fit, et La Live fut heureux dans son intérieur, quoique le despotisme de son beau-frère, qui avec sa fortune faisait la loi à tout le monde, ne lui convînt pas du tout. Je ne fus pas longtemps à m'apercevoir qu'il y avait des instants où ses idées se brouillaient, à faire craindre pour la suite.

Lorsque j'avais été nommé introducteur des ambassadeurs, il m'avait fallu feuilleter une foule de mémoires des Bonneuil, des Sainctot, et je m'étais trouvé sous la dépendance de M. de La Tournelle, secrétaire à la conduite des ambassadeurs, l'homme du monde le plus minutieux en fait de cérémonial. Il perdit sa femme à la suite d'une première couche; sa tête s'échauffa, et il quitta sa place pour se faire Bénédictin. Je ne voulus plus que les introducteurs fussent à l'avenir dans la même dépendance. Je possédais ma charge

---

[1] La seconde femme de M. La Live de Jully s'appelait non pas Valquiers, mais Nettine. C'est le nom que l'on trouve dans la *Gazette de France* du 6 août 1762, qui annonce la signature du contrat de mariage. La confusion vient évidemment d'une demoiselle Walkiers, nièce de madame de Jully, et qui épousa le fils de M. Boullongne de Préninville, comme on le verra un peu plus loin. Marie-Louise-Josèphe de Nettine avait un frère, le vicomte de Nettine, et trois sœurs : une, mariée à M. Walkiers, baron de Tronchiennes, conseiller d'État de l'Impératrice-Reine; une seconde, Rosalie-Claire-Josèphe, qui avait épousé en 1760 Jean-Joseph de la Borde-Méréville, banquier de la cour. La troisième était, depuis 1761, femme de Micault d'Harvelay, garde du trésor royal.

[2] Voir les *Mémoires de madame d'Épinay*.

depuis huit ans, et j'avais assez vu toutes les cérémonies possibles, j'avais tenu des notes assez exactes, pour qu'en compilant les anciens mémoires, je pusse réduire le cérémonial à peu de chose. L'arrangement que nous avions fait en changeant de semestre avait été utile à mon successeur. Au lieu que dans les voyages de Compiègne et de Fontainebleau, le Roi reçut tous les jours les ambassadeurs, cette visite journalière avait été réduite aux dimanches, mardis et jeudis, de sorte que la gêne était moins forte. Cela avait été réglé ainsi, d'après un mémoire que j'avais donné l'année de mon mariage. Je pris donc le nommé Remière pour secrétaire, après en être convenu avec les ministres, et je réduisis à un abrégé d'un doigt d'épais tout le cérémonial de France pour les étrangers. J'en fis faire plusieurs copies à la main, en donnai à mon camarade, aux ministres, et reçus tant de lettres de félicitations que je fus obligé d'en déposer un exemplaire manuscrit à la Bibliothèque du Roi[1]. Mais il eût été dangereux de faire imprimer ce résumé; tous les gens inutiles qui s'emploient à ces misères n'auraient plus rien eu à faire, et c'était en particulier ôter la consistance de Leroi de Séqueville[2], ancien secrétaire du duc de Choiseul, que ce ministre avait fait nommer à la place de la Tournelle.

Ce Séqueville était le meilleur homme possible, et je le menais tous les mardis à Versailles. Un beau jour, je le trouvai revêtu de l'ordre du Christ. Le duc de Choiseul, ouvrant un bureau devant lui, trouva dans un tiroir le ruban, la croix de l'ordre et le diplôme du Pape avec le nom en blanc. Il le remit à Séqueville en lui disant : « Vous allez être avec les « ambassadeurs, je vous donne cet ordre; vous vous en « décorerez si vous voulez. » Il me fit part de cette nouvelle dignité. Je lui conseillai de mettre cette belle décoration dans sa poche. Je lui dis qu'un ordre qu'on acquérait pour de l'argent était au-dessous d'un honnête homme. Il suivit mon avis,

---

[1] Ce traité n'a pu être retrouvé ni à la Bibliothèque nationale, ni aux Archives des affaires étrangères.
[2] François-Pierre, né en 1725, marié en 1759 à Marie-Cécile de la Lande.

et, tant que j'ai été en place, je ne le lui ai jamais vu porter.

M. Mesnard, premier commis de la maison du Roi, avait voulu faire revivre l'ordre du Mont-Carmel[1]; on y avait joint un autre, dit de Jérusalem. Il était procureur de l'ordre et en avait décoré ses deux enfants. Le premier, avec de l'esprit, très-vaniteux et bavard, était contrôleur de la maison du Roi, et l'autre[2] avait été reçu exempt des gardes du corps, avec beaucoup de difficultés de la part du corps. Le père, le meilleur et le plus obligeant des hommes, m'aimait beaucoup, et il employa toute son éloquence pour me persuader de prendre l'ordre, me disant que j'étais le dernier dans les places d'introducteur qui pût le posséder, puisque maintenant la cour, moins difficile, prenait les fils des financiers pour nous remplacer[3]. Je refusai cependant, et je ne m'en suis jamais repenti.

On me témoignait alors beaucoup de bonne volonté; j'en profitai pour suivre le plan que M. de Verdun m'avait tracé, et obtenir une pension. Je me rendis à Compiègne, je montrai que la banqueroute totale que je venais d'essuyer de la part de La Graullet me faisait désirer ma retraite. On ne voulut pas en entendre parler; d'ailleurs personne ne se présentait. En quatre jours, j'obtins donc une pension de 2,000 livres, et cela dans un temps où la cour se rendait très-difficile à les accorder.

---

[1] On trouve dans les *Almanachs royaux* une notice sur ces ordres dénommés: *Ordres royaux et militaires de Saint-Lazare de Jérusalem et hospitaliers de Notre-Dame du Mont-Carmel.* M. Mesnard prêta serment comme procureur général le 4 août 1758, en présence du duc de Berry, depuis Louis XVI. (LUYNES, t. XVII, p. 38.) Son fils, Mesnard de Chouzy, figure à l'*Almanach* comme procureur général en survivance.

[2] Mesnard de Clesles. (*Gazette de France* du 14 avril 1753, et LUYNES, t. XII, p. 402 et 420.) Cette nomination, dit Luynes, ne fut pas « sans donner « occasion à quelques murmures, quoiqu'il fût depuis six ans officier de cava« lerie dans le régiment de colonel général ».

[3] On exigeait la preuve de quatre degrés de noblesse pour être admis dans l'ordre du Mont-Carmel, et originairement, de neuf degrés sans principe de noblesse connu, pour l'ordre de Saint-Lazare de Jérusalem, réuni au premier en 1608 par Henri IV. Une réorganisation des deux ordres eut lieu en 1757; on leur adjoignit un peu plus tard l'ordre du Saint-Esprit de Montpellier.

Nous passâmes notre été à Passy, à Hénonville et à la Chevrette. M. Roslin, le grand-père de ma femme, étant frappé d'une apoplexie et d'une paralysie, toute la famille fut obligée de se rendre à Passy, où nous restâmes un mois à attendre tous les jours sa fin. C'était le meilleur homme possible et de mœurs excellentes. De sa vie il n'avait juré, mais depuis son accident il entrait dans des fureurs où sa langue prononçait avec une volubilité inconcevable le grossier mot de b..., sans pouvoir dire autre chose. Il termina enfin sa triste existence, et sa veuve entra en possession d'une fortune immense. C'était la femme à qui les richesses allaient le moins. En fait de comptes, elle n'avait jamais fait que ceux de son cuisinier, et elle n'avait voulu avoir pour son entretien que le produit des confiscations, dont il revenait à son mari environ 50 louis.

Je m'établis dans ma nouvelle maison, rue Notre-Dame-des-Victoires, à côté de la rue Joquelet, au mois d'octobre 1760. Une écurie pour quatorze chevaux, une petite cour avec sortie pour les fumiers dans la rue Joquelet, un bâtiment au fond de la cour à la place du jardin, quatre remises au-dessous, un premier, un second et des logements de domestiques au-dessus, composaient le nouveau bâtiment. Sur le devant, on n'avait laissé subsister que les gros murs en pierre de taille ; on y avait ajusté deux ailes, sous lesquelles il y avait encore des remises. L'appartement du premier était composé d'une antichambre, d'une superbe salle à manger, d'un salon richement décoré en glaces et en sculptures de bouquets de fleurs, d'une bibliothèque éclairée par cinq croisées ; de l'autre côté, une chambre à coucher, et sur une aile, un cabinet de toilette, une garde-robe à l'anglaise, un boudoir tout en glaces, et à la suite un jardin hydraulique. Le tout ne me coûtait que 90,000 livres, par l'économie de M. de Verdun qui s'entendait parfaitement en bâtiments. Il coopérait de tout son pouvoir au plan qu'il m'avait proposé, et il vendait les maisons les plus éloignées, car j'en avais dans tous les quartiers.

Un nommé Besnard, procureur du Roi de la ville de Rouen, s'offrit de faire rentrer une somme de 100,000 livres qui m'était due, à condition que je la placerais dans sa charge. J'acceptai, pourvu qu'il me trouvât une terre à acheter. Il vient m'annoncer que la duchesse de Chaulnes veut vendre la Mailleraye. L'abbé de Mégrigny et moi montons en voiture avec Besnard, et nous y courons.

Cette terre, bâtie sur le bord de la Seine, de l'autre côté de Caudebec, est superbe pour les bâtiments et le revenu. Les constructions, successivement augmentées par différents possesseurs depuis le maréchal d'Harcourt[1], en font un local immense, sans suite, mais dont les détails sont magnifiques, avec une vue superbe sur la Seine, qui est d'une largeur considérable. Il y existait des droits d'une féodalité excessive. Chaque ourque, ou petit bâtiment de pêcheurs, ne pouvait remonter sans payer un droit, ou faire hommage du plus beau poisson à un prix fixé. Un hospice de Capucins avait été fondé pour desservir la chapelle du château, qui était mieux tenue qu'une paroisse.

Les informations que je pris sur le caractère des habitants me déterminèrent à me retirer, après avoir offert seulement 700,000 livres. Les vassaux habitaient les bords de la rivière, et le peu de terre qui était cultivé avoisinait une forêt immense. Il s'ensuivait que ces gens, matelots ou bûcherons, vivaient dans un état d'indépendance à peu près complet.

Besnard voulut nous faire voir trois autres terres du côté de Caudebec, mais nous versâmes sept fois dans les plus mauvais chemins possibles, et nous revînmes au bout de huit jours, après avoir fait une course inutile.

M. et madame de Cypierre me cherchaient aussi une habitation dans l'intendance d'Orléans. Les bords de la Loire

---

[1] M. Dufort dit par erreur : le maréchal de *Meilleraye*. La terre de la *Mailleraye* avait appartenu au maréchal d'Harcourt et avait été achetée en 1750 ou 1751 de la succession, moyennant 600,000 livres, par le comte d'Houdetot, qui, trois ans plus tard, la revendit pour un million à la duchesse de Chaulnes. (LUYNES, t. XIII, p. 208, et BOITEAU, *Mémoires de madame d'Épinay*, t. I, p. 295.)

étaient toute notre ambition, et cela seul pouvait nous faire oublier le séjour enchanteur que nous allions quitter.

On découvrit la terre de Montpipeau, à quatre lieues d'Orléans [1]. Elle appartenait au marquis de Polignac, et venait des deniers de sa femme, mademoiselle de La Garde. J'y courus. La terre se sentait de l'abandon où M. de Polignac avait mis toutes ses affaires. Il s'était avisé de surélever l'ancien château, sans étayer les pièces au-dessous, de sorte que tous les planchers étaient écrasés. Le revenu me tenta. Il était de 28,000 livres, soit en blé, soit en bois; ce qui me permettait, avec de la sagesse et de l'économie, d'augmenter mes fonds dans une superbe retraite, et d'attendre les successions de droit. Je réunis donc chez moi, à dîner, le mari et la femme qui ne se voyaient plus, afin de conclure. Pour mon bonheur, le message d'un notaire dérangea cette acquisition. M. du Cluzel [2], maître des requêtes, venait d'hériter de son père M. de la Chabrerie, fermier général; nous avions été élevés ensemble; il demeurait dans la même rue, près de la place Vendôme. Appuyé de son beau-frère Le Pelletier de Morfontaine, il donna pouvoir au notaire d'offrir 800,000 livres au lieu de 700,000, prix auquel j'allais conclure. Polignac me fit part de cette proposition, m'offrant toute préférence. Comme j'hésitais déjà, à cause des réparations urgentes qu'il y avait à faire, je retirai à l'instant toutes mes paroles.

Il m'était dû 20,000 livres, prêtées pendant ma minorité à M. le marquis de Clermont d'Amboise [3], sur la terre de Cheverny. Le comte d'Harcourt [4] avait acquis cette terre et

---

[1] Montpipeau, paroisse d'Huisseau, près Meung-sur-Loire, avait été acheté vers 1745 par François-Camille, marquis de Polignac, dont il a été question à la page 11.

[2] François-Pierre du Cluzel, fils de Léonard, seigneur de la Chabrerie et de Blainville, fermier général, et de Thérèse Touzard. Sa sœur, Catherine-Charlotte, avait épousé en 1754 Jacques-Louis Le Pelletier de Morfontaine, dont il a déjà été parlé. La terre de Montpipeau fut érigée en marquisat en faveur de M. du Cluzel.

[3] Jean-Baptiste-Louis de Clermont d'Amboise, marquis de Renel et de Monglat, comte de Cheverny (1702-1761).

[4] Henri-Claude, comte d'Harcourt, lieutenant général du Blaisois de 1756,

voulait la liquider. Saint-Germain, son homme d'affaires, lié avec le mien, en causant sur le remboursement, lui indiqua Cheverny, lui annonçant que la santé de madame d'Harcourt (mademoiselle des Martrais) ne lui permettait plus de l'habiter, puisque depuis trois ans elle s'était établie à Genève pour suivre les conseils du fameux médecin Tronchin. M. de Verdun saisit cette idée, et nous nous déterminons à donner avant tout un coup d'œil à la terre.

C'était une occasion de voir nos amis dans leur intendance d'Orléans, et la carrossée se forma de M. de Mégrigny, de M. de Verdun, ma femme et moi. M. d'Harcourt avait acheté, en acquérant la terre, la charge de lieutenant général du Blaisois, Dunois, Vendômois, bailliage d'Amboise, et il offrait d'en traiter avec moi.

Nous fûmes très-satisfaits de l'habitation, et au bout de huit jours, nous fûmes de retour à Paris. Mon premier point était de m'assurer de l'agrément de la place. Elle était toute militaire, et prêtait serment entre les mains du Roi. Je n'avais aucun grade dans le service, mais M. Dodun, contrôleur général, avait déjà possédé cette place, lorsqu'il s'était retiré dans sa terre d'Herbault, à six lieues de Cheverny [1]. Cette charge, sans autre fonction que de donner, d'après les lettres du Roi, des ordres aux villes pour des *Te Deum* et des réjouissances, était assimilée aux grands gouvernements, quand on y résidait. On passait au lieutenant général un capitaine des gardes et huit hommes à sa livrée, qui devaient l'accom-

---

marié en 1742 à Marie-Madeleine Thibert des Martrais, veuve en premières noces de Jacques-Alexandre Briçonnet, seigneur d'Auteuil.

[1] Charles-Gaspard Dodun, marquis d'Herbault, contrôleur général de 1722 à 1726, lieutenant général de l'Orléanais. Il mourut en 1736, âgé de cinquante-sept ans. Il était, dit-on, petit-fils d'un laquais, et l'on avait fait sur lui une chanson dont le couplet suivant est ici à sa place :

« Dodun dit à son tailleur :
« Marquis d'Herbault on me nomme;
« Je prétends qu'en grand seigneur
« On m'habille, et voici comme :
« Galonnez, galonnez-moi,
« Car je suis bon gentilhomme;
« Galonnez, galonnez-moi,
« Je suis lieutenant du Roi. »

pagner dans les cérémonies. Ces places de gardes étaient fort courues, elles exemptaient de la milice et du logement des gens de guerre.

Je n'eus rien de plus pressé que de me rendre à Versailles et d'en conférer avec mon ami M. Mesnard, premier commis ; il me conseilla d'aller trouver M. de Saint-Florentin.

Je fis un bout de mémoire, et descendis chez le ministre, qui me dit qu'il en parlerait au Roi le même matin. Je courus à mes autres affaires, et bientôt je rencontrai dans la galerie le ministre, qui me dit : « Le Roi vous donne l'agrément, « et vous aurez la place. » Je fus obligé d'arrêter sa bonne volonté et de lui dire que je n'avais pas conclu et que je n'avais pas la démission de M. d'Harcourt. « En ce cas, « quand vous voudrez, regardez la chose comme faite. »

Je courus chez madame de Pompadour ; elle gouvernait tout et me traitait fort bien. J'entrai, je lui dis ma demande et la réponse que j'avais eue ; je lui en fis hommage pour son frère, puisqu'elle avait la terre de Ménars, où elle dépensait des sommes immenses, et où elle allait faire tous les trois mois des voyages des plus brillants.

Elle me dit qu'un pareil procédé était au-dessous d'elle, qu'elle avait à cœur de plaire à ses voisins, que j'en étais tout à l'heure un. Ensuite, elle me parla avec enthousiasme du pays. Elle m'apprit que la famille des Hurault vivait encore dans le voisinage, que c'étaient les aînés de la branche de Hurault, le chancelier [1], que Cheverny avait passé par les femmes aux Clermont d'Amboise. Enfin, après une conversation très-aimable d'une demi-heure, je me rendis à Paris, très-sûr de pouvoir aller de l'avant pour mon acquisition, et par conséquent très-content. Quelques difficultés, inévitables quand on traite de Genève à Paris par un intermédiaire, me firent cependant rompre la négociation.

Un M. de Cormeré, Mahi de son nom, homme dans la finance, quoique sa famille eût des places de robe dans la

---

[1] Guy-Guillaume Mahi, baron de Cormeré, marié à Thérèse Charpentier. Il avait été receveur général des domaines et bois.

province, avait bâti un château qu'on disait magnifique, avec des jardins qui paraissaient superbes, d'après les plans qu'on me fit voir. Cette terre était à trois petites lieues de Cheverny, et M. de Corméré l'avait fait ériger en baronnie.

Ses deux enfants, qui finissaient leur éducation, logeaient dans une maison à moi rue Beaubourg ; l'aîné n'a pas tant fait parler de lui que le second, à qui il avait donné le nom de Favras, que le fils en grandissant honora du titre de marquis.

C'est ce malheureux marquis de Favras qui a joué un si triste rôle dans la Révolution, puisqu'il fut pendu en place de Grève, très-innocent de ce dont on l'accusait [1].

M. de Verdun, pour amener M. de Saint-Germain à une conciliation, s'enthousiasma de cette terre ; bref, nous partons, ma femme et moi, pressés par M. et madame de Cypierre qui désiraient nous fixer dans leur généralité. M. de Corméré était prévenu ; à Blois, je le prends dans ma voiture, et nous voilà arrivés à une heure de jour à Corméré. J'en eus assez pour repartir le lendemain. C'était un château tout neuf, mais mal distribué, et dont tous les dedans étaient à refaire. Ce qu'il y avait de pis, c'est que le château était assis sur un rocher ou terrain de pierre, et que depuis dix ans les arbres refusaient d'y croître. Nous retournâmes dîner chez nos amis à Orléans.

[1] On trouvera plus loin des détails sur toute la famille. Voir page 340.

CHAPITRE XI

La folie de M. de Jully. — Le contrat du prince de Guéménée. — Vivacité du duc de Choiseul; nouveaux détails sur son caractère. — Le prince Démétrius Galitzin et le cabinet noir. — Mort de M. de Pomereu. — La petite vérole. — Inoculation de M. Dufort. — Le docteur Hosty. — Amabilité du Roi. — *Cupidon d'ébène.* — Fontaine de Cramayel. — Les familles Ferrand et de La Borde. — Un ménage à la mode. — Les princes du sang et les ambassadeurs. — Négociations infructueuses de l'auteur. — Marigny veut acheter Cheverny. — Du Jonquoy de Monville. — Madame de Marsan. — Le comte de Boisgelin. — Anecdote sur le duc de Bourgogne. — Olavidès; sa vie à Paris. — Il est encore question de Cheverny. — Singuliers procédés de Marigny. — Achat de Cheverny. — M. Dufort a la lieutenance générale du Blaisois et le titre de comte. — Maladie de madame de Pompadour. — Son influence sur Louis XV. — Un trait de caractère : la goutte de M. Darboulin. — Mort de la marquise. — Chagrin des Choiseul. — Regrets du Roi.

Je m'étais déjà aperçu de quelques disparates dans la tête de mon camarade Jully. Il parlait avec sa gaieté ordinaire, mais par moments il montrait une volubilité étonnante. Un jour, sans rien dire, il fit faire un habit magnifique à la Louis XIV : chapeau à point d'Espagne et à plumet, perruque brune, cravate de point, habit d'étoffe d'or galonné à point d'Espagne sur toutes les tailles, ceinture à franges d'or, nœud d'épaules de même, des houssettes, des culottes fort larges, des bas de soie rouge à coin brodé en or, des souliers à talons et oreilles rouges, des boucles de diamant, et par-dessus tout cela un superbe baudrier qui portait une épée magnifique, avec un nœud superbe. La folie le pousse à faire des visites ainsi fagoté, et il arrive chez madame de Préninville; comme il était fort aimable, toute la société prit cela pour une plaisanterie.

Je ne le trouvais pas dans son état naturel; mais comme

je le savais contrarié par le vol qu'avait pris son beau-frère La Borde, le banquier, et qu'il m'en avait touché quelque chose, j'attribuai ses originalités à son désir de se distraire de la contrainte qu'il éprouvait dans son intérieur.

Madame de Marsan, sœur du prince de Rohan-Soubise, gouvernante des Enfants de France, jouait un grand rôle par les soins qu'elle mettait dans sa place. Respectable par ses mœurs, sa douceur et sa conduite, elle était dévote, et par conséquent le duc de la Vauguyon [1] et le parti jésuitique, qui agissait sous main, s'honoraient de lui être attachés.

Déjà d'un certain âge, aimant l'agriculture, elle avait sacrifié son goût de retraite pour conserver la survivance de sa charge à sa nièce, mademoiselle de Soubise [2], sœur de la défunte princesse de Condé ; cette enfant était élevée près d'elle, et se formait à l'état qui lui était destiné. Le jeune prince de Rohan-Guéménée, d'une jolie figure, héritier d'une fortune immense, ayant à lui le port de Lorient [3], lui était fiancé. Dès qu'ils eurent l'âge l'un et l'autre, on demanda l'agrément du Roi, et le jour fut pris pour la signature du contrat. Cette famille prétendait aux honneurs après les princes du sang, et voulait avoir le pas sur les ducs et pairs. Ils voulaient qu'on leur donnât de l'Altesse en leur écrivant, mais ils ne l'avaient obtenu d'aucune personne titrée. Ils invitèrent donc en toute cérémonie les ambassadeurs et les deux introducteurs, pour se trouver à la signature du contrat chez le Roi.

Je me rendis à Versailles ; je me regardais comme invité personnellement, et nullement en fonction. Nous dînâmes, La Live et moi, chez le duc de Choiseul, et il ne fut question

---

[1] Antoine-Paul-Jacques de Quelen de Stuer de Caussade, duc de la Vauguyon (1706-1772), gouverneur des fils du Dauphin.

[2] Victoire-Armande de Rohan-Soubise, qui épousa Henri-Louis-Marie, prince de Rohan-Guéménée, le 15 janvier 1761.

[3] La famille de Rohan en était en possession depuis plus de cinq cents ans. Il fut racheté par le Roi, après la faillite du prince de Guéménée, pour 12,500,000 livres.

de rien. Comme c'était une prétention, le duc ne voulait pas former de difficultés et arrêter l'effet.

A six heures, les ambassadeurs se trouvèrent en corps dans la chambre du Roi, pour entrer avec les parents lors de la signature. J'étais de semestre, puisque c'était en décembre. Ne sachant comment la chose tournerait, et ayant mes entrées, je me fourre dans le cabinet, du côté de la porte de glace, et laisse démêler la fusée. La Live, dont les idées étaient déjà brouillées, ne me voyant pas, se met d'office à ma place, conduit les ambassadeurs autour de la table du conseil et se range avec eux; je vois la cérémonie et m'en vais comme tout le monde. Je rencontre le duc de Choiseul qui me dit : « Monsieur, je me plaindrai au Roi de ce que « vous outre-passez vos fonctions, en vous prêtant à faire des « choses qui ne sont pas d'usage. — Monsieur le duc, lui « répondis-je, je me plaindrai aussi au Roi, comme j'en ai « le droit, puisque je ne prends les ordres que de lui, de ce « que vous imaginez que j'ai conduit les ambassadeurs. — « Expliquez-vous, me dit-il. — Je n'ai, monsieur, rien à « vous dire de plus. — Cela ne se passera pas comme « cela. » Il continua son chemin, du moment que je lui dis que je comptais bien lui parler, quand il serait sans vivacité. Nous étions invités à une fête et à un dîner superbe chez madame de Marsan; je m'y trouvai avec lui et je me gardai bien de l'aborder. Je revins à Paris, et mon premier soin fut de lui écrire comment la chose s'était passée. Je n'ai jamais su quelle explication il avait eue avec La Live.

N'ayant nulle réponse, je me rendis le mardi suivant avec les ambassadeurs chez lui à Versailles. M. de Stahrenberg sortait de l'audience; le duc le reconduit, et, au lieu de prendre l'ambassadeur de Sardaigne qui attendait pour entrer, il m'appelle, et me voilà dans son cabinet, tête à tête avec lui. Il me regarde en riant et me dit : « Êtes-vous toujours fâché? » — Je me signe [1] froidement. — « Mais moi, je ne le suis plus,

---

[1] Locution ancienne : signer, pour faire signe. Littré cite un exemple pris dans Froissard.

« reprit-il ; j'avais tort, n'en parlons plus. Vous m'avez
« demandé une place dans les gardes pour M. Soullet ;
« passez au bureau, le brevet est expédié ; j'ai eu bien de la
« peine à l'obtenir du maréchal de Biron ; il m'en a coûté
« une compagnie de cavalerie, mais je suis trop heureux de
« faire quelque chose qui vous soit agréable. » C'était une
façon noble de réparer son inconséquence. Je lui fais mes
remerciments, et je cours au bureau, où j'ai à l'instant le brevet d'officier aux gardes pour mon cousin. Je trouve le maréchal de Biron qui me l'annonce ; je le remercie comme s'il
l'avait donné pour rien, et de ce moment je me sens l'obligé
du duc de Choiseul, et lui voue un attachement que j'ai conservé toute sa vie.

Le duc était, dans l'intérieur, la plus aimable créature qu'on
pût trouver ; en butte à toutes les demandes, il ne refusait que
lorsqu'il ne pouvait pas faire autrement. Il avait conservé
toute l'amabilité de sa jeunesse, et quoiqu'il eût les plus
grandes affaires à traiter, il avait l'art de se jouer de tous
ses départements. Sorti du cabinet, il ne s'occupait que de
ses plaisirs.

Tous les soirs, son secrétaire lui présentait la liasse de
lettres anonymes qu'on lui adressait dans la journée, et elles
se multipliaient selon les circonstances ; c'est à peu près le
sort de tous les ministres en faveur. Séqueville m'a dit
qu'étant son secrétaire de confiance, il était chargé de les
décacheter toutes, de les lire, et de leur faire une oreille quand
il trouvait quelque chose de saillant. Lorsque le duc rentrait
pour se coucher, et que les valets étaient occupés à sa toilette,
il s'asseyait, et le secrétaire lui présentait les lettres en masse.
Souvent il en trouvait de si rudes qu'il les jetait à l'instant
au feu ; il disait en riant : « Je veux tout voir, et si j'ai tort,
« profiter des avis. » Je le vis un soir dans cette occupation.
Je me gardai bien de l'interrompre, et je me mis à causer
avec l'abbé Chauvelin, conseiller au Parlement[1], qu'il ména-

---

[1] Henri-Philippe de Chauvelin (1716-1770), chanoine de Notre-Dame et
conseiller au Parlement de 1738, janséniste et ardent ennemi des Jésuites.

geait à cause de cette charge, et qui, par son esprit, était dans son intimité.

Le prince Démétrius Galitzin [1], ministre de Russie, aimait à travailler avec le duc. Grimm, ami de l'Impératrice et son correspondant en France, ne jouait pas encore un rôle ostensible [2], et c'est le prince qui fut chargé par la nouvelle impératrice de lui former un cabinet de tableaux. Il avait pris Greuze [3] pour aller à la découverte et prononcer, et nous courûmes ensemble tout Paris : les envois se succédaient, et il en recevait des remercîments.

Cependant l'Impératrice fut instruite que le prince voyait beaucoup le duc et la duchesse de Choiseul et madame de Gramont. Comme le duc s'était expliqué très-franchement sur son élévation au trône, elle pensa que cette intimité pouvait nuire à ses intérêts. On reprochait aussi au prince de recevoir un nègre, favori de Pierre III, et compagnon de ses boissons. Cet homme racontait à qui voulait l'entendre les particularités de sa familiarité avec l'Empereur, et tout ce qui s'était passé jusqu'à sa mort. Le pauvre hère, intrépide buveur, avait été chassé alors de Russie, et, après avoir eu à Pétersbourg un carrosse à six chevaux, se trouvait réduit à son premier métier de valet.

Le prince reçut dans ses dépêches une lettre de l'Impératrice. Elle lui annonçait son prochain rappel, lui faisait quelques reproches indirects sur les liaisons, et se plaignait qu'il fît mal ses affaires et se laissât influencer par le ministre français dans lequel elle ne pouvait avoir confiance, d'après la manière dont le duc de Choiseul s'exprimait sur son compte.

Le pauvre prince s'échauffe la tête. Désespéré d'être

---

[1] Comme on l'a vu, Démétrius Galitzin fut chargé d'affaires de Russie, de septembre 1762 à février 1763. C'est en juillet 1762 que Catherine s'était emparée du trône.

[2] C'est seulement en 1773 que Grimm fit en Russie son premier voyage, qui fut le début de ses relations personnelles avec l'Impératrice.

[3] Greuze, alors âgé de trente-sept ans, avait déjà beaucoup de réputation. Il n'entra à l'Académie de peinture qu'un peu plus tard, en 1769.

rappelé d'un pays qu'il aimait, et où il avait des amis, pour être peut-être exilé, ne s'étant attaché au ministre que pour faire sa cour et mieux négocier, il répond directement et finit sa lettre en assurant qu'il n'avait nulle confiance dans le duc de Choiseul; qu'un homme qu'on accusait d'avoir empoisonné madame de Choiseul-Romanet, sa cousine, pour plaire à la maîtresse en titre, ne pouvait y avoir aucun droit.

Cependant le duc était instruit par ses émissaires du mécontentement de l'Impératrice. Jannel[1] directeur des postes, venu à cette place après avoir été élevé chez les d'Ogny et avoir commencé par être simple commis, Jannel, presque ministre de Paris, ayant un bureau où l'on décachetait les lettres et où il servait ou desservait qui il voulait, Jannel eut l'ordre de décacheter les dépêches, et M. de Choiseul eut une copie de celle de l'Impératrice. Le prince avait donné sa lettre à un courrier particulier; on ne put décacheter qu'à Strasbourg, et sans qu'il s'en doutât.

Le prince se rend le mardi à Versailles. Il entre pour travailler avec le ministre, et celui-ci l'expédie à son ordinaire, franchement et loyalement; mais, à la fin, il fait tomber la conversation sur sa position comme ministre, et, avec un air de distraction, il lui prouve clairement qu'il a connaissance de la lettre et de la réponse.

Ce peu de mots furent un coup de foudre pour le prince; il retourne chez lui et me prie de venir le voir, avant d'aller dîner ensemble chez l'ambassadeur de Hollande. J'y cours, et il m'explique toute cette scène. Je ne pus m'empêcher de le blâmer. Rien n'était plus faux que les bruits répandus à la mort de madame de Choiseul-Romanet, il n'y avait qu'à connaître le duc pour voir qu'il était la loyauté même, et un bruit populaire, qui n'avait pas passé les antichambres, n'aurait jamais dû être répété.

---

[1] Robert Jannel, chevalier de l'ordre du Roi, intendant général des postes, mort en 1770. Il était tout dévoué à madame de Pompadour. (*Mémoires de madame du Hausset*, p. 84 et suiv.) C'était, dit d'Argenson, « un grand fripon et grand traître... homme noir et double ». (1752 et 1756.)

Le prince, furieux, croyait avoir fait ce qu'il devait; il traitait de perfidie l'abus du secret des lettres, enfin il ne voulait plus traiter en aucune manière avec le ministère. Il avait au plus vingt-huit ans, et, quelque chose que je pusse faire, il écrivit qu'il avait son rappel et demandait à partir sans congé, ce qui lui fut accordé [1]. Comme je n'ai jamais abandonné mes amis, quelque attachement que j'eusse pris pour le duc, je continuai à M. de Galitzin jusqu'à son départ tous les soins de l'amitié; le ministre le savait, et il ne m'en fit pas plus mauvaise mine. Il se conduisit avec la loyauté qui lui appartenait, ne fit aucune plainte contre le prince dans ses dépêches, et justifia à mes yeux le jugement que j'avais porté sur l'excellence de son caractère, sachant allier la plus fine politique à tous les procédés d'un galant homme. Les détracteurs en ont dit tout ce qu'il leur a plu, mais son caractère le portait à faire et à s'attacher de vrais amis, et sa disgrâce, aussi glorieuse que son ministère, l'a bien prouvé.

L'année suivante, le comte de Stahrenberg, ministre de l'Empereur, loua une maison à Épinay. Deux ou trois fois par semaine, nous faisions des promenades de sept à dix personnes aux environs de Saint-Leu, soit dans la forêt de Montmorency, soit dans les bois de Boissy, ou à la montagne de Sannois, et nous revenions par le village de Montigny. Ma femme montait un cheval anglais, vêtue d'un habit et d'une jupe brodée en paillettes d'argent, d'un chapeau à plumet avec agrafes de diamant; elle était on ne peut plus jolie.

Un soir que nous rentrions à neuf heures, elle fut prise d'un frisson et passa une nuit affreuse. J'envoyai sur le champ chercher Duchesnay, alors médecin de la duchesse d'Orléans-Conti. Le frater du village lui couturait le bras, sans pouvoir lui tirer de sang; Duchesnay voulut avoir Brasdor [2], un des plus fameux chirurgiens de Paris, qui eut toutes les

---

[1] La *Gazette de France* du 25 février 1763 annonce que le comte Soltikoff a remis ses lettres de créance, et que le prince Galitzin a pris congé.

[2] Brasdor, maître en chirurgie depuis 1752.

peines du monde à la saigner. Enfin Duchesnay reconnut une fièvre scarlatine, et, en six semaines, ma femme revint à une parfaite santé. A partir de ce moment, elle oublia insensiblement l'exercice du cheval.

Ce fut après cette époque qu'à mon retour à Paris, je trouvai mon second beau-frère, M. de Pomereu, maître des requêtes, dans le dernier état de phthisie et de pulmonie. Il avait vingt-cinq ans, beaucoup d'esprit et de facilité, et il annonçait qu'il serait un homme, dans l'étendue du terme. Il vit venir la mort avec le sang-froid de la philosophie. Ami intime de M. le marquis de Montesquiou [1], qui a joué un rôle dans la Révolution, et de M. de Lamoignon, le dernier chancelier, qui s'est tué à Basville [2], il marchait du même pied pour les talents. Il avait toujours une orfraie en vie qui était posée sur son bureau; cet animal silencieux et triste lui plaisait. Le petit service que je lui avais rendu par le duc de Choiseul avait excité sa reconnaissance, qu'il m'exprimait d'une manière noble, en me donnant toute sa confiance.

Huit jours avant de mourir, il était tourmenté d'un accès de toux convulsive qui lui ôtait la respiration; il me serrait la main tout le temps, et dès qu'il put recouvrer la parole, il me dit : « Ces accidents me tueront, et je dois regretter la « vie; car, si j'en revenais, je me sens assez de courage pour « dire, comme César : *Aut* chancelier, *aut nihil!* » Enfin il mourut [3] et fut enterré à Saint-Gervais, après trois ans de mariage, laissant une veuve et deux garçons. Ces enfants prirent la petite vérole en nourrice et périrent, à huit jours l'un de l'autre, de sorte que madame de Pomereu se trouva dégagée de tous liens, en moins de trois semaines. Mais n'anticipons pas sur les événements.

[1] Anne-Pierre de Montesquiou-Fezensac (1741-1798), membre de l'Académie, député aux États généraux; mis en accusation en 1792, il passa à l'étranger.
[2] Chrétien-François de Lamoignon, né en 1735, président à mortier, garde des sceaux de 1787 à 1788. En 1789, on le trouva mort dans son parc de Basville, ayant près de lui un fusil déchargé.
[3] En 1764.

Ma femme avait toujours eu beaucoup de crainte de la petite vérole; la mort de M. Soullet avait redoublé ses inquiétudes. Elle allait avec répugnance dans les lieux publics, ou s'en privait. La vue d'une personne encore rouge de cette maladie la troublait singulièrement, et les automnes et les printemps étaient des moments de deuil pour elle, à cause de la perte subite de plusieurs personnes mourant de cette maladie.

Les journaux et papiers publics ne traitaient alors que des miracles de l'inoculation [1]. Le chevalier de Chastellux, mon ancien ami, venait de se faire inoculer par Hosty [2], médecin anglais; madame la comtesse de Pignatelli [3] avait éprouvé, par suite de l'inoculation, une petite vérole maligne et confluente qui l'avait fort maltraitée, mais elle avait évité la mort. Je me mis à lire les écrits pour et contre, enfin j'allai moi-même aux informations, et, après m'être assuré que le danger de prendre la maladie par inoculation était d'un contre cent, tandis que celui de l'avoir naturellement était de cinquante, je me déterminai à voir le médecin Hosty.

Cet homme, plus chirurgien que médecin, connaissait la méthode de l'inoculation dans toutes ses parties, et avait réponse à tout. Si on lui disait qu'après l'inoculation on n'était pas préservé de la petite vérole, comme on en citait des exemples, il les niait ou les atténuait, en disant que ceux qui seraient inoculés à sa manière et qui seraient pris ensuite

[1] Le duc d'Orléans, en 1756, avait fait inoculer ses deux enfants par Tronchin; la même année, le maréchal de Belle-Isle en faisait autant pour le comte de Gisors, son fils. L'inoculation de M. de Chastellux, un peu postérieure, fit beaucoup de bruit, et le chevalier publia des *Éclaircissements sur l'inoculation*; en 1775, Buffon, en le recevant à l'Académie française, le complimentait d'être le premier des membres de l'Académie qui eût osé affronter l'opération. (BARBIER, *passim*; LUYNES; GRIMM, etc.)

[2] Hosti, dit le manuscrit; je rétablis l'orthographe d'après l'*Almanach royal*. C'est lui qui, en 1756, avec un autre médecin anglais nommé Kerpatry, avait inoculé le comte de Gisors. Luynes le nomme Ostie (t. XV, p. 21).

[3] Probablement Jeanne-Sophie-Élisabeth-Louise-Armande Septimanie de Richelieu (fille du maréchal), née en 1740, mariée en 1756 à Casimir Pignatelli, comte d'Egmont, lieutenant général. Elle mourut en 1773, à trente-deux ans. C'était une des plus belles femmes de son temps.

pourraient, avec l'attestation signée de lui, se présenter en Angleterre pour recevoir le prix de 300,000 livres, recueilli par souscription pour être donné à celui qui constaterait légalement avoir eu la petite vérole naturelle, après avoir été inoculé dans les règles.

Mes informations bien prises, il ne fut pas difficile de convaincre ma femme. Elle n'hésita pas à se débarrasser d'une inquiétude qui la tourmentait journellement; nous agîmes donc de concert. Mon fils aîné prenait sept ans [1], et c'était un service à lui rendre : nous nous déterminâmes à le faire inoculer en même temps. Le Parlement avait rendu un arrêt plein de sagesse, pour que ces sortes d'opérations se fissent hors des villes [2]. C'était la même loi qu'en Angleterre, parce qu'on avait remarqué que la petite vérole, prise sans préparation d'un inoculé, était presque toujours mortelle.

Il fallut trouver une maison. Le bon abbé de Mégrigny connaissait particulièrement l'architecte qui avait acheté des co-héritiers de Pajot d'Onsenbray (dont nous faisions partie) la belle maison de Bercy; il lui proposa de retarder la démolition, et de me la louer, telle qu'elle était, pour trois mois. L'affaire fut bientôt faite, et je me hâtai d'y faire porter quelques meubles indispensables et des provisions. De toute ma maison, je ne gardai que la femme de chambre de ma femme, un domestique, un cocher, un cuisinier, et je renvoyai à Saint-Leu tous les autres, qui n'avaient jamais eu la petite vérole, le premier devoir étant de ne faire courir aucun risque à ceux qui vous entourent.

M. de Barassy s'offrit à nous tenir compagnie; le médecin

---

[1] Ceci, joint à la mort de l'abbé de Mégrigny, dont il sera question un peu plus loin, fixe la date à 1763.

[2] Le 8 juin 1763, le Parlement avait demandé l'avis de la Faculté de médecine sur l'inoculation, et aussi celui de la Faculté de théologie, « pour savoir « s'il est permis de se procurer une maladie qu'on pourrait ne pas avoir ». En attendant, défense était faite de se faire inoculer ailleurs qu'à la campagne, et de « se communiquer dans le monde » moins de six semaines après la guérison. (BARBIER, août 1763.)

Duchesnay me promit d'être à mes ordres, en lui donnant deux chevaux et une voiture; M. de Berry, trésorier des États de Bigorre, avec qui j'avais fait, après notre séjour aux eaux, une connaissance intime, promit de venir nous voir très-souvent. Pour l'abbé de Mégrigny, il tomba alors malade d'une vomique [1], qui le mit au tombeau.

Tout étant ainsi préparé, et le moment décisif approchant, j'allai chez le sieur Hosty. Je ne comptais pas me faire inoculer, et, malgré l'exemple de M. Soullet, je me croyais à l'abri de cette maladie; mais en un instant, il détruisit tout mon plan, et me signifia qu'il aimerait mieux renoncer à l'inoculation, que de permettre que j'y assistasse sans me faire inoculer moi-même.

Mon parti fut bientôt pris, et sur l'heure il fut décidé que nous nous mettrions, ma femme et moi, à ne manger que du lapin, du poulet et des épinards cuits à l'eau, sans une goutte de vin pur. Pendant les trois semaines de ce régime sévère, nous devions nous purger deux fois par semaine; pour mon fils, qui n'avait que sept ans, et qui n'avait pas encore mangé une bouchée de viande, il fut décidé qu'il ne serait soumis à aucun traitement.

Nous soutînmes ce régime avec constance, et le jour fixé, nous nous rendîmes à Paris. Hosty arrive et prend son instrument : une lancette cachée dans un petit carré d'argent, qui ne sort que pour effleurer la peau. Il fait sortir à peine quelques gouttes de sang, applique dessus une mouche de peau imprégnée du fil passé dans des boutons de petite vérole de la meilleure espèce. Il commence par moi, au dessous du genou gauche, en dedans, en fait autant à ma femme, finit par mon fils, et nous fixe l'emplâtre avec des bandages, comme une saignée. Nous nous couchons et allons le lendemain nous établir au petit Bercy, où tout était préparé.

---

[1] Collection de matières purulentes, enkystées ou non, formées dans la poitrine, susceptibles de se faire jour par les bronches et d'être évacuées par une sorte de vomissement. (LITTRÉ.) L'abbé de Mégrigny mourut le 17 octobre 1763. (*Gazette* du 21 octobre.)

Nous jouissions de la meilleure santé; on nous tenait fidèle compagnie, et Hosty venait tous les jours nous visiter. Enfin, le quatrième jour, levant l'appareil, il aperçut un bouton assez fort au milieu de l'inoculation et m'annonça, d'un ton doctoral, que j'étais bien heureux de m'être fait inoculer, car je n'aurais pas tardé à avoir la petite vérole naturellement; il m'assurait que l'éruption serait très-forte et très-abondante. D'après lui, ma femme ne l'aurait pas, et mon fils n'aurait que très-peu de grains. Il est vrai que l'inoculation de ma femme ne paraissait pas du tout. Hosty avait beau l'assurer qu'elle n'aurait jamais rien, la caution n'était pas suffisante, et le caractère de ma femme demandait plus de certitude morale. Hosty lui proposa alors de lui mettre une mouche vésicatoire à la même place et de la couvrir ensuite de pus de petite vérole, lui disant : « Cette fois, « madame, vous serez convaincue, et je parierais ma tête « que vous ne l'aurez pas. » Elle accepte, il lui fait l'opération, la plaie se referme en quatre jours, et la voilà rassurée.

Cependant je me portais à merveille, lorsque Hosty exigea qu'on me fit une saignée de pied. On me tire trois palettes le matin; à dix heures, il faisait très-beau, je descends au jardin; je me promène et je joue avec mon fils, sur une terrasse au bord de l'eau. Je lui dis de me rendre ma canne pour m'en retourner; il la laisse couler le long des marches de la terrasse, et elle vient me frapper précisément à l'endroit de la saignée. A l'instant le sang jaillit, et je reviens en laissant après moi une très-abondante traînée de sang. Il fallut du temps pour l'arrêter, et l'on ne put calculer ce que j'en perdis : cet heureux hasard m'a peut-être sauvé la vie. Le septième jour, la fièvre me prit, et elle fut assez forte pour me donner un léger transport la nuit. Duchesnay, qui s'était alors fixé avec moi, me veilla. La petite vérole parut, il s'en est vu peu de plus abondante; tout mon corps était enflé, mes yeux à peine ouverts me rendaient affreux. Ma femme, mes amis bravèrent tous les dangers. Enfin, après sept jours, la fièvre cessa peu à peu. Le treizième jour, voulant changer d'air, il fut convenu que nous partirions tous le lendemain pour nous rendre à Saint-Leu, sans nous arrêter à Paris, à cause de l'arrêt du Parlement.

Je n'avais pas encore vu mon fils, mais on m'assurait qu'il avait eu une petite vérole très-bénigne. Tout à coup la garde entre chez moi avec un air effaré et me dit : « Monsieur, « je ne sais ce qu'a monsieur votre fils; il y a deux heures « qu'il ne remue pas plus qu'une pierre. M. Hosty nous a « pourtant dit qu'il en est quitte. » J'y cours avec Duchesnay, qui n'avait pas suivi son traitement, et qui le croyait en convalescence comme moi; le pauvre enfant était sans connaissance. Duchesnay prend son parti, monte dans ma voiture avec la femme de mon cocher et le transporte chez moi à Paris. Mon inoculation avait fait trop de bruit pour oser le suivre, et l'on m'emmène à Saint-Leu. Mon inquiétude était au comble.

Voici ce qui arriva à mon fils. Transporté dans la maison, on le mit au lit, et Duchesnay voulut, avant de le traiter, qu'on envoyât chercher Hosty. Hosty arrive : dès qu'il voit l'état de l'enfant, il s'arrache la perruque, dit que l'enfant est mort, que c'est une fièvre maligne, et qu'il faut laisser agir la nature. Il s'écrie que l'inoculation est perdue en France, enfin perd totalement la tête : Duchesnay, qui dans la conversation était le plus doux et le plus pauvre de tous les hommes, s'oppose de toutes ses forces à cet abandon. Il s'allume, fait ses dispositions comme un général d'armée, et signifie à Hosty qu'il répond de l'enfant vis-à-vis de moi. Hosty se retire en faisant des gémissements et des imprécations comme un homme égaré.

Alors Duchesnay fait saigner l'enfant de sept ans deux fois au pied, à deux heures de distance; n'obtenant aucun amendement, il le fait saigner encore le soir, et finit par lui faire passer trois grains d'émétique. Ce dernier traitement réussit, et l'enfant reprend connaissance sur les cinq heures du matin. La femme de mon cocher, qui l'avait cru mort, tombe dans mille accès de joie et m'envoie un courrier. Une fièvre putride se déclare et cède le septième jour. Cette convalescence me rendit à la vie et fut un soulagement à la douleur que je ressentais de la perte de l'abbé de Mégrigny, qui avait toujours été pour nous un ami précieux à tous égards.

Peu curieux de me montrer dans l'état où j'étais, je revins à Paris furtivement voir mon fils : ce n'était plus le même enfant. Exténué par des secousses si violentes, il était d'une faiblesse pitoyable, et il fallut attendre plus de quinze jours pour le ramener à Saint-Leu, où je passai novembre et décembre.

Le temps de mon semestre arrivait, j'étais encore rouge, et il y avait près de trois mois que j'étais dehors de l'inoculation. Je fis demander au Roi la permission de me présenter pour faire mon service. Il fut répondu que je le pouvais, le temps prescrit de s'absenter étant plus que passé. J'arrivai donc à Versailles pour le premier jour de l'an. J'avais pris la précaution, pour effacer les rougeurs, de rester beaucoup au grand air, mais elles étaient encore très-visibles. Dès que le Roi m'aperçut à son lever, il me dit : « Vous avez eu une « forte petite vérole. » Il m'examine et ajoute : « Cela vaut « mieux qu'un coup d'épée. »

Je ne sus d'abord ce qu'un tel propos signifiait dans la bouche du Roi, qui ne disait jamais rien sans raison. Je l'appris dans le cabinet après son passage. Un officier des gardes de la porte, Lenoir, frère de mon notaire [1], s'était vu insulté par un exempt des gardes du corps. Fort brave, quoique blessé à la main, il avait voulu en avoir raison; l'exempt avait mis de la hauteur, Lenoir l'avait poussé. Le rendez-vous fut pris, et Lenoir se présenta au combat, son épée attachée au poignet, vu son ancienne blessure; l'exempt se battit mal et reçut un coup d'épée dans le bras. Le Roi

---

[1] C'est lui sans doute qui figure à l'*État de la France* de 1749 parmi les gardes de la porte sous le nom de Joseph Lenoir de Chanteloup. Lenoir, notaire de 1750 à 1762, demeurait rue Saint-Honoré, au-dessus de la rue des Frondeurs.

venait d'en être instruit. Les gardes du corps ne prirent point parti dans cette affaire; M. de l'Aubépin[1], le blessé, avait trouvé le secret d'avoir peu d'amis par son insolence. Un an après il quitta le corps.

J'allai dîner chez le duc de Choiseul. Mon inoculation avait fait du bruit, comme celle du chevalier de Chastellux; mais je me gardai bien de parler de la maladie de mon fils.

M. Soullet fut reçu dans les gardes; c'était un excellent sujet, réfléchi, d'une jolie figure, doux, aimable, instruit et bien élevé. Le régiment des gardes allait partir pour l'Allemagne, après avoir fait ses équipages. Je ne pus mieux faire que de le recommander à mon ami, le marquis de Paroy, qui, alors privé de ses biens de Saint-Domingue, avait supprimé sa maison à Paris, et s'était retiré à Paroy avec six enfants et sa femme. Je lui avais prêté depuis lors l'appartement que j'avais fait bâtir au-dessus de mes remises, et il y logeait l'hiver, lorsqu'il venait à Paris. Il s'empressa de reconnaître mes procédés en chambrant dans cette campagne avec mon jeune cousin, qui, par malheur, mourut trois mois après à Wesel, des suites d'une fièvre maligne[2].

Le Roi, toujours aimable dans son intérieur, le fut plus encore cette année; quelquefois il contait agréablement des histoires très-gaies, sans passer les bornes de la décence et de l'honnêteté. Quentin, baron de Champlost, avait acheté de Quentin, marquis de Champcenetz, la charge de premier valet de chambre. Le Roi, qui le connaissait depuis son enfance, le traitait à merveille. Champlost était extraordinairement laid, mais avait des grâces, l'air noble et les manières d'un grand seigneur. Son seul défaut était d'aimer les femmes à la folie, et d'être peu délicat sur le choix. Le Roi, comme les prédicateurs qui disent autrement qu'ils ne font, voulait le retenir, et il lui disait souvent qu'à leur âge tout liberti-

---

[1] De Sainte-Colombe, marquis de l'Aubépin, premier exempt des gardes du corps, compagnie de Luxembourg.

[2] Il est vraisemblable que c'est en 1762, dans la dernière campagne de la guerre de Sept ans.

nage était mortel ; enfin il lui parlait comme à un ami.

Nous fûmes témoins dans le cabinet d'une scène qui en valait bien une autre. M. le comte de Sourches[1], grand prévôt de Versailles, était petit et laid par excellence, et fait tout de travers, mais il tâchait par sa tenue de se rendre plus imposant qu'il n'était, car ce n'était qu'un bonhomme très-ordinaire. Il avait été élevé à Versailles, dans une grande familiarité avec le Roi, et madame de Pompadour, dans un moment de gaieté, l'avait désigné sous le nom de l'*Amour*. M. le duc de Noailles[2], qui se permettait tout, avait repris : « Tout au plus, madame, est-ce un Cupidon d'ébène! » Le nom de l'Amour lui était resté, et le Roi s'en servait quelquefois. Un matin que nous étions presque seuls, le Roi, qui allait quitter le cabinet, appelle l'Amour. L'Amour écarte deux ou trois personnes et s'avance avec précipitation. Dès que le Roi le voit à sa portée, il lui donne un joli soufflet sur la joue, fait une pirouette sur le talon et s'en va, se comportant avec autant de grâce et de gaieté que s'il eût fait une niche à son égal. De Sourches aurait reçu cinquante soufflets, pourvu que le Roi eût causé avec lui ; mais quand il vit le Roi rentrer, on put juger combien il fut choqué de n'avoir pas eu d'autre audience.

Je trouvai l'histoire si gaie, si plaisante, qu'en arrivant le soir pour souper chez Coupé, où vinrent successivement M. de Rosambo, le marquis de Vizé, Pierrevert et Baudouin, je fus obligé de la raconter à chaque arrivant, et je fis la pantomime de cette scène, ce qui égaya tout le monde, surtout Fontaine de Cramayel.

Fontaine de Cramayel pouvait avoir une douzaine d'années de plus que moi ; c'était le meilleur homme possible. Il était devenu fermier général par la protection de

---

[1] Louis du Bouchet, marquis de Sourches, comte de Montsoreau, né en 1711, lieutenant général, conseiller d'État, grand prévôt de France en 1747, à la mort de son père.

[2] Ce doit être plutôt le duc d'Ayen, son fils. Le maréchal duc de Noailles mourut en 1766, âgé de quatre-vingt-sept ans.

madame de Pompadour, et vivait dans la plus grande aisance.

M. de La Borde, originaire de Bayonne et parent de M. Poisson [1], était devenu fermier général par la même voie. Il habitait, dans mon enfance, une maison rue Sainte-Anne, vis-à-vis les *Nouvelles catholiques*; il avait épousé en secondes noces une veuve, nommée Ferrand, qui avait deux enfants, M. Ferrand, fermier général, et madame de Sy, épouse d'un gentilhomme picard. Il avait eu d'elle trois filles et deux garçons. L'aînée des filles [2] avait épousé M. Marchais, premier valet de chambre du Roi; la seconde, M. Fontaine de Cramayel, fermier général; la troisième, M. Brissart, aussi fermier général. Les garçons étaient plus jeunes. L'aîné [3], plein d'esprit, de talents, aimable sous tous les rapports, s'est fait à juste titre la réputation d'un des plus grands compositeurs de musique. Ses connaissances littéraires le rendaient propre à tout; chimiste, littérateur, physicien, il remplissait avec fruit tous les moments qu'il ne donnait pas à la société, où il était très-aimable et d'une gaieté originale et spirituelle.

M. et madame de La Borde, avant l'élévation de madame de Pompadour, avaient loué une maison à Soisy, vallée de Montmorency. Nous étions donc voisins à la campagne comme à Paris, et notre liaison avait toujours subsisté.

[1] Ou plutôt de madame Poisson; encore n'était-ce pas une parenté. Jean-François de La Borde avait épousé Élisabeth Levasseur, veuve en premières noces de M. Ferrand, frère de madame Poisson, dont elle avait eu le M. Ferrand dont il est question ici, qui jouait parfaitement du clavecin et accompagnait dans la musique des cabinets (LUYNES, t. IX, p. 261), et une fille, Madeleine-Françoise, veuve d'Alexandre Mogé de Pramont, et remariée à Charles-René Frémyn, seigneur de Sy.

[2] E. J. de La Borde (1735-1808), mariée en premières noces à Gérard Binet, écuyer, baron de Marchais, seigneur de Sainte-Preuve, chevalier de Saint-Louis, ancien major du régiment royal corse, et premier valet de chambre du Roi, mort à soixante-huit ans, en 1780. Elle épousa plus tard M. d'Angiviller.

[3] Jean-Benjamin, l'ami de l'auteur, dont il a été souvent question. Il ne faut pas confondre ces La Borde avec Jean-Joseph de La Borde, banquier de la cour, qui n'était en aucune façon leur parent. On trouve cette erreur dans les *Suppléments* de La Chenaye, à l'article *Borde* (de la), où l'on identifie mademoiselle Nettine, femme de Jean-Joseph, avec mademoiselle Levasseur, femme de Jean-François.

Madame de Marchais, aimable, jolie par une blancheur extrême, très-spirituelle et d'une figure animée, vivait toute l'année à Versailles; son mari, l'homme de France le plus froid et le meilleur, se bornait à l'exactitude de son service vis-à-vis de son maître. Pour elle, on savait que le duc de La Vallière y passait ses jours, et personne n'en parlait que comme d'une chose reçue.

Je placerai ici l'histoire arrivée à une dame de cette société. Madame de ***, aimant de bonne foi son mari, vivait depuis douze ans avec lui, et pouvait être citée comme l'exemple de toutes les femmes, lorsque le chevalier de Chastellux débuta dans le monde. Grand, bien fait, d'une belle figure, plein d'esprit, aimant les arts et les talents, il commença avec elle une passion qu'il a continuée longtemps. Un soir qu'ils s'étaient dérobés du salon, le reflet d'une glace ne permit pas au mari de douter de son malheur; il s'emporta et obligea le chevalier à sortir de chez lui à l'instant, et le lendemain lui envoya un cartel. Le rendez-vous n'eut pas lieu; les amis s'en mêlèrent, et la femme employa son autorité vis-à-vis de son amant. Le mari, revenu à lui, ne voulut pas être la fable du public; il y eut une explication et un raccommodement, à condition que le chevalier ne mettrait plus les pieds dans la maison, et il n'en fut plus question.

Cinq ou six ans après, un vendredi, *** et moi nous nous trouvions, comme c'était l'usage, sur le théâtre de l'Opéra, après le spectacle. Mon ami s'amusa à causer avec quelques personnes, j'en fis autant de mon côté, et nous ne partîmes que lorsque tout était presque éteint. La première personne que nous rencontrons, c'est le chevalier de Chastellux, donnant le bras à madame ***. Le mari était dans une agitation violente : « L'as-tu-vue? — Qui? — Elle! tu me serviras de « témoin. — Et de quoi? — Je compte sur ton amitié. » Enfin, la voiture arrive, nous nous y précipitons; il se démène comme un possédé, se frappant la tête contre tout, contre les glaces. « Oui, mon ami, s'écriait-il, tu vois ma honte, mon « désespoir. *Je suis c..u!* je veux aller chez moi, rentrer,

« fermer ma porte, ils soupent ensemble! » Et chaque refrain était : « *Je suis c..u!* » Tantôt il pleurait, tantôt il jurait; je ne savais qu'en faire. Enfin j'obtins qu'il viendrait souper avec nous chez Coupé, et qu'il ne parlerait pas de ses soupçons.

Lorsque je le vis un peu plus calme, je lui fis avouer que sa conduite pouvait donner à sa femme le droit de faire ce qu'elle voulait, puisqu'il n'allait pas pour rien sur le théâtre de l'Opéra; qu'il y aurait de l'injustice à être exigeant, que sa femme venait d'accoucher d'un garçon, et qu'il devait respecter en elle la mère de son héritier, et l'une des femmes les plus spirituelles et les plus aimables de Paris. Enfin, j'eus le bonheur de le reconduire chez lui à minuit, totalement calmé et rendu à lui-même. Sa femme était rentrée; j'obtins qu'il irait la voir, et j'entrai avec lui. Il se conduisit en excellent homme, tel qu'il était, et il a toujours depuis bien vécu avec elle. Elle méritait sa confiance par d'autres vertus qui ne tiennent pas à l'amour, et elle a fait son bonheur jusqu'à ce qu'il l'ait perdue.

Ce fut à peu près dans ce temps que les maisons de Conti et d'Orléans devinrent très-brillantes. Il y avait au Palais-Royal de grands soupers où toute la cour se trouvait. Il en était de même au Temple, où M. le prince de Conti avait des jours marqués. M. le prince de Condé, marié, tenait aussi une maison ouverte. L'ambassadeur d'Espagne, celui de l'Empereur, celui de Sardaigne, donnaient par hiver deux ou trois fêtes.

Depuis le cardinal Fleury, il existait entre les princes du sang et le corps diplomatique une barrière insurmontable. Les princes du sang avaient seuls le droit de faire entrer leur carrosse dans ce qui s'appelait un cul-de-sac et qui en était un véritable; le premier placé, les autres se tenaient le plus près, dans la rue Saint-Honoré. L'ambassadeur d'Espagne, le marquis de La Mina, avait un jour voulu y faire entrer son carrosse. Le comte de Charolais l'avait fait sortir. Cette dispute avait été portée au cardinal, qui, voulant tout accommoder, n'avait arrangé personne [1]. Il s'en était suivi que le premier jour qu'un ambassadeur s'était trouvé chez un prince du sang, l'ambassadeur s'était fait servir par ses pages, comme tout gentilhomme en avait le droit sans en user.

Le prince, de son côté, avait voulu rétablir l'étiquette de Louis XIV et passer le premier; ayant le droit d'avoir son cadenas, il avait aussi voulu s'en servir. Ce droit de cadenas est assez singulier. Aux grands couverts, au repas de couronnement, on pose devant le couvert de chaque prince ou princesse une boîte superbe, fermée avec un cadenas. Le prince prend sa clef, ouvre la boîte, dans laquelle est un couteau à manche d'or ou de vermeil, une salière et une poivrière de même, et un gobelet; il s'en sert et ferme la boîte, que l'on emporte *in fiocchi*. Cela donna de l'humeur au corps diplomatique, qui, en cérémonie, se regarde comme le représentant immédiat de son souverain, et de ce moment il s'établit une séparation totale. Jamais on ne se visitait qu'une fois en grande cérémonie, et ni les princes ni les ambassadeurs ne se trouvaient aux fêtes que donnaient les uns et les autres.

La nécessité où est le corps diplomatique de se rassembler avait fait introduire un nouvel usage. Chaque dimanche, le corps se rendait chez un ambassadeur à tour de rôle; y allait qui voulait, depuis le chargé d'affaires jusqu'au nonce. C'est là qu'ils se communiquaient leurs affaires les plus secrètes. Nul Français n'y était admis, et je fus le premier introducteur des ambassadeurs qui y fût reçu; je dus cette faveur à la confiance qu'ils prirent dans mon caractère de franchise.

M. le prince de Conti, le plus bel homme possible, avait beaucoup d'esprit, mais le jugement le plus faux. Plein de projets, d'une imagination ardente, voulant jouer un rôle, il avait fatigué le Roi et s'était retourné du côté du Parlement,

---

[1] C'est probablement à cette circonstance que fait allusion le duc de Luynes en juin 1737 : « Il y eut, il y a quelque temps, quelques difficultés pour la « place de son carrosse (celui de M. de La Mina) à l'Opéra; cependant cela « n'a point eu de suite. » (T. I, p. 266.) D'après un curieux dossier des Archives des affaires étrangères (fonds de France, vol. 1852, p. 388), l'origine de ces difficultés était encore plus ancien et remontait à 1728.

espérant, avec cet appui, sortir de cette nullité où l'on avait les meilleures raisons de le laisser. M. le duc de Choiseul, étranger à toutes ces misères, et grand dans les plus petites choses, aurait désiré faire cesser cette situation, qui était désagréable au corps diplomatique. D'ailleurs, sa liaison intime avec madame la comtesse de Brionne le portait à cette négociation, puisque les princes de la maison de Lorraine et les ducs se trouveraient plus rapprochés des princes du sang si l'on supprimait toute étiquette.

On jeta donc les yeux sur moi pour cette négociation. J'en parlai à M. le prince de Conti, mais je le trouvai aussi déraisonnable que je l'en croyais capable. Il me raconta tout ce que je viens de dire; il me promena à la mort de Louis XIV, me confirma ce que le Roi leur avait dit, son mariage avec madame de Maintenon, me ramena sur les pièces de théâtre, me parla d'une place qu'il voulait donner à mon ami Sedaine; enfin, après trois heures perdues, je me retirai, convaincu que ce que la cour désirait (je m'étais bien gardé de le lui dire) ne réussirait pas, à moins qu'il n'eût l'air d'être l'agent principal vis-à-vis des princes. C'est ce qu'on ne voulait nullement. J'étais sûr que tous les autres princes céderaient volontiers, s'ils ne trouvaient aucun des leurs en opposition; mais j'étais certain que lui ne se relâcherait de presque rien.

Je fis part de mes démarches au ministre, et il fut convenu que je me servirais de l'amitié que les ambassadeurs me témoignaient pour tâcher de les amener, comme de moi-même, à une conciliation.

En conséquence, j'en conférai avec plusieurs d'entre eux, et cette négociation aurait eu son plein effet sans le nonce Durini, qui s'y opposa. Ne participant à aucune fête, à cause de son état, visant à la papauté par ses mœurs et ses vertus, ayant la certitude de son élection au chapeau de cardinal, il prétendit que les choses allaient tout aussi bien qu'elles devaient aller; que les ambassadeurs, se faufilant dans tous les plaisirs de la société, seraient moins aux affaires, et que leurs propos, leurs démarches seraient plus ostensibles; que M. le prince de Kaunitz, qui en savait autant qu'un autre, quoiqu'il fût fêté à la cour, s'en était éloigné par système; que, si la chose existait, il se garderait bien de ne pas la continuer, mais que cette façon de vivre n'existant pas, c'était éviter des difficultés et des querelles.

Cette détermination fut prise le matin du jour où je devais avoir une réponse catégorique, et j'en rendis compte au Roi et au duc de Choiseul.

Je me rends le soir à l'assemblée, et je passe dans une pièce où étaient les seuls ambassadeurs. M. de Stahrenberg porta la parole; il me dit sommairement toutes les raisons pour s'y refuser; j'eus beau me retrancher sur l'espérance qu'ils m'avaient donnée en particulier, le parti était pris, et je me retirai. Ils tinrent conseil après mon départ, et voici le billet que je reçus :

« Le comte de Stahrenberg, ambassadeur, prie monsieur
« l'introducteur de mettre par écrit ses propositions, afin
« qu'après les avoir discutées avec le corps diplomatique, on
« puisse terminer l'affaire en question. »

Je n'avais fait ces démarches qu'officieusement; je ne voulais rien mettre par écrit; j'aurais été désavoué, peut-être blâmé, et tout écrit aurait pu être montré au prince de Conti, qui croyait qu'on ne se passerait pas de lui. Je pris donc mon parti, et je me rendis à l'instant à Versailles, où j'arrivai à huit heures. Le Roi était avec M. de Choiseul tête à tête. Je fais dire à l'huissier que je suis là, j'entre parce qu'on me le dit, car ce n'était plus l'heure de profiter de mon droit d'entrée.

Le Roi était debout auprès de la cheminée et causait avec le duc de Choiseul. Ils viennent à moi, le Roi me fait rendre compte de mes démarches de la journée. En terminant, je remets le billet que j'avais reçu, j'ajoute que je m'étais bien gardé de répondre. La conversation entre nous trois fut d'un quart d'heure. Le Roi finit par me dire : « Que pensez-vous
« qu'il faut faire? — Sire, lui répondis-je, je pense que toute

« négociation est contrariée de chaque côté par une seule
« personne, et je crois qu'il faut regarder la chose comme
« non avenue. J'ai fait les démarches d'office : je n'ai dit à
« personne si j'y étais autorisé. Ainsi tout roulera sur un zèle
« de conciliation mal entendu de ma part. » Le Roi me répondit : « Vous avez raison, suivez ce plan. » Dans cette
dernière conversation, M. le duc de Choiseul se garda d'ouvrir la bouche; c'était le Roi qui parlait. J'attends le duc à
sa sortie; il me dit que le Roi était fort content de la manière
dont j'avais traité cette affaire, quoiqu'elle n'eût pas réussi,
et j'ai eu lieu de voir depuis que la confiance en moi était
établie.

Madame la duchesse de Praslin, femme du ministre des
affaires étrangères [1], était singulièrement liée avec madame
la marquise d'Amezaga; je me trouvai donc très-lié avec elle.
En général, ma femme et moi tenions à nos anciennes sociétés. Je me trouvais obligé à quelques soupers de représentation; les autres étaient, ou chez les parents de ma femme,
ou chez M. et madame de Préninville, où je me plaisais plus
que jamais. Leur société, composée en hommes et en femmes
de la meilleure compagnie de Paris, réunissait la marquise
de Boulainvilliers [2]; d'Osmont, l'évêque de Comminges; le
marquis de Chastellux; Jelyotte, l'abbé Raynal [3] et bien
d'autres, et nous passions des soirées délicieuses.

M. de Champlost, premier valet de chambre, vint un jour
m'avertir que si, comme je le lui avais assuré, je songeais
à acheter Cheverny et à avoir la lieutenance du Blaisois, je
pourrais bien avoir l'un sans l'autre, parce que M. de Marigny faisait toutes les démarches possibles pour en avoir

[1] Anne-Marie de Champagne-La Suze, mariée en 1732 à César-Gabriel,
comte de Choiseul, puis duc de Praslin.
[2] Adrienne-Marie-Madeleine-Ulphe d'Hallencourt, seconde femme d'Anne-Gabriel-Henri Bernard, marquis de Boulainvilliers, qu'elle avait épousé
en 1748; elle mourut en 1781.
[3] Guillaume-Thomas-François Raynal (1713-1796). Il était alors peu connu
et n'arriva à la réputation que quand il eut publié son *Histoire philosophique
des deux Indes*, dont les parties les plus saillantes furent écrites par plusieurs
de ses amis, notamment par Pechmeja.

l'agrément. Depuis deux ans, je laissais dormir cette affaire ; je voulais d'abord me défaire de ma place, mais personne ne se présentait pour l'acquérir.

Du Jonquoy de Monville, mon ancien compétiteur, était le seul qui, vu sa fortune, pouvait y prétendre. Pour le sonder, j'allai faire un voyage au Thuit près le Vaudreuil, mais Monville avait pris un autre vol ; il avait été pourvu de la charge de grand maître des eaux et forêts de Normandie, et ne l'avait gardée que six mois.

Ayant loué une maison rue de la Bonne-Morue [1], il y avait fait des dépenses étonnantes. Je rapporterai ici le récit du premier souper que j'y ai fait. Ayant vingt-cinq ans, il était fait au tour, plein de grâces, réussissait à tous les exercices, tirait aussi bien avec un arc et une flèche qu'avec un fusil, dansait avec une légèreté et une grâce noble à s'attirer dans un bal tous les regards ; assez musicien pour toucher de tous les instruments, il était de première force à la paume. Vivant en bonne et en mauvaise compagnie, las de tous les plaisirs, il laissait percer souvent un égoïsme qui le faisait plaindre des gens qui le voyaient ; car ces caractères n'ont jamais de véritables amis.

J'arrive dans la rue de la Bonne-Morue, je monte un perron de huit marches ; j'entre dans une antichambre très-chauffée, tout en stuc, avec un magnifique poêle. Un valet de chambre m'ouvre deux battants et les referme. Je me trouve dans une première antichambre toute dorée, éclairée par un lustre de huit bougies, et six paires de bras à trois branches aussi allumés. Au fond, je vois un buffet magnifique chargé d'ornements ; l'heure sonne, et j'entends un concert organisé sortir de la boiserie et jouer, à plusieurs parties, un air de Rameau.

Je passe de là dans un premier salon orné de colonnes saillantes, éclairé par des lumières cachées, et resplendissant comme un beau jour ; je continue, et me trouve dans une

---

[1] Plus tard rue des Champs-Élysées, maintenant partie de la rue Boissy-d'Anglas.

chambre à coucher des plus élégantes, tout en velours cramoisi avec des crépines d'or; je n'avais encore rien vu de si superbe. Tout était éclairé, tout ouvert, et j'étais seul; je me crus dans un palais des fées ou dans celui des Mille et une nuits. Je passe dans une autre pièce, et j'aperçois Monville, vêtu superbement, posé comme le *Magnifique* devant un bureau de porcelaine, le plus beau et le plus agréable possible, et écrivant. Ce cabinet était ouvert des deux côtés, et les tuyaux de chaleur étaient si bien distribués que, quoiqu'il fît froid, on aurait pu se croire en plein été. Pas une cheminée ne paraissait; tout se chauffait par des poêles, dont le service était dérobé aux yeux.

Monville, après avoir joui de ma surprise sans paraître y faire attention, me conduit plus loin. C'était un salon turc tout en glaces, sans aucune fenêtre; le jour venait d'en haut par un vitrage. Une balustrade en saillie, du meilleur goût, revenait en voussure sur le salon, qui était garni d'un tapis turc très-épais. Tout autour régnait une ottomane de velours cramoisi à crépines d'or, sans aucun bois, mais en matelas, sur laquelle étaient en abondance de gros coussins de taffetas d'Italie, qui se plaçaient à volonté pour faire un siége plus élevé, des dossiers ou des appuis aux bras. Au fond était une ottomane plus riche encore s'il était possible. Les portes de ce délicieux séjour se fermaient à volonté par des coulisses qui continuaient la forme du salon. Un secret dans le mur, poussé légèrement, les faisait ouvrir avec une promptitude merveilleuse.

J'entends bientôt au-dessus de ma tête un concert exécuté avec des instruments à vent; cette mode venue d'Allemagne était en usage chez les princes et chez les ambassadeurs pendant le souper. Monville, qui donnait dans toutes les choses magnifiques, avait six musiciens à lui qui régulièrement tous les jours, depuis sept heures jusqu'après souper, exécutaient dans une pièce au-dessus du salon turc, et qui donnait aussi dans la salle à manger, les morceaux de musique les plus agréables et les plus à la mode.

Les convives ne tardèrent pas à arriver ; je me les rappelle comme si ce souper s'était passé hier : mademoiselle Arnould, que nous appelions Sophie [1], première chanteuse de l'Opéra, renommée par son esprit et ses bons mots ; Bellecour, premier acteur des Français, et sa femme [2] ; le marquis de Saint-Marc ; le chevalier de Coigny, beau, débutant dans le monde, et très-aimable [3] ; un M. de Venotte, que j'ai vu depuis gouverneur des pages de M. le duc d'Orléans ; milord Post-Cott [4], dont j'ai parlé pour sa course de Fontainebleau ; le marquis d'Égreville [5] et moi.

Nous entrâmes dans la salle à manger, tout en stuc, éclairée par des cariatides de bronze ; le souper fut fin et délicieux. Arnould, galante avec le chevalier de Coigny qui lui faisait les doux yeux, fut pleine de grâce et d'esprit. Bellecour perdit le boire et le manger, tout occupé qu'il était à examiner les airs et le ton de tous les convives, surtout les bonnes manières naturelles du maître de la maison ; il avait l'air d'en faire son profit comme artiste. La soirée fut délicieuse. Au plan que s'était fait Monville, toute gêne de place ne lui convenait pas ; notre liaison subsista et subsiste encore, sans qu'il fût question de ce qui me l'avait fait rechercher [6].

---

[1] On sait que cette actrice célèbre a été aussi connue par son esprit que par ses succès au théâtre. Aussi était-elle recherchée de tout ce que la société de son temps comptait d'hommes remarquables par le talent, la naissance ou la fortune.

[2] Jean-Claude-Gille Colson, dit Bellecour, avait débuté aux Français en 1750 ; il y joua jusqu'à sa mort, survenue en 1778. Sa femme, Rose-Pétronille Le Roy de la Corbinais, d'abord connue sous le nom de mademoiselle Beauménard, tenait l'emploi des soubrettes.

[3] Jean-Philippe Franquetot, chevalier de Coigny, né en 1743, mort vers 1806. C'était le fils cadet du comte de Coigny, dont nous avons vu la mort tragique, et le second frère du duc.

[4] Powerscourt.

[5] Une indication que l'auteur donne beaucoup plus loin sur la sœur de ce personnage, la comtesse du Rumain, m'a permis de trouver son véritable nom. Il s'agit de Charles-Joachim Rouault, dit le marquis de Gamaches, né en 1729, maréchal de camp. Égreville est une terre que la famille possédait encore en 1789.

[6] L'auteur avait placé ici l'histoire du mariage de Sedaine. Quoique en général je me sois abstenu de changer l'ordre des Mémoires, l'événement se

N'étant dans aucune cabale, j'étais à Versailles dans l'intimité de toutes. J'arrive un jour chez madame de Marsan à onze heures pour mon service, ayant à la prévenir d'une présentation; elle me prend en particulier, me demande s'il est vrai que M. de la Vauguyon, gouverneur, est renvoyé, et me prie, comme elle n'ose envoyer personne, d'aller m'informer chez les princes. J'y vais, je parle au duc de la Vauguyon, que je n'aimais ni n'estimais, je reste avec les princes et lui plus d'un quart d'heure, cause avec le comte de Boisgelin, le manchot, gentilhomme de la manche et mon ami particulier, et je m'assure qu'il n'est question de rien ; je redescends chez la comtesse et la rassure entièrement.

Puisque je suis sur le compte de Boisgelin [1], je vais donner quelques détails à son sujet. Grand, bien fait, d'une très-jolie figure, il servait dans la marine, lorsqu'un boulet de canon lui enleva le bras droit, à dix-huit ans. Cet événement intéressa la ville et la cour. On regrettait ce qu'il avait perdu par les grâces qui lui restaient. Il dansait à merveille, quoique un peu de côté, par le défaut de poids égal. Il jouait d'une main à tous les jeux de cartes, aussi bien et aussi vite que le plus habile joueur. Il fut l'homme à la mode, et si le goût du jeu et des filles ne s'était pas emparé de lui, il aurait sûrement fait son chemin.

Lors de la formation de la maison du duc de Bourgogne [2], il fut nommé gentilhomme de la manche. Né avec de l'esprit, ayant des connaissances, il chercha à s'établir dans l'esprit du jeune prince, non par le respect et l'adulation, comme son gouverneur, mais par la vertu et la loyauté.

Le prince enfant était né avec beaucoup d'esprit, mais

---

trouvait si loin de sa place chronologique, que j'ai cru pouvoir reporter le passage à la fin du chapitre suivant.

[1] Jean-Baptiste, vicomte de Boisgelin de Kergomar, Kœvran, etc., ancien capitaine des vaisseaux du Roi, gentilhomme de la manche des Petits-Fils de France, premier chambellan de Monsieur, frère du Roi.

[2] Louis-Joseph-Xavier de France, duc de Bourgogne, fils du Dauphin (1751-1761). C'est le 1er mai 1758 qu'il fut remis entre les mains de son gouverneur, le duc de la Vauguyon.

un caractère de fierté et de hauteur que rien ne pouvait abaisser. Ces défauts, s'il avait vécu, n'auraient fait que croître dans les mains d'un gouverneur jésuitique, bas et adulateur.

Je fus témoin un jour d'une repartie qu'il fit au bailli de Froulay [1], le jour de l'an, à l'audience des ambassadeurs; il avait tout au plus quatre ans, et, dès qu'il était en représentation, il prenait une petite mine fière et imposante qui étonnait. M. de Froulay lui adresse la parole : « Monseigneur, dit-il, « nous venons vous présenter nos vœux, et nous souhaitons « que dans quatre-vingts ans le corps diplomatique vous en « présente autant. » Le petit prince relève la tête, et, le regardant fixement, répond : « Pourquoi pas cent? »

Dans le particulier, il avait des accès de hauteur incroyable. En voici un que Boisgelin me conta. Jusqu'à ce que les enfants de la famille royale aient atteint douze ans, les pièces qu'ils habitent, telles que la chambre à coucher, le cabinet de travail et le salon, sont étayées. Les étais et les boiseries tout autour sont matelassés à hauteur d'homme, afin qu'en jouant ils ne puissent se blesser. Ces appartements, garnis de tapis de la Savonnerie ou des Gobelins très-épais, les préservent de tout danger de ce côté-là. Le gouverneur les quitte peu et laisse le gouvernement, si cela lui arrive, au sous-gouverneur. Quand tous les deux manquent, le gentilhomme de la manche, le premier de garde, les remplace.

Un jour que Boisgelin était de garde, M. de la Vauguyon quitte, et, en s'en allant, il donne l'ordre de ne laisser passer les princes sous aucun prétexte dans la pièce de travail où des menuisiers posaient un billard. Le duc de Bourgogne, qui avait entendu l'ordre, sort de sa place gravement pour enfreindre la consigne; Boisgelin barre la porte et lui dit : « Mon- « seigneur, vous avez entendu; vous ne passerez pas. — « Mais si je le veux? je crois que je suis le maître ici. Seriez- « vous assez osé pour mettre la main sur moi? — Il le fau-

---

[1] Ambassadeur de l'ordre de Malte, dont il a déjà été parlé.

« drait, que je le ferais pour vous empêcher de ne pas obéir.
« — Obéir! mais vous n'êtes qu'un gentilhomme, et je suis
« un prince; c'est vous qui êtes fait pour m'obéir. » A l'instant il s'élance; Boisgelin le saisit du seul bras qui lui restait et le reconduit au milieu de la chambre; le service présent s'en mêle, et l'on ferme la porte. L'enfant, sans pleurer, entre alors dans une colère incroyable; enfin il se remet, vient trouver Boisgelin et lui dit : « Ma colère est
« passée; vous avez fait votre devoir, et je vous en estime
« mieux. Causons maintenant. Enfin, ce n'est ni vous ni moi
« qui m'avez fait prince, pourquoi ne suis-je pas né Dieu?
« Je ferais tout ce que je voudrais. » Le duc de la Vauguyon rentra, et la conversation cessa. Peut-être, s'il n'était pas mort, avec ce caractère décidé corrigé par l'âge, sa fermeté aurait-elle empêché la France de se jeter dans le précipice dont elle ne peut sortir, et son malheureux frère Louis XVI n'aurait pas péri par sa trop grande bonté; car c'était le Roi innocent, dans toute l'acception du mot, que ce malheureux prince!

Mon ami Olavidès revint cette année à Paris pour son troisième voyage. Arrivant d'Italie, il avait vu tous les savants, et avait passé huit jours chez Voltaire à Ferney. Rempli d'idées justes, grandes et utiles, il revenait en France faire à ses propres frais des achats dans tous les genres. Il avait dans sa tête de faire faire un grand pas à l'Espagne, et de la tirer de l'engourdissement où elle était plongée.

Il s'établit dans une grande maison, rue Neuve-Saint-Eustache, et se mit à voir les artistes et les savants. Il commença par rassembler une bibliothèque immense, et la fit encaisser pour Madrid; il prit à Paris tout ce qu'il y avait de plus beau en meubles et en étoffes, pour meubler un hôtel qu'il venait de faire construire en Espagne. Toujours occupé de ses projets d'utilité, il fit un voyage à Lyon, y commanda des étoffes en or et en argent tissés sur soie, quoique cela fût défendu par les lois du temps de Colbert. Il l'ignorait, et l'avidité des ouvriers les fit passer sur la défense. Il fit faire une tenture à fond d'argent, représentant une terrasse sur laquelle s'élevaient des palmiers, le tout en or de différentes couleurs. Elle lui revenait à neuf cents livres l'aune, prix incroyable pour ce temps. Il revint à Paris, après s'être attaché deux ou trois ouvriers, pour propager en Espagne ces belles manufactures. Ce zèle aurait pu avoir des suites désagréables pour lui, mais j'en avais été instruit à temps, et M. de Fontanieu, intendant général des meubles de la couronne, voulut bien me servir dans cette occasion, de manière qu'Olavidès évita tout désagrément à cet égard.

Il avait traduit en vers espagnols les tragédies des meilleurs de nos poëtes, et les faisait jouer sur un théâtre particulier.

D'une conversation charmante, il mêlait la gaieté à l'instruction et à la philosophie. Noble dans toutes ses manières, vivant magnifiquement, on s'attachait à lui dès qu'on le connaissait. Il nous quitta au bout de six mois.

Cependant le propos du baron de Champlost, mon ami intime et mon parent, m'inquiétait. Je n'avais pas renoncé à l'acquisition de Cheverny, et la promesse de l'agrément de la charge de lieutenant général de la province paraissait à tous une façon avantageuse de sortir de celle que je possédais. J'allai donc voir M. de Saint-Florentin; son crédit était mince; son dévouement aux volontés du Roi, ses goûts casaniers le rendaient très-nul, excepté pour ce qui concernait sa place. Il était mon ministre, et la province de l'Orléanais était dans son département [1]. Je m'adressai donc à lui. Il me dit qu'avant de parler au Roi, il fallait qu'il vît madame de Pompadour, et me remit au soir. Je me rendis le soir chez lui; il me dit que madame de Pompadour croyait que je ne songeais plus à la place, que son frère avait paru la désirer, et qu'il fallait nous concerter ensemble; qu'elle ne refusait pas de me voir, mais qu'ayant toujours eu envie de m'obliger, toute explication là-dessus serait inutile; qu'elle n'était pas

[1] A cette époque, les provinces et généralités étaient réparties entre les secrétaires d'État. (Voir les *Almanachs royaux*.)

plus maîtresse de l'humeur de son frère qu'un autre, et qu'elle ne croyait pas que je voulusse l'y exposer.

Je répondis que j'étais trop heureux de lui faire à elle l'hommage et de la terre et de la charge, mais que je ne voulais pas de l'une sans l'autre; que je me rendais justice, que je n'étais fait d'aucune manière pour marcher sur la même ligne que les Clermont et les d'Harcourt, qui avaient été titulaires avant moi, mais que si le démembrement de la lieutenance, qui semblait avoir suivi les derniers propriétaires de la terre, arrivait pour moi, je ne me sentais pas le courage de le supporter; que je ne ferais d'ailleurs aucune démarche auprès de Marigny, ne voulant plus le voir. Je suivais ainsi l'exemple du baron de Breteuil, qui, lié d'amitié avec Marigny, lui avait signifié qu'il ne le verrait plus, à cause d'une grossièreté qu'il avait faite à un homme porteur d'une recommandation.

Je me rendis à Paris. M. de Verdun renouait la négociation; il apprit de Saint-Germain que le comte et la comtesse d'Harcourt ne voulaient vendre qu'à moi, que Marigny était venu voir Cheverny et avait offert de se mettre pour le marché en mon lieu et place. Il montra la réponse qu'il avait reçue de Genève. On lui mandait que M. de Marigny était fait pour payer, qu'on me laisserait la charge et la terre au prix convenu, mais que pour Marigny il la payerait quatre cent mille livres de plus. Marigny, furieux, avait publié qu'un pavillon du château menaçait ruine, et qu'il n'y songeait plus, se réservant de mettre tout son crédit à avoir la place.

Madame de Sy, quoique étrangère à toute intrigue, était fort bien comme parente dans le particulier de madame de Pompadour. Je la menai à Versailles, je la déposai et l'attendis. Madame de Pompadour lui parla avec effusion de cœur. Elle sentait qu'après m'avoir pour ainsi dire fait fête comme à un voisin sûr qu'elle acquerrait quand elle se retirerait, elle mettait une opposition à ce que je le devinsse. Elle conta à madame de Sy tout l'impérieux de la conduite de son frère avec elle; elle avoua sa faiblesse pour lui, et finit par la

charger de me dire qu'elle me priait de ne plus insister sur
la place en question, qu'elle trouverait bien le moyen de
m'en dédommager. C'était un parti pris; je remerciai sans
rompre ma négociation pour la terre, et je priai qu'on attendit, car je n'y renonçais pas.

Je fus obligé d'aller faire un petit voyage à Compiègne. Il
m'était impossible de ne pas me présenter chez madame de
Pompadour. Elle était à sa toilette, entourée de courtisans;
dès qu'elle m'aperçut, elle détourna les yeux, ne regarda
plus de mon côté, et je sortis, bien persuadé que je m'étais
attiré son aversion. Comme je n'avais aucun tort, je pris mon
parti et fis mon travail avec M. le duc de Praslin, pour une
affaire dont j'étais spécialement chargé et qui regardait le
tabac de Lorraine et le commerce de la Russie.

La première personne que je trouve en sortant de dîner,
c'est le marquis de Marigny et son cordon bleu. Il y avait
longtemps que nous ne nous parlions plus; il m'aborde et
me propose d'aller ensemble au spectacle de la ville. J'accepte,
et il fait bientôt tomber la conversation sur Cheverny; il me
dit qu'il est trop de mes amis pour ne pas m'empêcher de
faire cette acquisition, qu'il a visité le château avec M. Soufflot[1], et qu'il l'aurait acheté, si le pavillon de droite ne
menaçait pas ruine. Je lui dis que je ne m'y connaissais pas
autant que lui et ces messieurs, mais que, d'après les
informations que j'avais prises, j'étais sûr qu'il durerait plus
que nous. Il insista. Impatienté, je finis par lui dire que le
prix qu'on lui avait fait l'en avait dégoûté, tandis que celui
qu'on me faisait me plaisait très-fort; que, du reste, je ne
songeais plus à la terre, puisque madame de Pompadour
s'excusait de la parole qu'elle m'avait donnée, sur le désir
qu'il avait d'avoir la charge. « Que voulez-vous, monsieur,
« que je vous réponde? dit-il; s'il y a quelqu'un dans le
« monde à qui cette place doit convenir, vous sentez que

---

[1] Jacques-Germain Soufflot (1713-1780), l'architecte du Panthéon. Il était
membre de l'Académie d'architecture et devint intendant des bâtiments. Il
avait fait le voyage d'Italie en 1750, avec Marigny.

« c'est à moi, puisque ma sœur possède Menars qui est au
« milieu de la province. » Impatienté du propos : « C'est
« donc là, monsieur, lui répondis-je, votre dernier mot? —
« Oui, monsieur. — En ce cas-là, je vous quitte, et j'aurais dû
« refuser la moindre explication avec vous; je vous connais
« depuis longtemps. » — Je n'ai jamais eu autant d'humeur,
et s'il avait voulu me prêter le collet, quelque danger qu'il y
eût pour moi, j'en aurais fait la folie. Nous nous quittâmes
froidement en entrant à la Comédie, et il est aisé de croire
que nous ne fûmes pas réchauffés l'un pour l'autre.

Cependant La Live, mon camarade, rendu alors à la
société (ses premières attaques n'avaient pas percé dans le
public), vient me trouver, et je lui fais part de tout ce qui
s'est passé. Il me conseille d'en parler au duc de Choiseul,
en me disant que si j'obtenais ce que je désirais, il était
assuré de faire avoir à son frère l'agrément de ma place
d'introducteur.

Ce fut une étincelle qui me rendit mon activité. Je pars
pour Versailles, je me rends chez le duc de Choiseul, je lui
conte tout ce qui s'est passé; il m'écoute et me répond :
« Que ne m'avez-vous dit cela plus tôt? » Je sors avec lui;
il trouve dans son antichambre une trentaine de femmes; il
rentre dans son cabinet en me disant gaiement : « Faites-
« moi le plaisir de voir à qui j'ai affaire. » Je sors; le valet
de chambre me dit que ce sont des nourrices qui présentent
une requête; je l'en instruis, il sort avec moi et leur donne
audience. Je n'ai jamais entendu rien de si comique, de si
gai, de si aimable, de si spirituel que ce qu'il leur dit. Il les
renvoya au comble de la joie et du bonheur.

Le soir même, il me rencontre et me dit : « Sous huit
« jours je vous donnerai une solution. » Deux jours après,
La Live vint me voir et me dit que le duc de Choiseul désirait me voir. Je cours à Versailles : « Quoi! me dit-il, vous
« voulez donc vous confiner dans une terre, à votre âge? Vous
« vous ennuyez de votre place? Quittez-la, je vous propose,
« de la part du Roi, de vous nommer à Bruxelles et à Liége;

« je n'ai pas d'autre place dont je puisse disposer, et vous
« ferez un chemin qu'autrement vous vous fermez pour la
« vie. »

Je fus on ne peut plus reconnaissant de cette offre, et je
lui dis qu'il était bien juste que je me consultasse avec ma
femme, que le dimanche suivant je lui dirais oui ou non. Il
y consentit. Arrivé à Paris, je n'eus rien de plus pressé que
d'en référer à ma femme, et nous tînmes conseil avec le
marquis de Saint-Marc et l'abbé Raynal, tous les deux fort
instruits en politique.

Ils furent d'avis tous les deux que cette carrière changerait
totalement mon genre de vie, que le baron de Breteuil avait
bien commencé par être envoyé à Cologne, mais qu'il avait
à la cour et à la ville un solliciteur très-puissant dans l'abbé
de Breteuil, chancelier de M. le duc d'Orléans; que pour
moi, ils ne me connaissaient d'autre protecteur que le duc
de Choiseul, qui, ne me voyant plus, pourrait bien ne plus
s'occuper de moi; que j'attacherais ainsi mon sort au sien.
D'ailleurs, ces deux places éloignées l'une de l'autre auraient
fait un postillonnage continuel, s'il est permis de se servir
de ce terme. Si Bruxelles était plein d'agréments, Liége, au
contraire, était l'égout et la sentine de toute l'Europe. Il y
avait peu d'agrément à se charger d'aucune mission dans ce
pays-là.

Aussi il fut décidé dans mon petit conseil que je remer-
cierais. Je retournai donc à Versailles, et je donnai au duc
de Choiseul les motifs de mon refus. Il eut la bonté de chercher d'autres moyens pour me servir; il me proposa de me
nommer à une place de capitaine de cavalerie, avec l'assurance d'un brevet de colonel dans les trois mois; il ajouta
que le Roi me donnerait comme retraite 4,000 livres de pension, à ajouter aux deux que j'avais déjà. Je refusai tous ces
avantages, et je persistai dans l'arrangement que j'avais
désiré. M. de Choiseul termina son audience en me disant
de le laisser faire, et qu'il espérait trouver un moyen de nous
contenter tous.

Le gouvernement de Blois [1] a trois lieutenances générales; — ces places, quelque prix qu'elles coûtent, n'ont que des brevets de retenue représentatifs du premier prix, et le reste se perd à la mort. — Un des titulaires venait de mourir; dans les vingt-quatre heures, Marigny fut pourvu de sa place, et, n'ayant plus de compétiteur, j'eus à l'instant l'agrément de celle du Blaisois. M. le duc de Choiseul m'envoya chercher et m'annonça la chose faite; il ajouta : « C'est de
« la part de madame de Pompadour que je vous l'annonce ;
« elle me l'a recommandé plus de dix fois, car, toute malade
« qu'elle est, elle s'est occupée du refus que vous avez reçu,
« et pour preuve que la chose vient d'elle, trouvez-vous
« demain dans la galerie, lors de la messe, et M. de Mari-
« gny viendra lui-même vous l'annoncer. — Ah! lui dis-je,
« monsieur le duc, ce que vous me dites me suffit, et je ne
« veux plus me trouver jamais avec lui. — C'est, reprit-il,
« ce qu'il ne faut pas faire. Madame de Pompadour tient
« à ce raccommodement dont son frère fera les frais. —
« Vous l'ordonnez, répondis-je, je me résigne. »

Le lendemain, dans la galerie, Marigny vient au-devant de moi et me dit : « Monsieur, ma sœur m'a prié de vous
« annoncer que vous aviez l'agrément de la place, d'autant
« que j'en ai une aussi. » Je lui réponds : « Je suis on ne
« peut plus sensible aux procédés de madame la marquise de
« Pompadour. Je tenais au titre n'importe où, et, si elle exige
« que vous ayez ma place, je troquerai volontiers. — Je le
« crois bien, me dit-il, la mienne ne me coûte que 10,000 li-
« vres, et la vôtre 40,000, quoiqu'elle soit la même. » Le feu me monte au visage, et je lui dis : « Cette réponse, mon-
« sieur, est bien digne de vous. » Je le quitte et je cours chez le duc de Choiseul, lui rendre compte de ma conversation; il en rit et le reconnut à ce trait.

---

[1] Ou plutôt d' l'Or*anais. Les trois lieutenances générales étaient : celle d'Orléanais et ?   *lle du pays chartrain et enfin celle du Blaisois. M. de Marigny eut celle de   ...anais et remplaça le chevalier du Delfand de La Lande. Il prêta serment entre les mains du Roi, le 8 février 1764. (*Gazette* du 10.)

Cette affaire finie, mes deux traités le furent bientôt; l'agrément me fut donné, et le jour fut pris pour la prestation de serment entre les mains du Roi. Le prix de la charge d'introducteur fut fondu en partie dans la terre.

On se souvient que le président Dupuis avait voulu me faire changer de nom, pour que la *Gazette* me donnât un titre; j'y avais répugné alors. Actuellement, me voyant décoré d'une charge qui était regardée comme grande dans le militaire, j'allai trouver M. de Saint-Florentin et lui dis que je le priais de prendre les ordres du Roi pour me donner des lettres patentes afin de réériger la terre de Cheverny en comté, comme elle l'était du temps de M. de Clermont et de M. d'Harcourt, qui avaient négligé ce titre, en ayant plus d'un pareil par leur naissance et leurs autres terres; que c'était la seule grâce que je demandais au Roi, en quittant une place qui m'approchait de sa personne.

Il me répondit qu'il était sûr que cette demande ne souffrirait aucune difficulté; alors j'ajoutai : « Mais cette affaire « peut entraîner au moins un an. Je désirerais que le Roi « me permît, par une lettre que vous me ferez l'honneur de « m'écrire, de porter le titre de comte avant mon nom, afin « que je ne sois pas obligé de me débaptiser en prenant « celui de comte de Cheverny. » Il me répondit : « Cela est « très-rare, enfin je le demanderai au premier travail. »

Dans la huitaine, je reçus une lettre du ministre, au nom du Roi, qui m'accordait tout ce que je demandais[1], à condition que la terre n'aurait que l'érection en comté de Cheverny; que cette grâce serait pour moi seul et les miens, et qu'aux cours supérieures je ne serais enregistré que comme comte de Cheverny, et soumis à tous les enregistrements d'usage. En conséquence, de ce jour-là, dans tous mes actes, je pris la dénomination de comte, et dans l'année

---

[1] L'auteur et ses descendants se sont fait, en effet, souvent appeler comte Dufort ou de Dufort, sans y ajouter le nom de terre, comme c'était l'usage. Il eût été curieux de connaître la lettre qui autorisait cette dérogation aux habitudes reçues.

l'érection fut faite avec toutes les formalités requises. M. de Verdun rédigea lui-même les motifs des lettres patentes; elles furent modestes suivant mes intentions[1]. Quoique la vente de la charge fût conclue, il fut convenu que mon successeur n'entrerait en place qu'au mois de juillet, comme ayant le semestre d'été, et que je ferais le service jusqu'à ce qu'il fût reçu, ce qui ne pouvait être qu'au mois de février.

Madame de Pompadour avait été prise quelque temps auparavant, dans un voyage de Choisy, d'un si fort mal de tête qu'elle avait demandé le bras de Champlost pour regagner son appartement, en lui disant qu'elle souffrait si fort qu'elle ne savait où elle allait; cet accident avait dégénéré en fièvre maligne. On l'avait ensuite ramenée à Versailles, et elle avait paru rétablie; mais c'était une fausse convalescence, et elle était retombée dans un état très-fâcheux. Le duc et la duchesse de Choiseul lui étaient réellement attachés, et la reconnaissance, quoi qu'on en ait dit, était gravée au fond de leur cœur. Ma négociation pour l'agrément de la charge s'était heureusement terminée avant ces deux maladies, et je dois cette justice à sa mémoire que réellement elle avait pris parti pour moi contre son frère.

J'étais dans l'habitude, tous les lundis, d'aller souper chez la duchesse de Praslin, où se trouvait toute la cour, ainsi que les ambassadeurs qui ne voulaient pas partir de trop grand matin, le mardi, pour le lever du Roi. Dès que vous arriviez dans la seconde antichambre, un valet de chambre vous invitait, de la part de madame la duchesse, à rester à souper. On faisait toujours son brelan à cinq, et j'étais des habitués. On ne jouait qu'un gros dix-écus. Un valet de chambre vous

---

[1] Ces lettres patentes du mois d'août 1764 ont été enregistrées à la Chambre des comptes de Paris le 18 mars 1756, insinuées à Bracieux le 30 juillet de la même année, enregistrées à la Chambre des comptes de Blois le 31 du même mois, au Parlement le 27 août de la même année, et au greffe du bureau des finances de la généralité d'Orléans le 17 mars 1767. Une copie sur parchemin est jointe au manuscrit des *Mémoires*; l'original se trouve aux Archives nationales (Secrétariat de la maison du Roi, année 1764, p. 415, O¹ 108). Voir aux Pièces justificatives.

changeait les écus sales contre d'autres qu'on avait fait récurer. On perçait dans la nuit jusqu'à trois heures du matin ; alors ceux qui n'étaient pas des habitués s'en allaient, il ne restait que quelques dames de la cour.

Un jour, la marquise de Flavacourt[1] voulut tirer les cartes, c'était la mode, on y voyait ce que l'on voulait, et elle rencontra la mort de plusieurs personnes, entre autres celle de madame de Pompadour. Elle prétendit avoir vu dans les cartes l'élévation de l'abbé de Bernis. Sans me prêter à leur croyance, je soutins que le marc de café, les cartes, enfin tous ces mauvais tours de gibecière, se réduisaient à la connaissance de quelques combinaisons mathématiques que je devinais comme eux ; cette plaisanterie amusa tout l'hiver.

Cependant la maladie de madame de Pompadour empirait. Le public a eu beau dire, elle était regrettée dans l'intérieur. Elle avait une longue expérience du caractère du Roi, une habitude des affaires qui lui avait fait acquérir ce qui lui manquait, et un goût raisonné sur les arts. Elle donnait l'émulation aux artistes en achetant tout ce qui en méritait la peine, en secondant les inventions d'agrément, en les payant ce qu'elles valaient, et elle s'était fait à la cour une société d'amis, plus par son caractère agréable que par sa place.

Elle avait le grand art de distraire l'homme du royaume le plus difficile à amuser, qui aimait le particulier par goût, et sentait que sa place exigeait le contraire ; de sorte que dès qu'il pouvait se dérober à la représentation, il descendait chez elle par un escalier dérobé, et y déposait le caractère de roi.

Toutes ces circonstances faisaient travailler les têtes à Versailles. Le Roi pouvait prendre une nouvelle maîtresse, dont l'intérêt aurait peut-être été de culbuter les ministres pour mettre en place des gens à elle. Des femmes qui, sans figure,

---

[1] Hortense-Félicité de Mailly-Nesle, née en 1731, mariée en 1759 à François-Marie de Fouilleuse, marquis de Flavacourt, maréchal de camp, mort en 1763. Elle était dame du palais de la Reine.

avaient des prétentions, se remuaient, espérant suppléer par l'esprit à la jeunesse et à tout ce qui leur manquait. Le Roi avait en effet son petit sérail, et l'on ne pouvait prétendre l'enlever à une vie dont madame de Pompadour lui avait laissé contracter l'habitude; il ne s'agissait donc que de se mettre à la place de la marquise, de manière qu'on eût une représentation intérieure. On sentait qu'il était impossible qu'il n'y eût pas un intermédiaire entre le pouvoir suprême et les ministres. Une femme accorte, adroite, faisait parvenir plus facilement les réclamations, et souvent rendait service.

Le Roi, en défiance de lui-même, se laissait peu entamer. Il s'en rapportait à chaque ministre pour ce qui se passait dans son département, mais, strict sur le plan de conduite tracé par le cardinal Fleury, il n'avait jamais souffert que l'un empiétât sur l'autre. Il portait cette exactitude partout, et le grand veneur et amiral de France, le duc de Penthièvre, qu'il considérait pour ses mœurs, ayant voulu empiéter un jour sur la grande écurie et en rendre compte directement au Roi, celui-ci lui avait dit sèchement que cela ne regardait pas son service.

Louis XV, dans l'intérieur, était le plus aimable et le meilleur de tous les hommes; comme particulier, comme père de famille, il aurait été aimé, estimé, considéré. Il ne lui manquait que ce qui manque à tous les rois, c'est de s'assimiler aux autres hommes. Accoutumés, du moment où ils naissent, à des respects, à une espèce d'adoration, je crois fermement qu'ils se regardent comme au-dessus de l'espèce humaine. Je vais en rapporter un trait que je tiens de la personne même, non que je veuille en conclure que le Roi n'était pas le plus excellent des hommes, mais pour prouver qu'il ne mettait aucune mesure vis-à-vis des autres, par défaut d'éducation.

Le sieur Darboulin [1], ami de tous les temps de madame

---

[1] Jean-Potentien Darboulin; madame de Pompadour l'appelait familièrement *Boubou* (*Mémoires de madame du Hausset*, p. 162 et 117, et *Mémoires de Marmontel*). Il mourut le 25 décembre 1784.

de Pompadour et de M. de Tournehem, son oncle, avait continué à la voir. Sans ambition, il avait une tournure originale et singulièrement aimable, et racontait le plus agréablement. Il avait plu au Roi dans l'intérieur, et madame de Pompadour y avait beaucoup aidé, de sorte que ce galant homme, sans aucune sollicitation et sans faire aucune démarche, se trouva un beau matin pourvu d'une place d'administrateur des postes [1], dont le revenu était immense; il en fit usage pour être le bienfaiteur des pauvres. Il était l'oncle des deux Bougainville [2], dont l'aîné était secrétaire perpétuel de l'Académie, et l'autre est fameux par son voyage à Taïti. Ils se ressentirent de sa bonne fortune, et il fixa auprès de lui un autre neveu, Richebourg, que nous avons vu depuis directeur des postes de France, et successeur du baron d'Ogny.

Il se crut obligé, par reconnaissance, de faire sa cour plus souvent dans l'intérieur au Roi et à la marquise, et prit l'habitude de venir tous les quinze jours. Le Roi le goûtait de plus en plus, d'autant qu'il était de ces gens qui n'intriguent jamais. Madame de Pompadour voulut se l'attacher encore plus, et une des quatre charges de secrétaire du cabinet venant à vaquer, il en fut pourvu. Cette place n'obligeait à rien, mais procurait les entrées, et par conséquent il convenait au Roi d'y voir un homme qui lui plût. Il la posséda longtemps; cependant, l'âge augmentant, il fut pris de vio-

[1] Darboulin figure pour la première fois sur l'*Almanach royal* en 1759, comme administrateur général des postes, fonction qu'il conserva jusqu'en 1777. Quant à la place de secrétaire du cabinet du Roi, il ne l'eut que plusieurs années après la mort de la marquise, en 1769. Il la céda en 1771 à son neveu Bougainville, alors capitaine de vaisseau. (*Gazette* du 7 avril 1769 et du 18 avril 1771.) Bougainville donna sa démission en 1780, et Darboulin, son survivancier, redevenu titulaire, donna la survivance à Darboulin de Richebourg, son neveu. Richebourg est désigné comme administrateur des postes adjoint en 1771, comme administrateur en titre en 1778; en 1792, il est président du directoire des postes et relais, chargé des fonctions du ci-devant intendant des postes.

[2] Il a été déjà question du navigateur. Son frère aîné, Jean-Pierre (1722-1763), fut secrétaire perpétuel de l'Académie des inscriptions, et membre de l'Académie française. Ils étaient fils de Pierre-Yves de Bougainville, notaire, et de Marie-Françoise Darboulin. (*Dictionnaire* de JAL, verbo *Bougainville*.)

lents accès de goutte, ce qui diminua ses voyages de Versailles.

Enfin, se trouvant mieux, il résolut d'aller visiter madame de Pompadour, et elle ne voulut pas le laisser partir avant qu'il n'eût vu le Roi. Le Roi descend, et dès qu'il voit Darboulin, il vient à lui et lui demande de ses nouvelles. Darboulin lui conte qu'il a eu un accès de goutte aux deux orteils, et qu'il est à peine rétabli. Le Roi parle d'autre chose, s'égaye avec d'autres intimes; enfin il s'approche de Darboulin en lui tournant le dos, et appuie ses deux talons sur chacun de ses pieds, en lui demandant si c'est là qu'il a eu la goutte. L'accès était à peine fini, et Darboulin ressentit une douleur incroyable. Madame de Pompadour le voit changer de couleur; elle prie le Roi de venir lui dire un mot, et lui fait lâcher prise.

Enfin le Roi s'en alla; à peine fut-il sorti que Darboulin exhala son humeur: « Quoi! dit-il, vous me faites rester pour « essuyer une plaisanterie pareille! Il a fallu toute la force « dont je suis capable sur moi-même, pour ne pas le pousser « rudement, car il m'a causé une douleur dont il ne peut « avoir d'idée. — Je m'en suis aperçue, riposta madame de « Pompadour, et je lui ai fait finir ce qu'il croyait une plai- « santerie; mais si, par malheur, il avait été obligé de sen- « tir par une pareille correction combien sa conduite était « déplacée, et s'il avait été obligé d'en rougir, de la vie il « ne vous l'aurait pardonné. — Je vous quitte, madame; « qu'il garde ses caresses pour tout autre que pour moi! Vous « avez exigé que je reste, mais je ne me sens plus le cou- « rage de m'y exposer. » Il partit et n'est plus retourné depuis à Versailles. C'est de Puy, l'homme le plus véridique, que je sais le fait.

Le Roi ne se mettait à la place de personne; il n'avait jamais eu la goutte, et il ne réfléchissait pas sur la douleur qu'il pouvait causer. Il n'avait cru faire qu'une plaisanterie, comme un enfant qui vous fait du mal en jouant, jusqu'à ce qu'en lui rendant la pareille ou lui en fasse sentir la conséquence.

Cette digression m'a empêché de venir au dénoûment. J'arrive donc à six heures du soir le lundi, jour de la mort de la marquise, chez la duchesse de Praslin [1]. Elle était seule; toute la cour était occupée, le duc et la duchesse de Choiseul avaient leur porte fermée. J'entre et je trouve la duchesse en larmes; cette douleur n'était point jouée. Elle me dit :
« Vous me voyez encore tout émue, et si vous étiez venu il
« y a une demi-heure, vous auriez partagé mon émotion. Il
« y a une heure que j'ai appris la mort de madame de Pom-
« padour; elle n'était pas mon amie particulière, mais je
« n'avais nullement à m'en plaindre. Je me suis mise à re-
« garder à travers la fenêtre les mouvements que cette mort
« occasionnerait. J'ai vu passer deux hommes portant une
« civière; lorsqu'ils se sont approchés (ils ont passé sous mes
« fenêtres), j'ai vu que c'était le corps d'une femme, cou-
« vert seulement d'un drap si succinct que la forme de la
« tête, des seins, du ventre et des jambes se prononçait très-
« distinctement. J'ai envoyé aux informations; c'était le
« le corps de cette pauvre femme qui, selon la loi stricte
« qu'aucun mort ne peut rester dans le château, venait d'être
« porté chez elle. »

Ce fut pour nous deux un beau chapitre de morale, qui fut interrompu bientôt par la quantité de courtisans que cette mort attirait à Versailles.

Marigny ne put se masquer; il disait hautement : « Main-
« tenant les coups de chapeau seront pour moi. » Vilain dans tous les détails de cette immense succession, il envoya à la duchesse de Choiseul un petit chien qu'elle avait demandé en mémoire de son amie, en prenant, chose incroyable, la précaution de lui ôter son collier, parce qu'il était d'argent massif.

Il n'y eut aucun changement à la cour; le Roi, quelque affecté qu'il fût, habitué à se masquer, prit sur lui avec sa force accoutumée. Tout aux affaires, le vide de son intérieur

---

[1] Madame de Pompadour mourut le dimanche 15 avril 1764.

en fut diminué. Ses intimes, son service seuls s'en apercevaient. Quelque distrait qu'il voulut être, une habitude si longue ne pouvait se remplacer.

Les soupers des petits appartements tinrent, mais il n'y avait plus cette femme pour lier toutes les parties. Chaque femme de la société tâchait d'attraper le gant, si le Roi voulait le jeter; mais rien ne lui convenait, personne n'avait droit à la même confiance.

Champlost, premier valet de chambre, était alors de service et couchait dans la même chambre que le Roi. Un cordon de sonnette, passé dans son bras et tenant au lit du Roi, était le signal si dans la nuit le Roi avait besoin de lui. Le Roi dormait peu et se levait, aussitôt éveillé, pour se dérober même à son intérieur et passer dans son cabinet.

Enfin, le jour de l'enterrement de la marquise arriva. Le Roi, par les ordres de qui tout se faisait, savait l'heure. Il était six heures du soir, en hiver, et par un temps d'ouragan épouvantable. La marquise avait par son testament demandé à être enterrée aux Capucines, place Vendôme, où elle avait arrangé un superbe appartement. Le Roi prend Champlost par le bras; arrivé à la porte de glace du cabinet intime (donnant sur le balcon qui fait face à l'avenue de la cour), il lui fait fermer la porte d'entrée, et se met avec lui en dehors sur le balcon. Il garde un silence religieux, voit le convoi enfiler l'avenue, et, malgré le mauvais temps et l'injure de l'air auxquels il paraissait insensible, il le suit des yeux jusqu'à ce qu'il perde de vue tout l'enterrement. Il rentre alors dans l'appartement; deux grosses larmes coulaient encore le long de ses joues, et il ne dit à Champlost que ce peu de mots : « *Voilà les seuls devoirs que j'aie pu lui rendre!* » paroles les plus éloquentes qu'il put prononcer dans cet instant [1].

---

[1] Ce récit, qui paraît présenter tous les caractères de l'authenticité, a été reproduit pour la première fois dans le *Cabinet historique* de décembre 1880 par M. Armand Baschet. Il y a joint des lettres inédites de Louis XV, découvertes par lui dans les Archives de Parme, et qui attestent le chagrin causé

Je continuai mon service encore plus d'un mois, le Roi ayant décidé que M. de la Briche ne me remplacerait qu'à l'époque dite. Après avoir prêté serment entre ses mains de la lieutenance générale, et avoir obtenu autorisation de mes entrées de la chambre pour ma vie [1], je remis au sieur La Live de la Briche [2] une place dont le service minutieux ne convenait nullement à mon caractère.

C'est ici que je terminerai la seconde époque de ma vie.

au Roi par la mort de la favorite. La phrase simple et émue que Champlost avait retenue et qu'il répéta à son parent est donc beaucoup plus vraisemblable que le mot cruel qu'on prête depuis si longtemps à Louis XV, sur le témoignage d'un auteur suspect.

[1] La prestation du serment eut lieu le 12 mai 1764 (*Gazette* du 18). La *Gazette* du 3 juillet suivant annonce que « Sa Majesté a conservé les entrées « de sa chambre au sieur Dufort, ci-devant introducteur des ambassadeurs ».

[2] Alexis Janvier La Live de la Briche, né en 1735, frère de M. de Jully, de M. d'Épinay et de la comtesse d'Houdetot. Il fut aussi secrétaire des commandements de la Reine. Sa femme, Adélaïde-Edmée Prévost, lui apporta en mariage le magnifique château du Marais, près Besons, bâti par son oncle Lemaistre, trésorier général de l'ordinaire des guerres.

TROISIÈME ÉPOQUE
(1764-1787)

CHAPITRE XII

L'entourage de l'auteur. — Le président de Salaberry; son portrait. — M. de Chailly. — Madame de Pomereu. — M. de Barassy. — Départ pour Cheverny. — Séjour à Orléans. — Le château de Cheverny. — Visite d'Olavidès. — Une salle de spectacle improvisée. — La légende de Henri Hurault. — Les voisins : M. Boësnier-Delorme; les Mahi; le comte de Gaucourt; Marigny; M. de Saumery; les comtes de Maillé; Péan; le comte Hurault de Saint-Denis; M. Leray de Chaumont; Mgr de Termont; M. de Rancogne. — Retour à Paris. — M. de Salaberry épouse madame de Pomereu. — Vente de Saint-Leu. — M. Le Gendre de Villemorien et le tombeau de M. Van Eyck. — Le chevalier de Boufflers à Cheverny. — M. de Préninville et le château de Magnanville. — Visite à Onzain. — Un fils de famille à Bicêtre; une maison de correction à Paris. — Mariage de Sedaine.

Au bout de treize ans de services d'introducteur, j'allais donc prendre un autre genre de vie. Je n'avais que trente-trois ans, ma femme en avait vingt-huit; il fallait que je comptasse sur sa grande affection pour l'éloigner ainsi de la vie attachante que nous menions depuis notre mariage.

Ma fortune, comme je l'ai dit, était intéressée à ce changement de choses; j'avais fait part à ma femme du plan de M. Verdun, elle l'avait adopté; il me plaisait, cela lui suffisait. Elle sacrifiait une maison avec une vue délicieuse pour venir en Sologne dans un château, superbe à la vérité, mais dont tous les dedans étaient à créer. Rien ne l'arrêta; elle ne voyait que le bonheur de celui qu'elle aimait.

Notre société s'était augmentée de M. de Salaberry; il est doux à mon cœur de m'étendre sur lui. Charles-Victoire de Salaberry avait dix-huit mois de moins que moi. Fils de M. de Salaberry [1], président de la Chambre des comptes, neveu de M. l'abbé de Salaberry [2] qui a joué un grand rôle dans le Parlement et à la cour, il était né dans la rue Sainte-Anne et moi dans la rue Neuve-des-Petits-Champs; nous avions été élevés ensemble, comme je l'ai raconté, jusqu'à l'âge où l'on nous mit au collège, lui à Louis-le-Grand et moi à Harcourt. Nous nous étions perdus de vue, lorsque nous retrouvant dans la société de M. de Préninville, nous ne tardâmes pas à relier notre intimité.

Le président de Salaberry avait la figure et le corps calqués sur Henri IV, et il était un modèle parfait de ce prince, au moral comme au physique. Bien fait dans sa moyenne taille, plein de grâce, il avait dans les yeux un feu qui intéressait toutes les femmes, même avant qu'il parlât, avec une imagination et une vivacité qui étonnaient, et une gaieté dans les idées dont il semblait ne pas se douter. Aimant les femmes par-dessus tout, loyal et probe dans toutes les actions de sa vie, mais inconstant par nature, il savait plaire, jouir et courir à une autre, avec une adresse et une grâce merveilleuses; il aurait ennobli le libertinage.

Ne se donnant pas la peine de lire à cause de sa vivacité, parlant facilement et beaucoup, il saisissait une idée, quelque abstraite qu'elle fût, et l'abandonnait avec la même violence, soit par satiété, soit pour avoir le plaisir de soutenir le contraire. Distrait, mais d'une façon aimable, il répondait une demi-heure après à une question qu'il semblait ne pas avoir entendue. Bien dirigé, il eût été capable de grandes choses; mais son grand malheur était de mettre sa confiance

---

[1] Charles-François Irumberry de Salaberry, chevalier, seigneur de Mareuil, conseiller au grand conseil en 1717, président à la Chambre des comptes en 1719, mort en 1750.

[2] Louis-Charles-Vincent, frère du précédent, conseiller clerc à la 5e chambre des enquêtes en 1720, à la grand'chambre en 1736, conseiller d'État, mort en 1761. (*Gazette* du 17 janvier.)

plutôt dans un nouveau venu que dans un ancien ami.

Le président, son père, d'une figure superbe, avait six pieds deux pouces. Une loupe, venue sur sa tête et qui augmentait tous les jours, lui étant devenue insupportable par son énormité, quoiqu'il fût d'un âge où l'on ne doit plus avoir de prétention, il voulut se la faire extirper, et mourut six mois après; de sorte qu'à quinze ans Salaberry se trouva seul avec une excellente mère, mademoiselle Ogier [1], sœur de M. Ogier, ambassadeur en Danemark. L'abbé s'était servi de son crédit pour faire avoir au fils la place du père; ainsi il s'était trouvé président en fonction au sortir du collége.

Dès qu'il fut dans la même société que moi, il me montra autant de confiance que si nous ne nous étions jamais quittés. Je ne tardai pas à voir son âme à découvert; il était la vérité même, et j'appris par lui qu'il était traité à merveille par plusieurs femmes dont je ne me serais pas douté. Il n'en tirait aucune vanité, mais il s'y livrait avec passion et menait plusieurs intrigues avec une adresse merveilleuse, malgré ses distractions.

J'en rapporterai quelques-unes ici. Un jour, en hiver, il rentre chez lui à quatre heures et demie du soir; il ne trouve pas son valet de chambre qui croyait que, selon son habitude, il ne rentrerait que pour se coucher, et avait en conséquence préparé tout ce qui lui était nécessaire. Le président se croit à deux heures du matin; il se déshabille, se met au lit et s'endort. Le valet de chambre rentre à neuf heures, et le réveille du meilleur somme possible. « Est-ce que mon-« sieur est malade? » On s'explique; bref, mon homme qui était engagé à une fête se rhabille en poste, et court vite à un souper où il était attendu depuis deux heures.

Je l'ai vu plusieurs fois, dans le jour, prendre sur la che-

---

[1] Marguerite-Herminie Ogier (1707-1773), mariée en 1728 au président de Salaberry; elle était fille de Pierre-François Ogier, seigneur d'Hénonville, Berville, Orly, Ivry-le-Temple, etc., trésorier général du clergé et grand audiencier de France, et de Marie-Thérèse Berger. Elle était la sœur cadette du président Jean-François Ogier, dont il a été déjà question.

minée une bougie non allumée, et faire comme en pleine nuit ; il s'éclairait d'une main, tandis que de l'autre il se mettait de la poudre devant un miroir. Mais s'agissait-il d'affaires, fallait-il jouer un jeu de conséquence, alors il rassemblait toutes ses idées, et les distractions étaient nulles.

Mon ami M. de Chailly, capitaine de dragons, avait été tellement fatigué à la descente des Anglais à Saint-Cast [1] qu'il était revenu malade. Fort et vigoureux, il s'était négligé, et on lui supposait des obstructions à la rate. Il semblait alors avoir concentré sur moi tout son attachement, et il m'écrivait que, obligé de quitter le service, vu sa mauvaise santé, il voulait s'arranger pour passer le reste de ses jours avec nous. Toute sa correspondance roulait sur cet objet.

Ma belle-sœur, madame de Pomereu, devenue veuve et encore jeune, sentait tout le poids de l'isolement. Elle avait, outre sa dot, son préciput et ses reprises, un douaire de vingt mille écus. Le président de Salaberry n'était riche que de sa place. Je lui fis l'ouverture de ce mariage ; il la saisit avec empressement, et nous nous réunimes pour le faire réussir. Nous mîmes M. de Cypierre dans notre confidence. Il fut convenu que je présenterais Salaberry chez les grands parents, que la veuve viendrait à Cheverny dès le mois de juin, un mois après mon arrivée, qu'il s'y trouverait, et qu'il ferait le reste. Il entendait à demi-mot et agissait très-adroitement ; ainsi nous regardâmes d'avance ce mariage comme fait, et nous nous en félicitâmes, comme d'une chose convenable sous tous les rapports.

Tous nos amis se faisaient une fête de venir juger de ma nouvelle acquisition ; nous nous étions arrangés pour partir le 1er avril, et ils se donnèrent rendez-vous pour venir nous visiter.

M. de Barassy avait voulu se rapprocher de nous, et il

---

[1] En septembre 1758. Les Anglais, après avoir pris Cherbourg et pillé Saint-Servan, avaient débarqué 12 ou 13,000 hommes près de Saint-Malo. Le duc d'Aiguillon, rassemblant des troupes à la hâte, les attaqua et les défit, au moment où ils se rembarquaient à l'anse de Saint-Cast.

avait acheté dans la rue Feydeau une maison à vie ; elle était charmante, et son train de maison était à l'avenant. Il avait six chevaux de carrosse, un cocher, un postillon, un valet d'écurie, deux chevaux de selle, un cuisinier, un laveur, un valet de chambre, une gouvernante et deux laquais. Il donnait l'hiver de jolis soupers. Il renonçait à tout cela pour venir passer à Cheverny tout le temps que nous y serions.

Lors de l'acquisition de Cheverny, il avait été question de liquider les droits ; ils étaient énormes. Cette terre, outre ce qui était dû aux seigneurs voisins, relevait en suzeraineté de la tour du Louvre, et les droits étaient taxés au bas mot à quarante mille écus. On me parla de la charge de chevalier d'honneur de la Chambre des comptes d'Orléans. Un M. de Vigneux [1] qui la possédait me l'offrait pour douze mille livres. Avec cette place, je ne devais plus de droits. Il fallait connaitre le receveur des domaines et bois ; M. de Cypierre s'en chargea. C'était un M. Rousseau [2], jeune, aimable, qui mit tant de grâce à m'obliger qu'il est resté intimement lié avec moi jusqu'à sa mort. Il me prouva qu'avec cette charge j'éteindrais bien pour une soixantaine de mille livres de droits, mais que le reste serait à payer ; qu'au contraire, si je le laissais faire, il se chargeait vis-à-vis des domaines, réunis alors à la ferme générale, de m'obtenir pour 25,000 livres l'ensaisinement franc et quitte de mon contrat. Je le pris au mot, et, avant mon départ, j'eus mon contrat d'acquisition totalement franc et quitte de cette partie.

J'avais acheté tous les meubles de ma nouvelle acquisition ; voulant me défaire de Saint-Leu, j'en enlevai tous les meubles et les matelas, n'y laissant que le strict nécessaire, et, en un mois, Cheverny se trouva comblé de caisses de Paris, dans

[1] Emmanuel-Joseph Vigneux, capitaine au régiment royal infanterie, chevalier d'honneur de la Chambre des comptes de Blois (et non d'Orléans) depuis 1745. (*État de la France de* 1749.)

[2] Pierre Rousseau, qui avait succédé à M. Mahi de Cormeré. Il devint en 1784 receveur des domaines et octrois de la ville de Paris. Il fut aussi un des administrateurs généraux des domaines.

lesquelles étaient plus de 6,000 volumes, formant un commencement de bibliothèque.

J'avais laissé à M. de Verdun ma procuration pour vendre Saint-Leu, et, rien ne m'arrêtant plus, nous partîmes le 3 avril 1765 pour Cheverny. Nous allâmes coucher à l'intendance d'Orléans ; M. et madame de Cypierre nous y attendaient avec la baronne de Lieuray [1], leur amie, fille de M. Mazières, fermier général. M. de Cypierre avait acheté à madame de Pompadour, de son vivant, la terre d'Auvilliers [2], près Artenay, qu'elle avait acquise pour en faire sa couchée en allant à Ménars. Nous fûmes obligés de donner huit jours à leur amitié.

M. de Cypierre avait pour secrétaire particulier un homme plein d'esprit, depuis receveur des tailles à Montargis, et qui a péri à la Révolution, M. de Varennes. Il nous fit la surprise d'une fête superbe. La salle de bal était décorée en papier marbré, doré, et de toutes les couleurs, formant des guirlandes, des trophées, des colonnes, et éclairée par des lanternes transparentes à la chinoise. Toute la meilleure compagnie d'Orléans y était invitée, et l'on joua deux pièces de circonstance, pour fêter notre arrivée dans le pays. Comblés de leurs amitiés, nous les quittâmes pour aller à Cheverny.

J'emmenais un jeune gouverneur que j'avais pris pour mon fils. Il était frère de M. Mathieu, maître de chapelle, jouait supérieurement du violon, chantait agréablement et était compositeur [3].

---

[1] N. de Mazières, mariée en 1755 à Jean-Baptiste, baron de Lieuray, écuyer de main de Madame Adélaïde, gentilhomme de la manche des Enfants de France, lequel mourut en 1772, âgé de cinquante et un ans. (*Gazette* du 30 mars.)

[2] Hameau de trente habitants et château dans la commune d'Artenay, sur la route de Paris à Orléans. Dans une estimation des biens meubles et immeubles de la marquise, dressée par elle peu de temps avant sa mort, on trouve l'article suivant; malgré la différence d'orthographe, il s'applique évidemment à cette terre, qui, d'après son prix, devait être fort peu considérable : « Achat d'Oville, à moitié chemin d'Orléans, 11,000 livres. » (*Madame de Pompadour*, par MM. DE GONCOURT, p. 401, note.) D'après M. Leroi (*Curiosités historiques*, p. 219), la marquise n'y alla qu'une seule fois.

[3] Michel-Julien Mathieu, connu sous le nom de Mathieu de Lépidor, né

Cheverny était abandonné à un régisseur, depuis cinq ans que le comte et la comtesse d'Harcourt résidaient à Genève, et l'on avait mis tout à profit. L'avant-cour, dont les murs étaient à ras de terre, était en blé jusqu'aux marches de l'escalier. Les pavés immenses étaient enterrés et semés. Les croisées du château étaient toutes en vitrages à losanges; il est vrai que j'avais acheté toutes les croisées faites et peintes, mais placées dans les magasins.

Le grand château, composé de cinq pavillons, dont deux en dômes, n'avait en totalité que cinq chambres habitables. Le reste était des couloirs dans des greniers immenses. Tout était dans un abandon déplorable, et mes gens, arrivés avant moi, jetaient les hauts cris d'avoir abandonné le séjour le plus agréable, pour venir s'enterrer dans une maison où tout paraissait à faire. Un salon charmant, que madame d'Harcourt avait fait arranger pour en faire sa chambre à coucher, pouvait seul adoucir à ma femme le changement de situation.

La curiosité de voir ma nouvelle habitation ne tarda pas à amener mes amis. Pour moi, j'étais dans un vrai chaos. Il fallait me débrouiller en dedans et en dehors, et mettre les noms sur toutes les personnes du pays avec lesquelles j'allais vivre; ce n'était pas chose aisée.

Mon ami Olavidès s'en retournait de Paris à Madrid avec sa nièce [1], depuis la comtesse d'Urbina, épouse du vice-roi de Valence. Son amitié, et la commodité de nous trouver sur sa route directe, le firent arriver dans la huitaine. Je les logeai comme je pus, et ils nous quittèrent vingt-quatre heures après, sans que je pusse leur faire des instances pour rester, vu mon embarras qui n'était pas médiocre.

---

en 1740, appartenait à une famille d'artistes. Son père, Michel, avait fait partie de la musique du Roi. Sa mère chantait les solos dans les concerts de la Reine; son frère aîné, Julien-Amable, fut d'abord premier violon, puis maître de musique à la chapelle du Roi, et a publié des sonates, des trios et des quatuors. Mathieu de Lépidor a aussi beaucoup composé, et a publié, en 1765 et 1766, des recueils d'airs et de chansons.

[1] La nièce de sa femme.

Ma belle-sœur, madame de Pomereu, allait arriver. M. de Salaberry l'était déjà ; M. et madame de Cypierre et leur secrétaire, ainsi que deux ou trois autres personnes, nous venaient d'Orléans ; M. et madame de Préninville, leur fils et le fameux Pechmeja[1], le gouverneur du fils ; M. Dupleix de Pernan[2] et beaucoup d'autres arrivaient dans le mois de juin. Je commençai d'abord à créer des chambres provisoires. J'en fis une vingtaine à deux lits. Les couchers et les meubles étaient en abondance. M. Rousseau, receveur des domaines et bois, avec qui je venais de faire connaissance, vint s'établir à demeure. Jelyotte, allant en Bigorre, voulut passer l'été avec nous. Enfin, désirant rendre la fête qu'on m'avait donnée à Auvilliers, nous fîmes nous-mêmes en six semaines, avec un seul peintre, une salle de spectacle délicieuse dans le corps de bâtiment à droite. C'était alors l'amusement de tous les châteaux. Il y avait des amateurs très-forts dans la province, je fis les frais de politesse, et ils s'empressèrent de me former un orchestre capable de jouer les opéras-comiques les plus à la mode.

Ce voyage fut donc extrêmement brillant, et tous mes amis prolongèrent leur séjour. Mon ami Salaberry réussit à déterminer ma belle-sœur, et ces dames y travaillèrent si bien, qu'il fut décidé que le mariage se terminerait dans l'hiver suivant.

Cependant, suivant mon plan, je voulais rendre Cheverny le plus habitable et le plus agréable possible. M. de Cypierre m'avait amené son architecte, qui m'assurait qu'il ferait tout pour 30,000 livres, tandis qu'il disait à d'autres qu'il m'en couterait 100,000 écus ; mais je me sentais assez fort pour me passer de lui. Je commençai par finir le pont de l'entrée, déblayer la cour d'honneur et faire découvrir le pavé ; je sup-

---

[1] Jean Pechmeja (1741-1785), homme de lettres, grand ami de l'abbé Raynal.
[2] Marc-Antoine-Charles Dupleix de Pernan, écuyer, seigneur de Mézy, maréchal de camp et chevalier de Saint-Louis. C'était le frère de Dupleix de Bacquencourt, dont il a été question.

primai les croisées à losanges, je fis mettre les neuves en place, et je fis vitrer le tout.

La terre, à la fin du siècle dernier, était sortie de la famille Hurault, à laquelle elle revint ensuite. Elle avait été possédée par un homme de fortune, saisie et en décret pendant quinze ans ; les traces en subsistaient encore. J'ai fait, comme mes prédécesseurs, tout ce que j'ai pu pour les faire disparaitre.

Puisque je parle de la famille Hurault, il faut que je rapporte ce qui me fut conté en arrivant à Cheverny, et dont le commissaire à terrier a trouvé quelques traces dans le dépouillement du chartrier.

Cette terre, formée de différents fiefs très-honorifiques et de châteaux, possédée par des familles connues, et qui avait appartenu à la belle Gabrielle d'Estrées [1], était bâtie paroisse de Cour, sur le bord de l'eau. Le colombier existait encore de mon temps, et c'est moi qui l'ai fait détruire. Les caves du château subsistent en partie, et les fossés, jadis pleins d'eau, sont encore visibles. Launay, la Bretache, la Rousselière, la Taille-du-Fort, toutes fermes existant dans la terre, ont des traces de fossés carrés, qui prouvent que ce pays-ci était peuplé de châteaux. La famille Musset [2] possédait la Rousselière, et je lui ai fourni ses titres.

Le chancelier Hurault [3], comme le disent les mémoires imprimés de Cheverny, mourut à Cour. Son fils [4], capitaine

---

[1] C'est une erreur. Il s'agit de Diane de Poitiers. M. Storelli cite un acte de 1564, par lequel elle cède ses droits sur Cheverny. (*Notice historique sur les châteaux du Moulin et de Cheverny*. 1883, in-4°, p. 12.)

[2] Famille du Vendômois d'où descendait Alfred de Musset. Il appartenait à la branche de Pathay, qui tirait son nom d'une terre entrée dans la famille à la fin du dix-septième siècle.

[3] Philippe Hurault (1528-1599), comte de Cheverny, chancelier et garde des sceaux de France : c'est en sa faveur que Cheverny fut érigé en comté. La terre était dans sa famille depuis deux générations. Il a laissé des Mémoires continués par son fils, l'abbé de Pont-le-Voy.

[4] Henri Hurault, comte de Cheverny, fils du précédent, capitaine de cent hommes d'armes, gouverneur de Chartres et du pays chartrain, chevalier des ordres du Roi. Mademoiselle de Thou était non pas sa femme, mais sa mère, femme du chancelier. Quant à lui, il avait épousé en premières noces, en 1588,

de cent hommes d'armes, chevalier des ordres du Roi, était, dit-on, un des courtisans les plus assidus de Henri III, Henri IV et Louis XIII. Il avait épousé une de Thou. Obligé de suivre son maître dans un temps de guerre civile, il avait consigné sa femme dans le château de Cheverny, situé alors à Cour, et qui était plutôt une forteresse qu'une maison d'agrément; il lui avait donné un train convenable à son rang, des pages, des officiers, etc.

Un jour, le Roi[1] en plaisantant mit deux doigts de sa main en cornes sur sa tête. Tous les courtisans riaient; malheureusement un petit miroir (car on n'avait alors que cela) fit apercevoir au comte qu'il était le but de cette plaisanterie. Il ne dit mot, sort, monte à cheval, arrive chez lui à cinq heures du matin, et se fait ouvrir les portes. Cela ne put se faire si secrètement que sa femme n'en eût nouvelle, et l'histoire dit qu'un page n'eut que le temps de sauter par la fenêtre; il se cassa la jambe, et le comte l'acheva. Il envoie alors chercher le curé, se fait accompagner par lui, et entre chez sa femme, tenant un gobelet plein d'une main, son épée de l'autre. Il l'avertit qu'il reviendra dans une heure et lui donne le choix. Le curé exécute son triste ministère. Le mari revient, et la femme, choisissant le poison, expire. Tout ceci fut l'affaire de la matinée, et il se trouva au coucher du Roi. Cet événement fit du bruit dans le pays. Le Roi le sut; il se regarda comme coupable d'avoir allumé par sa plaisanterie cette jalouse frénésie, et il exila Hurault chez lui.

Hurault avait pour bailli un nommé Gaillard, avocat, dont la fille lui plut. Belle et femme d'esprit, elle ne céda que pour l'épouser[2]. Elle lui apporta une closerie sise à Madon, qui s'appelle Gâte-Argent par son peu de rapport, et que je possède encore.

Françoise Chabot, fille du grand écuyer de France. D'après le Père Anselme, elle mourut de mort violente en 1602.

[1] Ce serait Henri IV, d'après la date de la mort de madame de Cheverny.
[2] Henri Hurault épousa en secondes noces Marie Gaillard, fille de Galerand Gaillard, seigneur de la Morinière, et de Marguerite de Nambu.

Au bout de trois ans d'exil, Hurault fut rappelé. Alors, rougissant de son second mariage, il partit, laissant sa femme dans sa terre et lui abandonnant le revenu. Cette femme avait un grand caractère; elle vécut avec économie, et, au bout de trois ans, elle se trouva en mesure de jeter les fondements des superbes caves de Cheverny, sur trente-six toises de long. Elle employa le plus habile architecte du temps, qui construisit les belles voûtes plates qui en font la principale beauté. Tout le premier étage fut construit en pierres de taille dures, relevées en bossage du meilleur goût. Cette superbe bâtisse était au rez-de-chaussée, et les larges fossés commencés, lorsqu'un courrier lui apprit que son mari, atteint d'une fièvre maligne, était à toute extrémité à Paris.

Elle n'hésite pas à voler à son secours. Il la reçoit comme devait le faire un homme de son caractère : « Vous avez bien « fait, madame, lui dit-il, de prendre le temps de ma fai- « blesse; sans cela je vous aurais tuée, pour oser enfreindre « mes ordres. »

Elle ne se démonta pas et lui prodigua ses soins avec intelligence. Enfin, après deux mois d'assiduité, ce carac- tère de tigre s'adoucit; il osa avouer son mariage. Sa femme fut reçue à la cour; son mérite effaça le préjugé des distances, et, triomphante, elle ramena son mari à Che- verny, sans lui dire à quoi elle avait employé les revenus de la terre.

Dès que Hurault eut vu le commencement d'un si beau plan, sa vanité fut flattée; il prodigua sa fortune pour le continuer et finit ses jours après sa femme dans ce même château, à soixante-treize ans. Leur sépulture était dans la chapelle seigneuriale, où ils étaient représentés à genoux l'un à côté de l'autre; ils étaient, à ce que j'en ai vu, tous les deux d'une grosseur excessive. Hurault avait fait rapporter les cendres de toute sa famille dans un caveau exprès.

Voici l'épitaphe en latin du chancelier Hurault, qui avait

été posée par son fils en 1636 dans l'église du bourg de Cheverny :

> FUNCTUS HONORATO SENIO PLENUSQUE DIERUM,
> EVOCOR AD SUPEROS; PIGNORA, QUID GEMITIS?
> REDDERE DEPOSITUM LEX EST. IDEOQUE PETENTI
> CORPUS HUMO, MANES RESTITUOQUE POLO.
> TOLLITE QUOD VESTRUM EST, INSIGNIA JURA PARENTIS.
> SCILICET ET TITULOS. PLUS SATIS URNA MIHI.

Et la traduction que j'y ai jointe :

> Comblé d'ans et d'honneurs, le ciel vers lui m'appelle.
> Quel peut être aujourd'hui le sujet de vos pleurs?
> A la loi d'un dépôt on doit être fidèle,
> A la terre je rends l'amas de ses vapeurs,
> Et mon âme au séjour dont on la fit descendre.
> Reprenez, mes enfants, ces titres, ces honneurs;
> C'est trop, même en ce jour, qu'une urne pour ma cendre !

Je conterai plus tard la barbarie avec laquelle les monuments et les cendres ont été traités.

Maintenant, je vais rendre compte de mes voisins. On dit que les bords de la Loire sont le jardin de la France; la beauté du climat influe généralement sur les habitants du pays. Le peuple y est doux, bon et intelligent. Dans presque toutes les relations de voyage, on voit des Blaisois, et il est très-rare d'en trouver qui se soient mal conduits. L'air dans la ville est singulièrement salubre, et en général la longévité y est plus grande que partout ailleurs; il n'est pas rare de voir sept ou huit vieillards de plus de quatre-vingts ans, et madame Pointeau, au moment où j'écris, vient de s'éteindre à cent sept ans.

Je vais commencer par mes plus proches voisins. M. Boësnier-Delorme[1], maître particulier des eaux et forêts, avait

---

[1] Paul Boësnier-Delorme. Ce personnage nouveau figurera souvent dans la suite des Mémoires, et j'aurai l'occasion de donner des indications sur ses ouvrages. D'après MM. Bergevin et Dupré (*Histoire de Blois*), sa famille était originaire de Hollande.

acheté à une lieue de chez moi, au milieu de la terre et relevant d'elle, une seigneurie et un château en pavillon où tout restait à faire, et en conséquence il l'avait eue à bon marché. Fils d'un commissionnaire en vins fort riche (cet état était fort considéré à Blois), il avait reçu la meilleure éducation. Il avait cinq pieds neuf pouces, une belle figure, une superbe basse taille, et il aurait pu tirer parti de tous ces avantages, si son esprit, avide de s'occuper, ne l'avait pas totalement tourné à l'agriculture. Élevé par Diderot et ami de d'Alembert, il faisait de temps en temps des voyages à Paris, et passait sa vie chez le baron d'Holbach avec tous les savants. Il parlait de tout fort bien, et lorsqu'il avait vaincu sa timidité naturelle, il montrait une éloquence fondée sur l'instruction et sur les meilleurs principes. Sa famille, originaire de Mer, et anciennement protestante, jouissait d'une considération réelle. Son frère aîné avait gardé l'état de son père, et s'était décoré d'une charge de secrétaire du Roi; il avait deux enfants, tous deux un peu musiciens, et qui alors pouvaient avoir dix ans de moins que moi; ils avaient reçu à Paris la meilleure éducation.

M. Delorme avait encore un autre frère plus jeune que lui; il s'appelait Boësnier de Bardi, et avait pris l'état de commissionnaire, que le frère aîné lui avait cédé en se revêtissant de la charge de secrétaire du Roi.

Leur père à tous avait laissé six enfants, dont trois filles. L'aînée [1] avait épousé M. Masson, commissaire de la marine. M. et madame Masson étaient morts tous les deux et avaient laissé deux enfants. La fille aînée avait épousé le fils du fameux Cassini [2], et était connue sous le nom de la marquise de

---

[1] Marie Boësnier, veuve en premières noces de Jean Babaud, s'était remariée en 1739 à Jacques Masson (1693-1741), natif de Genève, qui, après avoir fait fortune en Lorraine dans l'administration des finances, passa en France en 1731, abjura le protestantisme, et fut chargé de missions importantes concernant les finances et l'administration. La Chenaye, dans un article plus que suspect d'ailleurs, le qualifie baron de Frasnay, seigneur de Guérigny, etc.

[2] Celui-là, par exception, n'était pas astronome. Dominique-Joseph de Cassini, seigneur de Thury, exempt aux gardes du corps en 1745, maréchal de

Cassini ; c'était une femme spirituelle et intrigante qui a joué un rôle.

Le fils a été depuis le fameux marquis de Pezay [1], du nom d'une terre située entre Blois et Ménars.

Une autre demoiselle Boësnier avait été mariée à M. Germon à Orléans ; elle était morte laissant quatre filles. Il restait encore une autre sœur extrêmement contrefaite, qui avait gardé le célibat. Cette demoiselle, aimable, du caractère le plus doux, pleine d'usage du monde, avait retiré chez elle sa nièce, mademoiselle Germon, dont la fortune était médiocre, jeune personne dont tout le pays a connu l'amabilité.

Ayant acheté une maison à Blois, rue des Carmélites, mademoiselle Boësnier avait joint sa fortune à celle de son frère Delorme ; ils passaient quatre mois à la ville et le reste de l'année au Guélaguette (c'était le nom de la terre), connu maintenant par une pièce de vers de leur neveu Pezay, dont le titre est : *Épître au solitaire du Guélaguette.*

Plus proche de chez moi, vivait un homme veuf, M. Begon, officier de marine, descendant en droite ligne des Begon, intendants de la marine, et qui s'était attiré beaucoup de considération [2].

A deux lieues de Cheverny, à Cormeré, était le baron de Cormeré, ruiné, sans considération, qui avait voulu sortir de sa sphère, et avait été assez heureux pour bien marier sa fille à Blois. Lui et sa femme vivaient des débris de leur ancienne fortune ; hauts dans leur adversité, ils sacrifiaient ce qui leur restait à l'éducation et à l'établissement de leurs en-

---

camp en 1767, figure en 1789 avec le titre de marquis sur le Catalogue des gentilshommes de l'Isle-de-France, bailliage de Clermont.

[1] Alfred-Frédéric-Jacques Masson, dit le marquis de Pezay (1741-1777), mousquetaire, professeur de tactique de Louis XVI, colonel à trente-deux ans, puis inspecteur général des côtes. Il a laissé de nombreux écrits en prose et en vers.

[2] Claude-Michel Begon, écuyer, sieur de la Sestière, capitaine de vaisseau. C'était le troisième fils de Michel Begon, intendant de la marine, et de Madeleine Druilon, et le frère cadet de Michel Begon, intendant du Canada, et de Scipion-Jérôme, évêque de Toul.

fants. Leurs quatre garçons, nés avec de l'esprit et de l'intelligence, faisaient espérer qu'ils rétabliraient l'ancienne fortune de leur famille. L'aîné était chef de bureau dans les fermes. Le second, appelé Chitenay [1], allait aux Indes. Le troisième s'appelait le marquis de Favras, était officier de cavalerie, et depuis a été un des premiers martyrs de la Révolution [2].

Le comte et la comtesse de Gaucourt [3] habitaient la terre de Beauregard, à moitié chemin de Cheverny à Blois. Mademoiselle de Fieubet, comtesse de Gaucourt, était ma parente par les Pelletier, et encore plus proche de ma femme par les Feydeau de Brou. Le comte de Gaucourt descendait en droite ligne des sires de Gaucourt, et l'un de ses ancêtres avait été gouverneur d'Orléans du temps de la Pucelle. Excellent homme à tous égards, c'était un vrai gentilhomme de campagne dans l'étendue du terme, quoiqu'il fût officier dans les chevau-légers et eût rang parmi les seigneurs de la cour.

M. le marquis de Marigny, millionnaire de la fortune de sa femme, intendant des bâtiments, possesseur de la terre de Ménars, dépensait son revenu en embellissements magnifiques, et en bonne chère avec les passants de Paris et de Versailles, et quelques courtisans qu'il s'était faits à Blois. Nous nous étions vus à Versailles, ayant des droits réciproques à terminer; car l'île de Collier, vis-à-vis Ménars, sur la Loire, relevait de Cheverny, et le fief de Launay, appartenant à Cheverny, relevait de Ménars. Marigny m'avait attaqué dans le cabinet, comme si nous nous étions toujours vus amicalement, et il avait fini par me dire : « J'espère que

---

[1] Je ne sais lequel de ces deux frères acquit plus tard une certaine notoriété comme publiciste, sous le nom de Mahi de Corméré. On trouve plusieurs fois son nom dans le *Livre rouge*. Gouverneur Morris en parle dans une lettre adressée à Washington en 1791. (*Mémorial*, traduction GANDAIS, t. II, p. 91.) Voir aussi Quérard.

[2] Il en sera parlé plus tard.

[3] Mathias-Raoul, comte de Gaucourt, marié en 1752 à Catherine-Henriette de Fieubet, fille de Armand-Pierre et de Henriette Feydeau.

« quand nous serons dans le pays, nous boirons ensemble. »
Quoique sans contredit il eût de l'esprit, il affectait un ton bourgeois, qui faisait qu'on ne pouvait oublier d'où il venait.

Sa sœur était morte en janvier, et moi j'avais acheté ma terre de son vivant, puisque je l'avais du 1ᵉʳ octobre. Il est d'usage, quand on arrive dans une terre, d'aller voir le premier tous les voisins. Comme je me souciais peu de renouer avec cet homme qui m'était antipathique, j'allai partout, sauf chez lui, me fondant sur ce qu'il était possesseur depuis moi.

Le comte de Gaucourt, qui, après les premières visites, nous voyait souvent, se chargea d'être l'intermédiaire. Il vint le dimanche m'inviter à aller dîner à Ménars de la part de Marigny. Je me contentai de dire que je ne pouvais m'y rendre le jour dit, parce que tous mes chevaux étaient pris, de sorte que nous restâmes plus éloignés que jamais.

Le vieux marquis de Saumery, gouverneur de Chambord, habitait la terre de Saumery. Cette famille du Béarn était venue à la cour avec Henri IV, et depuis ce temps avait eu la confiance des rois ses successeurs. Une anecdote sur leur naissance, qui courait dans le pays, illustrait leur origine. Venus avec Henri IV, ils se fixèrent à Blois et à Chambord. On ne tarda pas à vouloir leur faire payer le droit de franc-fief, pour l'acquisition de la terre de Saumery dont ils portaient alors le nom, car leur véritable nom est la Carre. Ils n'avaient aucun titre, ils étaient transplantés; sur leur réclamation, on consulta le Roi lui-même, qui prit dans l'instant une carte à jouer et écrivit avec un crayon :

> La Carre de Saumery
> Est noble comme Henry.

Cette anecdote et la carte qu'ils doivent avoir conservée leur valaient tous les titres possibles[1]. Ils en avaient profité en gens probes.

---

[1] La Chenaye cite les lettres patentes délivrées en 1598 par ordre du Roi

Le marquis de Saumery[1] avait été dans l'ordre de Malte; il vivait grandement et comme un patriarche à Saumery. C'était la maison des pauvres, et il était aimé et estimé dans toute la province. Il avait un neveu du même nom[2], marié à mademoiselle de Menou, sœur de madame la marquise d'Amou, femme du gouverneur de Bayonne que je connaissais[3], et tous les parents de sa femme étaient dans l'Anjou.

La terre de Villesavin était habitée par M. Adine de Villesavin[4], fils du financier qui avait été taxé par la chambre ardente sous la Régence. C'était un fort galant homme. Officier retiré avec la croix de Saint-Louis, il était resté veuf, avec une fille et un garçon. Il était frère aîné utérin de M. le marquis de Saumery, sa mère ayant épousé dans l'année de son veuvage le père de M. de Saumery[5].

M. le marquis de Diziers[6], homme de qualité, descendant de la fameuse madame Guyon[7], habitait la terre de Diziers près Saumery; homme d'esprit, sa santé l'avait

à Arnaud de Johanne de La Carre, établi dans le Blaisois sous le règne de Henri III, et qui reconnaissaient son ancienne extraction.

[1] Jacques, marquis de Saumery, gouverneur de Chambord, qui mourut à Saumery le 15 août 1767. Son neveu lui succéda. (*Gazette de France* du 8 mai 1767.)

[2] Louis-Georges de Johanne de la Carre, marquis de Saumery-Piffons, gouverneur et grand bailli de Blois et gouverneur de Chambord, marié en 1756 à Henriette-Françoise de Menou; il mourut en 1783, âgé de cinquante-neuf ans. Son père, mentionné plus loin, se nommait Louis-Georges, comme lui.

[3] Voir chapitre VIII. Elle mourut à Bayonne le 15 avril 1767. (*Gazette de France* du 27 avril.)

[4] Le contemporain de l'auteur était Louis-François-Joseph de Villesavin, seigneur de Tourmont, la Ravinière, etc., qui avait épousé Louise-Élisabeth Portier de la Rubelle. (CHASTELLUX et D'HOZIER, IIIe registre.) Le financier, son père, s'appelait Louis-René. Il fut directeur de la Compagnie des Indes, et mourut en 1721, âgé de trente-sept à trente-huit ans. On trouve sur lui des détails élogieux dans la *Vie privée de Louis XV*, t. 1, p. 200 et 201.

[5] Marie-Marguerite de la Loëre, veuve de Louis-René Adine, épousa en secondes noces, en 1730, Louis-Georges de Johanne de la Carre de Piffons, et elle en eut Louis-Georges, dont il est question plus haut. (D'HOZIER : *La Loëre*.)

[6] Éléonore-Cécile Guyon de Diziers, ancien lieutenant de vaisseau (1730-1809), avait épousé mademoiselle Lemaire de Montlivaut, qui lui apporta la terre de ce nom.

[7] On trouvera plus loin des détails sur madame Guyon et sur la famille.

obligé de quitter la marine, où, avec des connaissances acquises, il aurait fait fortune. Cette famille était fixée dans le Blaisois, et son frère Guyon, marquis de Guercheville [1], habitait sa terre du côté de Ménars. Tout auprès, vivait M. le comte Hurault de Saint-Denis [2], descendant en droite ligne de la branche aînée des Hurault. Cette famille illustre était regardée comme la première de la province.

Sur ma terre, sur laquelle j'avais la haute justice, était située celle de Roujoux [3], habitée par les comtes de Maillé, cousins de mon ami le comte de Maillé, depuis duc [4]. Cette famille très-ancienne, alliée au prince de Condé, vivait noblement. Ils étaient trois frères [5] sans enfants, et une fille. L'aîné demeurait à Roujoux; le marquis, ancien marin, habitait auprès de Saumery, et le chevalier de Maillé, chambellan de je ne sais où, vivait à Blois, modestement mais honorablement.

La terre de Onzain était habitée par le fameux Péan, cousin de M. Ménard, impliqué dans l'affaire du Canada [6]. A sa sortie de la Bastille et après sa condamnation pécuniaire, il s'était retiré dans cette terre, où il faisait beaucoup de dépenses, tandis que sa femme était à Blois, et, pleine de

---

[1] Jacques-Madeleine Guyon de Guercheville (1728-1803), ancien capitaine de dragons.
[2] David-Nicolas Hurault, seigneur de Saint-Denis, qui avait épousé Anne-Jeanne de la Bonninière-de-Beaumont-la-Ronce. La branche des seigneurs de Cheverny était une branche cadette détachée au commencement du quinzième siècle.
[3] On écrit maintenant Rougeou.
[4] Charles-René de Maillé de La Tour-Landry, lieutenant général, duc de Maillé en 1784.
[5] Il y avait même quatre frères, dont un sans doute était mort, quand M. Dufort vint dans le pays. C'étaient : 1° Louis, marquis de Maillé-Brézé, comte de Roujoux; 2° François-Alexis, comte de Maillé-Brézé et de Roujoux, colonel d'infanterie, chambellan de l'électeur de Cologne, qui se maria trois fois et eut des enfants de sa dernière femme; 3° René, comte de Maillé-Brézé, lieutenant de Roi du château d'Amboise; 4° Joseph-Ange, comte de Maillé-Brézé, capitaine de vaisseau.
[6] Michel-Jean-Hugues de Péan, chevalier, seigneur de Rostaing, Bury, Onzain, etc., ancien major général de Québec, mort en 1782. On trouvera un peu plus loin des détails sur son procès.

charité, soutenait toutes les familles canadiennes qui les avaient suivis en France.

La terre de Chaumont était habitée par M. Le Ray, grand maître des eaux et forêts, venu de Nantes [1]. Se mêlant de toutes les entreprises de commerce possible, il était alors lié d'intérêts avec M. Rousseau, pour des spéculations où ils avaient associé quelques particuliers intelligents de Blois, entre autres M. Lerasle.

M. de Termont [2], évêque de Blois, vivait surtout à Paris, chez le marquis de Béringhen, premier écuyer. C'était un homme de plaisir, mais décent, et à tous égards excellent prélat dans sa place. Bienfaiteur continuel de sa famille, il en était entouré pendant son séjour à Blois, et passait une partie de son été dans sa terre de Madon, où j'avais une closerie. Je le connaissais beaucoup de Paris, et il n'avait pas été des derniers à me féciliter du voisinage, lorsque je lui avais fait part de l'acquisition de Cheverny.

M. le comte d'Harcourt, qui avait possédé Cheverny avant moi, était le meilleur homme possible, et se laissait gouverner par sa femme, mademoiselle des Martrais ; il allait voir les pauvres, et, accompagné d'un garde, passait sa journée à visiter ses possessions, un grand bâton à la main. Cette terre avait appartenu à ce qui s'appelait des grands seigneurs, décorés de la lieutenance générale. Chaque fois qu'ils arrivaient sur leurs terres pour la première fois de l'année, la maréchaussée se trouvait aux limites et les accompagnait jusque chez eux. Deux gardes et le lieutenant des

---

[1] Il fut grand maître des eaux et forêts de Bourges, Berry et Blois, de 1754 à 1763, et devint en 1770 intendant de l'hôtel des Invalides. En 1777, il mit gratuitement à la disposition de Franklin et des commissaires américains une maison dépendant de sa magnifique habitation d'Auteuil. Grand ami de l'Amérique, il rendit aux commissaires tous les services possibles d'influence et d'argent, mais il éprouva beaucoup de difficultés à faire liquider ses créances, qui n'étaient pas encore réglées en 1790. J'ai eu l'occasion de parler ailleurs de lui et de son fils avec quelques détails. (Voy. *Saint-John de Crèvecœur*, Jouaust, 1883.)

[2] Charles-Gilbert de May de Termont, né en 1707, évêque de Blois de 1753 à 1776.

gardes de la lieutenance générale en faisaient autant. Il en était de même au départ. Je conservai cet usage qui n'était pas dû à la personne, mais à la place.

Dès qu'on apercevait le seigneur, toutes les cloches des villages qui lui appartenaient, comme Cour et Cheverny, étaient mises en grand branle, et sonnaient jusqu'à son arrivée. Je ne touchai point à cet honneur. Un autre usage féodal s'était conservé. Chaque vassal qui rencontrait son seigneur, même à la promenade, descendait de cheval ou de voiture et mettait chapeau bas. C'est un usage qui, dans les premières années du règne de Louis XV, était encore observé pour le Roi, et qui s'était conservé pour les seigneurs dans leurs domaines. La première chose que je fis fut de publier que j'invitais à ne me rendre aucun devoir pareil, lorsque je passerais, et que je rendrais simplement des révérences à ceux qui m'en feraient.

Madame de Harcourt, haute, fière, humoreuse, vexait ses fermiers, faisait mettre des paysans en prison pour rien, faisait tuer les chiens, voulait conserver son gibier avec grand soin dans un arrondissement de quinze lieues avec deux gardes, et en conséquence poursuivait avec toute rigueur les moindres délits de ce genre. Je voulus faire le contraire; je ne fis mettre personne en prison, et je défendis de faire payer arbitrairement des amendes. Je ne tardai pas à recueillir les fruits de pareils procédés, et je m'aperçus qu'on m'obéissait plus et qu'on me pillait moins, plutôt par crainte de me déplaire qu'autrement.

M. de Vezeaux de Rancogne [1], seigneur de la terre d'Herbault en Beauce, sortait des mousquetaires. Je ne tardai pas à le voir souvent; plein de talent et d'esprit, il fut un des fidèles de notre société de campagne.

M. Herry de Maupas [2], alors capitaine de dragons dans le

---

[1] Charles-François de Vezeaux, marquis de Rancougne, chevalier, seigneur d'Herbault.

[2] Bernard-Gabriel Herry de Maupas, chevalier, ancien major de dragons, lieutenant pour le Roi de la ville de Blois (1789).

régiment de Caraman, sujet de distinction à tous égards, augmenta aussi notre société. Tous étaient musiciens. Ainsi, dans l'année, nous nous formâmes une société très-gaie et très-aimable, sans avoir besoin des personnes de Paris. Dans ces premiers six mois, je me trouvai établi dans le pays, comme si j'y avais passé dix ans.

Cependant différentes affaires m'appelaient à Paris, entre autres la vente de Saint-Leu. Quelques regrets que j'eusse de m'en détacher, puisque j'y avais pour ainsi dire été élevé, cette terre faisait un vide dans ma fortune. D'ailleurs, M. le prince de Condé avait trouvé le secret de m'en dégoûter. Cet homme qui m'avait si bien traité, qui venait me chercher quand il me rencontrait chez le Roi, m'avait refusé impitoyablement une chose qui faisait tout l'agrément de Saint-Leu.

Cette terre consistait en un parc haut et en un parc bas, le haut de cent arpents, le bas de soixante-quatre, le tout entouré de murs; un chemin non usité les séparait. J'offris au conseil du prince d'entretenir le chemin qui passait au-dessous, à condition que l'on me mît en possession de l'autre; l'affaire allait passer au conseil, lorsqu'un avocat, qui avait dans ma terre un fief nommé la Charmette[1], remua ciel et terre. Ce que je croyais emporter de haute lutte, et par l'amitié du prince, fut refusé comme agrandissant trop une terre de moyenne et basse justice, et ce fut le prince de Condé lui-même qui se chargea de me l'annoncer. Il y mit tant de gaucherie, que l'impatience commençant à me prendre, je fus obligé de le quitter sans lui dire un mot; dès l'instant, je m'étais déterminé à vendre Saint-Leu et à suivre le plan de M. de Verdun.

Une autre raison de mon voyage était le mariage de ma belle-sœur, et par-dessus tout cela la grossesse de ma femme qui avançait vers son terme; c'était son troisième enfant vivant, sans compter cinq fausses couches qu'elle avait faites.

Nous partîmes donc à notre grand regret à la fin de no-

---

[1] Nommé Dupaquerot, d'après M. A. Rey, qui donne à ce sujet des détails inutiles à reproduire ici. (*Château de Leumont*, p. 86.)

vembre, et je laissai à Cheverny, comme régisseur et homme de confiance, le sieur Remière, que j'avais eu pour secrétaire, et dont je me trouvais n'avoir plus besoin.

M. de Barassy, revenu avec moi, était depuis quinze jours chez lui, seul et se disant malade. J'y cours, et après m'être fait ouvrir dix portes, je le trouve dans sa chambre à coucher, se plaignant de toutes sortes de maux imaginaires. Je le pousse, et il me fait enfin une confidence singulière : « Je « ne suis malade que de chagrin, me dit-il ; j'ai enfin compté « avec moi-même, et voilà mon état de situation : je n'ai « réellement à moi que 6,000 livres de rente, et je dois « 200,000 livres à mes enfants, dont j'ai la garde noble. »

« — Comment, mon ami, tu en es réduit là, et tu bâtis une « maison à vie ! Tu as six chevaux de carrosse, enfin l'état « d'un homme qui aurait au moins 60,000 livres de rente ! « Mais toutes les doléances et les réflexions n'y font rien ; il « faut couper dans le vif. M. de Paroy m'a rendu mon ap- « partement ; le président de Salaberry cherche une maison « pour s'établir. Il faut lui céder la tienne toute meublée ; je « prendrai un de tes gens, tu renverras un cocher et un la- « quais, tu garderas un postillon, et tu passeras ta vie avec « moi. Nous allons aller chez M. Rousseau ensemble, il a de « l'argent, il nous aidera à t'acquitter pour le moment. Tu « auras l'air de faire une honnêteté au président et à la fa- « mille de Salaberry ; et logé chez moi pour rien, à la ville et « à la campagne, tu vivras heureux en sauvant les appa- « rences. » Ce parti adopté, Barassy reprit sa santé, et nous attendîmes la conclusion du mariage de ma belle-sœur. Je fis alors l'arrangement de M. de Barassy qui leur convenait à tous.

Le mariage se fit [1] à l'hôtel de Gesvres, joignant la maison que M. Roslin avait achetée rue Neuve-Saint-Augustin, à côté de la maison habitée par M. de Nantouillet [2]. Tout se passa à merveille, M. de Barassy vint loger chez moi au fond

---

[1] En février 1766. Le contrat est du 22 janvier.
[2] Au numéro 24, d'après Lefeuve.

de la cour, et céda sa maison en entier au nouveau ménage ; tout cet arrangement eut l'air d'un sacrifice de mon ami, et le public ne se douta pas de la raison qui l'y forçait.

Madame Amelot accoucha cet hiver d'une fille, elle avait déjà un garçon, et ma femme accoucha de mon fils Courson [1].

J'appris à mon arrivée que M. de Crémilles [2], retiré de l'adjonction du ministère de la guerre, avait fait des démarches pour acheter Saint-Leu à vie, que quelques difficultés de gens d'affaires avaient empêché cette bonne opération. M. de Crémilles m'en parla lui-même, en me témoignant tous les regrets d'avoir acheté une autre terre, et de n'avoir pas traité directement avec moi.

Je reçus une lettre de M. le comte de la Marche, qui me faisait des propositions. Il m'avait admis autrefois à ses parties de chasse; l'hiver, il venait me prendre à ma porte, m'emmenait déjeuner à Pierrefitte et chasser après dans la forêt d'Enghien. J'avais donc toutes sortes de raisons pour lui rendre tout ce qui lui appartenait, mais l'affaire ne put se conclure.

Au printemps, nous fîmes un court voyage à Saint-Leu, pour enlever encore ce qui pouvait nous convenir. Un certain marchand de fers en gros se présenta pour l'acheter ; le marché fut bientôt fait. Il m'apporta une généalogie où il prétendait être parent de MM. Roslin ; comme cela ne me regardait pas, je le renvoyai à ses parents pour en décider. Il acheta le tout, traita avec moi très-loyalement, et quinze jours après acheta la charge de président à la cour des monnaies, de sorte qu'il vint me faire part qu'il s'appellerait désormais le président de Saint-Leu, au lieu du nom de Droin [3] qu'il avait porté jusque-là.

[1] Il y a une erreur d'un an. Jean-Pierre-Marie Dufort, chevalier de Courson, puis comte de Dufort, était né le 20 avril 1765. Il épousa en 1802 Charlotte-Louise-Marie Marcant, d'où Edmond-Jean-Charles, comte de Dufort (1803-1862), dernier représentant du nom, mort célibataire.

[2] Louis-Hyacinthe Boyer de Crémilles (1700-1768), lieutenant général, adjoint au ministère de la guerre depuis 1758. Il se retira à la mort du maréchal de Belle-Isle.

[3] Claude-Henri Droin, conseiller du Roi, président juge des traites foraines

Cette affaire terminée, je comptais partir pour Cheverny, mais je ne pus refuser à M. et madame de Préninville de les accompagner à la terre de Nogent près Provins, où M. de Boullongne, ancien contrôleur général, oncle de ma femme et veuf depuis deux ans, s'était retiré. Ma femme et moi nous allâmes donc y passer quinze jours, avec d'autant plus de plaisir que l'endroit était charmant et la société choisie. M. de Crémilles, dont j'ai parlé ci-dessus, y était.

Cependant M. de Préninville, las comme moi des environs de Paris, ayant quitté l'hôtel Caumont, se détermina à faire un second voyage à Cheverny, et à visiter Châteauneuf et quelques autres terres considérables; selon les convenances, il y aurait mis jusqu'à 1,500,000 livres, et il me témoignait toute confiance pour cette acquisition.

D'un autre côté, M. Le Gendre de Villemorien [1], fermier général et administrateur des postes, était devenu de ma grande connaissance par un service que je lui avais rendu. Sa femme désirait une maison sur le boulevard de la rue Poissonnière, bâtie par Ferrand, fermier général, frère aîné de mon ami La Borde, et qui avait beaucoup d'amitié pour moi. Elle me fit prier par La Borde, avec qui elle était intimement liée, d'acheter à quelque prix que ce fût. Cette maison était extrêmement longue et étroite, et on l'appelait à cause de cela le tombeau de M. Van Eyck, envoyé de l'électeur de Bavière, si grand et si maigre qu'il passait six pieds deux pouces. Sa taille et son long séjour en France faisaient qu'il était connu de tout Paris [2].

Je négociai en ménageant les intérêts de tous, et en deux

à Joinville. La vente est du 31 août 1765, d'après M. A. Rey. J'ai rétabli le nom, que Dufort écrit : Drouillin.

[1] Philippe-Charles Le Gendre de Villemorien, chevalier, seigneur de Villemorien et de Valençay, Varennes et Luçay, né en 1717, mort en 1789. Il appartenait à une ancienne famille noble, originaire du Lyonnais, et tout à fait étrangère à celle de madame Dufort.

[2] M. Van Eyck n'avait, du reste, avec cette maison qu'un rapport de conformation. Il habitait rue Saint-Antoine, à l'hôtel de Beauvais, qu'il finit par acheter, après l'avoir loué pendant quatorze ans. (LEFEUVE, t. V, p. 382.) Il y mourut en 1777. (DE LESCURE, Correspondance secrète, t. I, p. 106.)

jours la maison fut achetée pour 270,000 livres [1], prix très-fort pour ces temps-là, mais qui n'était rien en comparaison de la beauté et de la commodité de l'intérieur. Le mari et la femme étaient venus l'un et l'autre me remercier, et, comme leur état de maison était magnifique, je me trouvai bientôt lié avec eux, et j'y soupai une fois par semaine avec ce qu'on peut appeler la plus grande société de Paris. Il est certain que si un étranger, de quelque qualité qu'il fût, eût été présenté dans cette maison; qu'après une file de pièces superbes et magnifiquement éclairées, il fût arrivé dans le salon, où il aurait trouvé une jeune femme, pleine d'esprit et de grâces, faisant les honneurs à des hommes dont la moitié étaient des cordons bleus, il se serait cru au moins chez une princesse du sang.

Villemorien me fit demander par un tiers si je voulais revendre Cheverny; du premier mot, il m'en offrait 100,000 livres de profit; mais je repoussai toute proposition.

Cependant M. de Cypierre comblait la mesure des procédés avec moi. Il avait pour subdélégué à Blois un homme d'esprit, M. Bourdon, le meilleur subdélégué de toute la France. Remarquable par le style de sa correspondance, fin, adroit, capable d'être lui-même intendant, nullement intéressé, pieux et des plus honnêtes, il fut bientôt aussi lié avec moi que nous l'étions tous deux avec M. de Cypierre, et il voulut bien me donner connaissance des choses les plus intimes. Il avait des plans superbes pour son département, et n'avait d'autre ambition que de se maintenir afin de les exécuter. Ménageant M. de Marigny sans me choquer, tous les ans il séjournait près de six semaines avec sa femme à Cheverny; quelquefois il y faisait plusieurs voyages.

Si les temps fâcheux qui viennent de passer m'avaient permis de conserver mes correspondances, j'aurais pu montrer les services qu'il me faisait rendre dans la province, combien de faveurs il faisait obtenir, en me laissant par convention

[1] C'est le 15 janvier 1761 que M. de Villemorien acheta cet hôtel, qu'il céda en 1773 à madame de Selle. (*Documents particuliers.*)

l'honneur de les avoir sollicitées, et combien, grâce à lui, j'ai pu arrêter de démarches indiscrètes ou imprudentes, sans avoir l'air de m'en mêler.

La fille de M. de Barassy était élevée au couvent de la Madeleine de Traisnel, où madame de Cypierre et ses deux sœurs avaient été élevées. Par amitié pour M. de Barassy et la jeune personne, M. et madame de Cypierre cherchèrent pour elle un parti dans Orléans. M. Dounant de Chalville, fils du directeur des domaines d'Orléans qui venait de mourir, fut celui que l'on choisit. M. de Barassy donna 100,000 livres, sur les deux cents qu'il avait reçues en dot de sa femme, et l'affaire fut conclue à la satisfaction de tous [1]. Pour donner un titre au nouveau marié, M. de Champlost, premier valet de chambre du Roi, lui fit avoir une charge de gentilhomme ordinaire que possédait sa famille. Cette affaire fut terminée à mon passage à Orléans; la jeune personne était fort jolie, mais avait hérité du goût de sa mère pour les plaisirs.

M. et madame de Préninville et leur fils, Jelyotte, Pechmeja, madame de la Valette, mademoiselle de Martainville, l'évêque de Comminges, l'abbé de la Galaisière, évêque de Saint-Dié [2], M. et madame de Pernan firent tous des voyages à Cheverny; nous donnions perpétuellement des fêtes et des spectacles, et ces jours-là, tout mon bourg était rempli de gens qui voulaient les partager. Alors je faisais faire le service du château par les gardes du corps de la lieutenance générale, et cette représentation ne pouvait que faire honneur à la place que j'occupais et à l'amitié de M. de Cypierre.

Ce fut à peu près dans ces temps-là qu'un cavalier, vêtu en houssard et voyageant par monts et par vaux, découvrit le château. Il venait de Chanteloup et allait en Lorraine. On

---

[1] Marie-Élisabeth Barassy épousa Mathieu-Geneviève Dounant de Chalville, chevalier, gentilhomme ordinaire de la chambre du Roi, président au bureau des finances d'Orléans. (*Documents particuliers.*)

[2] Il y a ici un anachronisme. L'abbaye de Saint-Dié ne fut érigée en évêché qu'en 1777. Barthélemy-Louis-Martin de Chaumont de la Galaisière en fut le premier évêque.

vint me dire que cet étranger se promenait dans le parc; il était l'heure du dîner, je le fis inviter à voir le château. Nous nous connaissions de vue, sans nous être jamais parlé. C'était l'aimable, le charmant chevalier de Boufflers [1]. Non-seulement il dîna, mais il resta quatre ou cinq jours avec nous, et pendant quelques années il a été fidèle à nous venir visiter. C'est l'homme de France, après l'abbé Barthélemy, à qui j'ai trouvé le plus d'éloquence dans la conversation. Sans peine, sans efforts, le mot propre vient sur ses lèvres, les tournures les plus délicates sortent de son esprit. Paresseux, même pour s'instruire, il n'a pas l'esprit des autres; il devine quand il parcourt un livre, et il a le mérite que tout est à lui et sort de son fonds.

Cependant mon fils aîné prenait de l'âge, et j'avais été obligé de changer son gouverneur. Mathieu de Lépidor trouvait que ses talents étaient enfouis à Cheverny. Je profitai de l'ouverture qu'il me fit, pour lui laisser prendre un autre parti. Il s'attacha au duc de Lauzun et au chevalier de Luxembourg. Je pris un autre gouverneur, dont je fus encore plus mécontent. Alors je me décidai à mettre mon fils, avec celui de M. de Barassy, dans une pension près la grille de Chaillot, qui avait appartenu à la fameuse madame Paris, grande appareilleuse de filles [2]. Cette pension était remplie d'enfants de la première volée; il en coûtait fort cher, mais il était difficile de pouvoir donner chez soi une éducation plus complète, tant pour les talents que pour les sciences, et je suis actuellement convaincu que, quelque éducation que l'on puisse donner chez soi, elle ne vaut pas, pour limer le caractère, une éducation en commun.

M. de Préninville attendait avec impatience mon retour à Paris, pour me faire assister à la conclusion définitive du marché de la terre de Magnanville, près Mantes, qu'il acqué-

---

[1] Stanislas, abbé, puis chevalier, puis marquis de Boufflers (1737-1815), si connu par ses productions légères.
[2] Puis à une madame Parlier. (BARBIER, février 1752.)

rait de M. de Savalette de Magnanville [1], fils de feu M. de Savalette, qui avait été garde du trésor royal avec M. d'Harvelay.

Ce château, des plus magnifiques, avait en bas sept salons, plus beaux les uns que les autres, et au moins cinquante appartements, tous bien meublés. Ceux du grand château étaient composés d'une antichambre, une chambre à coucher, un salon, des cabinets, et tous les logements nécessaires pour les domestiques. Mon ami profitait de la folie de feu M. de Savalette qui, sans s'être totalement ruiné, avait dépensé sur la fin de ses jours plus de six millions, dans une profusion qui n'avait pas d'exemple.

Au commencement du printemps, nous partimes donc pour Magnanville avec toute la société, savoir : d'abord la famille; madame de la Valette ; M. de Lafrété, administrateur des postes, et sa femme [2]; le marquis et la marquise de Seignelay [3] (Béthune en son nom et notre cousine comme petite-fille de M. de Boullongne) ; le président de Salaberry et sa femme; madame de Cépoy, femme de l'officier aux gardes [4] (depuis madame de Castera), mère de la trop fameuse madame de Buffon; MM. Sanlot, tous deux à la tête des bureaux de la ferme générale [5]; le marquis de Chastellux ; la

---

[1] Charles-Pierre de Savalette de Magnanville, maitre des requêtes de 1738, intendant à Tours en 1745, donna sa démission en 1756, pour prendre la charge de garde du trésor royal, vacante par la mort de son père.

[2] Jean-Jacques Lafrété avait épousé Angélique-Michelle-Rosalie Jogues de Martainville, sœur de madame Chicoyneau de la Valette et de madame de Préninville.

[3] D'après Saint-Allais, c'est seulement en 1770 que Catherine-Pauline de Béthune épousa le comte de Colbert-Seignelay, colonel du régiment de Champagne.

[4] Élisabeth-Amarante Jogues de Martainville, femme de Guillaume-François Bouvier de la Motte, marquis de Cépoy, né en 1742, mort en 1774.

[5] Les deux frères, Sanlot l'ainé et Sanlot de Bospin, furent d'abord employés dans les bureaux de la ferme, puis fermiers généraux adjoints. Le dernier, E. R. A. Sanlot, dont il est souvent question dans la suite des Mémoires, figure aussi à l'*Almanach royal* comme administrateur général des domaines, droits domaniaux, etc. Le nom de Bospin lui venait, je crois, de sa femme. M. de la Hante (*Une famille de financiers*) parle en effet d'un M. Beaupain (*sic*), beau-frère de M. Sanlot. La *Biographie moderne* (Leipzig, 1806) et la *Bio-*

marquise de la Ferté-Sénecterre [1] et sa fille; Jelyotte et
Caillot [2], les premiers chanteurs de Paris et vivant dans la
société; M. de Boullongne [3], trésorier de l'extraordinaire des
guerres, sa femme et sa fille, depuis vicomtesse de Laval-
Montmorency; l'abbé Raynal; le jeune Boullongne, et Pechmeja, son gouverneur. On y comptait encore l'évêque de
Comminges [4] et quelques abbés. Il y avait donc la meilleure
compagnie de tous les états, et cette société était capable de
fournir à tous les amusements de la campagne. M. de Préninville voulait jouir de tout.

Au haut du pavillon du milieu du château, il existait, dans
le dôme, une pièce voûtée très-spacieuse, merveilleusement
disposée pour faire un théâtre. Le maître de la maison s'y
refusait, à cause de la dépense, mais toute la société avait
envie de se divertir, et l'on imagina une fête de surprise;
elle fut composée dans les vingt-quatre heures. C'était
M. de Préninville qui en était le premier personnage, et
comme on ne pouvait décemment lui proposer le rôle, je fus
chargé de le remplir. Il était plus grand que moi, il était
maigre et élancé, j'étais fort gros; j'avais mes deux yeux,
tandis qu'il avait un œil de verre. Tout cela ne nous arrêta
pas, et comme il avait une grande amitié pour moi, de
l'esprit et de la bonhomie, je ne trouvai aucun inconvénient
à cette folie.

Je parus donc avec sa robe de chambre et un bonnet de
nuit à coiffe blanche orné d'un beau ruban. Le bonnet me
couvrait l'œil que j'étais censé avoir perdu. Du reste, pour ne

graphie des contemporains lui ont consacré une notice; né vers 1730, il
mourut en 1811, conseiller maître à la Cour des comptes.

[1] Anne-Henriette de Rabodanges, mariée en 1740 à Philippe-Louis Thibaud
de la Carte, marquis de la Ferté-Sénecterre.

[2] Joseph Caillot, chanteur célèbre, dont il est souvent question dans les
Mémoires de ce temps. Né en 1732, il entra au Théâtre italien en 1760, et se
retira en 1771.

[3] Frère aîné de M. Boullongne de Préninville. Il était trésorier de l'extraordinaire des guerres depuis 1758. C'est en 1765, comme on l'a vu, qu'eut lieu
le mariage de sa fille.

[4] D'Osmont.

pas donner à deviner aux spectateurs, je portais sur la poitrine et sur le dos en gros caractères : *Ceci est Monsieur de Préninville*. Lorsque je parus, je fis un grand effet, tous les personnages m'attaquèrent pour faire construire un théâtre ; je copiais mon ami le mieux que je pouvais en charge ; je me défendais par des raisons péremptoires, mais mes acteurs déployèrent tant de grâce et de talent que je finis par consentir, et je débitai à M. de Préninville un petit compliment en vers.

Il ratifia mes promesses de très-bonne grâce. A l'instant, les décorations qui étaient masquées, et qu'on avait fait faire à son insu, parurent dans tout leur éclat. On joua le *Malade imaginaire*, dans lequel je fis l'apothicaire, et, dans la réception, le chevalier de la Tour et moi, tous deux à peu près de même taille, nous figurâmes en pharmaciens.

Peu après ce charmant voyage, nous partîmes pour Cheverny. Une partie de ma société vint nous y voir ; l'éloignement ne rebutait personne. M. et madame de Préninville y firent leur troisième voyage, qui fut le dernier, et fut aussi brillant que les autres.

M. Péan arriva un jour à Cheverny, pour nous inviter à aller le lendemain dîner à Onzain ; il avait avec lui trois chevaux de selle pour ramener qui voudrait. Cette façon honnête d'un homme que nous n'avions pas encore vu, m'obligea d'accepter. Il coucha chez nous ; ceux qui voulurent l'accompagnèrent à cheval, et M. de Préninville, deux autres personnes et moi, nous mîmes dans une berline, et avec un relais de six chevaux à Blois, nous y allâmes dîner. C'était entre hommes ; le dîner fut superbe, et les vins de tous les pays furent prodigués à nous en fatiguer. Mon beau-frère, le président de Salaberry, mis en gaieté par le bon vin, prend M. Péan en amitié, et, après le dîner, en parcourant les dehors et les dedans de l'habitation, il lui dit : « Monsieur, « tandis que vous étiez à la Bastille, et que vous craigniez « l'événement de votre procès, vous deviez avoir bien du « regret de croire que vous ne jouiriez plus d'une si agréable

« possession. » Le président lui disait cela d'abondance de cœur, comme il le sentait : *in vino veritas!* Mais Péan, qui avait eu tous les tourments de l'inquiétude, laissa couler quelques larmes [1]. Mon beau-frère, qui dans tout autre moment aurait senti son imprudence, ne voyait rien, n'entendait rien ; nous ne parvînmes à arrêter cette effusion de cœur qu'en prenant le parti de remonter en voiture.

J'étais, comme je l'ai dit plus haut, l'ami de M. de Sartine, lieutenant de police. J'eus besoin de lui pour une affaire que je vais détailler. Une personne d'une des bonnes familles de Blois vint un jour me trouver en particulier, et me dit : « Je
« suis, monsieur, envoyé près de vous par toute la famille,
« pour vous prier, dans le plus grand secret, de nous rendre
« un très-grand service. Voici le fait. Vous connaissez de
« nom M. et madame *** ? Eh bien, ils ont deux enfants ; l'aîné,
« âgé de vingt ans, a de l'esprit et fait des vers très-agréable-
« ment ; il était placé dans les fermes, et il avait les meilleurs
« témoignages, lorsque se trouvant dans un foyer de comédie
« dans la ville de... où il résidait, il s'empara d'une belle
« canne à pomme d'or. On le vit, et, huit jours après, on le
« surprit chez un orfévre de la ville, vendant au poids la
« pomme d'or. A l'instant il fut destitué ; la famille, furieuse
« de son déshonneur, obtint une lettre de cachet pour le
« soustraire à la justice, et il fut conduit aux Galbanons de
« Bicêtre [2]. Il y a dix-huit mois qu'il y est, et les parents,
« touchés de mes remontrances, mettent son sort entre vos
« mains. »

La considération pour la famille me fit accepter la commission. Arrivé à Paris, je contai mon aventure à M. de Sar-

---

[1] Péan n'avait pas été condamné en décembre 1763, en même temps que Bigot et ses coaccusés. On avait prononcé un plus ample informé, qui fut de six mois, durant lesquels il resta enfermé à la Bastille. Le 25 juin 1764, il fut mis hors de cour, mais condamné à restituer une somme de 600,000 livres. (Dussieux, *le Canada*, 2ᵉ éd., p. 245.)

[2] Ce mot ne se trouve dans aucun dictionnaire ; je crois que c'est une forme vicieuse du mot *cabanon*. MM. de Goncourt citent les *Galbanons de Bicêtre*, par Martainville. (*Société française sous le Directoire*, p. 117.)

tine; il me dit à l'instant : « Mais je connais ce nom-là; il « m'adresse tous les mois des pièces de vers plus jolies les « unes que les autres, j'en ai même sur mon bureau une, « arrivée d'hier. » Il me la remit, elle était écrite avec esprit et délicatesse. Après m'avoir assuré que depuis qu'il était à la tête de la police, il n'avait vu sortir des galbanons de Bicêtre personne qui se fût amendé, il m'exhorta à tenter l'aventure vis-à-vis d'un sujet qui, par son esprit, paraissait au-dessus de la classe commune, et il donna des ordres pour qu'un exempt de police vînt chez moi le lendemain.

Ce monsieur arriva. Je dis monsieur, car il était mis fort élégamment, et avait une tournure de politesse au-dessus de sa profession; nous convînmes que je ferais sortir le jeune homme de Bicêtre, et que je demanderais à M. de Sartine de le placer dans une maison de retraite près l'Estrapade, qu'on lui rendrait ensuite sa liberté, selon les témoignages qui seraient donnés de sa bonne conduite.

L'exempt fut exact; au jour convenu, il se rendit à Bicêtre, le détenu lui fut délivré, il le fit monter dans un fiacre dont les fenêtres de bois étaient fermées, et le déposa à sa destination. Il vint le lendemain me rendre compte, mit de la délicatesse dans le payement des frais et me dit que, comme l'inspection de cette maison le concernait, il m'instruirait exactement.

Je ne tardai pas à voir arriver une des dames qui tenaient la maison. Elles étaient trois sœurs d'un certain âge, et avaient six servantes robustes; elles avaient des moyens de répression dans un corps de garde voisin. Il y avait deux bâtiments où l'on mettait les hommes et les femmes, pour cause de désordre et de dissipation, sur la demande des parents. Je trouvai dans cette dame de l'humanité. Elle me dit que le médecin de la maison avait trouvé le jeune homme attaqué du scorbut, et qu'on allait le traiter; qu'il fallait aussi s'occuper de sa garde-robe, car il était pour ainsi dire tout nu, et l'habitude était de faire manger tous les prisonniers en commun. Des règles écrites étaient affichées dans la maison, afin que tout détenu en eût connaissance. Je satisfis à toutes les dépenses, comme j'y étais autorisé par la famille.

Enfin, j'y allai au bout de trois semaines. La maison était dans une rue isolée; je montai l'escalier d'un beau bâtiment, ayant vue sur un grand jardin, planté de vieux arbres et entouré de murs fort hauts. La tenue et l'ensemble du tout avait plutôt l'air d'une maison particulière que d'une maison de force. Mon jeune homme fut introduit dans le salon. Dès qu'il me vit, il s'inclina jusqu'à terre et s'avança avec grâce pour me baiser la main; on imagine bien que je la retirai. Sans s'excuser sur ses fautes passées, il s'exprima avec énergie sur ce qu'il avait souffert, et finit par dire qu'il espérait bien avoir expié ses fautes dans ce monde par une pénitence égale au purgatoire.

Après lui avoir donné des espérances et des consolations, je le quittai; on m'invita alors à parcourir la maison. A l'instant le salon se trouva plein de tous les détenus, excepté deux ou trois maniaques qui se promenaient tristement dans le jardin. Comme on jugeait de mon crédit par la confiance qu'on me montrait, il me fallut essuyer une audience en règle; je reconnus deux femmes que j'avais vues autrefois dans le monde. Chacun en particulier s'empressa de me conter sa triste aventure, chacun avait son mémoire tout prêt, pour le lieutenant de police ou pour ses parents. Enfin, après leur avoir bien répété que je ne pouvais rien dans le gouvernement, je sortis en promettant que je ferais de mon mieux, et protestant en moi-même que de ma vie je ne retournerais dans une maison où mon cœur était oppressé de voir l'humanité souffrante.

Je rendis à M. de Sartine un fidèle récit de cette scène, lui remis toutes les lettres et mémoires, et ne m'intéressai réellement que pour une jeune femme dont le mari avait par jalousie surpris un ordre du ministre, sur un faux avis des parents; elle sortit sous les huit jours. Les affreux désorganisateurs ont dit tout ce qu'ils ont voulu de l'ancien gouvernement. Pour moi, qui ai connu M. de Sartine depuis sa jeunesse, je puis protester qu'il ne cherchait qu'à être éclairé, et à faire autant d'heureux que sa place le lui permettait.

Nous fixâmes à six mois l'épreuve du jeune homme; les témoignages étaient excellents, et j'en instruisais la famille, qui me laissait totalement le maître. Le sixième mois, une de ces dames arriva et me conta que le jeune homme avait trouvé moyen, par un tuyau de cheminée, de se rendre chez une jolie femme détenue qui couchait au-dessus de lui; bref, elle était grosse. C'était la faute des gardiennes; d'ailleurs, un homme de vingt ans, détenu depuis deux ans, pouvait être excusé de s'égarer vis-à-vis d'une jeune femme qui en devait savoir plus que lui, puisqu'elle était enfermée à cause de sa mauvaise conduite; j'arrangeai la chose en le faisant sortir quinze jours plus tôt.

Après l'avoir vêtu convenablement de pied en cap, je convins avec lui qu'il logerait près de chez moi, que tous les matins il passerait la matinée à écrire sous ma dictée; le soir, il irait travailler chez un notaire. Il ne pouvait retourner dans son pays, où son affaire avait fait du bruit; mais s'il se conduisait bien, je demanderais pour lui à M. Roslin, qui était à la tête de la ferme, un emploi lucratif où il n'y eût pas de maniement d'argent.

Il fut exact pendant un mois, mais ensuite il se négligea; il ne venait plus que des demi-heures. Enfin je fus averti que, depuis huit jours, il avait perdu dans un tripot son argent et ses meilleurs habits, qu'il était réduit à coucher avec des Savoyards à deux sols la nuit. Il avoua tout, et consentit à être engagé dans le corps qu'on voudrait. Il fut enrôlé dans la matinée, mais il séduisit ses officiers, obtint son congé, et s'engagea dans une troupe de sauteurs pour faire les rôles de Gilles. Il termina sa carrière dans l'année, des suites d'une maladie honteuse.

Cependant mon ami Sedaine se livrait au théâtre avec succès, et ne négligeait pas pour cela son état de maître maçon, entrepreneur de bâtiments, et architecte. Son esprit aimable, sa probité intacte, sa gaieté philosophique lui avaient fait beaucoup d'amis. M. Le Comte était mort dans ses bras, en lui assurant que lui et sa femme ne faisaient qu'un, et qu'après elle, il aurait la maison et tout ce qu'il pouvait lui donner. Les soins de Sedaine furent alors tous pour celle qui survivait. Il est à croire que, quoiqu'elle ne fût plus jeune et qu'elle eût beaucoup de sens, la tenue sage et aimable de M. Sedaine l'aurait déterminée à lui donner sa main; mais lui ne voyait en elle qu'une bienfaitrice, et il resta juste dans les mesures de la reconnaissance.

Il était dans sa destinée d'inspirer d'autres sentiments. La veuve d'un avocat au conseil, M. de Sériny, était restée avec deux enfants : un garçon et une fille, et une fortune honnête en bons biens à Paris. Elle n'eut pas plus tôt connu Sedaine qu'elle se flatta de le fixer. Les soins qu'elle eut pour lui, son désir continuel de l'avoir auprès d'elle lui donnèrent la facilité de connaître mademoiselle de Sériny, jolie, fraîche, ayant beaucoup d'esprit et encore plus de raison; cette demoiselle avait vingt-cinq ans. Très-bien élevée, de mœurs respectables, elle sentait parfaitement que sa mère, qui rapportait tout à elle, ne ferait aucune démarche pour l'établir. Née avec un caractère décidé, elle jugea qu'elle ne pouvait mieux faire que d'épouser Sedaine; mais le consentement de la mère était impossible à obtenir. L'un et l'autre consultèrent. Les sommations respectueuses furent faites. Sedaine épousa mademoiselle de Sériny[1], et loua dans l'île une maison très-agréable.

Cet événement fut un coup de foudre pour madame Le Comte. Sedaine s'en aperçut lorsqu'il n'était plus temps. Tout ce qu'elle put faire, ce fut de rendre justice à cette alliance, mais il ne put obtenir qu'elle vît sa femme. En six mois de temps, mon ami eut le malheur de voir mourir entre ses bras sa bienfaitrice, en apaisant par ses soins la douleur qui la consumait. Exécutant la volonté de son mari, elle

---

[1] Charlotte-Suzanne Sériny, d'après Jal, qui donne pour date du mariage le 4 avril 1769. Il faut lire 1767.

laissa à Sedaine, outre la maison qu'il avait bâtie, tout ce qu'elle avait de disponible [1].

Pour madame de Sériny, trompée dans son calcul, elle établit entre eux une barrière insurmontable. C'était l'amour outragé. Elle leur interdit sa porte, et ne se raccommoda avec eux que vingt ans après, dans les trois dernières années de sa vie.

Sedaine se consolait avec une femme excellente; elle vivait dans la meilleure compagnie, y était aimée, estimée et considérée, et dès ce moment, elle fut intime avec ma femme et nos amis communs. J'aurai l'occasion de dire plus tard combien leur amitié a fait notre bonheur.

Marigny, directeur général des bâtiments, avec de l'esprit, était l'homme de France le moins sociable; il était despote comme un petit roi de Maroc. Il s'était attaché exclusivement le fameux Cochin, graveur; et l'Académie d'architecture était menée par eux, si j'ose le dire, avec une baguette de fer.

Le corps des architectes, arrivés à l'Académie par leur talent, n'était pas ce qu'il y avait de plus facile à réduire. Marigny s'aperçut bientôt d'une roideur, d'une opposition à l'autorité, dans tout ce qu'il voulait faire décider. Cette lutte durait depuis deux ans, lorsque le secrétaire perpétuel de l'Académie d'architecture [2] vint à mourir. Cette place était à la nomination du directeur; elle valait un logement au vieux Louvre, dix-huit cents livres de gages et des jetons à chaque séance. Il calcula que s'il la donnait à un architecte, il mettait dans le corps une autorité de plus contre lui. N'ayant jamais connu Sedaine que par ses pièces, il prit des informations sur son caractère, l'envoya chercher, et lui dit que le Roi l'avait nommé à la place de secrétaire. Sedaine veut le

---

[1] On remarquera toute l'importance de ce témoignage, qui lave la mémoire de Sedaine des imputations malveillantes de Bachaumont.

[2] Camus, Charles-Étienne-Louis (1699-1768), géomètre et astronome, membre de l'Académie des sciences, secrétaire perpétuel de l'Académie d'architecture depuis 1732. Sedaine lui succéda en 1768.

remercier, il l'arrête, avec sa franchise qui tenait de la rusticité : « Si j'avais cru trouver un homme plus fait pour cette « place, vous ne l'auriez pas. Il me fallait quelqu'un qui tînt « à la littérature et à l'architecture, pour ôter toute plainte « sur ce que je ne choisissais pas dans l'Académie. Il me « fallait un homme étranger à toutes querelles. Sous tous ces « rapports, vous êtes celui qui convient à cette place ; ainsi « je ne vous demande aucune reconnaissance. »

Sedaine fut donc installé dans un logement provisoire au vieux Louvre, au-dessus de mademoiselle Quinault, jusqu'à ce que le nouveau local de l'Académie fût fini, et nous nous trouvâmes tous très-rapprochés.

CHAPITRE XIII

Embellissements de Cheverny. — Le baron d'Ogny, intendant général des postes. — Jannel. — Le cabinet noir. — Bouret; sa carrière, sa famille; mariage de ses filles; sa mort. — Une consultation de Tronchin; détails médicaux. — Le général Chevert. — Mort de M. de Chailly. — Une fête à Cheverny. — Le jeune Dufort entre au service. — La famille Pinon. — Nouvelle fête. — Mgr Phélypeaux, archevêque de Bourges. — Les marionnettes. — Mort de madame de Préninville. — La marquise de Cépoy. — Digression sur la comtesse de Buffon. — Les familles Mégret de Sérilly et de Pange. — Le chemin de Blois à Romorantin.

Cependant les embellissements que je faisais à Cheverny le rendaient de jour en jour plus habitable. Je m'étais arrangé pour faire un pavillon par hiver; il y en avait cinq, c'était donc pour cinq ans. Je faisais des marchés et on les suivait, de sorte que j'entrais en jouissance à chaque retour, et je n'avais plus qu'à meubler. Heureusement que j'avais acheté des meubles, que j'en avais apporté pour plus de quarante mille francs, et que tous les ans je faisais des emplettes à Paris. Un hiver fut consacré à acheter des cheminées de marbre; il m'en fallait vingt-sept. La nécessité me rendit industrieux; je visitai à pied tous les marbriers de Paris, et je n'achetai que des cheminées de réforme; elles étaient superbes, mais la mode n'y était plus. Une autre année, je fis l'emplette de soixante serrures de cuivre anglaises, de sorte qu'après douze ans, je rendis ce château un des plus habitables de la province.

Remière, mon secrétaire, avec la meilleure volonté, se trouvait insuffisant. Il entra aux postes par ma liaison intime avec le baron d'Ogny, intendant des postes.

M. de Montigny ayant atteint l'âge pour posséder la place de trésorier des états de Bourgogne, M. d'Ogny s'était trouvé sans occupation. Il avait vendu sa place de conseiller au parlement de Dijon, et avait de ses épargnes une très-belle fortune.

Jannel, élevé par le père de M. d'Ogny et placé aux postes, était devenu l'homme de confiance du Roi, qui lui avait donné la place d'intendant général des postes. Louis XV aimait à savoir toutes les intrigues, et Jannel avait un bureau secret où l'on décachetait les lettres. Six commis y travaillaient; un M. Avril en était le chef, ce qui lui valait quinze mille livres de rente; le bureau était dans un lieu caché, avec une entrée secrète.

L'objet premier était de découvrir dans les correspondances soit extérieures, soit intérieures, s'il ne se tramait rien contre l'État. Tous les gens instruits savaient l'existence du bureau, sans pouvoir rien dire *de visu*. Les lettres étaient si bien recachetées qu'il ne restait aucune trace. Le Roi, dit-on, voulait qu'on lui communiquât toutes les semaines les anecdotes plaisantes qu'on trouvait, surtout celles des prêtres et des séminaristes. Il s'en amusait, mais était d'une discrétion impénétrable. Cependant, dans son travail avec les ministres, et surtout avec l'évêque Boyer[1] qui avait la feuille des bénéfices, sa mémoire sûre lui rappelait des anecdotes sur les personnes qu'on lui présentait pour être placées. Il rayait les noms lui-même, et un refus sec et non motivé faisait juger qu'il en savait plus qu'il ne voulait en dire.

Enfin Jannel mourut. Le Roi, dans son dernier travail, lui avait demandé de lui donner un homme en qui il pût avoir une pareille confiance; Jannel, se souvenant des obligations qu'il avait au père de d'Ogny, nomma le fils comme le seul qui pût le remplacer[2], et, secret jusqu'à la fin comme

---

[1] Jean-François Boyer (1675-1755), évêque de Mirepoix en 1730, précepteur du Dauphin, père de Louis XVI, premier aumônier de la Dauphine en 1743. Il eut la feuille des bénéfices à la mort du cardinal Fleury. Il avait su se garder honnête et pieux au milieu des corruptions de la cour.

[2] La *Gazette* du 26 janvier 1770 annonce que M. Rigoley d'Ogny vient d'être nommé adjoint et survivancier de Jannel. Celui-ci mourut le 5 mars suivant, âgé de quatre-vingt-six ans.

son maître, il mourut sans rien dire. Il n'était pas marié et n'avait pas de parents; il institua le baron d'Ogny son légataire universel, et celui-ci se trouva en possession d'une maison délicieuse et faite pour le mystère, dans la rue de Clichy, proche la chaussée d'Antin.

Cependant le Roi fut plus d'un mois sans nommer un successeur à Jannel. Le duc de Choiseul n'aurait nullement trouvé cette place au-dessous de lui. C'était réunir tous les pouvoirs et avoir le secret de tout le monde, mais il ne fut pas longtemps sans savoir que le successeur était nommé *in petto*. Le Roi, qui avait envoyé chercher d'Ogny en secret, en fut content et le proclama le surlendemain. Dès ce moment, il eut la même confiance en lui qu'il avait eue en Jannel, et jamais il n'eut à s'en repentir. Seulement, d'Ogny a toujours servi sans desservir jamais personne, ce qu'on ne pouvait dire de Jannel.

Remière, comme je l'ai dit, avait été placé aux postes par le baron d'Ogny, et il devint ensuite le secrétaire particulier de Bouret [1], administrateur des postes et fermier général. Je vais conter tout ce que j'ai su sur cet être singulier, dont le caractère étonnant le conduisit à une grande fortune.

Bouret était né avec beaucoup d'esprit, une figure vive, gaie et ouverte; très-jeune, il eut une place de receveur de tailles. C'était le plus généreux, le plus prodigue, le plus obligeant de tous les hommes.

Un de ses amis se trouva dans un pressant besoin d'argent, d'une somme considérable; il s'adresse à lui : Bouret ne l'avait pas, ni aucun moyen de l'avoir. Il rêve; il se rappelle qu'on lui propose une femme qui a cette dot, mais qu'il a refusée parce qu'elle est très-peu jolie; il se décide, écrit qu'il accepte, reçoit la dot, la donne à son ami et épouse [2].

---

[1] Étienne-Michel Bouret (1710-1777), trésorier général de la maison du Roi en 1738, puis fermier général et administrateur des postes, secrétaire du cabinet du Roi en 1769. Voir la *Vie privée de Louis XV*, t. I, p. 265, et *Bouret*, par Pierre CLÉMENT.

[2] Marie-Thérèse Tellez d'Acosta, fille d'un Portugais entrepreneur des

On sent parfaitement que l'union ne fut pas fort tendre, mais, fidèle à ses engagements, il eut d'elle beaucoup de filles.

Il vint à Paris, s'introduisit auprès de M. de Machault, garde des sceaux, lui plut par ses moyens comme par son esprit, et fut envoyé en Provence [1], pour parer à la famine qui menaçait, n'ayant nul moyen que cent mille écus confiés par le ministère. Il déterre à Montpellier un M. Vassal, employé dans les vivres, fait charger des bateaux de sacs dont le dessus était du blé, déclare qu'il vient faire cesser la disette par ordre du gouvernement, et annonce un convoi de bateaux suivi de beaucoup d'autres. Les premiers, tout chargés de blé, arrivent; les autres se succèdent. Les inquiétudes se calmant, les accapareurs, les monopoliseurs se croient ruinés et portent au marché. En huit jours l'abondance renaît. Les états de Provence lui font frapper une médaille en reconnaissance, tandis que le parlement de Bordeaux lui faisait son procès par contumace, et le condamnait à être pendu [2]. Il arrive avec M. Vassal, le présente au ministre comme celui qui a sauvé la Provence; on met ce dernier à portée de faire une fortune immense. Pour lui, il parvient jusqu'à madame de Pompadour et jusqu'au Roi, qu'il amuse par ses saillies et par son dévouement.

M. de Machault perd de maladie un chien épagneul qu'il aimait beaucoup. Bouret fait chercher dans tout Paris un chien pareil, le trouve, fait faire une perruque et une simarre comme celles de M. de Machault, fait coucher le chien dans sa chambre, et se revêt de la simarre et de la perruque pour lui donner à manger. Le chien dressé, il l'apporte chez son

---

vivres. Le mariage est de 1735. Elle mourut en 1781, à soixante-trois ans. (Chastellux.)

[1] En 1747. Voyez la note suivante.

[2] L'auteur, dans tout ce récit, avait fait une confusion que j'ai cru devoir corriger. D'après lui, c'est la ville de Bordeaux qui avait fait frapper la médaille, la famine ayant eu lieu en Guyenne, et c'est le Parlement de Toulouse qui aurait condamné Bouret à être pendu. Les faits sont assez connus pour qu'on ne puisse voir dans ces indications autre chose qu'une erreur matérielle. (V. d'Argenson, t. VII, p. 275, et M. P. Clément.)

protecteur et lui dit : « Votre chien n'est pas mort, je l'ai « sauvé. » Le chien ne sait quelle fête faire à son nouveau maître, étant accoutumé au costume. M. de Machault est enchanté et admire l'adresse de Bouret [1].

Comment lui rien refuser? on le fait administrateur des postes, et de plus le ministre lui donne le travail direct avec lui. Alors il devient le plus prodigue et le plus obligeant de tous les hommes.

Amoureux de toutes les jolies femmes, rien ne lui coûte : places, cadeaux, fêtes. Une femme très-jolie met un prix à ses faveurs, c'est de lui procurer des poissons de la Chine. Madame de Pompadour seule en possédait alors. Ne pouvant les distraire, il en fait faire six, en or émaillé et construits mécaniquement. Placés dans un petit bassin, ils imitaient à s'y méprendre les véritables, par le moyen d'un aimant.

Sa sœur, madame Gaulard, avait pour fille madame de Préaudeau, la plus superbe femme de Paris [2]. Elle devint sultane favorite, et il avait sa statue en marbre dans son salon; c'était Vénus sortant des eaux. Un particulier osa lui dire : « Heureux, madame, le sculpteur qui a vu un si beau modèle ! » Elle répond : « Il est vrai que c'est moi, mais il ne peut se « vanter de m'avoir vue toute nue. Il a d'abord vu mes « jambes, et je les ai recouvertes, et successivement les « autres choses en détail, avec les mêmes précautions. »

---

[1] L'*Espion anglais* (t. I, p. 248) raconte l'anecdote presque dans les mêmes termes.

[2] Il est souvent question dans les *Mémoires de Marmontel*, fort lié avec Bouret, de madame Gaulard et aussi de son fils, receveur général des fermes à Bordeaux, qu'il conduisit chez Voltaire, aux Délices, en 1760. Madame Gaulard n'était nullement la sœur du financier; pourtant sa fille était nièce de Bouret, mais seulement par alliance, ayant épousé Claude-Jean-Baptiste Préaudeau, fermier général, fils de Claude et de Marie-Jeanne Bouret. D'après Collé (*Journal historique*, t. II, p. 177), madame de Préaudeau était « une « des plus belles, mais des plus bêtes créatures que Dieu fit ». On prétendait qu'assistant au supplice de Damiens et voyant combien on avait de peine à l'écarteler, elle s'était écriée : « Ah! Jésus! les pauvres chevaux, que je les « plains! » Devenue veuve, elle épousa d'abord Bouret de Villaumont, et après la mort de celui-ci, en 1763, Pierre-Isaac Marquet de Peyre. (*Documents particuliers.*)

Cependant Bouret place ses deux frères ; madame Préaudeau, veuve, épouse l'un d'eux qui est nommé fermier général. Un autre, Bouret de Valroche, est aussi fermier général ; ainsi, en peu de temps, toute sa famille tint les meilleures places de la finance [1].

L'aînée de ses filles, par la protection de M. de Machault, épousa M. Le Gendre de Villemorien [2], conseiller clerc au Parlement. On le fit fermier général et administrateur des postes [3]. La seconde épousa ... [4]; la troisième, M. Thiroux de Montsauge, administrateur des postes [5] et père de la comtesse Louise de Durfort [6].

Enfin il bâtit à la Grange-Batelière la superbe maison qu'il revendit depuis à M. de La Borde, et qui a passé à M. le duc de Choiseul ; il bâtit aussi un rendez-vous de chasse pour le Roi. Quoique son crédit baissât, il voulut le donner au Roi qui refusa, et Bouret, pour toute grâce, dut se contenter de

[1] Bouret avait quatre frères, que j'énumère sans pouvoir donner leurs âges respectifs : 1° Augustin Bouret de Villaumont, qui lui succéda en 1743 dans la charge de trésorier de la maison du Roi ; c'est lui qui épousa madame de Préaudeau, née Gaulard, sa nièce ; 2° François Bouret d'Érigny, d'abord officier, puis fermier général, qui épousa en 1750 Madeleine Poisson de Malvoisin, cousine de madame de Pompadour, morte en 1754 ; 3° Antoine-François Bouret de Valroche, aussi fermier général, qui maria sa fille en 1764 au comte de Cambis ; 4° Marc-Alexandre Bouret de Montigny.

[2] En 1752. Elle se nommait Marie-Antoinette. Voici ce que dit Luynes de ce mariage : « M. Bouret a marié sa première fille à M. de Villemorien, fils « de la belle madame Le Gendre, qui était à madame de Modène. » (*Mémoires*, t. XIV, p. 319.) Cette belle madame Le Gendre s'appelait Marie-Charlotte Piron ; elle avait épousé en 1716 Bénigne-André Le Gendre de Villemorien, chevalier, gentilhomme de la chambre du Roi.

[3] Dont nous avons déjà donné les noms. Il avait été pourvu d'une charge au Parlement en 1739. Il figure sur l'*Almanach royal* comme fermier général de 1756 à 1789, et comme administrateur des postes de 1756 à 1777.

[4] Le nom est en blanc. Marie-Adélaïde-Victoire Bouret épousa en 1755 Charles-Martin de la Haye, fermier général.

[5] Jeanne Bouret, mariée à Philibert Thiroux de Montsauge. (JAL, p. 619.) M. de Courcy, dans la *Continuation du P. Anselme*, donne des noms différents (t. IX).

[6] Claude-Marie-Henriette-Étienne, mariée en 1778 à Étienne-Narcisse, vicomte de Durfort, colonel en second du régiment Royal-dragons. (*Gazette de France*, 6 mai 1778, et CHASTELLUX.)

l'y traiter ¹. Il n'avait plus le travail avec le ministre, qui était passé à M. Roslin, l'oncle de ma femme ; mais toujours magnifique, il acheva de se ruiner. Obligé de s'adresser à ceux qui lui devaient leur fortune, il trouva peu de secours et beaucoup d'ingrats.

Accablé de dettes, il prend enfin la résolution de terminer sa carrière. Il paraît que depuis longtemps il méditait ce suicide ; du moins Remière m'en a conté toutes les particularités. Il portait toujours sur lui une boîte remplie de pilules d'arsenic ; un jour, il va souper en ville, rentre chez lui, renvoie son secrétaire, et, après avoir signé quelques lettres, se couche, se relève bientôt, prend une dose d'opium et avale les pilules d'arsenic. A sept heures on entre chez lui, il se débattait encore et mourut à l'instant ². Les deux flancs au bas des côtes étaient livides, et l'on n'eut pas de doutes sur son genre de mort. Il fut enterré sans bruit. Ainsi finit un homme dont la carrière fut brillante et qui pouvait se vanter d'avoir obligé des milliers de personnes : bel exemple de l'instabilité des choses humaines.

Presque dans ce temps mourut mademoiselle d'Alencé, marquise de Thomas de la Valette, sœur de la baronne d'Ogny, et mère de Thomas de la Valette ³ qui a joué un si terrible rôle avec Robespierre. Elle était notre amie intime, ainsi que toute la famille. Thomas de la Valette était neveu du fameux Père de la Valette, supérieur de l'Oratoire, bienfaiteur de cette congrégation ⁴. Ils avaient une sépulture à l'Oratoire. Le convoi fut superbe, bien différent du spectacle de la mort de son fils qui a emporté une partie de l'exécration publique, le reste étant distribué à ses continuateurs.

Cependant, à mon arrivée à Paris, je vis augmenter les

---

¹ Il s'agit évidemment du pavillon qu'il avait fait élever près de son château de Croixfontaine, non loin des forêts de Sénart et de Rougeau. Il avait acquis la terre en 1742 de Paris-la-Montagne, un des frères Paris.

² En 1777.

³ Il en sera question plus tard.

⁴ Louis de Thomas de la Valette (1678-1772).

maux dont je souffrais depuis longtemps. Sur un mois, je n'avais pas quinze jours de santé. Je ne vivais alors que de café, et j'étais las des potions que l'on me faisait prendre. Tronchin [1], le fameux Tronchin, était alors à Paris, logé au Palais-Royal. La ville et la cour y couraient; chacun passait à son tour, et, pour un louis d'or qu'il laissait sur la cheminée, avait le droit de le consulter. Depuis trois ans, j'avais dans la vue un point noir qui suivait exactement l'endroit que je fixais. Je me hasardai donc pour la première fois à aller consulter cet homme que je n'avais jamais vu, et sur lequel les avis étaient très-partagés, car les médecins de Paris lui donnaient le titre d'empirique.

J'allai donc à son audience; son salon était plein de monde de tous les états, et il me fallut attendre deux heures pour passer à mon tour. J'arrive dans son cabinet; il me laisse détailler toute ma maladie avec une patience charmante, sans m'interrompre un instant, m'écoutant avec le plus grand intérêt, chose rare pour un médecin si occupé.

Enfin il me dit : « Monsieur, il faut, en honnête homme,
« vous parler vrai. Je vais vous mettre le doigt sur votre
« maladie, mais à une condition, c'est que, sorti d'ici, vous
« n'en parlerez à qui que ce soit. Les médecins de Paris me
« traitent de charlatan, et les remèdes que je vais vous faire
« sont singuliers. Je vous demande trois semaines pour les
« suivre. Si, au bout de ce temps, vous trouvez de la diminu-
« tion dans les symptômes qui vous affligent, vous en tirerez
« la conclusion que j'ai touché juste. Alors vous continuerez,
« et je vous guérirai. Vous êtes, monsieur, menacé de la
« goutte sereine; je suis étonné qu'elle ne vous ait pas encore
« atteint, vous le devez à votre jeunesse et à une bonne
« organisation. Cette paralysie du nerf optique, une fois fixée,
« est inguérissable; moi qui vous parle, je n'ai jamais pu

---

[1] Louis Tronchin, le célèbre médecin génevois (1709-1781). Il était déjà venu à Paris en 1756, pour inoculer les enfants du duc d'Orléans, et ce prince le décida en 1766 à accepter la place de son premier médecin. Il resta à Paris jusqu'à sa mort.

« procurer que des soulagements insignifiants. C'est une
« humeur goutteuse qui vous tourmente. Elle n'est pas fixée,
« quoiqu'on ait fait tout ce qu'il faut pour cela. On vous fait
« couvrir la tête, mais les médecins de ce pays oublient l'ana-
« tomie. La tête est le couvercle du pot chimique de l'estomac,
« la tête fourmille de petits vaisseaux en bien plus grande
« quantité que dans les autres parties du corps. La nature
« nous couvre le sommet de la tête de beaucoup de cheveux
« dans notre jeunesse, et nous prépare à la vieillesse en nous
« les faisant perdre. Paris est sujet, bien plus que d'autres
« villes, à des paralysies et des apoplexies. Je les attribue aux
« grandes perruques et à l'habitude que l'on a, même au
« spectacle, de se couvrir la tête entre les actes. Je suis
« obligé par état, et pour ne pas fronder le costume des
« médecins de Paris, de m'affubler d'une perruque ; mais
« comme nous sommes seuls ensemble pour quelque temps,
« vous allez voir ce que j'en fais. » A l'instant il se lève et
ôte sa perruque, qu'il accroche à un clou placé pour cet
objet dans la superbe boiserie de son cabinet.

Il fit dire alors que ses consultations étaient finies ce jour-
là, et, tout à moi, il continua ainsi : « Voici le traitement
« que je vais vous ordonner ; il semblerait insuffisant à tous
« les médecins, mais la réussite me paraît certaine, à cause
« des différentes cures que j'ai faites. Je vous demande votre
« parole d'honneur que vous le suivrez. —Je vous la donne,
« lui dis-je en lui prenant les mains. — Vous ferez à
« l'instant acheter une brosse de chiendent à main, telle
« que celles dont on brosse la tête des enfants. A partir de
« ce soir, avant de vous mettre au lit, vous vous ferez frotter
« les jambes, en commençant par les genoux, jusqu'au bout
« de chaque pied. Cette friction vous rendra la chaleur aux
« jambes que vous avez totalement perdue (il disait la vérité).
« Vous ferez la même friction le matin ; c'est un devoir jour-
« nalier dont vous prendrez l'habitude tant que vous vivrez.
« D'aujourd'hui vous cesserez tout remède, tout quinquina,
« tout ipécacuanha ; vous mangerez comme à l'ordinaire, en

« vous abstenant de tout excès, surtout vis-à-vis des femmes.
« Vous coucherez, dès ce soir, les rideaux de votre lit ouverts,
« et au lieu d'un traversin de plume, vous en ferez faire un
« de crin qui vous suivra partout. Vous vous couvrirez les
« pieds la nuit, et vous supprimerez tous les bonnets de nuit
« possibles dès ce soir. Vous éviterez de fixer le grand jour,
« ce qui est blanc, et surtout l'eau courante. Je vous prie de
« ne pas venir me voir avant trois semaines, parce qu'il faut
« que je voie l'effet de ces petits moyens. »

Dans les premiers huit jours, mes éblouissements revinrent encore, mais les douleurs de tête diminuèrent graduellement. Enfin, jusqu'au terme qu'il m'avait prescrit pour le revoir, je m'aperçus d'une véritable amélioration dans mon état. Au jour dit, je me rendis chez lui et je lui rendis compte de ma situation : « Me voilà donc, monsieur, me dit-il, con-
« vaincu que c'est, ainsi que je le croyais, une humeur gout-
« teuse qui se portait dans votre tête et qui aurait fini, peut-
« être dans la huitaine, par une goutte sereine. Actuellement
« il ne faut pas, et je ne pourrais pas du reste, vous ôter
« l'humeur goutteuse. Voici le traitement que vous allez faire.
« Vous prendrez une terrine ; vous la ferez remplir d'eau de
« puits, et, en sortant de votre lit, vous vous plongerez la
« tête dedans. Vous vous promènerez ensuite cinq minutes
« et recommencerez cette douche trois fois. Je vous fais ob-
« server que si, avant d'avoir reposé votre sang, vous vouliez
« vous rebaigner tout de suite, vous éprouveriez un coup de
« piston qui vous frapperait au cœur et vous ferait beaucoup
« de mal dans le moment. Vous prendrez cette douche pen-
« dant trois semaines tous les jours, et reviendrez me voir à
« pareille époque. »

Je suivis cette ordonnance avec confiance, et dès le premier jour, je m'aperçus de la netteté de ma vue. Le point noir ne reparaissait plus que par instants. Les éblouissements revenaient périodiquement, mais le mal de tête était supportable ; je pouvais lire, écrire et vaquer à mes affaires. Enfin je me trouvai si bien, si calme dans les trois semaines, que voulant vérifier toutes ces observations, je me déterminai, à peine sorti de l'eau, à me replonger la tête à l'instant ; sans mon valet de chambre et mon laquais, je tombais de toute ma hauteur. Je sentis au cœur un coup de piston si décidé que je chancelai et n'aurais pas été en état de me baigner une fois de plus.

Je me rendis à l'heure dite chez Tronchin, je lui rendis un compte fidèle ; il s'informa du froid que j'avais aux jambes, il disparaissait journellement. « Alors, me dit-il, je puis vous « annoncer que vous êtes entièrement guéri de la goutte se- « reine, mais que vous courez deux chances : la première, « d'avoir la goutte dans un an, ou peut-être dans dix (il « n'est pas dans la puissance humaine de vous rien fixer à « cet égard) ; l'autre est une humeur hémorrhoïdale, et je l'ai- « merais mieux pour vous. » L'ayant assuré que je n'avais jamais eu aucun symptôme : « Tant mieux, me dit-il, elle « vous viendra par abondance de sang, car c'est le sang que « vous devez craindre. Vous n'êtes pas bilieux, mais extraor- « dinairement sanguin ; je le sens à votre pouls. Mais soyez « sûr que vous jouirez d'une très-bonne santé. »

Je ne le vis que ces trois fois, car il repartit pour Genève, et insensiblement mes éblouissements, mes migraines s'éteignirent ; je ne me baignais plus, mais je suivais le régime indiqué, comme je le fais maintenant encore. Quelques migraines douloureuses me prirent à Cheverny par trop d'exercice à cheval, quoique je n'eusse jamais de chapeau dès qu'il ne faisait pas de soleil. J'allais alors mettre ma tête sous un robinet de fontaine, et je conduisais la douleur jusque dans l'épaule, puis elle disparaissait.

Je témoignai ma reconnaissance à Tronchin de toutes les manières, en publiant la guérison de mes maux.

M. de Chailly s'était de plus en plus attaché à nous. Ami intime du général Chevert[1], il avait voulu l'introduire dans notre société. Ce général, qui avait commencé par être sol-

---

[1] François de Chevert (1695-1769), engagé à onze ans, avait conquis chacun

dat, ne se sentait pas de sa première origine; il avait de la politesse, de l'amabilité, mais parlait beaucoup, et toujours de lui. En faveur de son mérite et de l'amitié qu'il avait pour notre ami, nous nous prétions à lui rendre notre intérieur agréable.

Chailly, atteint d'un polype, était fort malade; au moment de notre départ, il arrive chez nous et nous dit : « Mes amis, « je vois venir la mort à grands pas; je m'attends à mourir « cette année, comme mon frère, à quarante-deux ans. J'ai « une grâce à vous demander, c'est de loger avec vous à « Paris et à la campagne pendant le reste de mes jours. Si je « guéris, ce que je regarde comme impossible, je ne serai « plus en état que de mener une vie douce et tranquille, et « je vivrai auprès de vous comme Barassy. » La scène fut attendrissante; il fut convenu que sous deux mois nous le recevrions à Cheverny, et nous partîmes.

Notre ami Barassy ne pouvait se persuader qu'il n'était plus en état de mener la même vie. Sous prétexte de sa charge de conseiller au grand conseil, qu'il n'exerçait pas, il faisait de temps en temps des voyages de Paris et dépensait magnifiquement; car je n'étais par là pour le surveiller. Il partit pour Paris un mois après mon arrivée. Cependant Chailly m'écrivait régulièrement deux fois par semaine; son style était chaud, aimable, spirituel, et il rapportait exactement les nouvelles du jour. Un mardi, je m'en souviendrai tant que je vivrai, je reçois plusieurs lettres; je décachette celle de Chailly. Elle avait trois pages et était très-intéressante; il s'égayait sur des gens de notre société, racontait quelques aventures et finissait par m'annoncer que bientôt il ne serait plus dans le cas de nous écrire, car sa santé se rétablissant, il ne désirait que se réunir à nous. Je passe aux autres lettres; celle de Barassy me mandait : « Chailly est « mort à la chasse; hier matin, je lui ai rendu le triste devoir « de l'amitié à son enterrement. »

de ses grades par une action d'éclat. Il était lieutenant général depuis 1748 et grand-croix de Saint-Louis depuis 1758.

Je crus d'abord que Barassy était fou, mais nous sûmes bientôt que, se portant mieux, Chailly avait voulu user d'une permission de chasse qu'il avait dans la plaine de Chatou, au-dessous de Saint-Germain. Il était donc monté dans son *solo* avec son valet de chambre, et il se mit en chasse. Au bout d'une heure, ayant tué déjà six pièces de gibier, il s'avança pour tirer une compagnie de perdrix ; il en tua une, et au même instant il s'écria : « Je ne vois plus rien ! » Puis il tomba roide mort. On le remit dans sa voiture et on le ramena chez lui. Nous perdions un véritable ami, et je conserverai toujours une bague en brillants qu'il m'avait donnée six mois avant sa mort, en me priant de la garder toute ma vie.

M. le président de Salaberry et sa femme venaient tous les ans passer l'été à Cheverny. La fête de ma femme arrivait le 27 août ; il imagina cette année d'en faire une fête à laquelle je coopérai de mon côté. On construisit dans un bouquet de bois de côté, entre le château et l'orangerie, une rotonde en colonnades de feuillage ; entre chaque colonne était pratiqué un cabinet tout en verdure, au fond une muraille de verdure qui cachait un théâtre ; tous les acteurs qui devaient jouer un rôle étaient habillés en Turcs et en nègres. L'idée était que le grand seigneur, instruit qu'il y avait une dame de château, jeune et jolie, dans le royaume de France, lui envoyait son grand vizir et son bostangi pour la traiter et lui donner une fête. Plusieurs coopérateurs y avaient travaillé, et mon ami Sedaine nous avait envoyé des scènes.

A cinq heures, tous les musiciens habillés en Turcs, ayant M. de Barassy en tête comme grand vizir, vinrent inviter les dames à la fête. Le comte et la comtesse de Gaucourt, le marquis de Saint-Hérem [1], M. et madame de Cypierre, enfin tout ce qu'il y avait de plus connu dans la province, se trouvaient là. Tous entrèrent dans le kiosque ; le grand bostangi, Salaberry, leur avait chanté un air en les recevant en dehors.

[1] Ce doit être Jean-Baptiste-François de Montmorin, marquis de Saint-Hérem (1704-1779), lieutenant général et chevalier des ordres du Roi.

En dedans, j'étais en bostangi, accompagné de muets et de serviteurs du sérail. Je les invitai de même à se rafraîchir ; on servit des glaces, et l'on se mit à danser des contredanses ordinaires, des ballets et des danses de muets. Dès que le jour fut tombé, une fusée volante et des boîtes donnèrent le signal ; on sortit dans le parterre, où l'on jouit d'un feu d'artifice superbe. Pendant ce temps-là, le kiosque se trouva illuminé avec des transparents en papier et des lampions cachés dans la verdure ; on se mit à danser jusqu'au souper ; alors les cabinets se trouvèrent garnis chacun d'une table de quatre couverts.

Pendant le souper, la grande pièce, étant vide, fut garnie de scènes turques du meilleur goût et de la plus grande gaieté. Dès que le souper fut fini, le fond de verdure disparut pour faire place au théâtre tout en feuillage. J'avais fait venir un excellent arlequin, et l'on joua une parade avec tous ses agréments, à laquelle succéda une fête villageoise. La danse reprit jusqu'au jour. Ainsi se termina cette fête dont on fut si satisfait qu'on se promit bien de la renouveler tous les ans. Malheureusement M. de Salaberry s'était tant donné de peine et de tourment qu'il fut pris à la suite d'une fièvre tierce qui lui dura six mois.

M. de Cypierre était originaire de Charolles, où son père et son grand-père avaient eu la charge de receveur des tailles. On avait fait passer la place à un cousin, M. Gauvilliers, qui, ayant beaucoup d'enfants, avait prié son parent l'intendant de se charger du troisième. M. de Cypierre le prit donc à l'âge de quinze ans, le mit surnuméraire dans les bureaux des domaines à Orléans, et six mois après le fit placer dans le bureau de Bracieux, à deux lieues de chez moi, étant bien sûr que j'avais assez de reconnaissance de tous ses services pour traiter son parent comme mon fils. Le jeune homme dès lors n'eut plus d'autre maison que la mienne.

Mon fils finissait alors son éducation ; il avait quatorze ans et demi. J'étais parent de la famille Pinon, et M. Pinon, président à mortier, avait pour femme mademoiselle Le Boullanger, ma cousine [1]. Le comte de Saint-Georges [2], cordon rouge, et le chevalier Pinon [3], lieutenant-colonel du régiment de dragons de Liancourt, étaient d'une autre branche, mais très-proches parents des Le Gendre et de ma femme.

Le chevalier Pinon, homme de mérite et des plus vertueux, me demanda mon fils pour le mettre dans son régiment. Cette proposition m'était si agréable que je n'hésitai pas. L'âge tendre de mon fils était la seule objection. Le capitaine des gardes de la lieutenance générale de M. d'Harcourt était le nommé Jumeau, marchand épicier à Blois, qui avait ensuite tenu une hôtellerie. Je l'avais gardé dans cette place, et je n'avais qu'à me louer de son zèle et de son intelligence. Il avait fait ses études pour être prêtre; ses mœurs et son esprit en faisaient un surveillant tel que je le désirais. Je lui proposai de se charger de suivre mon fils, et il accepta. Tout fut prêt dans l'hiver que je passai à Paris, et mon fils fut en état de rejoindre le régiment, qui était à Falaise, en Normandie. Tranquille sur son sort, je l'y laissai dix-huit mois, et il passa par tous les grades, jusqu'à celui de sous-lieutenant. Il suivit toutes les garnisons à Saumur et à Nancy, et pour lui faire connaître son métier, il fut décidé qu'il voyagerait avec le régiment; il se conduisit de manière à mériter l'amitié de tout son corps.

[1] Il y avait dans la famille Pinon une double alliance avec les Le Boullanger, dont on a vu les rapports de parenté avec les Dufort. Anne Pinon, vicomte de Quincy, seigneur de Saint-Georges, né en 1652, maître des requêtes et intendant, avait en 1681 épousé en premières noces Catherine Le Boullanger, et Anne-Louis Pinon, vicomte de Quincy, président à mortier, né en 1720, dont il est question ici, était leur petit-fils. Il s'était (comme on l'a vu à la page 97) marié en 1751 à Agnès-Catherine Le Boullanger, sa cousine, fille de M. Le Boullanger, maître des requêtes. D'un autre côté, le même Anne Pinon, l'intendant, avait épousé en secondes noces, en 1688, Louise-Angélique Le Gendre (sœur de Gaspard-François Le Gendre, aïeul de madame de Dufort), et il avait eu de ce second lit un fils, Louis-Paul Pinon, vicomte d'Avor et seigneur de Saint-Georges, conseiller au Parlement et maître des requêtes, père des deux personnages dont il va être parlé.

[2] Anne-Louis Pinon, marquis de Saint-Georges, lieutenant général, né en 1720.

[3] Nicolas-Louis Pinon, né en 1724.

Ma belle-mère réclamait avec tant d'instances notre retour à Paris, qu'à notre grand regret, nous étions obligés de quitter Cheverny au commencement de novembre, pour reprendre la vie triste de souper trois fois par semaine chez les grands parents. Rien ne changeait dans cette maison, quoique les devoirs fussent partagés entre un plus grand nombre de gendres et d'enfants.

M. Roslin avait marié son fils, maître des requêtes [1], à mademoiselle Noguez, fille du banquier et nièce du fameux de La Borde. C'étaient des hommes d'argent joints ensemble. M. et madame Mayneaud de la Tour étaient morts; mais madame Mazade avait épousé M. le comte de Pons Saint-Maurice [2], cordon bleu et ancien gouverneur du duc de Chartres, depuis duc d'Orléans. M. Mayneaud de Coulanges [3], le second enfant de M. Mayneaud, resté seul par la mort de son frère [4], avait épousé d'inclination une veuve dont il ne pouvait avoir d'enfants.

M. et madame Amelot, M. et madame de Salaberry, tous se réunissaient dans une maison qui était toujours la même pour l'ennui. La grand'mère prenait ses quatre-vingts ans, la belle-mère, dévote à sa manière et médisante, avait l'air de la meilleure santé; quelques amis que nous attirions interrompaient seuls le triste rendez-vous de famille. Aussi, dès que le mois d'avril arrivait, nous nous préparions, sous prétexte d'affaires, à retourner à Cheverny.

Ce voyage fut aussi brillant et aussi gai que les autres; la société fut augmentée de M. Dupleix de Pernan, qui avait

---

[1] Roslin d'Ivry, marié en 1773 à Jeanne-Marie Noguez. Il mourut, je crois, en 1783. Le père de madame Roslin se nommait François Noguez ou Nogué, et avait épousé Jeanne-Orosi de La Borde, probablement sœur du banquier.

[2] Emmanuel-Louis-Auguste, comte de Pons Saint-Maurice, lieutenant général, ancien gouverneur du duc de Chartres, premier gentilhomme du duc d'Orléans. Le mariage eut lieu en 1759.

[3] François-Gaspard, appelé le marquis de Coulanges, mestre de camp de dragons, maréchal général des logis et armées du Roi, marié en 1775 à Marie-Caroline de La Torre Butron y Muxica, veuve du baron de Morval.

[4] Conseiller au Parlement, mort célibataire en 1766.

épousé la fille de notre ami Savalette [1], garde du trésor royal. C'était dans ce temps-là la fureur des proverbes, des comédies, des opéras-comiques. Trois fois par semaine nous jouions des proverbes, et les dimanches il y avait grand spectacle. Les anciens usages féodaux faisaient célébrer par les vassaux la fête du seigneur; les cloches sonnaient, les bedeaux, les syndics venaient faire leurs compliments, les sœurs de charité venaient avec leurs élèves célébrer une pastorale dans le parc.

Cette idée fut saisie par mon ami Sedaine et M. de Salaberry. Jean était un de mes noms de baptême; on construisit donc pour la Saint-Jean un ermitage dans le parc. Pour y arriver, les avenues étaient bordées de lampions; on trouvait d'abord des chansonniers, plus loin des bedeaux, plus loin encore des syndics; tous ces rôles étaient merveilleusement remplis. La scène principale était à l'ermitage. Sedaine et Salaberry, en ermites, avec plusieurs autres, jouèrent et chantèrent des choses charmantes.

J'avais fait décorer, sans qu'ils le sussent, une tente charmante que M. de Barassy avait fait construire pendant notre absence, et qui tenait au salon; elle était éclairée dans le meilleur goût. Une toile se leva, et l'on vit les décorations du grand spectacle dont je leur faisais à mon tour la surprise. J'étais secondé merveilleusement par le vicaire de la paroisse, Samson, qui joignait à beaucoup d'instruction et à la connaissance de plusieurs langues une extrême facilité.

M. de Salaberry, prenant goût à ces sortes d'amusements, et s'y livrant avec la vivacité de son caractère, voulut donner une fête dans l'orangerie. Rien n'était médiocre avec son imagination. L'orangerie en face du château a trente-six toises de longueur sur huit de large. Ce vaisseau extrêmement grand, et libre, puisque c'était pour le 28 août, jour de la Sainte-Anne, fut décoré par lui. Il fit faire contre le mur de grands panneaux de glaise sur lesquels on fixa des feuilles de lierre. Chaque panneau était séparé par une colonne

---

[1] Charlotte-Émilie-Olympe Savalette de Magnanville. Le mariage avait eu lieu vers 1765.

de toute hauteur, en papier de couleur transparent ; une architrave régnait dans le pourtour avec un cordon de lampions. A l'un des bouts était un buffet superbement décoré et garni de tout ce qu'on pouvait désirer en victuailles. Le service se faisait par dehors. De l'autre côté était un théâtre disposé dans le meilleur goût. On vint à cette fête non-seulement de Blois, mais même des environs à dix lieues à la ronde.

Elle commença à la nuit ; deux pots à feu de goudron, placés sur des colonnes de pierre, éclairaient la marche depuis le château jusqu'à l'orangerie. La fête fut délicieuse ; les danses, les spectacles variés, les scènes les plus gaies et du meilleur goût furent continués jusqu'au matin.

M. Phélipeaux [1], archevêque de Bourges, avait la terre d'Herbault, à deux lieues de Cheverny ; nous avions été au collège ensemble, et notre amitié avait toujours subsisté. Il venait à Herbault pour la première fois depuis que j'étais dans le pays. Bon, aimable, plein d'esprit, et entouré d'une famille qui l'adorait, il ne voulut pas rester huit jours chez lui sans venir à Cheverny. En arrivant, il se rappela que dans son jeune âge, nous avions fait au collège un théâtre de marionnettes et que nous les avions fait jouer ; il me persécuta pour en voir, et je lui promis en plaisantant de les lui donner le soir.

Cependant je sors un instant, et, par le plus grand des hasards, je trouve dans mon antichambre un quidam qui me dit qu'il arrive de Contres, qu'il a un jeu de marionnettes et me propose de me donner son spectacle dans l'après-midi.

Je crus la chose préparée, mais il n'en était rien ; l'homme s'appelait Thouvénon, il était fils d'un marchand d'Orléans, et la folie l'avait fait entrer dans cet état ; il parcourait les provinces, associé avec une madame Gilot, nièce du fameux Nicolet [2].

---

[1] Georges-Louis Phélipeaux d'Herbault, archevêque de Bourges de 1757 à 1784. C'était un prélat fort mondain, pour ne pas dire plus.

[2] Peut-être la fille de Guillaume Nicolet, frère de Jean-Baptiste qui était le *fameux* Nicolet. (JAL, p. 911.)

Mes arrangements pris, je convins que je lui brocherais une scène se rapportant à la présence de l'archevêque, et que je ne me mêlerais de rien jusqu'à l'heure du spectacle où je ferais le compère. Je rentrai dans le salon, je me laissai persécuter par l'archevêque, je fis des difficultés ; enfin l'heure étant venue, je consentis à lui donner le spectacle. Son étonnement et celui de ses grands vicaires, entre autres l'abbé de Flamarens[1], aussi mon camarade de collège, furent singuliers. Thouvenon joua les marionnettes au mieux, et je le secondai ; la représentation fit merveille, et l'archevêque passa trois jours à se divertir.

Cependant Thouvenon me conta son histoire, me dit qu'il s'ennuyait de son état, et me proposa de se fixer près de moi. La chose était scabreuse, et je voulus avoir le temps de prendre des informations. Trois semaines après, je reçus une lettre de lui ; il me mandait que ses effets étaient en gage, qu'il s'était séparé de madame Gilot et de sa fille, que si je voulais lui envoyer quelque argent, il viendrait s'établir chez moi. J'acceptai, et il arriva avec armes et bagages de polichinelle.

Ce fut un travail fort plaisant de voir ma femme et toutes ces dames habiller superbement les marionnettes ; nous fîmes les pièces et un théâtre complet. Il se trouva que Thouvenon avait joué le rôle d'Arlequin dans des troupes d'opérateurs : il en avait dans la tête tous les canevas. Alors M. de Rancogne, mon fils, M. de Maupas et toutes ces dames se mirent à jouer des parades, et nous eûmes spectacle tous les jours. La fièvre tierce ayant gagné tous mes gens, Thouvenon devint l'*omnis homo*. Il servait et accommodait tout le monde, étant le seul en santé. Il me proposa, pour me distraire, de faire un jeu d'ombres italiennes[2] ; il réussit à l'établir, et, se rappelant toutes les scènes, il m'en fit un théâtre complet que je

---

[1] Agésilan-Gaston de Grossolles-Flamarens, que nous avons déjà vu nommer au début de ces Mémoires. Né en 1732, il fut vicaire général de Bourges et abbé du Thoronet en 1772 ; il mourut en 1785.

[2] Thouvenon avait probablement vu jouer Séraphin, le vrai fondateur des ombres chinoises en France. (Voir Jal, *Séraphin*.)

mis au net. Pour finir l'histoire de Thouvenon, il me demanda bientôt permission d'épouser une madame Fauve, veuve du maître d'hôtel du marquis de Clermont d'Amboise [1], ambassadeur en Portugal, ancien propriétaire de Cheverny, et il fut convenu qu'il l'épouserait à Pâques. Cette femme, née dans le pays et revenue à son aise chez elle, était devenue amoureuse de Thouvenon en lui voyant jouer les rôles d'Arlequin.

Le mois de février arrivant, il fallut m'en retourner à Paris, d'autant que ne pouvant me débarrasser de la fièvre tierce, que j'avais depuis le mois de septembre, je croyais que le changement ferait plus que tous les remèdes. Mes amis et mes connaissances me trouvèrent si changé que l'on ne me donnait pas trois mois à vivre. Je traînai ma fièvre jusqu'au mois d'avril. Elle cessa alors tout d'un coup, et depuis je n'ai pas eu un seul accès.

Nous avions promis à notre ami Préninville de nous rendre tous à Magnanville, où des spectacles charmants étaient préparés. C'était l'année du mariage du Dauphin [2], le malheureux Louis XVI; tous les chevaux de poste étaient pris. Un fiacre s'offrit de mettre six chevaux sur notre voiture; le marché fut bientôt fait, et nous arrivâmes en six heures, attelés de ces six rosses qui allaient comme la poste. M. et madame Randon d'Hanneucourt [3], qui étaient dans leur château sur la route, ne pouvaient comprendre comment nous avions pu prendre un pareil attelage.

Les premiers huit jours furent charmants pour les plaisirs. Mais bientôt madame de Préninville tomba malade et mourut. La perte était irréparable pour ma femme et pour moi, et

---

[1] Jean-Baptiste-François, marquis de Clermont d'Amboise, né en 1728, ambassadeur en Portugal en 1767. C'était le fils de celui dont il a déjà été question.

[2] Le mariage du Dauphin est du 15 mai 1770.

[3] On trouve dans les catalogues de 1789 (*Ile-de-France, bailliages de Mantes et Meulan*, p. 87) Jean-Antoine Randon d'Hanneucourt père, seigneur châtelain dudit lieu, et Jean-Ferdinand-Élie Randon de H., chevalier, receveur général de la généralité de Poitiers. Hanneucourt, commune de Gargenville, est, comme Magnanville, à quelques kilomètres de Mantes.

l'existence de son mari devenait bien triste. Madame de Préninville avait beaucoup d'amis, surtout en femmes : la mienne, la marquise Bernard de Boulainvilliers, toutes ses sœurs et beaucoup d'autres qui donnèrent des marques non équivoques de leur attachement pour elle.

Dès que j'eus donné le temps nécessaire à mon ami, je revins à Cheverny. J'avais fixé auprès de moi le sieur Dobel, claveciniste de la cathédrale, compositeur et homme singulièrement instruit. Ma fille profita de la ressource d'un maître excellent sous tous les rapports, et ma femme, très-affligée de la mort de son amie, avait besoin de dissipation. M. de Barassy aimait à la fureur la chasse à courre. J'avais consenti à lever un petit équipage avec lui, et nous en usâmes délicieusement. Le marquis de Lignerac, depuis duc de Caylus [1], le comte, depuis duc, de Tavannes, chevalier d'honneur de la Reine [2], étaient venus à Beauregard chez le comte de Gaucourt, de sorte que, se plaisant à Cheverny, ils passèrent toute la campagne avec nous. Thouvenon, marié et établi, imagina de faire des ombres chinoises; il réussit à merveille; ainsi j'eus un spectacle de plus pour varier nos plaisirs.

Cette année, madame de la Valette, sœur de madame de Préninville et femme de M. de la Valette, fermier général [3], s'étant fait séparer de son mari pour cause de démence, vint s'établir trois mois avec nous. C'était une femme d'esprit, grande claveciniste, aimable autant qu'on peut l'être. A l'automne, le marquis et la marquise de Cépoy (autre sœur de madame de Préninville) vinrent passer deux mois.

Madame de Cépoy s'en retourna à Paris, grosse de la fameuse madame de Buffon [4] qui a joué un rôle dans la Révo-

[1] Joseph-Louis Robert de Lignerac, créé grand d'Espagne de première classe et titré duc de Caylus en 1783. Il était en 1789 colonel du régiment de Royal-vaisseaux, grand bailli d'épée et lieutenant général de la Haute-Auvergne.

[2] Charles-François-Casimir de Saulx, comte de Tavannes, né en 1739, menin du Dauphin en 1759, chevalier d'honneur de la Reine en 1779. Le duché de Tavannes fut érigé en sa faveur en 1786.

[3] Chicoyneau de la Valette, dont il a été question.

[4] Marguerite-Françoise de Bouvier de Cépoy (1767-1808) épousa en 1784 Georges-Louis-Marie Leclerc, comte de Buffon, né en 1764, guillotiné à la

lution. Elle avait épousé le fils de l'illustre Buffon, jeune homme d'une très-jolie figure, doux et aimable, mais elle le méprisa du jour du mariage et n'habita jamais avec lui. Jolie, bien faite, ayant de l'esprit et de l'audace, elle ne tarda pas à faire des avances au duc d'Orléans, qui y répondit avec toute la rouerie dont il était capable, mais il se trompa dans son calcul ; elle le fixa de telle manière qu'il renonça à ses débauches de femmes et protesta qu'il voulait divorcer. Mettant l'un et l'autre toute honte à leurs pieds, on les vit se promener en cabriolet dans Paris. Un jour, ils firent entrer un cerf de meute par la barrière de la rue d'Antin et firent, chose sans exemple, une fin de chasse du cerf dans les rues de Paris. J'ai voulu tout de suite rapporter ce qui concerne cette femme que nous avons vue naître, que nous connaissons depuis son enfance et que nous avons abandonnée, comme le public, à l'instant de ses égarements [1].

Nous revînmes à Noël à Paris.

M. de Préninville avait loué dans la rue de la Madeleine une maison superbe. Il me pria de faire toutes les démarches les plus cachées auprès d'un M. Caquet, rue d'Enfer, ami de madame Helvétius, pour la déterminer à donner une de ses filles à son fils, Boullongne de Préninville, jeune homme d'une grande espérance. On avait amené le mariage près de la conclusion, mais il manqua par la volonté de la jeune personne, qui avait le cœur pris pour Sarlabous, alors comte de Mun [2]. Préninville maria alors son fils avec mademoiselle de Walkiers, fille de M. Walkiers, gendre de madame de Nettine, banquière de l'Impératrice à Bruxelles [3], et par consé-

fin de 1793. Ils avaient divorcé en janvier 1793, et Buffon s'était remarié en septembre à mademoiselle Daubenton, qui n'est morte qu'en 1850.

[1] Ce que l'auteur ne dit pas, c'est que madame de Cépoy, alors madame de Castera, mère de la jeune femme, accompagna le duc d'Orléans en Angleterre avec sa fille, avant que celle-ci eût épousé M. de Buffon, et que toutes deux trônaient dans les salons du Palais-Royal. (NADAUD DE BUFFON, *Buffon et sa famille*, p. 204.)

[2] Le mariage, comme on l'a dit, eut lieu en 1772.

[3] Jean-Baptiste Tavernier de Boullongne, seigneur de Magnanville, épousa Louise-Jeanne-Josèphe Walkiers. M. de Chastellux cite les actes de naissance

quent nièce de madame de La Borde, femme du banquier de la cour. Cette demoiselle réunissait à la meilleure éducation une tête belle et spirituelle, et un attachement de Flamande. Le jeune homme était grand, bien fait, et avait de l'esprit; ainsi, à tous égards, c'était un des mariages les plus intéressants de Paris.

Dans le même temps, M. de Boullongne, son oncle, traita avec son frère [1], pour le fils de celui-ci, de la place de trésorier de l'extraordinaire des guerres, et ces jeunes gens se trouvèrent à la tête d'une fortune de quatre-vingt mille livres de rente, avec la plus belle place de la finance.

L'autre place était possédée par M. Mégret de Serilly [2] (neveu de M. de Pange, ancien trésorier de l'extraordinaire des guerres), bon, aimable, sensible et doué de toutes les qualités d'un galant homme, généreux, magnifique, capable de tous les procédés, et élevé dans une aisance qui approchait de la prodigalité. Il avait épousé mademoiselle de Domangeville [3], sa cousine, et il vivait dans une superbe maison, rue Vieille-du-Temple, vis-à-vis l'égout, avec sa mère, la plus respectable des femmes, sœur de M. Thomas de Pange, et avec son frère Mégret d'Étigny, officier aux gardes, un des plus estimés du corps [4]. Cette maison n'était pas ouverte à tout le monde. J'y fus introduit par son collègue Boullongne, et cette société me convenait à tous égards. Le baron de Vioménil, le comte de Bercheny [5], le bailli

---

de trois de leurs enfants de 1774 à 1780. Il a déjà été fait une note sur la famille Walkiers.

[1] M. de Préninville.

[2] Antoine-Jean-François Mégret de Sérilly, qui depuis 1772 était adjoint et survivancier de M. de Pange (voir ci-dessous), trésorier de l'extraordinaire des guerres, frère de sa mère, lequel mourut en 1780. Il était fils d'Antoine Mégret d'Étigny, intendant de Pau et d'Auch, dont nous avons parlé, et de Françoise Thomas de Pange.

[3] Louise Thomas de Domangeville. Elle avait un frère dont on parlera plus tard, et qui périt à la Révolution.

[4] Antoine-Jean-Marie Mégret d'Étigny, qui devint aide-major aux gardes-françaises.

[5] François-Antoine-Ladislas, comte de Bercheny, né en 1744, second fils du maréchal, mestre de camp après son frère du régiment de cavalerie hon-

de Saint-Simon [1], le marquis de..., leur beau-frère [2], étaient tous de ma connaissance ; nous devînmes intimes, et cette liaison a subsisté jusqu'à l'accident horrible et funeste qui nous a séparés.

Ce fut vers ce temps-là que mon médecin Duchesnay, dont la tête baissait à vue d'œil, vint me persécuter pour lui donner retraite à Cheverny ; il était, disait-il, assez riche pour être heureux. Je l'acceptai, en réfléchissant que ses excellents principes pourraient encore se propager dans nos environs, où il s'en fallait beaucoup que les chirurgiens pussent se vanter de quelque habileté. M. de Cypierre, sans cesse occupé du bien public, faisait faire à Orléans des cours d'accouchement gratuits, et même aidait les femmes qui suivaient ces cours. J'y avais envoyé des femmes de mes paroisses, mais la confiance routinière portait les paysans à se servir des personnes qui n'avaient pour elles que la vogue.

Ne perdant de vue aucun objet qui pût m'être utile, M. de Cypierre arriva le jour de l'an chez moi, et, me montrant un plan, il me dit : « Mon ami, nous sommes tous « mortels ; je puis être dépossédé ou être employé ailleurs. « Votre chemin de Blois à Cheverny est détestable » (il disait la vérité, car quoiqu'il n'y ait actuellement que six mille huit cents toises, moyennant les sinuosités, avec six chevaux

---

groise de son nom, avait épousé en 1769 Louise-Adélaïde Thomas de Pange, fille de Jean-Baptiste Thomas, marquis de Pange, commandeur trésorier général de l'ordre de Saint-Louis et de l'extraordinaire des guerres (celui dont il est question ci-dessus), et de Marie-Adélaïde de Chambon d'Abouville. Elle mourut en 1777. M. de Bercheny se remaria la même année à une demoiselle Prudence-Adélaïde-Thérèse de Santo-Domingue. (*Gazette* du 19 décembre 1777.)

[1] Charles de Rouvroy de Saint-Simon Sandricourt, commandeur de Malte en 1760, bailli et ambassadeur de l'ordre en France en 1775. Le marquis de Saint-Simon (Claude-Anne), grand d'Espagne, brigadier des armées du Roi, colonel du régiment de Touraine, avait épousé une demoiselle Françoise de Pange, morte en 1776, fille de Jean-Baptiste et de sa seconde femme, née d'Espinoy.

[2] Le beau-frère des Mégret. Ce doit être Anne-Louis de Quengo, marquis de Crénolles, marié en 1763 à Françoise-Marguerite Mégret d'Étigny, fille de l'intendant ; elle mourut en 1776.

sur une berline, il fallait trois heures pour se rendre de l'un à l'autre endroit); « j'ai dans ma poche l'arrêt du Con-
« seil, qui ouvre le chemin de Blois à Romorantin; il y
« aura un embranchement à la patte d'oie, qui ira par
« Contres dans le Berry, et par Mont à Bracieux et la haute
« Sologne. Je suis le maître de le faire commencer dès cette
« année en prenant la direction de Cour-Cheverny, mais
« ce qui m'arrête, ce sont quelques sinuosités; je vous
« apporte le plan. Si vous voulez que le chemin soit droit, il
« faut attendre trois ans pour le commencer; on en mettra
« six à le faire, total : neuf ans. Autrement je vous promets,
« si cela vous convient, de le faire d'ici à six ans jusqu'à
« votre porte. »

Alors il déroula le plan; je vis qu'il fallait faire trois ponts; l'utilité était notoire, il ne l'aurait pas proposé sans cela. M. Trudaine [1] et tous les ingénieurs étaient d'accord. Le travail devait être fait par corvée. M. de Cypierre me dit : « Je compte sur votre amitié pour y contribuer en allégeant
« les pauvres, puisque ce chemin est si utile pour vous. »
Je me taxai moi-même à douze mille livres, payables deux mille livres par an. A l'instant, les ouvriers furent mis, et dans les six ans, j'eus un chemin et trois ponts très-beaux. Je ne fais pas une fois ce trajet sans avoir présente à l'esprit la reconnaissance que je dois à M. de Cypierre [2].

[1] Daniel-Charles Trudaine (1703-1769), intendant des finances et directeur des ponts et chaussées.
[2] « Les relations amicales de M. le comte Dufort, seigneur de Cheverny,
« avec M. de Cypierre, intendant de la généralité, contribuèrent à doter le
« pays de cette ligne importante. » Les plans furent dressés et les travaux de la chaussée et des ponts de Saint-Gervais, Clenord et Cheverny dirigés par M. Roger, ingénieur en chef de la généralité. (BERGEVIN et DUPRÉ, *Histoire de Blois*, t. I, p. 575.)

CHAPITRE XIV

L'exil de M. de Choiseul. — Visite à Chanteloup. — Entourage du duc. — Récit d'une conversation avec le Dauphin. — Le parlement Maupeou. — Le conseil supérieur de Blois. — Le marquis de Pezay et madame de Cassini. — Collé. — La *Partie de chasse de Henri IV* jouée à Cheverny. — Le château de Betz. — La petite vérole de Louis XV. — Intrigues de la cour. — Mort du Roi. — Louis XVI. — M. de Sartine. — M. de Maurepas. — Malesherbes. — M. Amelot. — M. de Vougny. — M. Boësnier-Delorme et le jeune Massalski. — L'influence du marquis de Pezay; sa mort. — Ce que devient son portefeuille secret. — Mademoiselle Dufort épouse le comte de Toulongeon. — Mort de madame Le Gendre.

Cependant les choses étaient bien changées à Versailles. Le duc de Choiseul et son parti n'avaient pas voulu encenser la nouvelle maîtresse, madame du Barry; le Roi, fort décidé sur son autorité, et en même temps faible comme un vieillard qui se laisse entraîner par la passion, avait appelé l'abbé Terray[1] et M. de Maupeou[2]. La bombe creva, M. le duc de Choiseul fut exilé[3]; il reçut à l'instant l'hommage de tous les honnêtes gens et de tous les mécontents.

Je ne marquais plus en rien, mais le sentiment de la reconnaissance était au fond de mon cœur. Dès que le duc fut arrivé à Chanteloup, je lui écrivis pour lui demander si je pouvais dans ces premiers moments partager son exil. Il m'écrivit de sa main une lettre charmante, dans laquelle il

[1] Joseph-Marie Terray (1715-1778), conseiller clerc à la grand'chambre de 1736, prit une part active à l'expulsion des Jésuites, et se trouva mêlé à toutes les affaires de finances. Il fut contrôleur général de décembre 1769 à août 1774.

[2] Chancelier depuis 1768. On peut voir dans les *Mémoires du duc de Choiseul* (1790, 2 vol. in-8°), mémoires peu intéressants, mais d'une authenticité non douteuse, le rôle que le duc attribuait à l'abbé Terray et au chancelier Maupeou dans les intrigues qui amenèrent sa disgrâce (t. I, p 57).

[3] Le 24 décembre 1770.

me marquait qu'on ne lui avait pas défendu de voir ses amis. A l'instant je partis pour Chanteloup; il me fallait quatre heures de chemin. J'arrivai à midi au moment où l'on allait à la messe.

La compagnie était nombreuse : le duc et la duchesse de Choiseul; la duchesse de Gramont; le marquis de Voyer; le duc de Gontaut; le comte de Boufflers[1]; l'archevêque de Tours, M. de Conzié[2]; le duc de Laval[3]; le marquis Donnezan-Bonnac; l'abbé Barthélemy[4]; l'abbé Billardi[5] (toutes personnes de Paris ou de la cour); M. de Stainville, et l'archevêque de Cambrai, Choiseul, troisième frère du duc[6]. La duchesse de Gramont prit mon bras pour la conduire à la chapelle.

Cette compagnie me représentait la cour; tout y était grand et magnifique. Le duc, bon et sensible, non-seulement n'avait pas voulu renvoyer un de ses gens, mais il avait permis à tous d'amener leurs femmes. Le comte de Boufflers, qui l'avait suivi dans son exil, aimait la chasse; sur-le-champ il y avait eu un équipage magnifique, et l'on chassait le cerf deux fois par semaine, dans des bois percés comme un grand parc. Le reste du temps, chacun menait

---

[1] Plutôt le marquis Charles-Marc-Jean de Boufflers-Remiencourt, grand bailli de Beauvais, inspecteur général d'infanterie. C'était le frère aîné du chevalier.

[2] M. de Conzié était alors évêque de Saint-Omer; il ne fut nommé à Tours qu'en 1774. L'archevêque de Tours était à ce moment Mgr de Rosset de Fleury.

[3] Guy-André-Pierre, duc de Montmorency-Laval (1723-1798), qui devint maréchal de France en 1783.

[4] Jean-Jacques Barthélemy (1716-1795), garde du cabinet des médailles, l'auteur du *Jeune Anacharsis*. Il avait connu le duc en Italie, en 1755.

[5] C'était le nom sous lequel il était connu, mais il s'appelait Beliardi ou Belliardi. Il était d'une famille originaire d'Espagne, et avait été employé par le duc de Choiseul dans la négociation qui précéda le Pacte de famille. Il figurait encore dans les bureaux des affaires étrangères à la fin de la monarchie, et mourut vers 1792. (Vatel, *Madame du Barry*, t. III, p. 162 et 228.) Il était abbé de Saint-Florent, diocèse d'Angers, et membre de la Société d'agriculture. (*Almanachs royaux*, 1767-1790.)

[6] Léopold-Charles de Choiseul (1724-1774), évêque d'Évreux, ensuite archevêque d'Alby, puis de Cambrai en 1764.

la vie qui lui convenait. C'était alors la fureur du billard, et madame la princesse de Poix[1] y jouait toute la matinée.

On faisait un déjeuner, on dînait à midi et l'on se quittait à quatre heures pour se réunir dans le salon à huit heures. La duchesse de Choiseul aimait le trictrac, elle nous fit la chouette au comte de Boufflers et à moi; pendant ce temps, le duc jouait aux échecs avec l'abbé Billardi. Le reste de la société s'occupait à causer, à voir des gravures superbes. Le souper était bon et solide, sans magnificence; on se mettait à table à neuf heures, on en sortait à dix, alors on commençait un trictrac ou d'autres parties qui finissaient à minuit.

A minuit ou une heure, allait se coucher qui voulait; alors restaient le duc et la duchesse, madame de Gramont, l'abbé Barthélemy, l'abbé Billardi, M. de Gontaut, etc. Je n'ai jamais de ma vie entendu de conversations plus intéressantes; elles se prolongeaient jusqu'à trois heures du matin[2]. La quantité d'anecdotes, la bonhomie du duc qui souffrait les questions, qui permettait des réflexions sur certaines opérations de son ministère, qui en donnait les motifs et convenait quelquefois des fautes dans lesquelles il avait été entraîné, rendaient ces soirées précieuses pour un observateur.

Je vais consigner ici une anecdote que M. de Choiseul nous raconta en petit comité, pendant ces charmantes veillées de Chanteloup.

Le Dauphin, avec de l'esprit et beaucoup de connaissances, avait toujours été entouré de Jésuites. C'étaient eux qui l'influençaient sourdement pour toutes les places à sa disposition. Ils avaient placé à la tête de son éducation le duc de la Vauguyon dont ils avaient fait la fortune, et

---

[1] Anne-Louise-Marie de Beauvau, née en 1750, mariée en 1767 à Philippe-Louis-Marc-Antoine, marquis de Noailles, prince de Poix.
[2] On peut voir dans la *Correspondance de la marquise du Deffand* (édition LESCURE, t. II, p. 250 et suiv.) une description à peu près pareille de la vie qu'on menait à Chanteloup.

Sinety[1], sous-gouverneur, Jésuite au fond de l'âme, quoique capitaine aux gardes. Le saisissant par tous ses goûts pour les arts (car il en avait), le louant finement sur ses mœurs qu'ils comparaient à celles de son père, ils en faisaient un martyr de chasteté en flattant sa vanité. L'attentat de Damiens avait relevé l'espérance jésuitique; avec un changement de règne, un prince d'un âge mûr et ayant une volonté, ils se voyaient déjà les maîtres du royaume.

Le Dauphin, n'étant pas encore attaqué de la maladie qui l'a miné, assistait régulièrement au conseil, avait son avis, le donnait bien, et, ménageant la jalousie de son père, ne faisait de l'opposition aux ministres que pour les choses qui lui étaient comme personnelles.

Or, l'affaire des Jésuites lui était chère. Le Parlement avait prononcé[2], il ne fallait plus que la sanction du conseil, et le duc de Choiseul fut le rapporteur de l'affaire. Le jour fut pris à quinzaine. Le duc fut impénétrable; toutes les menées du parti jésuitique échouèrent, il faisait son travail avec ses affidés, et l'abbé de Chauvelin y avait une grande part. Il répandit exprès le bruit que le jour était fixé au vendredi suivant, et c'était le mercredi. Alors le parti alarmé, sachant qu'on pouvait les expulser irrévocablement, puisque les parlements étaient décidément contre eux, employa le seul moyen qui lui restait, c'était de faire intervenir le Dauphin à visage découvert, et de le faire aller droit au but. Le Dauphin fêtait peu le duc de Choiseul, il l'accueillait froidement, mais il lui parlait comme à un premier ministre; car sans l'être il en jouait le rôle. Il l'envoya donc chercher le jeudi, et M. de Choiseul arriva. C'est lui qui va faire le récit; il est trop bien gravé dans ma mémoire pour que j'en aie oublié un mot[3].

---

[1] André, marquis de Sinety, maréchal de camp, sous-gouverneur des Enfants de France, puis premier maître d'hôtel du comte de Provence, mort en 1773. (*Gazette de France* du 2 avril.)

[2] Le Parlement avait rendu, le 6 août 1761, un premier arrêt, qui condamnait la doctrine des Jésuites et ordonnait la fermeture de leurs écoles. Un second arrêt du 6 août 1762 leur enjoignait de quitter le royaume.

[3] Cette scène n'est point du tout celle que rapporte le duc de Choiseul dans

Le Dauphin. — « Je vous ai envoyé chercher, monsieur,
« pour savoir quel jour vous rapporterez au conseil l'affaire
« des Jésuites.

Le duc. — « J'espère, Monsieur, que ce sera pour après-
demain.

Le Dauphin. — « On me l'avait dit. Vous êtes donc tout
« prêt? Je ne doute pas que vous n'ayez examiné cette
« affaire dans tous les sens.

Le duc. — « J'ai fait de mon mieux.

Le Dauphin. — « Sans vous demander quelles sont vos
« conclusions, je ne puis m'empêcher de vous assurer que
« j'y prends le plus grand intérêt.

Le duc. — « Reste à savoir comment Monsieur l'entend.
« Je suis ministre chargé de la confiance du Roi, et je ne
« cacherai pas au fils d'un grand monarque, à l'héritier de la
« plus belle monarchie, ma façon d'agir et de penser. Mes
« conclusions, Monsieur, sont toutes contre la société.

Le Dauphin. — « Je vous préviens que je m'y opposerai
« de tout mon pouvoir.

Le duc. — « Quoi! Monsieur leur serait attaché au point
« de leur sacrifier les intérêts les plus forts?

Le Dauphin. (*Avec vivacité*). — « Oui, monsieur, et s'il
« fallait donner la moitié du royaume pour les conserver,
« j'en ferais le sacrifice.

Le duc. — « Quoi, Monsieur, c'est l'homme le plus respec-
« table du royaume, l'héritier d'un trône tel que celui de la
« France, qui me dévoile ainsi ses préjugés! J'ose vous le
« dire, Monsieur, dussé-je mériter votre courroux et payer
« de ma tête par la suite mon audace de vous dire la vérité,
« voici les preuves; je les soumets à votre excellent juge-
« ment. (Et dans le moment il se baissa en le prenant par le

---

ses *Mémoires* déjà cités (t. I, p. 33), et que Bésenval reproduit presque dans
la même forme, scène connue, pendant laquelle le duc aurait dit au Dauphin :
« Je puis avoir le malheur d'être votre sujet, mais je ne serai jamais votre
« serviteur. » Celle que rapporte ici l'auteur doit avoir eu lieu en 1764, tandis
que l'autre est de 1760.

« bas de son justaucorps.) J'en appelle, Monsieur, aux vertus
« qui ont brillé en vous, à votre prudence, à votre honneur.
« La résistance qu'un sujet met vis-à-vis du fils de son roi,
« de celui qui sera un jour roi lui-même, vous fera juger
« de la conviction où je suis qu'il est nécessaire de confirmer
« l'arrêt du Parlement. Quoi ! c'est Monsieur le Dauphin
« qui sacrifierait la moitié de son royaume pour conserver le
« reste à une société qui a fait et ferait encore le malheur de
« la France ! J'en appelle à la postérité et à des temps plus
« calmes. Que cet Ordre trouve des moyens pour atténuer
« mes conclusions au conseil, qu'il fournisse des pièces pour
« sa défense, mais rien ne me fera transiger sur mes devoirs.
« Je préviens Monsieur, puisqu'il m'a ordonné de lui dire
« mon avis. »

Ils se quittèrent. Sans doute le duc eut le soin d'instruire le Roi de cette conversation, c'est ce qu'il ne nous dit pas; mais ce qui est certain, c'est que le rapport fut fait, et que l'arrêt du Parlement fut confirmé [1].

Jamais huit jours ne m'ont passé si vite, malgré l'étiquette qui ne me plaît guère. On était vêtu comme on voulait toute la journée; mais lorsqu'on descendait à huit heures dans le salon, il fallait être mis comme à la cour. Toutes les femmes étaient en grand panier et superbement habillées et coiffées.

Tout le temps que le duc de Choiseul a vécu, je n'ai cessé d'aller à Chanteloup passer huit jours en automne, même après que son exil fut fini; c'était un devoir que je m'étais imposé, et que je voudrais encore pouvoir lui rendre. Leurs lettres étaient alors interceptées par Magnanville [2]; madame la duchesse de Choiseul me chargea d'une correspondance [3], et je fus trop heureux de lui être utile, d'autant que j'étais bien sûr qu'ils ne tramaient rien contre l'État. Je reviendrai souvent sur les conversations de Chanteloup, qui m'ont fourni une quantité d'anecdotes précieuses. Je me

---

[1] L'édit du Roi supprimant la société des Jésuites est de novembre 1764.
[2] J'ignore ce que cela veut dire. Est-ce un homme ou une localité?
[3] Ici un mot que je n'ai pu lire : à Bou..i.

bornerai pour le moment à suivre rapidement le cours des événements.

En revenant de Chanteloup, je trouvai une lettre de M. de Cypierre. Il me mandait qu'il avait obtenu en remise pour son département trois cent mille livres, qu'il en destinait vingt cinq mille pour l'élection de Blois, et il me priait de m'informer des besoins de la province dans mon arrondissement, surtout des gens pauvres, et de l'éclairer de toutes les manières. Pour m'aider dans ce travail, il m'envoyait celui du subdélégué. « Quoi qu'on dise des intendants, ajoutait-il, je veux « prouver à mon ami que sans faire parade ni de probité ni « de religion, je ferai les choses de manière que ma conscience « ne me reprochera rien. » Je fis ce travail avec grand plaisir, et j'eus la satisfaction de tirer deux honnêtes familles de la misère, et de les remonter de telle sorte qu'elles ont actuellement une fortune.

Nous revînmes tous à Paris, après avoir donné quelques jours à nos amis de l'intendance.

M. de Maupeou avait culbuté les parlements, et le parlement Maupeou fut créé [1]. Barassy était revenu à Paris avec nous, par le plus grand malheur possible. Il voulut faire preuve de zèle, et comme il était conseiller au grand conseil, il y alla. M. de Boynes [2] travaillait alors cette cour pour lui faire prendre la place du Parlement [3]. Il ne fallait pas grande finesse pour persuader Barassy; nous le vîmes donc arriver un jour tout glorieux et nous annoncer qu'il était du conseil supérieur de Paris. Tous nos amis, tous nos parents, madame la comtesse de Pons à la tête, étaient furieux; moi, qui étais cousin de deux présidents à mortier et de M. Dupuis de Marcé, conseiller au Parlement, sans compter d'autres parents plus éloignés, je me déterminai à lui parler franche-

---

[1] Le 13 avril 1771.
[2] Bourgeois de Boynes, secrétaire d'État.
[3] Le parlement Maupeou ne comprenait plus que la grand'chambre, composée en grande partie des membres du grand conseil, et une chambre des enquêtes. Cela dura jusqu'en 1774, époque à laquelle les parlements furent rétablis par Louis XVI.

ment; ma femme se fâcha. Enfin nous obtînmes qu'il donnerait sa démission. Il le fit un peu forcément, mais la maladresse de s'être laissé installer lui valut l'honneur d'une belle lettre d'exil, et il fut envoyé au Pont-Sainte-Maxence.

Il n'y fut pas huit jours que la tête pensa lui tourner. Je fis agir nos amis, surtout le président de Salaberry et M. de Sartine, lieutenant de police. On prouva que Barassy ne pouvait s'occuper d'un travail assidu; sa charge fut supprimée, et il fut pourvu d'une charge de conseiller à la cour des aides, à condition qu'il ne ferait aucune fonction [1]. Il fut trop heureux de revenir à Cheverny après cette belle équipée.

Quant à mon cousin germain, M. Dupuis de Marcé, conseiller de grand'chambre, dont je viens de parler, il avait, comme nos autres parents, partagé le sort de sa compagnie; il fut exilé à quatre lieues de Paris. Il était entouré de sa sœur, madame la comtesse de Beaujeu, de son neveu, le comte de Bonthillier-Chavigny, et de ses autres parents. Nous eûmes alors l'occasion de le voir souvent et de lui tenir fidèle compagnie. C'était un honnête homme, estimable sous tous les rapports.

Au printemps, je retournai à Cheverny comme à l'ordinaire. Ma fille nous accompagnait et ne nous quittait plus. Mon fils vint nous rejoindre avec son camarade d'études, le jeune Barassy, alors au service.

Je ne tardai pas à m'apercevoir que la régie de ma terre était on ne peut plus mal faite, et je me déterminai à la donner à mon procureur fiscal, le sieur Bimbenet, homme de mérite à tous égards; il a conservé la place pendant vingt-trois ans. Je lui rends cette justice que la probité a été la base de sa conduite, et que son intelligence, jointe à son humanité, m'ont peut-être sauvé des horreurs de la Révolution; il n'a jamais fait assigner ni renvoyer un de mes fermiers et closiers, et j'ai toujours eu les mêmes, c'est-à-dire les plus honnêtes gens du pays.

---

[1] Il figure à l'*Almanach royal* comme conseiller à la cour des aides avec la date de 1748, qui est celle de son entrée au grand conseil.

Notre société intime s'était augmentée de mademoiselle Boësnier et de mademoiselle Germon. M. Boësnier-Delorme était homme d'esprit et du meilleur ton, mais il avait la tête tournée des philosophes et des économistes. Il ne fut pas difficile de l'entraîner dans le nouvel ordre de choses, de sorte que nous apprîmes en arrivant qu'il était entré dans le conseil supérieur de Blois, dont un M. de Saint-Michel était président [1]. Le président de Salaberry et sa femme ne nous quittaient plus; il n'était guère dans nos principes de souffrir dans notre société un homme qui agissait d'une façon si opposée à notre manière de voir. Il fallut employer la persuasion, la force de la vérité, et en quatre jours de temps nous le forçâmes à donner sa démission et à rentrer dans l'ordre des honnêtes gens.

Le neveu de M. Delorme, M. Masson de Pezay, commençait à faire du bruit dans le monde. Il était, comme je l'ai dit, frère de la marquise de Cassini, qui vivait alors avec le prince de Condé, et depuis avec le comte de Mallebois [2].

Lié avec Dorat et d'autres poètes, il les amena à sa terre de Pezay, qui valait deux mille livres de rente, mais qu'il avait décorée de sa propre autorité du titre de marquisat.

Il mangeait considérablement d'argent qu'il trouvait, comme il me l'a dit, en faisant feu des quatre pieds. Il s'était mis dans la tête d'arriver au ministère, et si la mort ne l'avait pas arrêté dans sa course, il y avait tout à parier qu'il y serait parvenu.

[1] L'ordonnance de 1771 avait réduit considérablement le ressort du Parlement de Paris. Les provinces distraites étaient réparties entre six nouvelles cours nommées conseils supérieurs. Un de ces conseils siégeait à Blois avec un ressort très-vaste qui comprenait Tours, Bourges, le Mans, Angers, Châteauroux, Mayenne, etc. On avait pris autant que possible les éléments de cette nouvelle compagnie dans l'ancienne Chambre des comptes de Blois, et M. de Saint-Michel, dont il est question ici, était président de cette chambre depuis 1758. Lorsque l'avènement de Louis XVI remit les choses dans l'ancien état, la cour supérieure fut supprimée. Il en fut de même de l'ancienne Chambre des comptes. (V. Bergevin et Dupré, *Histoire de Blois*, t. I, p. 162 et suiv.)

[2] Madame de Cassini fut compromise en 1790 à cause de sa liaison avec M. de Maillebois, auquel on imputait des projets de contre-révolution. V. la *Correspondance secrète* (Lescure), t. II, p. 437.

Il vint donc s'établir à Pezay pendant six semaines avec le faste d'un jeune homme de la cour. Tous les parents de sa mère étaient à Blois, il voulut les séduire, et il y mit l'adresse et l'astuce d'un courtisan.

Il voulut voir aussi tous ceux qui habitaient les châteaux. Ses charmantes cousines, madame Boësnier la jeune et mademoiselle Germon, les femmes les plus aimables de la province, furent choisies pour faire les honneurs. Nous étions trop liés avec la famille (d'ailleurs il venait avec moi souvent à Paris) pour n'être pas invités, et nous y passâmes quatre jours dans les plaisirs les plus vifs.

Collé [1], attaché au duc d'Orléans, avait fait la pièce de Henri IV, elle n'était que manuscrite : M. le duc d'Orléans voulut la jouer à Bagnolet. J'étais allé à deux représentations. Le duc d'Orléans faisait Michaud et jouait à ravir ; la pièce fit assez de bruit. Elle fut imprimée, mais sans qu'on donnât la permission de la jouer. Toutes les sociétés jouant la comédie voulurent la représenter, et madame de Préninville ne fut pas des dernières. Brizard [2], acteur noble, jouait dans plusieurs sociétés. Le président de Salaberry, calqué sur Henri IV pour l'esprit, le cœur, les goûts, les manières, fut recherché pour jouer ce rôle. On ne pouvait choisir une ressemblance plus véritable. Tout Paris voulut en jouir ; ce fut un enthousiasme. Il y avait un charmant théâtre chez mademoiselle Verrière [3] à Auteuil ; il y eut quatre représentations de tous les acteurs renommés de la société, et ce fut pour la ville et la cour l'amusement de tout l'hiver.

Dès que nous fûmes de retour à Cheverny, nous nous

---

[1] Charles Collé (1709-1783). Il fut secrétaire et lecteur du duc d'Orléans, dont ses pièces licencieuses défrayèrent pendant plus de vingt ans les spectacles privés. La *Partie de chasse de Henri IV* (1774) fut le modèle d'un genre nouveau et obtint un grand succès.

[2] J. B. Brisard, dit Brizard, d'abord peintre, puis acteur célèbre.

[3] Mesdemoiselles Verrière, dont le nom véritable était Rainteau. On sait le rôle que la cadette a joué dans la vie de M. d'Épinay. (V. les *Prodigalités d'un fermier général*, par E. Campardon.) M. de Salaberry n'en était pas à son début sur le théâtre de ces demoiselles, et Bachaumont le cite, le 6 mai 1763, comme tenant un rôle de valet dans les *Surprises de l'amour*.

distribuâmes les rôles : je fis Michaud; ma femme, sa fille; madame de Salaberry, la tante; le président, Henri IV, et M. Delorme, Sully. Je fis préparer les décorations et les habits en conséquence. Tous les environs voulurent partager nos plaisirs; on y mêla des opéras-comiques, et je me souviens qu'à la première représentation nous jouâmes le *Déserteur*, comme deuxième pièce. Le président fit le déserteur, et moi Montauciel.

Cette année, madame Le Gendre vint faire un voyage à Cheverny; elle avait fait acheter à sa mère la terre de Betz, dans le Valois, de M. de Lévignen [1], père de M. de Nantouillet, maître des cérémonies. Nous revînmes à Paris. Madame Roslin, âgée de plus de quatre-vingt-deux ans, petite vieille toute raccornie, mourut d'un catarrhe. A la suite de cet événement, madame Le Gendre prit dans les partages la terre de Betz et acheta dans la rue de la Madeleine, de la succession du bailli de Fleury [2], ambassadeur de Malte, l'hôtel où il demeurait.

M. Rousseau s'était lié avec tous mes beaux-frères; il cherchait à s'établir, et vint m'annoncer son mariage avec mademoiselle de Kessel [3], sœur de madame de Saint-Priest [4], dont le mari était maître des requêtes; nous fîmes alors de concert toutes les démarches pour lui procurer la place de receveur de la ville, mais nous échouâmes [5].

M. de Salaberry avait pour parent un M. de Saint-Victour [6],

---

[1] Louis-François Lallemant, comte de Lévignen, maître des requêtes en 1719, intendant à Alençon de 1726 à 1766, mort en 1767. Marie-Charles-François-Xavier Lallemant de Nantouillet, seigneur de Marly la Ville, maître des cérémonies en survivance de M. Desgranges en 1758, était de la même famille, mais il était fils d'Étienne-Charles-Félix, fermier général et receveur général de Soissons, frère cadet du maître des requêtes.

[2] Pons-François de Rosset de Fleury (1728-1774), frère du duc de Fleury.

[3] Marie-Anne-Julie de Kessel. Leur fille épousa en 1790 le comte de Casteras de la Rivière.

[4] Élisabeth-Louise-Victoire de Kessel, mariée à Charles Brochet de Saint-Priest (CHASTELLUX). M. de Saint-Priest était maître des requêtes depuis 1762.

[5] Il fut nommé plus tard, en 1784. V. chapitre XVII.

[6] Le sieur Fénis de Saint-Victour, gouverneur de Tulle, avait fondé dans cette ville une manufacture d'armes. Il obtint le 27 décembre 1777 des lettres

qui avait formé une manufacture de fusils à Tulle. Quelque répugnance que j'eusse à me fourrer dans aucune affaire, mon amitié pour lui m'y fit consentir. M. Rousseau, M. de Salaberry, un M. Gaudissart et moi la prîmes. Mais malgré 600,000 francs de fonds que nous y mîmes, nous ne tardâmes pas à nous apercevoir qu'elle nous ruinerait, ne touchant aucun intérêt. Au bout de cinq ans nous fûmes trop heureux que mon ami Sérilly, qui avait les reins autrement forts, voulût bien prendre nos parts. Nous nous en retirâmes, et Rousseau, qui avait dirigé l'affaire, resta notre débiteur à chacun pour une quarantaine de mille francs; Rousseau, qui avait fini par être nommé receveur de la ville, mourut peu de temps après d'une fièvre maligne, laissant du vide dans sa fortune, et je regarde cette somme comme très-hasardée.

Cependant M. le duc de Choiseul fut rappelé à Paris, simplement par la mort de Louis XV. Cet événement, qui m'attrista par l'attachement que j'avais eu pour le Roi, fera que je m'y appesantirai quelque peu.

J'étais fort lié avec le prince souverain duc des Deux-Ponts [1], qui logeait dans la rue Neuve Saint-Augustin. J'étais même sur le point de me rendre à son invitation pour me laisser nommer, comme il le désirait, envoyé aux Deux-Ponts, place qui nous aurait d'autant moins gênés, ma femme et moi, que c'était tous les ans un voyage de trois mois chez le plus charmant prince possible. Lui et la comtesse de Forbach, qu'il avait épousée de la main gauche et dont il avait deux enfants légitimés, auraient fait pour nous la plus aimable des sociétés. J'arrivai donc chez lui à sept heures du soir; il n'y avait en visite que le maréchal de Soubise. Un courrier arriva qui jeta le trouble dans le sa-

---

patentes érigeant cette fabrique en manufacture royale, avec privilége de fournir des armes à feu à la marine et aux colonies. (*Gazette de France* du 6 mars 1778.)

[1] **Chrétien II (1722-1773)**, souverain des Deux-Ponts depuis 1735. Il avait épousé morganatiquement mademoiselle Camache, danseuse de l'Opéra, à laquelle il donna le titre de comtesse de Forbach.

lon, en nous annonçant que le Roi avait la petite vérole.

Quelle triste condition qu'un roi mourant! J'allai à Versailles le 5[1]; c'était une infection jusque dans l'œil-de-bœuf. Je me contentai de demander La Borde, premier valet de chambre de service, mon ami d'enfance. La petite vérole allait, disait-on, le mieux du monde. Cependant on avait signifié à madame du Barry de sortir du château. Madame soignait le Roi et s'était emparée de toutes les avenues. Le Roi, livré aux médecins, entre ses quatre rideaux, s'occupait de son mal. Aussi silencieux malade qu'il était causant en santé, il ne parlait que pour demander ce dont il avait besoin. La Borde était le seul à qui il se fiât, à cause de son dévouement à son maître et de l'attachement qu'il portait à madame du Barry.

La Borde me conta qu'il l'avait appelé le matin d'une voix ferme, l'avait fait approcher, avait regardé s'il était seul avec lui, et lui avait dit : « Et madame du Barry, où est-« elle? » La Borde lui avait répondu sans hésiter : « Sire, elle « est partie ce matin. » Qu'alors le Roi avait dit : « Quoi! « déjà? » La Borde s'était aperçu qu'il lui sortait deux grosses larmes, et qu'il s'était renfoncé dans son lit, sans plus ouvrir la bouche.

On me raconta que cette nuit il était veillé par tout le service; le duc de Liancourt[2] était à la cheminée, et il régnait un grand silence; on croyait le Roi endormi. Le Roi appelle le duc de Liancourt et lui dit : « Avez-vous eu cette année

---

[1] Le 5 mai. C'est le 27 avril que le Roi avait été amené de Trianon. On peut consulter, sur les détails du départ de madame du Barry, MM. de Goncourt (*la du Barry*, chap. xi), où il est question de La Borde, qui, paraît-il, aurait fait part à Soulavie de ses souvenirs personnels. Voir aussi Vatel (*Histoire de madame du Barry*, t. II, p. 326 et suiv.). Besenval parle du rôle que joua La Borde dans cette circonstance. (*Mémoires*, édition Didot, p. 151.)

[2] François-Alexandre-Frédéric, duc de la Rochefoucauld-Liancourt (1747-1824); c'est le célèbre philanthrope. Il avait eu en 1768 la survivance du duc d'Estissac, son père, comme grand maître de la garde-robe. M. P. Cottin vient de publier (*Revue rétrospective*, t. II) un Journal inédit de la dernière maladie de Louis XV par le duc de Liancourt.

« aux fêtes de Noël le moine jouant du violon au milieu de
« la rivière? — Oui, Sire », répondit le duc. La conversation
en resta là; tout le monde se regardait en se disant des
yeux : « Il a le transport », lorsque le duc, prenant la parole,
expliqua ce droit de féodalité du duché de Liancourt. Ses
auteurs avaient donné de grandes possessions aux moines,
sous l'expresse condition que tous les ans, à Noël, un moine
se mettrait dans un bateau au milieu de la rivière, et jouerait
un air de flûte ou de violon, avec droit au seigneur propriétaire de rentrer dans la donation s'ils y manquaient. Un
procès-verbal le constatait tous les ans. Ainsi le Roi, qui
n'oubliait rien, n'avait nullement le transport en se rappelant
cette anecdote.

Les intrigues allaient leur train, tout le monde se tournait
vers le soleil levant. M. Rousseau avait Lorry [1] pour médecin et ami; comme il avait une grande réputation, il
fut un des médecins appelés à poste fixe pour soigner le
malade. Le lendemain de mon retour de Versailles, il rencontre Rousseau dans la galerie, et voici ce qu'il lui dit :
« Le Roi est mieux; tout le monde chante victoire. Il ira de
« même jusqu'au onze, alors la petite vérole tournera au
« plus mal, et le treize il ne sera plus en vie. Rapportez-
« vous-en à mon expérience; il a une espèce de petite vérole
« dont on ne revient point. Je n'en ai jamais sauvé personne;
« mais gardez-moi le secret ici. » Rousseau le lui promit;
mais la chose était trop importante pour me la laisser
ignorer. Il me savait l'ami de M. de Sartine, et un lieutenant
de police devait avoir à faire ses combinaisons. M. Rousseau
vint donc chez moi, comme je rentrais de souper, pour me
dire le pronostic. Je pars à l'instant et me rends chez le
lieutenant de police; il venait de se coucher. J'étais connu,

---

[1] Anne-Charles Lorry, docteur régent de la Faculté de médecine, vice-
président de la Société royale de médecine, « petit maître, homme d'esprit »,
dit BACHAUMONT (7 mars 1778). Préville l'imitait à s'y méprendre dans le
Cercle de Poinsinet. (G. DESNOIRESTERRES, *la Comédie satirique au dix-huitième
siècle*, p. 158.) Il mourut à Bourbonne-les-Bains le 18 juin 1783, âgé de
cinquante-sept ans. (*Gazette de France* du 5 décembre 1783.)

j'entre chez lui et lui répète fidèlement le propos. Nous restâmes une heure ensemble à faire nos conjectures sur l'avenir, et il sut bon gré à mon amitié de l'avoir prévenu de l'événement.

J'allais tous les jours chez le duc des Deux-Ponts; on y savait des nouvelles, car lorsqu'il n'allait pas à Versailles, il recevait des courriers d'heure en heure. Il arriva le jour de la mort avec la tristesse peinte sur le visage, car il était attaché au Roi. Il nous dit qu'on l'avait mis sur un lit de camp proche la fenêtre, que la petite vérole était rentrée, qu'il n'avait plus figure humaine; que la violence des convulsions le faisait porter son corps, tantôt en travers, tantôt au pied du lit; que l'infection était abominable, et qu'il ne comptait plus le revoir. En effet, toute notre société dînait ce jour-là chez M. de Castera [1], qui était devenu notre intime, et qui demeurait même rue que M. le duc des Deux-Ponts et M. de Sartine, et à trois heures le courrier arriva, portant la nouvelle de la mort [2].

Deux jours après, nous soupâmes chez M. de Sartine. Il avait eu le temps d'être prévenu, et cependant il avait manqué de présence d'esprit. Le nouveau roi était le meilleur de tous les hommes, comme il ne l'a que trop prouvé depuis. Effrayé du poids d'une couronne, il ne savait à qui se fier, n'ayant confiance dans aucun des gens en place qui l'entouraient. La Reine, avec de la noblesse et de la grandeur d'âme, n'avait que les goûts d'une jolie femme; il ne pouvait donc se fier qu'à sa tante, Madame Adélaïde, qui avait de l'âge, de l'expérience, et à laquelle le feu roi avait accordé une certaine confiance, par le respect qu'inspirait sa dévotion; tout le portait donc à avoir recours à elle pour le guider dans les premiers pas d'une carrière si épineuse. Son premier soin fut d'envoyer chercher le lieutenant de police, qui fut mandé à Choisy, où le Roi venait d'arriver avec toute la cour.

---

[1] Jean-Baptiste de Castera, maréchal de camp. Il épousa mademoiselle Jogues de Martainville, veuve du marquis de Cépoy.
[2] Louis XV mourut le 10 mai 1774, à trois heures.

Il revint souper avec nous chez lui le même jour; il n'y avait que ma femme et moi, M. Lenoir [1], et madame de Cypierre.

Il nous conta que le Roi l'avait fait entrer à l'instant, et l'avait embarrassé en lui avançant un fauteuil et le faisant asseoir; qu'après lui avoir fait plusieurs questions relativement à sa place, il avait débondé son cœur en disant que n'ayant aucune expérience, il voulait qu'il lui enseignât une personne capable de le diriger, et qu'il la prendrait volontiers de sa main.

Si M. de Sartine, au lieu de dire comme il le fit qu'il rendrait réponse le surlendemain, était venu ferré à glace, avec des mémoires tout prêts sur différents objets les plus en souffrance, tels que les parlements, il y a à parier qu'à l'instant le jeune roi lui aurait donné toute sa confiance, et qu'il serait devenu premier ministre; au lieu que le Roi, n'ayant aucun point d'appui, ne pouvant s'en donner lui-même, alla confier à sa tante sa conversation et ses démarches.

On balança qui l'on prendrait; M. de Machault l'emporta pendant deux heures. Enfin on choisit M. de Maurepas [2], homme d'esprit, ministre dès l'enfance, persécuté, jouissant d'une bonne réputation dans sa société intime. Temporiseur, il ne trouva rien d'impossible; d'une conversation gaie et aimable, il aplanit les difficultés d'un travail fatigant pour un jeune homme, et devint premier ministre pour le malheur de la France; car c'est lui qui par son insouciance prépara sans s'en douter les grands événements qui ont perdu cette auguste monarchie.

Je ne touche à l'histoire que sur ce que j'ai vu et su, et je passe à ce qui me concerne.

Madame Le Gendre n'eut pas plutôt la terre de Betz que

---

[1] Jean-Charles-Pierre Lenoir (1732-1807), conseiller au Châtelet, puis lieutenant criminel. Il devint lieutenant de police en 1776.

[2] Jean-Frédéric Phélipeaux, comte de Maurepas (1701-1781); fils de Pontchartrain, ministre de la marine et de la maison du Roi, il lui avait succédé à quatorze ans. Il resta en place jusqu'en 1749, époque à laquelle il fut exilé à la suite d'une épigramme contre madame de Pompadour. C'est donc après vingt-cinq ans de disgrâce qu'il rentrait aux affaires.

sans consulter aucun de ses gendres, elle se détermina à rebâtir le château. Prodigieusement riche et assez économe, elle ne sentit pas qu'entre les mains d'un architecte elle dépenserait plus qu'elle ne comptait, et ce château, où l'on mit des verres de Bohême jusque dans les offices et cuisines, lui coûta 500,000 livres.

M. de Malesherbes [1] avait remplacé M. le duc de la Vrillière dans le ministère de la maison du Roi. Peu propre à ce travail, il demanda bientôt sa retraite.

M. de Maurepas, quoique ministre, n'avait pas auprès des femmes une brillante réputation : on le savait fort galant, mais il paraissait assez clair qu'il bornait là tous ses empressements.

On contait à ce sujet une histoire fort plaisante. Il se croyait amoureux d'une fort jolie femme, et plus il trouvait d'opposition à ce qu'il avait l'air de désirer, plus il pressait la conclusion ; au point que la femme, qui ne voulait lui rien accorder, ne trouvait aucun moyen de l'éconduire sans le choquer. Elle prit le parti d'en faire confidence à une jeune femme de ses amies : « Vous voilà bien embarrassée, lui dit
« celle-ci : faites comme moi. Il y a deux ans, il m'ennuyait
« de ses persécutions. Un jour, impatientée, je pris sur moi ;
« je lui dis que je voyais à n'en plus douter que son cœur
« était totalement pris, que je lui avouais qu'il m'avait
« touchée, que le moment était arrivé, qu'il fallait le saisir
« l'un et l'autre, parce que la moindre réflexion pourrait me
« rendre ma raison. A l'instant, mon homme prit sa canne
« et son chapeau, et s'en allant me dit : Ah ! madame, c'est
« une plaisanterie, et vous me connaissez parfaitement, je
« veux bien amuser votre esprit et le mien par des galan-
« teries, mais non pas en abuser. — Et depuis cette époque, il
« ne me traite que comme tout le monde de la société. » La

---

[1] Chrétien-Guillaume de Lamoignon de Malesherbes (1721-1794); c'est le courageux défenseur de Louis XVI. Il avait accepté le poste de ministre en 1775, sur les instances du Roi et de Turgot, et s'en démit en 1776, à la retraite de ce dernier.

femme, instruite par son amie, joua à peu près le même rôle, et M. de Maurepas en fut quitte pour se retirer de même, en finissant par lui dire : « Je vois bien que madame *** vous a « dit mon secret. »

Il était fort aise, quoique ayant passé la septantaine, qu'on crût qu'il avait été bien avec la marquise d'Amezaga, mère de M. Amelot, mon beau-frère, qui avait toujours vécu dans sa société ; en témoignant tout l'intérêt possible au fils, il se donnait pour le public un faux air de paternité. M. Amelot fut donc nommé ministre de la maison du Roi, à la place de M. de Malesherbes. On ne pouvait faire un meilleur choix du côté de la naissance et de l'honnêteté. Fils d'un ministre cordon bleu, il honorait sa place, et comme il obéissait à M. de Maurepas, c'était précisément un premier commis que celui-ci s'était donné.

M. de Vougny, cousin de M. Amelot, avait épousé mademoiselle de Sy[1], sœur de mère de madame Marchais et de madame de Cramayel, et de La Borde, premier valet de chambre. Gai, aimable, d'une tournure originale, il avait singulièrement plu à M. de Maurepas qui avait un genre d'esprit analogue ; disant tout ce qui lui passait par la tête, aimant le plaisir, ne songeant qu'à se divertir, il cherchait au fond, en faisant la cour au premier ministre, à rétablir ses affaires par une place de finances. Il était l'ami de madame de Maurepas et de madame de Flamarens[2], sa nièce, qui faisait les honneurs chez le ministre, et il avait pris chez eux toute la prépondérance que peut avoir un homme sans conséquence. M. Amelot lui laissa le département de l'Opéra sans titre ; c'était précisément son vrai ballot.

[1] Il y a certainement une erreur. C'était, comme on l'a vu, madame Frémyn de Sy, née Ferrand, qui était la sœur de ces dames. La femme de Jacques-Marie de Vougny s'appelait Adélaïde-Flore-Sophie Frémyn de Sy (CHASTELLUX), et devait être la fille de la première.

[2] Élisabeth-Olympe-Félicité-Louise-Armande du Vigier, fille de M. du Vigier, procureur général au Parlement de Bordeaux et d'une demoiselle Phélipeaux d'Herbault, mariée en 1767 à Agésilas-Joseph de Grossolles, marquis de Flamarens, maréchal de camp.

M. et madame de Salaberry, sous prétexte de santé, avaient couru différentes eaux ; ils avaient passé un hiver à Remiremont et s'étaient liés avec les Brienne, dont l'un était archevêque de Sens. Ils se décidèrent à leur retour à quitter notre maison, et s'installèrent rue de la Ville-l'Évêque, faubourg Saint-Honoré.

Le marquis de Pezay, dès que Louis XVI était monté sur le trône, avait risqué de lui écrire une lettre où il se mettait franchement en avant pour beaucoup de choses ; il s'était recommandé de M. de Maurepas dont il était filleul. Le Roi s'était informé au ministre sans lui parler de la lettre, et les témoignages furent en faveur de Pezay. On le représenta comme un jeune homme de beaucoup d'esprit, bien apparenté, puisqu'il était frère de la marquise de Cassini, femme très-connue, ayant voyagé avec fruit, lié avec des philosophes tels que Diderot et d'Alembert, connu de M. Turgot, contrôleur général. Tout cela détermina le Roi, qui cherchait tous les moyens de s'instruire, à lui accorder une audience secrète. Il fut content du jeune homme, et de ce moment il s'établit entre le monarque et lui une relation secrète.

Pezay, lié avec tous les économistes et les étrangers, fit connaissance chez madame Geoffrin de l'évêque de Vilna, Massalski[1] ; celui-ci, homme décidé et d'une tête bouillante, avait un neveu, le prince Massalski, qui jouissait de six cent mille livres de rente ; il voulait lui faire donner en France une éducation digne de sa naissance et de sa fortune. Pezay lui proposa d'en charger son oncle, et l'on convint d'une forte somme, tant pour l'inspecteur que pour un gouverneur, un gentilhomme et un laquais. M. Delorme se trouva par ce moyen dans une grande aisance.

L'enfant était le plus mal élevé du monde, né avec les

---

[1] Ignace Massalski, évêque de Vilna de 1762 à 1794. (Gams, *Series episcoporum.*) Il était membre libre de l'Académie des belles-lettres depuis 1772. C'était un triste personnage, et en 1794 il fut pendu par le peuple à Vilna, comme traître vendu à la Russie.

inclinations les plus basses, et annonçant les dispositions d'un vaurien; il ne pouvait tomber en de plus pauvres mains. M. Delorme, très-instruit, très-capable de raisonner les principes, n'était nullement fait pour veiller sur une éducation; tout entier à son agriculture, il ne voyait dans cette place que les moyens de faire des prairies artificielles dans les terrains de la Sologne. Enfin, l'éducation se fit vaille que vaille; il parcourut avec son élève la France jusqu'à Bordeaux, et vint à Paris.

Pour Pezay, monté au pinacle sans qu'on s'en doutât, il donnait à Paris des dîners très-agréables où l'on voyait une société choisie : le marquis de Clermont, depuis ambassadeur en Portugal, Sedaine, Diderot, d'Alembert, Dorat. J'y allais assez souvent.

Le Roi le soutenait, le ministre le protégeait hautement; il eut une inspection sur toutes les côtes, et il épousa mademoiselle de Murat, fille peu riche et de qualité[1]; à l'étonnement du public, il reconnut avoir reçu cent mille écus, quoique toute sa famille à Blois sût qu'il ne jouissait pas de cinq mille livres de rente. Il espérait, au retour de son voyage d'inspection, être nommé ministre de la marine et écraser deux rivaux, le comte d'Ennery et M. de Sartine. Mais il revint de Rochefort attaqué d'une fièvre maligne.

Nous étions revenus à Cheverny et nous ne tardâmes pas à être instruits de cet accident. M. Delorme, mademoiselle Boësnier, mademoiselle Germon se rendirent près de lui dans

[1] « Un certain M. de Pezay a épousé depuis peu de jours une très-belle « mademoiselle de Murat, qui n'a pas un sou, presque point de parents; il « n'en est pas amoureux; on ignore quel est son motif. » (Lettre de la marquise du Deffand à H. Walpole, du 18 décembre 1776.) Le contrat fut signé le 24 novembre 1776 par le Roi. Le marié est qualifié dans la *Gazette de France* du 6 décembre marquis de Pezay, mestre de camp de dragons, aide maréchal des logis de l'armée. On peut voir à ce sujet l'*Espion anglais*, t. IV, p. 425, et t. IX, p. 305. — Le mariage fut célébré à Saint-Sulpice; l'acte, cité par M. de Chastellux, est curieux. En voici l'extrait : Jacques Masson, fils de Jacques, marquis de Pezay, baron de Frasnay, et de Marie Boisnier, marié le 26 novembre 1776 à Charlotte de Murat, fille de Jean-Baptiste, seigneur de la Plagne, et de Charlotte Locquet. — On voit que Pezay gratifiait libéralement son père du marquisat qu'il s'était attribué de sa propre autorité.

l'instant et firent venir le médecin du Roi, Duchesnay, qui s'était retiré chez nous. Il arrivait deux fois par jour des courriers qui apportaient des lettres particulières, soit du Roi, soit de Maurepas. Madame de Pezay, grande, jeune et très-jolie, idolâtre de son mari, avec une disposition à la dévotion qu'elle a poussée depuis au suprême degré, se résignait et était si absorbée qu'elle était totalement passive. La fièvre maligne allait son train; il perdit connaissance et ne la retrouva qu'un quart d'heure avant de mourir. Madame de Cassini accourut de Paris et arriva comme il fermait les yeux[1].

A l'instant de la mort, mademoiselle Germon s'empare du portefeuille et le remet à son oncle, comme à l'homme le plus sûr. Ils s'enfuient tous de Pezay, c'était un endroit de désolation; en arrivant à Cheverny, nous demandons le dépôt à M. Delorme. Dans la distraction qui lui était ordinaire, c'était la première chose qu'il avait oubliée. On l'envoie chercher à Pezay; il n'y était plus. Madame de Cassini, qui était plus au fait que personne des intrigues de son frère, n'avait pas tellement perdu la tête qu'elle ne s'en fût emparée; elle voulait s'en servir comme d'un moyen de fortune. Mais, par un hasard assez singulier, avant les commencements de sa maladie, Pezay, qui avait jugé mademoiselle Germon comme la seule personne à qui il pût confier son secret, lui avais remis son portefeuille de poche pour ne le lui rendre qu'en mains propres. Il était ouvert, et nous nous assemblâmes pour juger ce qu'il fallait en faire. Nous y trouvâmes les lettres du Roi, de M. de Maurepas, de M. Necker, toutes très-intéressantes. Pezay était le nœud de l'intrigue; il sacrifiait Necker à M. de Maurepas. Celui-ci le traitait comme son fils, lui annonçait que le Roi ne pouvait se passer de lui, le blâmait sur quelques propos légers qu'il avait tenus dans son inspection et l'assurait que sa présence ferait taire la médisance. Le Roi le traitait bien et lui montrait une certaine

[1] En décembre 1777.

confiance, sans sortir des bornes d'un roi vis-à-vis de son sujet.

Nous sentîmes parfaitement que toutes ces lettres déployaient une intrigue bien filée, que madame de Cassini, qui s'y entendait, ne manquerait pas de livrer les lettres à celui des deux ministres qui la payerait le mieux; car toutes ses démarches tendaient à cet objet. A la cour, à la ville, les uns disaient que Pezay allait être éloigné à jamais; d'autres, qu'il serait ministre. Nous pûmes juger qu'il courait au moins l'une des deux chances. Nous convînmes que nous attendrions notre retour à Paris, que M. Delorme alors irait remettre à chacun les lettres qui lui appartenaient, sans se mêler dans aucune intrigue, ce qu'il fit.

Il revint donc à Paris avec nous et avec son prince, grandi, mais presque à moitié fou. Il fallait le rendre en mains propres à ceux qui le lui avaient confié. Il se décida en conséquence à accompagner le malade jusqu'à Varsovie. Comme gouverneur d'un prince, comme oncle de Pezay qui avait acquis une sorte de réputation, il fut reçu à merveille par le roi de Pologne et fêté par tout le monde; mais le jeune homme n'eut pas plutôt mis le pied dans son pays, que l'on montra les dents. M. Delorme fut chicané sur tout. L'évêque avait promis soixante mille livres à la fin de l'éducation, c'était écrit. Ne voulant pas tenir sa parole, il fit des difficultés, paya l'allée et le retour, mais pour le reste traita par des gens à lui qui firent voir toute la mauvaise volonté possible.

Enfin, comme Delorme par lui-même représentait bien, parlait raison, était fort instruit et avait la figure du plus honnête homme, ce qu'il était en effet, il intéressa toute la famille des Poniatowski. On lui donna pour récompense une somme de vingt mille livres à toucher sur un banquier à Paris; c'était le tiers de ce qu'on lui avait promis, mais il était visible qu'on ne voulait rien lui donner de plus.

L'évêque de Vilna, qui était dans son diocèse, l'invitait à venir le voir, et s'offrait à servir de médiateur avec les tuteurs, comme si ce n'était pas lui qui eût contracté. Le roi de Pologne, qui connaissait les républicains mieux qu'un autre, fut le premier à lui conseiller de s'en retourner chez lui; il lui dit qu'une fois entre les mains de ces messieurs, nul ne pouvait savoir le sort qu'on lui ferait. C'était en dire assez; aussi Delorme n'en demanda pas plus et revint à Paris.

M. de Gauvilliers, qui m'était confié, avait avancé en grade, et par les soins de son cousin, M. de Cypierre, de vérificateur était devenu contrôleur ambulant des domaines. Je le menais partout avec moi, et, voyant mademoiselle Germon toute la journée, il ne tarda pas à me confier qu'il en était amoureux fou. Du côté de l'esprit, de la figure, de la gentillesse et de l'amabilité, il ne pouvait faire un meilleur choix, mais c'étaient deux enfants dont la fortune n'était pas faite, et j'avais mis en garde M. Gauvilliers contre le commencement d'une passion qui sûrement n'aurait été approuvée de personne. J'avais été satisfait de sa docilité, mais sa façon de penser n'avait pas changé, et je finis par en parler à M. de Cypierre, à mademoiselle Boësnier qui me donna son consentement et à M. Delorme que j'eus plus de peine à convaincre. Le mariage fut décidé, et il se fit à Cheverny.

Ma fille grandissait; petite, mais d'une physionomie intéressante, bonne par excellence, l'esprit juste, elle promettait de faire une femme précieuse.

Le comte de Toulongeon [1], d'une race illustre descendant d'un des otages du pont de Montereau [2], grand seigneur en Franche-Comté, appartenant à tout ce qu'il y a de plus grand à la cour, vivait magnifiquement dans sa terre de Champlitte; il avait trois garçons de mademoiselle de Launay sa femme. L'aîné [3], colonel du régiment Dauphin-cavalerie, avait

---

[1] Jean-François-Joseph de Toulongeon, né en 1702, comte de Champlitte, seigneur de Renaucourt, Antorpe, etc., page de la petite écurie en 1717, maréchal de camp de cavalerie et cornette des gendarmes de la garde, marié en 1736 à Anne-Prosper Cordier de Launay.

[2] Jean III de Toulongeon avait été en 1417 témoin et garant du traité de Melun.

[3] Hippolyte-Jean-René, marquis de Toulongeon, né en 1739, maréchal de camp en 1781, député aux États généraux; il émigra et devint lieutenant

épousé mademoiselle d'Aubigné (la seule descendante de la famille de madame de Maintenon), dont il n'avait pas d'enfants ; le second [1], capitaine de dragons dans le régiment de Liancourt, connaissait mon fils ; le troisième [2], destiné à être évêque, avait quitté l'état ecclésiastique et était, ainsi que son frère, sur les rangs pour avoir un régiment. Le chevalier Pinon, notre parent, lieutenant-colonel du régiment de Liancourt, imagina de faire épouser ma fille au second. Les premières propositions furent faites, et nous fûmes bientôt d'accord.

Ce mariage se fit à Paris avec toute la solennité possible dans la chapelle des menus [3]. Ma belle-mère donna le repas de noce. Tous les ministres y étaient, ainsi que les Clermont [4], et tout ce que la ville et la cour contiennent de plus illustre.

Un article avait retardé de quelques jours la conclusion. M. le comte de Toulongeon, du fond de sa terre, exigeait que comme parent de M. Amelot et ami des ministres, j'obtinsse pour mon gendre un régiment : je fis les démarches en conséquence. M. le prince de Montbarey [5], mon ancien ami de collége, qui était alors ministre de la guerre, me parla vrai : il me fit voir qu'il inscrivait mon gendre

général au service d'Autriche. Il avait épousé en 1765 Marie-Marguerite-Joséphine d'Aubigné, qui subit pendant la Terreur une longue détention et mourut en 1805 à Fontainebleau.

[1] Anne-Edme-Alexandre, comte de Toulongeon (1741-1823), d'abord chevalier de Malte de minorité et surnuméraire aux chevau-légers de la garde du Roi, maréchal de camp en 1792. Il épousa en 1778 Edme-Antoinette-Marie de Dufort, fille de l'auteur.

[2] François-Emmanuel, vicomte de Toulongeon (1748-1812), était d'abord entré à Saint-Sulpice, mais il préféra l'état militaire, et il était, au moment de la Révolution, colonel du régiment de chasseurs des Cévennes. Il devint député aux États généraux, à l'Assemblée constituante, puis, en 1802 et 1809, au Corps législatif. Il fut nommé en 1797 membre de l'Institut (Sciences morales).

[3] Le 24 février 1778.

[4] L'aïeul du marié, Jean-Baptiste, comte de Toulongeon, avait épousé en 1700 Marie-Françoise-Justine de Clermont d'Amboise, comtesse de Renel et de Champlitte.

[5] Alexandre-Marie-Léonor de Saint-Mauris, comte, puis prince de Montbarey (1732-1796), ministre de la guerre depuis septembre 1777.

sur la véritable liste de travail, mais il m'ajouta que le Roi seul l'apostillait, qu'il fallait avoir l'aveu de la Reine et l'approbation de M. de Maurepas. J'allai trouver M. de Maurepas, qui me promit, mais me dit ne pouvoir rien si la Reine ne décidait pas. Je me trouvais dans l'embarras de n'avoir que des promesses vagues.

Dans cette incertitude, j'eus recours au duc de Choiseul qui était alors à Paris; il me traitait avec une si grande bienveillance que je me fis un devoir de le consulter. Au premier mot, il me dit qu'il regrettait beaucoup pour moi de n'avoir nul crédit; que s'il faisait la moindre démarche pour lui ou les siens, c'était pour le Roi un motif d'exclusion; que la Reine, il est vrai, le traitait autrement, mais que je l'approuverais de ce qu'il ne s'employât jamais ni pour les siens ni pour ses amis. Après avoir rêvé : « Mais, me dit-il, vous « voilà bien embarrassé! écrivez une lettre à M. de Mau« repas, dans laquelle vous relaterez ce qu'il vous a promis; « faites-en autant pour M. de Montbarey. Leur réponse « sera un engagement pris; il faudra bien qu'ils le tiennent. « D'ailleurs, M. de Toulongeon le père sera obligé de s'en « contenter; les mariages se font par ces approximations. » Je le quittai, fis mes lettres, eus mes réponses, et le mariage fut conclu. Je ne pus obtenir le régiment que deux ans après, mais je remplis mes engagements, et j'eus le bonheur d'unir ma fille au plus excellent et au plus respectable des hommes.

Le duc de Liancourt ne tenant point la parole qu'il m'avait donnée de faire mon fils capitaine dans son régiment, je me décidai dans l'hiver à lui acheter une compagnie de réforme dans le régiment de Bourbon-dragons, dont M. le marquis de la Guiche était colonel [1].

Ainsi deux de mes enfants étaient placés, et je n'avais plus à m'occuper que des études de mon second fils, que je destinais à l'état ecclésiastique. Je n'entrevoyais pour lui que le

---

[1] Amable-Charles, comte de la Guiche, né en 1747.

prieuré de Villeberfol [1], valant huit mille livres de rente, et dont l'abbé Dauphin, titulaire, voulait bien lui faire la cession. Il fallait, pour assurer le bénéfice, le passer à un homme dans les ordres. Je choisis l'abbé de Malartic [2], qui, comme je l'ai dit plus haut, avait été élevé par ma belle-mère. La maudite Révolution s'est emparée du prieuré, en me laissant la charge de payer une pension viagère de mille écus à l'abbé Dauphin, qui, âgé de quatre-vingt-sept ans au moment où j'écris ces Mémoires, se porte à merveille, et à qui Dieu prête vie longtemps.

Cependant la santé de ma belle-mère était devenue très-mauvaise ; se plaignant lorsqu'elle souffrait, mais négligeant les remèdes dès qu'il y avait un peu de relâche, elle prenait ses médecins par caprice, et ne faisait pas un môt de ce qu'on lui prescrivait.

Elle se mit entre les mains de Leroy [3], médecin de Montpellier, nouvel arrivé qui ne connaissait pas le climat de Paris où l'opium est un poison, tandis qu'il est un soulagement dans son pays. Il lui en fit prendre pour calmer ses douleurs, et il rendit son mal incurable. On l'envoya aux eaux de Bourbonne ; son gendre et sa fille l'accompagnaient. Elle en revint plus mal qu'auparavant, et n'en rapporta d'autre soulagement qu'un appétit dévorant, et un M. Roslin de Lesmont qui se trouva de la famille de son père, et auquel elle fut aussi utile qu'il avait pu l'être pour elle ; car elle lui procura, par l'influence de son frère M. Roslin et celle de

---

[1] Saint-Nicolas de Villeberfol (commune de Conan, Loir-et-Cher) était un prieuré de l'Ordre de Saint-Benoît à la nomination du Roi. L'abbé Dauphin était un ancien chanoine de Saint-Martin de Tours. (*La France ecclésiastique*, 1782.)

[2] C'est, je pense, Jean-Charles de Maurès de Malartic, né en 1731, troisième fils de Pierre-Hippolyte-Joseph et d'Antoinette-Charlotte de Savignac. La mère de cette dernière avait, comme on l'a vu, épousé en secondes noces Gaspard-François Le Gendre. L'abbé de Malartic fut nommé abbé de la Garde-Dieu en 1770. Il fut aussi vicaire général à Montauban.

[3] Charles Leroy (1726-1779), fils du célèbre horloger Julien Leroy. Il avait été professeur à la Faculté de Montpellier, et ne vint exercer à Paris qu'en 1777. Il s'est fait surtout connaître comme physicien et chimiste.

mon ami M. Sanlot de Bospin, la direction des domaines à Besançon, valant trente mille livres de rente.

Ennuyée de son état, elle eut recours à Tronchin. Dès qu'il la vit, il jugea sa fin prochaine et ne put lui donner que des palliatifs. L'opium, comme il l'observa, l'avait rendue inguérissable. Enfin, allant de pis en pis, elle finit ses jours après une maladie de langueur.

Tous les héritiers avaient si bien vécu ensemble qu'ils décidèrent qu'on ne mettrait pas les scellés. Nous ouvrîmes à l'instant le testament. Il fixait la part de mademoiselle Le Gendre, et nous laissait le bien à partager entre nous trois. La terre de Betz ne convenait à aucun de nous, et il nous restait à payer cent mille écus sur la bâtisse du château. Ces préliminaires finis, on s'occupa de l'enterrement. La position de M. Amelot, ministre de Paris, nous obligeait à un convoi magnifique; le guet et ses officiers devaient s'y trouver, ainsi que les magistrats, à commencer par le lieutenant de police M. Lenoir, et les parents de toute la famille qui s'étendait dans beaucoup de ramifications. Les tentures et la représentation furent donc très-fortes. Je menais le deuil avec mes deux beaux-frères. Nous n'avions pas loin à aller, puisque l'ancienne église de la Madeleine était au bout de la rue.

Cette église était éblouissante dans le chœur, le reste était dans l'obscurité. M. de Vougny, arrivant de Versailles au moment où le corps était posé sur l'estrade, saute à bas de sa voiture, traverse précipitamment le bas côté à gauche, ne s'aperçoit pas que le caveau est ouvert pour mettre le corps, et tombe de quinze pieds de haut dans le caveau où le fossoyeur était occupé à ranger des bières. Il ne peut se relever, il avait la jambe brisée en éclats au-dessus de la cheville. L'église était si remplie qu'on ne s'aperçoit pas de cet accident; le fossoyeur s'écrie : « Ah! grand Dieu! j'aime-
« rais mieux que cet accident me fût arrivé! » Vougny, sans s'émouvoir, lui répond : « Hé! mon ami, j'ai plus le moyen
« de me faire guérir que vous; le principal est de me tirer

« d'ici sans bruit. » Le fossoyeur le charge sur ses épaules, monte l'échelle et le remet à ses gens. Tout cet événement se passa sans que personne s'en doutât; nous n'en fûmes instruits qu'en montant en voiture.

Je cours le premier chez lui, il était dans son fauteuil avec deux chirurgiens près de lui; j'étais fort affligé, lui seul parlait d'un grand sang-froid. Comme il jouait un rôle, que M. de Maurepas et toute sa famille lui témoignaient le plus grand intérêt, que cet accident avait intéressé tout le monde, il eut une cour brillante. Il montra une douceur, une humeur égale, de la gaieté, enfin des qualités dont on ne se doutait pas. Nous le quittâmes peu. Le malheureux major qui fut tué à la prise de la Bastille[1] avec Launay le gouverneur, aidait sa femme à faire les honneurs de sa maison; officier retiré, c'était un homme vertueux, sage, raisonnable, humain, et qui méritait un autre sort.

Enfin nos partages furent faits; comme ayant épousé l'aînée des filles, je pris la vaisselle d'argent; M. Amelot prit la dot en argent; M. de Salaberry, la maison de la défunte, et je revins avec ma famille à Cheverny.

[1] De Losme-Salbray.

CHAPITRE XV

Visite à Chanteloup; la pagode. — Madame du Barry et l'abbé Terray. — La bibliothèque de Cheverny. — Collection de gravures. — Madame d'Épinay. — Grimm. — Olavidès et l'Inquisition; son évasion. — Les Fantoccini; le répertoire. — Maladie de madame Dufort; le docteur Guindant. — La famille Amelot. — Mariage de Marigny; sa mort. — La mort de Mgr de Termont. — Mgr de Thémines; son caractère; ses bibliothèques. — Les Polignac à Chambord; leur société. — Le duc de Choiseul à Paris; ses réceptions. — Les derniers Poncher. — Mademoiselle de Cabeuil; MM. de Chalville et de Grilleau. — Mariage du jeune Dufort. — Fête à Cheverny. — Mort de M. Roslin, du comte d'Onsenbray. — M. de Préninville et son fils.

Le duc de Choiseul, ayant permission de venir à Paris, ne recevait plus à Chanteloup que ses amis particuliers, et aucun voisin, excepté M. ...[1] qu'il avait toujours vu, et moi, qui, demeurant à douze lieues de chez lui, ne pouvais être regardé comme tel. Sensible aux soins que toute la France lui avait témoignés dans son exil, il avait imaginé de faire faire une pagode du meilleur goût; c'était une espèce d'obélisque chinois, avec un escalier pratiqué en dedans, soutenu seulement par le gros mur et composé de pierres l'une sur l'autre. On y voyait des plaques de marbre sur lesquelles étaient inscrits et gravés les noms de tous ceux qui l'avaient visité. Cette bâtisse, qu'il avait regardée d'abord comme une bagatelle de mille louis, lui était revenue à plus de quarante mille écus, quoiqu'il n'en convînt pas.

Il n'est pas possible d'imaginer la grande représentation qui l'entourait. En arrivant la nuit, on aurait cru entrer à Versailles, par la magnificence de l'éclairage en dedans et en

[1] Le nom est en blanc; peut-être est-ce M. Dubuc, que nous retrouverons plus loin.

dehors dans une suite prodigieuse de bâtiments. Il me fallait vingt minutes pour me rendre par les corridors de la chambre où je logeais à l'appartement de l'abbé Barthélemy.

Aux retours de chasse, lorsque la curée se faisait dans une des cours, elle était à l'instant remplie de femmes, d'hommes, de familles entières des gens qui étaient attachés à son service.

Jamais une nappe, une serviette, des draps ne servaient qu'ils n'eussent passé au cylindre, et l'endroit où l'on cylindrait, ainsi que la lingerie, étaient une des grandes curiosités de cette habitation.

Il avait eu un diplôme de Suisse pour faire venir soixante vaches et deux taureaux ; le tout était nourri au dedans, dans des étables superbes avec un trottoir au milieu, partageant de chaque côté les têtes des vaches, qui étaient attachées à la manière suisse, aussi proprement que magnifiquement.

Dans le terrain plus que médiocre qui l'environnait, il récoltait à force d'engrais des blés et des productions superbes.

Rien n'était fait qu'en grand. Une élève entière de quarante à cinquante cochons était veillée et soignée par des hommes et des femmes exprès. Il nous arriva à ce propos une plaisante scène. Son grand plaisir était d'aller presque tous les jours visiter les basses-cours. Nous étions fort peu de monde : madame la duchesse de Choiseul, madame de Gramont, l'abbé Barthélemy, le duc et moi. Ces dames avaient pressé leur marche, et j'étais resté seul avec le duc. Nous arrivons à l'établissement des cochons. Le duc, qui parlait à tout le monde, demande comment ils se portent. Toute sa maison avait pris un ton de politesse et d'usage de la cour. Le gardien s'avance donc chapeau bas et répond : « Monseigneur leur fait bien de l'honneur, ils se portent tous « à merveille. » Le duc doubla le pas pour ne pas l'humilier, et nous rîmes beaucoup de ce genre de politesse et d'éducation.

Il avait six musiciens, outre un jeune homme qui touchait supérieurement du clavecin ; soit lui, soit la duchesse jouaient aussi d'un piano-forte organisé. Une pièce après le salon était destinée pour la musique, et tous les jours, de midi à une heure, on exécutait en symphonie ce qu'il y avait de mieux et de plus nouveau.

Cette magnifique habitation était ouverte à tout ce qui avait une tenue honnête, et les ordres étaient donnés pour montrer tout. Une superbe bibliothèque, dans une galerie voûtée, était remplie des livres les mieux reliés et des plus belles éditions. La collection des gravures et des médailles était digne d'un potentat homme de goût.

La table, sans être magnifique, était excellente. Il y avait trois tables, servies après celle du duc, où des gentilshommes croix de Saint-Louis ne dédaignaient pas d'être admis. Toute cette représentation n'avait aucun air de hauteur ni d'ostentation, et je fus plus d'un an à savoir qu'il existait des tables après celle du duc, quoique j'y eusse fait deux voyages.

L'appartement de la duchesse de Gramont était la chose la plus recherchée et la plus magnifique avec goût qu'on pût imaginer. Les fenêtres étaient garnies de châssis de canevas formant comme un tamis, pour empêcher les mouches d'inquiéter et de tourmenter. Mais ce qui surpassait tout, c'étaient les appartements du duc d'Orléans et de la comtesse de Brionne. Tous les meubles étaient de bois d'acajou, les plus commodes et de la meilleure forme. Un luxe dans les parquets, les glaces, enfin tout ce qui constitue un bel appartement, faisait de chacun une maison délicieuse, quoique dans un seul bâtiment.

Je me rappelle que mon dernier voyage de Chanteloup fut on ne peut plus intéressant. Il n'y avait que le duc et la duchesse, la duchesse de Gramont, l'abbé Barthélemy, l'abbé Billardi et Boutin. C'était un petit comité, rien ne fut plus intéressant que les conversations du soir. Le duc souffrait la contradiction, entrait dans des détails. Il nous conta les folies du chevalier Turgot[1] à Cayenne; il convint qu'il avait été

---

[1] Depuis marquis de Soumont. V. page 30.

trompé. La conversation fut ramenée sur le ministère de l'abbé Terray, sur Maupeou, sur madame du Barry. Madame de Gramont nous donna des traits de son caractère décidé et plein de force; elle nous conta qu'au spectacle de Fontainebleau madame du Barry s'était établie dans le fond de la loge des ministres; la loge était en bas et très-obscure. Sur le devant était l'abbé Terray, dont elle avait à se plaindre. Il voulut lui adresser la parole, en se mêlant d'une conversation générale. Elle, profitant de l'obscurité, demande : « Qui « donc me parle? » mais d'un tel ton, que tout grand par sa taille qu'était l'abbé, d'après madame de Gramont, il ne parut pas plus haut que le duc de la Vrillière tout le reste du spectacle. Si je me rappelle jamais toutes ces anecdotes, je veux en prendre note.

Dès que je fus de retour, je m'occupai de mettre en ordre ma bibliothèque, qui était composée d'environ huit mille volumes. Les tablettes d'en bas étaient remplies de gravures de tous les genres; des portefeuilles séparés contenaient celles des amateurs mes amis : Watelet, Baudouin, La Live, l'abbé Richard de Saint-Non, etc. J'avais dans toute la longueur du château des caves superbes en voûte plate, qui certainement avaient jadis servi d'appartements. J'en destinai une pour faire un muséum, comme je le dirai plus loin.

Madame Sedaine, être rare et précieux, était devenue l'amie intime de madame d'Épinay, qui jouait un rôle dans la république des lettres. Je l'avais beaucoup connue dès mes premiers pas dans le monde, et je renouvelai connaissance avec elle. Sa maison était le rendez-vous de tous les savants, et il s'y tenait une espèce d'académie de gens d'esprit. On y voyait Grimm [1], le correspondant de l'Impératrice, autrefois secrétaire du neveu du maréchal de Saxe, M. le comte de Frise [2], mort jeune de la petite vérole; il

---

[1] Frédéric-Melchior, baron de Grimm (1723-1807). Le célèbre critique était ministre plénipotentiaire du duc de Saxe-Gotha.

[2] Auguste-Henri, comte de Friesen, maréchal de camp et colonel du régiment de la Dauphine, mort en 1755, à l'âge de vingt-sept ans.

était encore dans le corps diplomatique, et ses relations directes avec l'Impératrice, celles que l'Impératrice entretenait avec madame d'Épinay, en faisaient des liaisons très-agréables pour les intimes. Ma femme, sans être très-liée avec madame d'Épinay, était forcée de répondre à ses avances, et elle lui rendait tous les soins qu'exigeait une longue maladie; elle lui tenait compagnie, ainsi que moi, tandis que madame Sedaine se dérobait à son chez elle, qu'elle aimait beaucoup, pour la voir presque tous les jours. Cette maladie la mit au tombeau après dix ans de souffrances[1]. Elle fit un testament selon ses moyens; ils étaient bien faibles. Il ne lui restait de l'immense fortune de feu son mari qu'un bien très-médiocre, qu'elle avait laissé à sa fille, la marquise de Belsunce[2]; elle laissa comme souvenir à madame Sedaine, son amie intime, la table écran sur laquelle elle avait composé ses ouvrages[3].

Quelques années auparavant, j'avais eu des nouvelles de M. Olavidès par mon ami O'Dune, au retour de son ambassade en Portugal. N'oubliant pas ses amis de France, il avait prié O'Dune de me faire conduire un superbe cheval andalou, mais celui-ci n'avait pu s'en charger.

Devenu intendant à Séville, Olavidès avait été mis par le roi d'Espagne à la tête des défrichements de la Sierra Morena. Chargé d'une si grande entreprise, il s'était conduit avec une vigueur et une capacité qui lui ont fait un nom dans toute l'Europe. Sur le point d'être premier ministre, il fut saisi par l'Inquisition, jugé et condamné dans un auto-da-fé à être enfermé dans un couvent pendant le reste de ses jours[4]. Il finit par s'échapper au bout de trois ans. Sous

---

[1] Le 15 avril 1783.

[2] Angélique La Live d'Épinay, mariée en 1761 à Henri-François-Xavier, vicomte de Belsunce, colonel du régiment de Béarn. Le Belsunce massacré à Caen en 1789 était leur fils.

[3] « Je donne et lègue à madame Sedaine une table ronde et une table « ployante en acajou. Je la prie de se rappeler quelquefois combien elle m'était « chère. » (Perey et Maugras, *Dernières Années de madame d'Épinay*, p. 569.)

[4] Olavidès, arrêté le 14 novembre 1776, resta deux ans dans les prisons de l'Inquisition, sans qu'on sût ce qu'il était devenu. Ce fut seulement le 21 novembre 1778 qu'il comparut devant le tribunal; déclaré hérétique, il fut

prétexte que les eaux de Cauterets étaient nécessaires à sa santé, avec de l'adresse et de grands moyens, il avait pu arriver sur les terres de France, et, quoique accompagné d'un familier de l'Inquisition, il était parvenu à le renvoyer.

Il s'était d'abord retiré en Suisse, et de là avait négocié avec le gouvernement. M. de Vergennes lui avait accordé la protection du Roi pour rester à Paris, en prenant le nom de comte de Pilos. Malgré les confiscations de la sainte Inquisition, il lui restait assez de fonds pour se faire quatre-vingt mille livres de rente.

Avec quel plaisir, avec quel intérêt, nous le serrâmes dans nos bras! Il était prodigieusement changé; très-grand, il avait pris un embonpoint qui lui était favorable. Il prit une maison rue Sainte-Appolline [1] et y vécut en grand seigneur, aimant les arts, cultivant les sciences, intéressant tout Paris. Il donnait tous les jours à dîner, et c'était le rendez-vous de tout ce qu'il y avait de plus curieux en hommes et en femmes de bonne compagnie. Il ne tarda pas à venir à Cheverny, et là nous resserrâmes les liens d'une amitié qui, j'espère, durera toute notre vie.

J'ai toujours aimé à m'occuper. Il y avait alors à Paris un spectacle qui avait la vogue, c'étaient les *Fantoccini*. Avec le secours de Thouvenon, qui était sergent du comté, nous en fîmes un spectacle très-plaisant. Je me mis à faire des pièces d'après les canevas italiens qu'on me fournit, et j'eus en un an quatre-vingt-quinze pièces toutes dialoguées. M. Dobel, gouverneur de mes enfants, ensuite musicien chez moi, se chargea d'en faire des doubles, écrits sur de grands volumes. Des ballets ingénieux y furent introduits. Ce spectacle est pour un château une ressource charmante, puisqu'il suffit de

---

condamné à être enfermé pendant huit ans dans un couvent. C'est en 1780 qu'il réussit à s'échapper. (Bourgoing, *Tableau de l'Espagne moderne*. Paris, 1807, 3 vol. in-8°, t. I, p. 376 et suiv.) La condamnation d'Olavidès avait produit une grande sensation. Il en est question dans la *Correspondance de Grimm* (édition Tourneux, t. XII, p. 44), dans les *OEuvres de Diderot* (t. VI, p. 467), etc.

[1] N° 31. L'hôtel avait vue sur le boulevard.

bien lire pour exécuter les pièces; c'est une distraction qui suppléerait au jeu.

J'avais un théâtre exprès, supérieurement décoré, et des décorations aussi soignées en petit que celles de l'Opéra, puisqu'elles étaient faites par un des maîtres décorateurs, un nommé Olivier, grand ivrogne et grand artiste.

J'avais composé quelques pièces en cinq actes : *Héloïse de Livarot*, *le Mariage raisonnable*, *le Fanatisme monacal*, *l'Alcade de Salamanca* (celle-ci était imprimée), *le Journaliste;* toutes furent jouées sur notre grand théâtre et avec quelque intérêt [1]. La Révolution m'a fait remettre le tout dans mon portefeuille, et, sans mon ami Sedaine, un roman intitulé : *Mademoiselle Laure*, que je fis à mes moments d'ennui à Passy, n'aurait jamais vu le jour [2].

Cependant, comme ma femme avait perdu son amie madame de Préninville, et que nous n'avions plus de parents qui nous obligeaient impérieusement à séjourner à Paris, nous désirions passer plus de temps à la campagne. Je me déterminai donc à louer notre maison de Paris; pour six semaines de séjour par an, un loyer de près de huit mille livres était par trop cher. Nos plans étaient pris

---

[1] M. Dufort a laissé un volume grand in-4° de 454 pages, entièrement écrit de sa main sur trois colonnes, contenant le répertoire de son théâtre de Fantoccini. On y trouve cinquante-neuf pièces et vingt et un ballets. Il est précédé d'une assez longue préface, qui vise un peu trop à l'érudition, mais qui renferme des détails techniques fort curieux sur l'agencement du théâtre, sur les décorations et les accessoires, et la description des quatre-vingt-seize marionnettes et des quarante-trois figures plus ou moins machinées destinées aux ballets. Il raconte la peine qu'il eut à se procurer le canevas des pièces, Carlo Perico, l'imprésario des Fantoccini, craignant fort la concurrence. Ce répertoire primitif fut ensuite beaucoup augmenté. On jouait d'abord seulement des pièces dans le genre italien, ayant pour principaux acteurs Arlequin, Scapin et Pantalon ; puis on risqua des tragédies bouffonnes. On donna même la *Tempête*, de Shakespeare, les *Précieuses ridicules*, etc., etc. Cet amusement, forcément interrompu pendant la Terreur, fut ensuite repris, et l'on trouve une pièce datée du 19 novembre 1797. Le volume lui-même porte sur la couverture « pour copie faite en 1798, mois de juillet ». C'est évidemment un document des plus curieux pour l'histoire de ce genre de spectacle.

[2] On ne le trouve point mentionné dans les bibliographies, pas plus que l'*Alcade de Salamanca*, dont il est question plus haut.

lorsqu'une maladie de ma femme vint retarder ce projet.

C'était une fièvre putride dont la convalescence fut très-longue. Enfin, au bout d'un mois, son changement, sa maigreur étaient tels, que je pensai qu'il fallait, quelque chose qui pût arriver, la conduire à Paris. A peine y fûmes-nous que j'envoyai chercher le médecin qui avait la vogue, c'était Borie. Dès qu'il eut vu ma femme, il me dit qu'elle avait des obstructions, et que la maladie serait très-longue. Il la traita selon les règles, et lui fit observer la diète la plus sévère. Enfin j'appris qu'il disait dans le monde qu'elle n'avait pas pour trois semaines à vivre.

Le président de Salaberry vint me trouver, il me raconta toutes les cures en obstructions que faisait un médecin né à Orléans, nommé Quindam [1]. Je le fis venir aussitôt : sa visite fut singulière. Il la palpa, lui prit les deux pouces de chaque main pendant un quart d'heure, lui fit deux cents questions suivies, et, après avoir visité toutes les sécrétions, il nous promit de la guérir radicalement en six mois de temps. Au lieu de la mettre à la diète, il lui permit de manger à sa faim, mais en lui prescrivant les aliments. C'était seulement avec les jus d'herbes qu'il comptait la guérir. Nous étions en janvier, et les herbes ne commencent qu'en mars. Dès que le mois de mars fut arrivé, tous les matins il lui fit prendre des jus d'herbes, des mâches, du chiendent, des sommités de raves. Il jouait de ces différentes herbes comme un habile claveciniste touche son clavecin ; par exemple, dès que le temps devenait froid, il ne se servait pas du chiendent, parce qu'il assurait qu'alors il portait à la toux. Enfin, après trois mois d'un travail assidu, il lui annonça sa parfaite guérison, et nous fûmes en état de revenir à Cheverny, à l'étonnement de Borie et de toute la famille qui l'avaient condamnée. Cette cure fit grand bruit et procura beaucoup de pratiques à Quindam. Je fus assez heureux pour persuader M. de Cypierre

---

[1] Ce nom ne se trouve pas sur la liste des médecins. Ce doit être Guindant, régent de la Faculté de médecine, censeur royal, et, d'après le *Calendrier historique de l'Orléanais* (1777), associé libre de l'Académie d'Orléans.

de se mettre entre ses mains ; il était menacé d'une hydropisie de poitrine dont il fut guéri.

M. Amelot avait deux filles et un garçon ; la fille aînée, ne voulant pas se marier, eut un brevet de chanoinesse et prit le nom de madame la comtesse Justine ; la cadette épousa le marquis de la Ferté-Sénecterre [1], fils de la marquise de la Ferté, avec laquelle nous étions fort liés, puisqu'elle venait nous voir à Cheverny, et qu'elle était sœur du marquis de Rabodanges, notre ami de tous les temps. M. Amelot obtint pour ses filles la pension de 10,000 livres d'usage, pour leur mariage, et il eut pour lui le cordon bleu, par la charge de maître des cérémonies de l'ordre [2], charge pour laquelle il fallait des preuves comme pour être reçu dans l'ordre.

On me complimentait dans le monde de ce que j'étais nommé ambassadeur à Constantinople ; mais comme on n'obtient point ce qu'on ne sollicite pas, je voulus au juste savoir à quoi m'en tenir. Je vis M. de Maurepas et M. de Vergennes, et je ne tardai pas à m'apercevoir qu'il y avait tant de prétendants dans les affaires étrangères, qu'une ambition qui me prenait si tard ne ferait que me tourmenter sans avoir aucune réussite [3].

Cependant M. de Salaberry s'ennuyait de sa nullité dans la place de président de la Chambre des comptes. Quoiqu'il n'eût qu'un peu plus de cinquante ans, comme il l'avait été à seize ans, il était le doyen et avait une pension en conséquence. Avec de l'esprit, de la conception, une grande vivacité, il se tourmentait pour chercher un état qui lui donnât plus d'activité.

Ayant une maison à cinq lieues de Paris, il l'avait

[1] Jeanne-Marie Amelot, mariée en 1780 à Henri-François Thibaut de la Carte, marquis de la Ferté-Sénecterre, maréchal de camp, fils de Philippe-Louis et de Marie-Anne de Rabodanges.
[2] Non pas de maître des cérémonies, mais de secrétaire. Il fut pourvu de cette charge en 1781 et la conserva jusqu'à la Révolution.
[3] Je place ici ce paragraphe que l'auteur avait mis au chapitre XVII, fort loin de sa date, puisque M. de Maurepas est mort en 1781.

arrangée de concert avec le comte de Moges [1], qui avait épousé sa nièce mademoiselle d'Hariague ; mais l'article de la dépense augmentant par l'inconséquence de sa femme, il cherchait les moyens de se distraire de son intérieur. Bien servi par ses amis, il apprit que M. le comte d'Artois [2] cherchait un chef de conseil [3] ; il se mit sur les rangs et travailla en conséquence. Heureusement que le duc de Maillé [4], mon ancien ami, était à la tête de la maison, et nous n'eûmes pas de peine à obtenir l'agrément du prince.

La chose était décidée ; mais après environ six semaines, nous apprîmes que M. le comte d'Artois, dont les besoins d'argent étaient sans cesse renaissants, était entre les mains de M. Necker, qui devait payer ses dettes ; que celui-ci, voulant conserver la haute main sur les affaires du prince, désirait placer un chancelier lui-même ; que la nomination était retardée par l'embarras du comte d'Artois, qui avait donné sa parole. M. de Salaberry me rendait compte journellement de ce qui se passait, enfin nous tînmes conseil avec son cousin l'abbé Lecouteulx ; il fut convenu que nous irions, M. de Salaberry et moi, à Versailles, et que nous terminerions cette affaire.

Nous arrivâmes donc le lendemain à Versailles. J'allai trouver mon ami le duc de Maillé, et je le trouvai dans les mêmes dispositions. « Ni M. Necker, me dit-il, ni personne « au monde ne peuvent empêcher le prince de tenir sa parole. « Il peut être très-léger et très-inconséquent ; mais soyez cer- « tain que la parole d'un prince comme lui doit être sûre. »

[1] Charles-Jean Théodose, marquis de Moges, cornette au régiment de colonel général cavalerie, marié en 1767 à Hermine-Françoise d'Hariague, fille de Pierre-Dominique, baron d'Auneau, et de Charlotte-Françoise d'Irumberry de Salaberry. Le Roi avait signé son contrat le 26 avril 1767. (*Gazette* du 1er mai.) En 1789, il était mestre de camp, commandant le régiment de Cambrésis ; c'était le neveu du capitaine aux gardes.

[2] Charles-Philippe de Bourbon (1757-1836), le futur Charles X.

[3] En 1780. Le chef du conseil était depuis 1773 M. Bastard, conseiller d'État.

[4] Il était premier gentilhomme de la chambre, ainsi que le comte de Bourbon-Busset.

M. et madame Amelot, M. de Maurepas que je vis ensuite firent tout ce qu'ils purent pour me persuader que mon beau-frère devait se désister, afin de ne pas désobliger M. Necker, et rendre la lettre qui engageait le prince. Je ne me laissai pas convaincre, mais M. de Salaberry, qui avait vu après moi les mêmes personnes, excepté le duc de Maillé, fut moins récalcitrant. On piqua sa générosité, son honneur; c'était une corde qui l'aurait mené au bout du monde. Il donna son désistement et crut avoir fait une belle action. Pour moi, quand je l'appris, ce fut comme si j'avais reçu un seau d'eau glacée sur la tête. Je m'épargnai toute réflexion sur une décision à laquelle il n'y avait plus de remède. Je retournai avec lui à Paris, où nous attendaient l'abbé Lecouteulx et notre conseil.

Dès qu'ils surent comment l'affaire avait tourné, ils furent confondus. L'abbé Lecouteulx dansait comme une chèvre. « Quoi, disait-il, une si belle balle à jouer, et ne pas s'en « servir ! » Pour M. de Salaberry, personne ne faisait de sacrifice plus aisément et plus noblement que lui; il cessa d'y penser, et nous n'en parlâmes plus [1].

Ce fut cette année que notre parent, notre ami, notre voisin, le comte de Gaucourt, fut attaqué d'obstructions. Grand chasseur, aimant le plaisir, il négligea tous les remèdes nécessaires; il venait de marier sa fille aînée [2] au comte d'Espinchal, et son fils avec mademoiselle de Béthune [3]. Il se fia à un médecin de Blois, et ne revint à Paris qu'au mois de janvier; il n'était plus temps, la maladie avait fait des progrès effrayants. A l'instant on vint me prier de lui envoyer Quindam, il y alla et vint me dire qu'il croyait le mal au-dessus des remèdes. En effet, il périt au bout d'un mois. C'était un bon, brave, excellent gentilhomme, un

---

[1] La place fut donnée à M. de Montyon, conseiller d'État (1780).
[2] Louise-Gabrielle de Gaucourt, mariée en 1772 à Joseph-Thomas, vicomte d'Espinchal, mestre de camp de dragons.
[3] Silvain-Nicolas-Henri-Raoul, marquis de Gaucourt, marié en 1779 à Armande-Pauline-Charlotte, fille d'Armand Louis, marquis de Béthune, et de Marie-Thérèse Crozat. (CHASTELLUX.)

aimable voisin plein de bonhomie ; on regrettait seulement, qu'élevé au fond du Berry, il n'eût pas reçu une éducation digne de sa naissance et de sa fortune.

Marigny, qu'il voyait souvent, s'était marié avec mademoiselle Filleul [1], belle comme un ange et fille d'un commissionnaire en vins de Falaise et d'une madame Filleul, autrefois charmante, qui avait fait parler d'elle et qui maintenant était fort intrigante. Il n'était question dans le pays que de son faste et de ses dépenses. Construisant en intendant des bâtiments, il faisait des choses superbes; dur par caractère, il refusait l'entrée de chez lui à tous les passants; grossier avec ses ouvriers comme avec les entrepreneurs, il répondait à toutes les demandes de gratifications par un envoie boire à la fontaine en termes très-énergiques.

Ayant perdu une fille unique, brouillé avec sa femme, il l'avait renvoyée, justifiant ce qu'on avait dit de lui, qu'il n'était pas digne de la fortune qu'il avait faite. Livré à la débauche la plus crapuleuse dans son intérieur, intempérant de toutes les manières, surtout du côté du vin, il ne devait pas prolonger sa vie. Des attaques d'une goutte qui se fixa au genou le mirent au tombeau; il mourut dans l'hôtel de Massiac, place des Victoires [2], et son corps fut insulté par la populace.

M. de Termont, évêque de Blois, était mort quelques années auparavant [3]. Attaqué l'hiver d'une apoplexie, il était

---

[1] D'après Jal (v. *Marigny*), la mariée se nommait Marie-Françoise-Constance Filleul et demeurait rue du Mail. Il cite la dispense accordée par le curé de Saint-Eustache, le 2 janvier 1767, pour permettre que le mariage fût célébré à Ménars, dispense tardive, puisque la cérémonie avait eu lieu le 28 décembre 1766. La nouvelle mariée fut présentée le 22 février 1767. (*Gazette de France*, 2 janvier et 27 février 1767.) Il est souvent question de madame Filleul et de sa fille dans les *Mémoires de Marmontel*. D'après la *Correspondance secrète* publiée par M. de Lescure, t. I, p. 179, madame de Marigny était fille naturelle de Louis XV. On la disait fort bien avec le cardinal Louis de Rohan. (*Ibid*, 229.)

[2] Le 10 mai 1781. L'hôtel de Massiac avait son entrée rue Pagevin et donnait sur la place des Victoires et la rue des Fossés-Montmartre. C'est là que se tint à la Révolution le club de Massiac, dont il sera question dans la suite.

[3] En 1776.

revenu à Paris, et quelques purgations le remirent sur pied. Il retourna dans son diocèse et s'entoura de ses amis, il me comptait parmi eux. La dernière fois que je le vis, j'étais à table à côté de lui, et la vue de cet homme, totalement désorganisé par la maladie, fut un supplice pour moi; il me laissa la funeste impression que je le voyais pour la dernière fois. Mon pressentiment se vérifia. Quatre jours après, en voulant se chausser lui-même, il fut pris d'une nouvelle attaque, au moment où il comptait aller dîner à la campagne, et mourut à l'instant.

Les propriétaires des quatre terres qui m'environnaient étaient donc décédés : M. de Gaucourt, M. de Saumery, M. de Marigny et l'évêque de Termont.

Ce dernier avait été remplacé par M. de Thémines [1], aumônier du Roi, l'ami intime de l'abbé de Caulaincourt que j'avais aussi beaucoup aimé. M. de Thémines était petit, mais très-bien fait; il avait la figure extrêmement jeune, beaucoup d'esprit et autant de littérature, et aimait les arts. Il annonçait suivre une tout autre marche que ses prédécesseurs. Appelé au plus agréable évêché du royaume, près de la cour, riche de 90,000 livres de rente, ambitieux et ayant en lui les moyens de parvenir, il afficha une grande sévérité de mœurs, mais en même temps un arbitraire despotique dans ses choix, une tenue haute vis-à-vis de ses inférieurs qui étonna tout le diocèse. On lui rendait justice sur ses nominations; mais comme il donnait ou paraissait donner une confiance exclusive à ceux qu'il croyait les plus dévots et instruits, il traitait les autres avec une hauteur qui lui aliénait tout le monde. Charitable sans ostentation, il avait aidé plusieurs familles sans qu'on le sût. S'il était question de l'hôpital, de l'Hôtel-Dieu, rien ne lui coûtait [2]; mais il voulait donner et régir en maître.

---

[1] Alexandre-François-Amédée-Adon-Anne-Louis-Joseph de Lauzières-Thémines, né en 1743, évêque de Blois en 1776, mort à Bruxelles en 1829.

[2] Mgr de Thémines donna aux hospices de Blois, sous le voile de l'anonyme, les sommes nécessaires pour fonder quarante et un lits pour les enfants et

Ayant beaucoup voyagé, il se décida à tenir son évêché comme un palais de Rome; tout y fut magnifique et extraordinaire. C'étaient des tableaux, point de glaces; des meubles simples, mais de la plus grande recherche dans leur genre. Ayant le goût des livres au suprême degré, il se forma deux bibliothèques, l'une de 60,000 volumes de tout ce qu'on peut connaître, et l'autre de 12,000 volumes des éditions les plus belles et les plus rares de tous les pays. Il tenait un état de maison magnifique lorsque les grands seigneurs de la cour passaient; mais dès qu'il était seul, le vaste palais épiscopal n'était éclairé que par une chandelle, le suisse vous accompagnait jusque chez l'évêque, et celui-ci vous reconduisait jusque chez le suisse. Combien de fois suis-je resté à causer avec lui le soir des deux heures, sans m'en douter, entraîné par le charme de son esprit et de sa conversation! Je ne doute pas qu'il ne fût parvenu au ministère, si la Révolution n'était pas arrivée.

La maison Polignac, toute-puissante à la cour par la faveur de la Reine, cherchait depuis longtemps une possession qui pût la mettre à l'abri des événements. Ils jetèrent les yeux sur le domaine de Chambord, mais il fallait un prétexte, et l'on proposa au Roi d'en faire un haras. Quoique le terrain fût un marécage peu propre à élever des chevaux, on crut qu'avec beaucoup d'argent on suppléerait à cet inconvénient. On imagina de le donner à M. le comte d'Artois, et par conséquent d'en laisser la jouissance au marquis de Polignac [1], l'oncle du duc, premier écuyer du prince. Rien ne lui convenait mieux. Ruiné deux ou trois fois, homme de bonne fortune, il était parvenu sans aucun esprit à être souffert, parce qu'il disait tout ce qui lui passait par la tête, et rencontrait quelquefois juste. C'était un bon homme sans suite, un déraisonneur à l'année. Il avait un goût exclusif

---

quarante-quatre lits pour les femmes. (BERGEVIN et DUPRÉ, *Histoire de Blois*, t. II, p. 501.)

[1] François-Camille, dont il a été déjà parlé. Il était frère puîné de Melchior-Armand, marquis de Polignac, père du duc.

pour les chevaux, et du talent comme cocher et cavalier. La faveur lui avait fait obtenir le cordon bleu, des pensions et la place de premier écuyer. Quoique âgé de soixante-huit ans, il saisit avec empressement cet objet comme retraite [1].

A l'instant tout à Chambord fut destiné pour lui. On annonça que le comte d'Artois y viendrait, et l'on y transporta des meubles de la couronne; le trésor royal fournit cent mille livres pour l'élagage des routes de la forêt et leur réparation; d'autres fonds furent faits pour rétablir les murs du parc qui étaient dans un état déplorable. On fit venir les plus beaux étalons de l'Europe, entre autres le Barbari qui avait coûté cent quarante mille livres et était le plus superbe de son espèce; on mit en état le château, ce qui n'était pas un petit objet. On annonçait tous les quinze jours l'arrivée du prince, et c'était un motif pour hâter les travaux; les fossés furent desséchés, la rivière nettoyée dans tout son cours, le pont rétabli; enfin, en deux ans, cet endroit sauvage et marécageux prit la tournure d'une maison royale bien entretenue. Le duc de Polignac [2], qui ne s'oubliait pas, se fit donner la survivance de son oncle. On avait fait un grand pont d'or à la famille du marquis de Saumery, pour le désintéresser d'un gouvernement qui semblait être pour eux une propriété héréditaire.

Le duc de Polignac s'était fait donner la surintendance des postes. Aussitôt il y eut un courrier d'ordonnance établi pour porter les lettres, des relais furent établis exprès; jamais le duc de Choiseul, dans la plénitude de sa puissance, n'en avait fait autant. Le marquis de Polignac vint s'y établir tous les ans six mois de l'année. Premier écuyer, il emmenait les équipages de chasse du comte d'Artois et les

---

[1] Voici ses titres : premier écuyer du comte d'Artois, gouverneur du château de Chambord, directeur général des haras.

[2] Armand-Jules-François (1747-1817), duc héréditaire en 1780. C'est le mari de la célèbre duchesse. C'est en 1785 qu'il fut nommé directeur général des postes aux chevaux, relais et messageries. Son oncle était son survivancier dans cette charge, et le duc était survivancier du marquis dans la direction des haras. La direction des postes aux chevaux fut supprimée en 1787.

chevaux doublés des écuries, sous prétexte de les faire reposer ; il était servi par des valets de pied à la livrée du prince et usait de sa vaisselle.

Il amena sa société : le premier président du grand conseil, Nicolaï [1], madame la comtesse de la Tour [2], sœur cadette de madame la duchesse de Polignac, toutes les deux Polastron en leur nom, madame la comtesse de Balincourt, sa fille aînée [3], madame la marquise de..., sa fille cadette, différents garçons qu'il voyait à Versailles, beaucoup d'allants et venants suivant les gens en place, et madame de Villemin [4], fille de condition, dont les deux frères suivaient la fortune. C'était une femme sur le retour, mais encore fort jolie et fort aimable, riche par son mari, jouant dans la maison le rôle de maîtresse avouée, et faisant les honneurs en conséquence.

Le marquis de Polignac, qui me connaissait depuis longtemps et voulait bien vivre avec ses voisins, ne tarda pas à nous annoncer sa visite. Je donnai à dîner à toute la société ; elle était nombreuse. Il y avait quantité de voitures et d'écuyers ; des relais étaient placés à moitié chemin, enfin trente-six chevaux furent en course pour un simple dîner. L'arrivée n'aurait pas été plus superbe si j'avais traité M. le comte d'Artois.

Mon fils, jeune, d'une jolie figure, aimant la chasse avec passion, fut invité à venir à Chambord (nous ne découchions jamais, ni ma femme ni moi), j'y consentis avec plaisir; il s'y trouva bien. Il était excellent chasseur, et bientôt tout

---

[1] Aymar-Charles-François de Nicolaï, né en 1736, d'abord colonel, puis président à mortier, président du grand conseil en 1774, premier président en 1777, guillotiné en 1794.

[2] Elle avait été mariée en 1770 au comte de la Tour-d'Auvergne. (*Mercure de janvier 1771.*)

[3] Henriette-Zéphirine de Polignac, mariée en 1770 à Amédée-Claude-Rosalie Testu, marquis de Balincourt. J'ignore le nom de la seconde fille, en blanc dans le manuscrit.

[4] Claire-Madeleine de Lambertye, mariée en 1770 à Nicolas-Pierre-Élisabeth-Geoffroy, comte de Villemin, guillotinée le 26 mars 1794, à l'âge de quarante et un ans.

l'équipage, tous les écuyers furent à ses ordres; il fut fêté et caressé par tout le monde. On joua la comédie, il fut de toutes les pièces. Pour nous, nous tenant dans les bornes du voisinage, nous nous voyions réciproquement tous les mois.

Trois mois ne s'étaient pas passés, que mon fils vint me prévenir que l'on désirait le fixer dans la famille, que la comtesse de la Tour, sœur de madame de Polignac, avait une fille, et qu'on me proposait de la lui faire épouser. Le marquis vint en effet dans la semaine et m'entretint de ce projet. A l'entendre, je n'avais qu'à dire oui, et toutes les places de la cour seraient à la disposition de mon fils. Ma réponse fut très-modeste. Je lui dis que ma fortune n'était pas immense, et que j'avais trois enfants; qu'une grande place dépendait de la faveur et ne me rassurait pas sur l'avenir de mon fils; que si je voyais un moyen, c'était d'obtenir pour M. Gauvilliers une place de fermier général. Je me chargerais des fonds, et la moitié du produit serait pour les nouveaux mariés, l'autre pour le titulaire. Avec un beau revenu, mon fils pourrait, si on le voulait, se rapprocher de la cour et se faire honneur à lui et à nous tous. Nous causâmes longtemps sur ce ton avec lui et madame de la Tour.

Au mois de juillet, le marquis retourna à Paris, et mon fils l'y suivit. J'y allai moi-même, parce qu'on m'écrivit que ma présence y était nécessaire. Je passai deux jours à une terre du marquis de Polignac, près de Poissy; on me fit beaucoup de promesses de cour, mais je ne vis rien de positif. Je consultai M. de Vermerange [1], homme aimable, plein de talent, et qui avait la clef de toutes les intrigues ministérielles. Il me conseilla de ne pas donner mon consentement avant de tenir la place. « Si madame la duchesse de Polignac

---

[1] Je pense qu'il s'agit de Palteau de Veymerange, commissaire des guerres, puis intendant des armées, homme fort répandu, dont on trouve le nom dans la correspondance de Voltaire (25 février 1771). Il devint intendant des postes aux chevaux, relais et messageries en 1785, sous la surintendance du duc de Polignac. (*Gazette* du 25 novembre 1785; *Almanachs royaux* de 1786 et 1787.) La *Correspondance secrète* (LESCURE) donne sur lui d'assez nombreux détails, peu bienveillants du reste, notamment t. II, p. 121.

« le veut, me dit-il, la chose lui est aussi aisée que possible,
« mais elle n'aime à demander que pour elle-même ; elle
« promettra, et le lendemain du mariage elle évincera le
« marquis de Polignac, qui est incapable de mettre aucune
« suite à une affaire. »

Je suivis son conseil et j'eus raison. Madame de la Tour se brouilla avec le marquis de Polignac, avec la duchesse sa sœur, et rentra dans son couvent, jusqu'à ce qu'elle mariât cette fille au fils légitimé du duc des Deux-Ponts [1]. Mon fils resta l'ami de toute la maison Polignac et y passa son temps comme il avait fait jusqu'alors, sans qu'il fût plus question de le marier.

Le duc de Choiseul menait un état de maison superbe à Paris. Il habitait rue de Richelieu, avant le boulevard, l'hôtel que La Borde lui avait fait construire dans la maison du Châtel, reste de l'ancien emplacement qu'il avait vendu [2]. Cet hôtel magnifique avait une galerie superbe, précédée de pièces immenses. Les mercredis et vendredis, il traitait la cour ; le salon était illuminé par une quantité immense de bougies. Le concert de tous les meilleurs musiciens commençait à sept heures et finissait à dix heures. On soupait à six heures, et l'on finissait les après-soupers par des parties de jeu. J'y allai deux ou trois fois souper. Cette grande représentation, où il n'y avait aucune intimité, ne convenait ni à mon genre de vie, ni à mon caractère, mais leur réception était si aimable et si magnifique qu'on était forcé de leur rendre ce devoir.

[1] C'est une erreur évidente. D'après la *Gazette* du 14 janvier 1780 et M. de Chastellux, le chevalier Guillaume de Deux-Ponts, comte de Forbach, épousa la comtesse de Polastron, dame pour accompagner Madame Élisabeth (une dame par brevet), laquelle était sœur de la comtesse, plus tard duchesse Jules de Polignac. Son frère, le marquis de Deux-Ponts, épousa en 1783 une demoiselle de Béthune.

[2] Cet hôtel, bâti par Pierre Crozat, appartint après lui à son neveu Louis-François Crozat, marquis du Châtel, père de la duchesse de Choiseul ; il revint à celle-ci par héritage. Le duc vendit la plus grande partie des dépendances, sur lesquelles on ouvrit en 1780 la rue d'Amboise et l'on prolongea la rue Saint-Marc. Ce que dit ici l'auteur éclaircit, ce me semble, l'histoire de la

Ce fut vers ce temps qu'il fut mis dans les *Affiches de Paris* un avis conçu à peu près dans ces termes : « On « désirerait savoir s'il reste des descendants de la famille « Grandval, dans laquelle s'est fondue la maison des Pon- « cher, pour une succession qui est ouverte à l'instant. » M. Guyot se présenta pour moi et M. de Marcé, mon cousin germain. Voici ce qui était arrivé : M. le baron de Caule venait de mourir à Loudun, âgé de soixante ans, laissant une veuve avec ses droits. Pour les assurer, il fallait qu'elle fît constater qu'il n'existait pas d'héritier direct. Or, madame de Grandval[1], Poncher de son nom, avait une sœur mariée à un baron de Caule; la succession nous revenait donc directement. Nous donnâmes nos procurations à nos gens d'affaires, qui se transportèrent à Loudun. Tous frais faits, et après avoir comblé la veuve de procédés, il nous revint une trentaine de mille livres à chacun. Mais ce que nous avions intérêt surtout à constater, c'est que l'ancienne maison de Poncher, les titres, les armes, le reste de la fortune étaient passés dans nos deux familles, comme héritiers directs de leur rang, sans que qui que ce soit y pût prétendre. Un conseiller d'État et un évêque[2], qui avaient changé leur nom de Ponchet en Poncher par la transformation d'un *t* en *r*, avaient élevé des prétentions, mais elles se sont évanouies, n'ayant pas laissé d'héritiers.

M. et madame de Cypierre prenaient le plus grand intérêt à tout ce qui nous intéressait; ils venaient de marier leur fille à M. de Maussion[3], maître des requêtes, depuis inten-

vente faite à La Borde en 1772, qui paraît obscure à M. Vitu. (*Maison mortuaire de Molière*, p. 438.)

[1] Denise de Poncher, fille d'Abraham de Poncher, écuyer, sieur de Lomeny, secrétaire interprète du Roi en langue germanique, et de Marie Legrand, avait épousé en 1633 Nicolas Poyrel de Granval, huissier du cabinet de la Reine. V. Pièces justificatives : famille Dufort.

[2] Claude-François Poncher, maître des requêtes de 1717, doyen des maîtres des requêtes, conseiller d'État en 1745, marié à Élisabeth-Monique Arnauld, mort en 1768. (*Gazette de France* du 29 février.) Je n'ai pu trouver l'évêque.

[3] Étienne-Thomas de Maussion, maître des requêtes de 1775, intendant à

dant à Rouen, et dont la fin tragique pendant la Révolution a intéressé tous les honnêtes gens; ce jeune homme avait plus de soixante mille livres de rente. Leur fils était conseiller au Parlement [1]. Songeant à leurs amis, ils voulaient trouver dans la province un mariage avantageux pour mon fils, dont la figure et le caractère étaient fort intéressants.

M. de Barassy avait marié sa fille à M. Dounant de Chalville, comme je l'ai dit plus haut. Cette jeune femme, fort jolie, fort coquette, négligeant son mari qui valait mieux qu'elle, se livra à toutes les inconséquences d'une jeune tête, courant dans le carnaval les rues d'Orléans, déguisée en homme. A la sortie d'un bal masqué, elle fut saisie d'un mal de gorge qui l'emporta en quatre jours.

Chalville, gentilhomme ordinaire du Roi, était trop riche et trop jeune pour rester longtemps veuf. On lui proposa une demoiselle de Paris, mademoiselle Cabeuil [2], fille de M. Cabeuil, qui avait été en Chine, et parente du chevalier Cabeuil, agent de l'ordre de Malte. Elle était fort jeune, puisqu'elle n'avait pas dix-sept ans, grande, bien faite, jolie, pleine d'esprit et fort aimable, et le mariage se fit après le deuil. C'était, pour lui, changer du blanc au noir, quant au caractère. Le mariage réussit à souhait, et elle avait déjà deux filles, lorsque Chalville fut pris d'une fièvre maligne qui l'enterra en quinze jours [3]. De sorte que la jeune veuve, mère de deux enfants, se trouva, avec le frère du défunt [4], homme infirme, maîtresse d'une grande fortune. Pleine de soins et d'attentions délicates, elle avait tellement captivé son beau-frère qu'on croyait qu'elle se fixerait avec lui.

Rouen en 1789, guillotiné en 1794, marié à Jeanne-Antoinette-Roberte-Orléans de Cypierre. (CHASTELLUX.)

[1] Perrin de Cypierre de Chevilly, conseiller au Parlement en 1775, maître des requêtes en 1781, intendant à Orléans après son père en 1785. Il avait le titre de gouverneur d'Orléans dès 1776, et le conserva étant intendant.

[2] Élisabeth de Cabeuil (ou Cabueil), fille de Benoît de Cabeuil, écuyer, conseiller secrétaire du Roi, et de Marguerite-Romaine Briet. (*Arbre généalogique.*)

[3] En 1781.

[4] Jean-François-Marie Dounant de Grandchamp.

Mais elle était trop jeune pour prendre un si triste parti.

Le temps, ce grand consolateur de tous les maux, lui fit connaître dans la ville le fils de M. Grilleau, fameux négociant d'Orléans. Ce jeune homme[1], sans être d'une très-jolie figure, avait beaucoup de talents, jouait supérieurement du violon et excellait dans tous les talents agréables. Ils jouèrent la comédie ensemble, et il trouva le secret de fixer la belle veuve et d'obtenir sa main. Ils n'étaient pas mariés depuis un an quand ils allèrent faire un voyage à Paris. Le nouveau mari se trouva, dit-on, à l'amphithéâtre de l'Opéra près d'un officier avec qui il avait eu anciennement une querelle ou une rivalité; ce qui est certain, c'est que M. Grilleau fut rapporté chez lui blessé, et qu'il mourut à trois heures du matin, sans que sa femme pût en savoir davantage. Il est aisé de juger de son désespoir. Pour aggraver son infortune, elle reçoit en même temps la nouvelle que sa fille aînée vient de mourir d'une petite vérole affreuse; la seconde mourait huit jours après de la même maladie. Veuve de deux maris, sans enfants, à vingt-trois ans, femme aimable, ayant fait ses preuves d'honnêteté, toute la province avait les yeux sur elle.

Ce fut alors que l'amitié de M. et madame de Cypierre les fit songer à mon fils, mais il fallait ne pas révolter son cœur trop fatigué de tant de secousses. Le beau-frère de son premier mari, M. de Granchamp, ne la quittait pas, et pour l'enlever à l'isolement où elle était, il l'emmena à Paris. Madame de Cypierre, avec son adresse ordinaire, l'attira chez elle et mit M. de Granchamp dans la confidence. Il fallut tous les tempéraments possibles pour lui faire entrevoir l'idée d'un troisième mariage; la vue de mon fils fit le reste. Il soupa plusieurs fois avec elle chez madame de Cypierre, et dîna chez M. le comte de Pilos, qui nous servit avec l'esprit, l'éloquence et la séduction dont il est capable. Nous partîmes pour Cheverny, le laissant suivre une affaire qui intéressait autant sa fortune que son cœur.

[1] Michel de Grilleau (Jean-Joseph), écuyer, mort le 6 décembre 1784, à l'âge de trente-cinq ans. (Chastellux.)

Je reviens sur mes pas.

Un neveu de mademoiselle Boësnier, M. Hachin d'Orléans, était passé à Saint-Domingue à la mort de son père. Laissant sa femme aux colonies, il était revenu avec un garçon de six ans qu'il voulait faire élever en France. Il augmenta notre société. Fort peu de temps après, ce M. Hachin reçut la nouvelle de la mort de sa femme. C'était l'homme de France qui avait le plus de vocation pour le mariage, et nous nous occupâmes tous de lui chercher une femme. Une sœur de madame de Préninville, veuve de M. Peilhon, avait une fille à marier; l'aînée avait épousé M. de Rochegude, ancien page du Roi, bon officier, très-riche et vivant magnifiquement à Avignon. Mademoiselle Peilhon était peu riche. L'idée nous vint de ce mariage. Chabanon, le frère de l'académicien [1], n'attendait que cet événement pour épouser la mère. Les propositions faites, tout s'arrangea à miracle.

Ce fut alors que je reçus une lettre d'un ami de madame Grilleau qui me mandait, quoique je ne le connusse pas, que si je voulais terminer le mariage de mon fils, il était important de me rendre à Paris pour faire la proposition. A l'instant je monte en voiture. M. Hachin, qui raffolait de sa future, quoiqu'il ne l'eût jamais vue, m'accompagna, et j'allai loger avec lui chez M. de Salaberry, qui s'était établi rue de la Madeleine, dans la maison qu'il avait prise dans les partages. C'était en juillet, et sa femme était à sa maison de campagne.

En huit jours, les deux mariages, celui de mon fils et celui de M. Hachin, furent bâclés; j'assistai aux deux signatures.

Comme la veuve était encore en deuil, le mariage se fit à Saint-Roch à sept heures du matin [2]. Le marquis de Polignac voulut bien me suppléer; il était ravi de voir établir mon fils, pour qui il avait pris la plus grande amitié.

---

[1] Chabanon l'académicien avait deux frères; l'un, nommé Chabanon de Maugris, était mort en 1780, et nous sommes en 1785. Il s'agit donc probablement de l'autre, surnommé Dessalines, qu'il mentionne seulement, sans donner sur lui aucun détail. (*Tableau de quelques circonstances de ma vie*, 1795.)

[2] Le 30 juillet 1785.

J'étais parti d'avance pour Cheverny, afin de faire mes préparatifs pour recevoir décemment les nouveaux mariés, et j'invitai toute la province. Ce fut réellement une entrée magnifique. Ils arrivèrent en quatre voitures. Le comte de Pilos et mon ami Jelyotte, qui tous les ans ne manquaient pas de venir passer quelques jours avec moi, firent cortége. Toutes mes paroisses voulurent se signaler, une espèce de milice bourgeoise était sous les armes, la maréchaussée redoubla de zèle; enfin il y eut banquet général, illuminations, feu d'artifice et bal toute la nuit. Mon ami et voisin, l'archevêque de Bourges et tous ses grands vicaires y furent. M. et madame de Cypierre, M. et madame de Maussion vinrent partager notre bonheur dont ils étaient les auteurs.

J'allais tous les ans à Chanteloup; Jelyotte y était reçu à bras ouverts, et en retournant dans son pays il venait chez moi, chez M. de Vernages[1], et à Chanteloup. Pendant vingt ans, il m'a toujours donné quelques jours deux fois par an, et quand cela se trouvait, nous allions ensemble à Chanteloup.

En arrivant, je trouvai madame la duchesse de Choiseul dans la tristesse. Elle me fit le récit de la mort imprévue du marquis de Boufflers, frère aîné du chevalier; il n'avait pas cessé de rendre des soins aux illustres exilés et s'était tout à fait attaché à eux. Une fièvre tierce comateuse l'avait emporté au quatrième accès, sans que lui ni aucun des médecins eussent pu prévoir l'issue; il était mort sous leurs yeux en causant. M. de Choiseul, archevêque de Cambrai, encore jeune, encore frais, le troisième frère du duc, était mort à Cambrai à peu près de même[2].

Je trouvai la même société : mon ancien ami, le marquis Donezan, le marquis de Voyer d'Argenson; M. Ducluzel, intendant de Tours; le duc de Lauzun; M. le comte de Beau-

---

[1] Nom douteux dans le manuscrit. Il y avait un médecin du nom de Vernage, fort connu à Paris.
[2] En 1774.

mont-la-Ronce[1], enfin toute la famille qui était plus assidue que jamais.

Le duc venait d'avoir la fièvre tierce, il était convalescent, et nous allâmes tous nous promener en voiture avec lui dans la forêt. Il était encore faible de sa maladie, mais son courage y suppléait.

Je voulais connaître l'ancienne habitation d'une reine, le château de Chenonceaux[2], et nous y allâmes, Jelyotte et moi. Madame la duchesse nous avait prévenus, et ce que nous vîmes ne répondait pas à l'idée que nous nous en étions faite. Quoique le château appartînt à la riche madame Dupin[3], le dénûment était complet, rien n'était entretenu. Connaissant déjà le superbe château de l'Isle-Adam, assis sur l'Oise comme celui-ci l'est sur le Cher, nous n'y trouvâmes rien qui nous récompensât de nous être séparés pour une après-midi d'une société délicieuse.

M. Roslin[4], oncle de ma femme, mourut à peu près dans ce temps-là. Égoïste parfait, il laissait une belle-fille et un petit-fils. Sa fortune était immense. Il fit un testament par lequel il établit une substitution directe à l'égard des enfants de ses trois nièces, mesdames Dufort, Amelot et Salaberry; ces dames furent en conséquence obligées de nommer un tuteur. Je rapporterai dans le temps ce qu'est devenu le petit-fils, et comment le sort l'a épargné jusqu'à ce moment.

M. Le Gendre, comte d'Onsenbray, oncle de ma femme, homme excellent, était mort quelque temps auparavant, lais-

---

[1] Anne-Claude de la Bonninière, comte de Beaumont-la-Ronce, marquis de la Châtre-sur-Loir, marié en 1760 à Marguerite Le Pellerin de Gauville.

[2] Bâti sous François Ier, Chenonceaux fut donné à Diane de Poitiers par Henri II, et, à la mort de ce dernier, appartint à Catherine de Médicis, qui l'acheva.

[3] Louise-Marie-Madeleine Guillaume de Fontaine, fille naturelle de Samuel Bernard, veuve de Claude-Louis Dupin, receveur général des finances et secrétaire du cabinet du Roi, mort en 1769, dont elle était la seconde femme. Claude Dupin avait eu de son premier mariage Dupin de Francueil, l'amant de madame d'Épinay. Madame Dupin mourut à Chenonceaux en 1800, presque centenaire.

[4] Roslin d'Hénonville. Son fils, Roslin d'Ivry, avait, comme on l'a dit, épousé une demoiselle Noguez.

sant trois enfants, une veuve et une très-belle fortune [1].

Je vais rapporter ici une histoire de famille malheureuse, dans laquelle mon amitié pour Préninville et son fils me firent jouer le rôle de conciliateur.

Préninville, en traitant de la place de l'extraordinaire des guerres pour son fils, s'était chargé de fournir les fonds, sous condition qu'il aurait ses comptes tous les ans, se réservant expressément un demi-quart des bénéfices, plus pour suivre ses fonds que pour en profiter. Boullongne, une fois installé, jouissant de plus de quatre-vingt mille livres de rente, se livra à une dépense magnifique. Il était lié avec son camarade Sérilly; comme de droit, ils firent leurs services en commun, et leurs billets circulèrent dans le public sans distinction d'années de service. Il s'ensuivit un déficit considérable. Ils firent de mauvaises spéculations; on leur persuada de jouer à la loterie de France avec une combinaison sûre, en chargeant toujours les numéros. Leurs dernières mises étaient de plus de deux cent mille livres et auraient fini par arriver à une somme énorme, lorsque Lafreté, le beau-frère de M. de Préninville, qui faisait la banque pour le gouvernement, s'aperçut par la quantité de rescriptions Boullongne qui étaient sur la place, du dérangement de ses affaires, et n'eut rien de plus pressé que d'avertir Préninville.

La première chose que fit celui-ci fut de venir chez moi pour en conférer. Le déficit était de quinze cent mille livres; Préninville les paya en faisant la condition que Boullongne serait dépossédé (ce fut M. de Biré qui eut sa place [2]), qu'il se séparerait volontairement de sa femme avec laquelle il vivait en mauvaise intelligence, que le père serait chargé de l'éducation du fils et la mère des deux filles, et que Boullongne,

---

[1] Il avait, comme on l'a vu, épousé une demoiselle Le Mairat. Il en avait eu quatre enfants : deux fils, dont l'aîné, officier aux gardes, épousa en 1779 une demoiselle Tolozan, le second fut officier au régiment de Forez; et deux filles, dont l'une épousa le marquis de Vassan; la seconde était morte en 1775. (*Arbre généalogique de la famille Dufort.*)

[2] Fontaine de Biré, trésorier de l'extraordinaire des guerres en 1782.

avec douze mille livres par an, irait voyager partout où il voudrait.

Boullongne n'avait rien de si pressé que de s'enlever au spectacle déchirant de la chute de sa fortune. Il était honnête homme, et il est revenu de ses voyages avec des principes sages de délicatesse et de probité qui font que je regretterai toute ma vie sa perte affreuse et funeste.

FIN DU TOME PREMIER.

TABLE DES MATIÈRES

Introduction I
Préface de l'auteur 1

PREMIÈRE ÉPOQUE
(1731-1755)

CHAPITRE PREMIER

Les parents de l'auteur. — Son enfance; ses camarades. — Le château de Saint-Leu. — Quelques souvenirs : la famille Quentin; Zaïd-Effendi; le mariage de Madame Infante. — Les Soullet à Colombes; le voisinage. — L'auteur perd ses parents. — L'éducation d'un héritier; gouverneurs et professeurs. — Le duel du comte de Coigny et du prince de Dombes. — Velléités d'indépendance; l'Opéra; madame Florence; la marchande de galons. — L'Académie de Jouan. — Un cocher de fiacre colonel. — Premiers amis. — La famille Mercier. 3

CHAPITRE II

MM. de Barassy et de Cypierre, Le Fèvre de Caumartin, Pajot de Marcheval, de la Galaisière. — Voyages en Normandie. — Un mariage manqué. — Excursion en Angleterre. — M. Teissier. — La haine contre les Français. — Mademoiselle Amédée. — Une excursion à Tyburn. — Retour. — Voleurs de grand chemin. — Nouvelles relations. — *Ces dames.* — Le baron de Vioménil. — La famille Le Gendre. — Une parade à Franconville. 27

CHAPITRE III

Le chevalier de Sainctot. — Un mot du Régent. — La charge d'introducteur des ambassadeurs. — Les concurrents. — La famille d'Alencé. — Le marquis de la Valette. — Le baron d'Ogny. — Saint-Germain le rose-croix. — Les Monthulé. — Une sérénade qui finit chez le commissaire. — M. Dufort est nommé introducteur. — Ses débuts à la cour. — Les ambassadeurs. — L'étiquette. — Le salon de la duchesse de Luynes. — M. et madame de Livry. — Quelques portraits : M. de Saint-Contest; le marquis de Saint-

Florentin; le comte d'Argenson; M. de Machault. — La marquise de Pompadour. — Les cabinets du Roi. — Compiègne. — Entrée du comte de Kaunitz. — Détails sur la réception.. 53

CHAPITRE IV

Madame d'Épinay. — La famille de La Live. — La comédie à la Chevrette. — Dupin de Francueil. — Le ventre de crin. — Le Mierre. — Caze, le beau danseur. — Madame B***. — Les débuts d'une passion. — La mort de M. de Saint-Contest. — Trait de caractère de Louis XV. — Les Flesselles. — Voyage de Fontainebleau. — Un mot de la Reine. — Jélyotte. — Le Roi dans ses cabinets. — La Reine chez madame de Luynes. — Le Dauphin et la Dauphine. — Les ministres. — Spectacle à la cour. — Le château de T***. — Portrait du comte de Kaunitz. — Caractère du comte de Charolais. — Son aventure avec M. de Kaunitz. 86

CHAPITRE V

Réceptions à Saint-Leu. — Le marquis de Marigny. — Madame Geoffrin; ses habitués; Poniatowski. — Compiègne; les maisons de bois. — Distractions du comte de Bavière. — L'habit d'équipage. — Le baron de Breteuil. — Excentricités de Marigny; son cordon bleu. — Le chat du Roi. — Une orgie chez Lebel. — Louis XV à la chasse. — Le comte de Melfort. — Un souper en petite maison. — Le maréchal de Saxe à Chambord. — Bougainville.. 114

CHAPITRE VI

La petite vérole du Dauphin. — L'exil du Parlement. — Le marquis de Stainville, depuis duc de Choiseul. — Le comte de Gontaut. — Mesdemoiselles Crozat. — La marquise de Choiseul-Romanet et les lettres du Roi; mort de la marquise; les bruits de la cour. — Stainville ambassadeur à Rome. — Il propose d'emmener M. Dufort, qui refuse. — Madame B*** et son mari. — Compiègne. — Le comte d'Eu. — Retour de chasse. — Maladie. — Fontainebleau. — Quelques diplomates. — Le pari de lord Powerscourt. — Les étalons de Danemark. — Le nonce aux langes. — Les Roslin. — Projets de mariage. — La famille Le Gendre.. 134

DEUXIÈME ÉPOQUE

(1755-1764)

CHAPITRE VII

Le mariage de l'auteur. — Train de maison d'un jeune ménage. — Retour sur le passé. — M. Grimod-Dufort et sa veuve; le château d'Orsay. — Enterrement d'une passion. — Un prison modèle. — La présentation des femmes des introducteurs. — Ce qui était arrivé à la marquise de Verneuil. —

Voyages de Compiègne et de Fontainebleau. — Le jeu. — Le Roi et le comte du Chayla. — Fâcheuse prédiction. — Quelques joueurs : le baron de Vioménil; le marquis de Genlis à Pierre-Encize. — M. O'Dune. — Mademoiselle Félix se marie. — Colombes. — Une colonie d'hommes de plaisir. — Attentat de Damiens. — Aspect des cabinets du Roi. — La famille royale et madame de Pompadour. — Huit jours de perplexité. — La marquise reprend faveur. — La Live de Jully est nommé introducteur. — Supplice de Damiens. 163

CHAPITRE VIII

Le curé de Saint-Prix et les contrebandiers. — Maladie de M. Dufort. — On lui ordonne les eaux de Cauterets. — Voyage. — M. d'Argenson aux Ormes. — Accidents de route. — Bordeaux : Ségur, le roi des vins. — MM. de Tourny. — Les Landes, Bayonne. — M. Morassin. — Le docteur Listal. — Les prisonniers anglais. — Saint-Jean de Luz. — Les corsaires de Bayonne. — Pau. — M. de Berry. — Bagnères. — Mademoiselle Lolotte et le comte d'Hérouville. — Olavidès. — Baréges. — Les ducs d'Aumont et de Villequier. — Tarbes. — Auch. — Montauban. — Toulouse. — Lefranc de Pompignan; son mariage avec madame Grimod-Dufort. Cette. — Béziers. — Montpellier. — Les Galloys de la Tour. — Avignon. — Marseille. — Le duc de Villars. — Un homme de cent vingt-neuf ans. — Toulon. — La flotte de M. de la Clüe. — Hyères. — Gemenos. — Lyon. — Le cardinal de Tencin. — Pierre-Encize. — Dijon. — Retour à Paris. 192

CHAPITRE IX

L'abbé de Bernis et le comte de Stahrenberg. — Le Roi et le prince de Condé. — Traits de caractère. — M. Amelot épouse mademoiselle Le Gendre. — La marquise d'Amezaga. — M. de Boullongne de Préninville. — Encore la comédie à la Chevrette. — Liaison avec Sedaine; sa vie. — Vadé. — M. et madame Le Comte. — Jean Monet. — Philidor. — L'abbé de Bernis et Madame Infante. — La maison Roslin; les habitués. — Mademoiselle Coupé et quelques-unes de ses amies. — M. de Pomereu, beau-frère de Dufort. — Le duc de Choiseul; sa nomination au ministère; sa représentation. — Anecdote sur le cardinal Fleury. — La cour prend une nouvelle animation. — Quadrilles costumés. — La duchesse de Gramont. — Le comte de Staihville; son mariage. — Le duc de Lauzun. — Histoire de chasse. — Les deux princes Galitzin. — Le baron de Knyphausen et l'aboyeur Luxembourg. — M. et madame de Cypierre. — Les demoiselles de Montgeron; le baron de Breteuil; M. Bourgeois de Boynes. . . . 226

CHAPITRE X

Projets d'économie; le plan de M. de Verdun; arrangement d'un hôtel. — Mort de M. Soullet. — Les jeunes Soullet. — Le marquis de Praslin aux affaires étrangères. — D'Argental. — Mort de la princesse Galitzin. — La révolution de Russie. — Madame de Pompadour. — Lebel. — La marquise de Seran. — Madame de la P...... — M. de Sartine; son enfance; ses débuts; son mariage. — Mademoiselle Deschamps. — Labarre; une séance de convulsionnaires. — Un traité de cérémonial. — M. de la Tournelle. — Leroi de Séqueville. — Les ordres du Mont-Carmel et de Jérusalem. — Recherche d'une terre. — Montpipeau. — Cheverny : le comte d'Harcourt; la lieutenance générale du Blaisois.— Cormeré; les Mahi.   254

CHAPITRE XI

La folie de M. de Jully. — Le contrat du prince de Guéménée. — Vivacité du duc de Choiseul; nouveaux détails sur son caractère. — Le prince Démétrius Galitzin et le cabinet noir. — Mort de M. de Pomereu. — La petite vérole. — Inoculation de M. Dufort. — Le docteur Hosty. — Amabilité du Roi. — *Cupidon d'ébène*. — Fontaine de Cramayel. — Les familles Ferrand et de La Borde. — Un ménage à la mode. — Les princes du sang et les ambassadeurs. — Négociations infructueuses de l'auteur. — Marigny veut acheter Cheverny. — Du Jonquoy de Monville. — Madame de Marsan. — Le comte de Boisgelin. — Anecdote sur le duc de Bourgogne. — Olavidès; sa vie à Paris. — Il est encore question de Cheverny. — Singuliers procédés de Marigny. — Achat de Cheverny. — M. Dufort a la lieutenance générale du Blaisois et le titre de comte. — Maladie de madame de Pompadour. — Son influence sur Louis XV. — Un trait de caractère : la goutte de M. Darboulin. — Mort de la marquise. — Chagrin des Choiseul. — Regrets du Roi. 282

TROISIÈME ÉPOQUE
(1764-1787)

CHAPITRE XII

L'entourage de l'auteur. — Le président de Salaberry; son portrait. — M. de Chailly. — Madame de Pomereu. — M. de Barassy. — Départ pour Cheverny. — Séjour à Orléans. — Le château de Cheverny. — Visite d'Olavidès. — Une salle de spectacle improvisée. — La légende de Henri Hurault. — Les voisins : M. Boësnier-Delorme; les Mahi; le comte de Gaucourt; Marigny; M. de Saumery; les comtes de Maillé; Péan; le comte Hurault de Saint-Denis; M. Leray de Chaumont; Mgr de Termont; M. de Rancogne. — Retour à Paris. — M. de Salaberry épouse madame de Pomereu. — Vente de Saint-Leu. — M. Le Gendre de Villemorien et le tombeau de M. Van Eyck. — Le chevalier de Boufflers à Cheverny. — M. de Préninville et le château de Magnanville. — Visite à Onzain. — Un fils de famille à Bicêtre; une maison de correction à Paris. — Mariage de Sedaine. 327

CHAPITRE XIII

Embellissements de Cheverny. — Le baron d'Ogny, intendant général des postes. — Jannel. — Le cabinet noir. — Bouret; sa carrière, sa famille;

mariage de ses filles; sa mort. — Une consultation de Tronchin; détails médicaux. — Le général Chevert. — Mort de M. de Chailly. — Une fête à Cheverny. — Le jeune Dufort entre au service. — La famille Pinon. — Nouvelle fête. — Mgr Phélipeaux, archevêque de Bourges. — Les marionnettes. — Mort de madame de Préninville. — La marquise de Cépoy. — Digression sur la comtesse de Buffon. — Les familles Mégret de Sérilly et de Pange. — Le chemin de Blois à Romorantin. 364

CHAPITRE XIV

L'exil de M. de Choiseul. — Visite à Chanteloup. — Entourage du duc. — Récit d'une conversation avec le Dauphin. — Le parlement Maupeou. — Le conseil supérieur de Blois. — Le marquis de Pezay et madame de Cassini. — Collé. — La *Partie de chasse de Henri IV* jouée à Cheverny. — Le château de Betz. — La petite vérole de Louis XV. — Intrigues de la cour. — Mort du Roi. — Louis XVI. — M. de Sartine. — M. de Maurepas. — Malesherbes. — M. Amelot. — M. de Vougny. — M. Boësnier-Delorme et le jeune Massalski. — L'influence du marquis de Pezay; sa mort. — Ce que devient son portefeuille secret. — Mademoiselle Dufort épouse le comte de Toulongeon. — Mort de madame Le Gendre. . . 389

CHAPITRE XV

Visite à Chanteloup; la pagode. — Madame du Barry et l'abbé Terray. — La bibliothèque de Cheverny. — Collection de gravures. — Madame d'Épinay. — Grimm. — Olavidès et l'Inquisition; son évasion. — Les Fantoccini : le répertoire. — Maladie de madame Dufort; le docteur Guindant. — La famille Amelot. — Mariage de Marigny; sa mort. — La mort de Mgr de Termont. — Mgr de Thémines; son caractère; ses bibliothèques. — Les Polignac à Chambord; leur société. — Le duc de Choiseul à Paris; ses réceptions. — Les derniers Poncher. — Mademoiselle de Cabeuil; MM. de Chalville et de Grilleau. — Mariage du jeune Dufort. — Fête à Cheverny. — Mort de M. Roslin, du comte d'Onsenbray. — M. de Préninville et son fils. 417

FIN DE LA TABLE DES MATIÈRES.

PARIS. — TYPOGRAPHIE DE E. PLON, NOURRIT ET Cie, RUE GARANCIÈRE, 8.

www.ingramcontent.com/pod-product-compliance
Lightning Source LLC
Chambersburg PA
CBHW071624230426
43669CB00012B/2072